위험사회와 의사결정능력 장애인의 자기결정권 행사의 지원

박세영 방승주 배광열 이종혁
임미원 장승혁 전창훈 제철웅

弘文社

머리말

인터넷을 통한 전 세계적 연결, 온라인 거래의 확산과 대면거래의 축소, 자기학습을 거듭하는 인공지능의 상업적 이용의 개시 등은 현대사회의 주요한 특징의 한 단면을 설명하는 개념들이다. Anthony Giddens나 Ulrich Beck과 같은 사회학자를 굳이 언급하지 않더라도 현대사회를 살아가는 사람들 모두가 미래의 불확실성에 노출되는 위험사회(risk society) 속에 존재하고 있다. 불확실한 미래라는 위험을 잘 관리하지 않으면 누구라도 도태될 수 있지만, 그 위험을 잘 이해하고 이에 편승하면 막대한 부의 축적과 신분상승을 거둘 수 있게 되었다.

이런 위험사회에 적응하기 가장 어려운 집단이 발달장애, 정신장애, 치매 등 전통적으로 의사결정능력에 손상이 있다고 사회적으로 인식되어 왔던 사람들(이하 의사결정능력 장애인이라 한다)이다. 이들은 의사결정능력에 영향을 미치는 신체적 · 정신적 · 정서적 · 지적 손상을 경험하는데, 이런 손상에 더해 제도적 · 사회적 · 문화적 장벽으로 인해 다른 사람과 동등하게 사회활동에 참여하는 데 큰 사회적 장애를 경험해 왔다. 그 장벽의 대표적인 예가 '법률행위를 할 수 있는 능력을 제한하거나 박탈'하고 대신 후견인으로 하여금 이들의 의사결정을 대리하도록 함으로써 사회활동에 참여하는 것을 제도적으로 배제하는 것이었다. 이렇듯 사회활동 참여가 제도적으로 배제되는 발달장애, 정신장애, 치매를 가진 사람들은 다른 사람보다 훨씬 더 극심한 정신적 스트레스를 경험하기 쉬운데, 그로 인해 급성기의 정신질환 증상을 보이면 강제적으로 정신병원에 입원시켜 본인의 동의 없이 치료하도록 하고 있다. 구 정신보건법상의 강제입원의 요건을 더 엄격히 한 새로운 '정신건강증진 및 정신질환자 복지서비스 지원에 관한 법률(통칭 정신건강복지법)'이 2017년 5월 31일부터 시행되고 있지만 실무에서는 여전히 널리 강제입원이 활용되고 있다. 이런 제도적 배제 장치는 의사결정능력 장애인을 대신하여 가족, 돌봄제공자 등 세칭 '보호자'라는 사람들이 이들의 의사결정을 대신하는 것이 필요하다는 사회적 인식을 확산시켜 왔다. 이런 환경 하에서 발달장애, 정신장애, 치매를 가진 사람을 동등한 시민으로 인식하지 않는 문화가 배태되고 있는 셈이다. 삶의 매 순간마다 필요한 의사결정과정에 배제됨으로써 이들은 자신의 권리를 행사하거나 의사 · 감정 · 선호도를 외부로 표현할 기회를 사실상 봉쇄당하는 삶을 살아갈 위험에 처하게 된다.

그러나 의사결정능력에 손상이 있는 성인도 다른 시민과 동등한 인격을 가진 존엄한 존재임을 의식하게 되면, 이들이 사회활동에 참여할 수 있는 다양하고 충분한 제도적 장치를 마련해야 할 책임이 국가에 있다는 것에 눈을 돌릴 수 있게 될 것이다. 이들의 사회활동 참여를 촉진할 수 있는 제도적 장치가 마련되면 이들을 배제하던 사회 · 문화적 환경도 변화하게 될 것이다. 의사결정능력에 손상이 있는 성인의 사회활동 참여를 촉진할 수 있는 제도적 장치는 우리 사회의 다양성을 촉진시키는 데 크게 기여하게 될 것이다. 사회적 다양성이 보장되고 촉진되는 것이 한 사회의 지속가능한 발전에 핵심요소임을 감안한다면 이들의 자기결정권을 존중하고, 자기결정권을 행사할 수 있는 다양한 제도적 장치의 마련이 매우 중요한 사회적 아젠다라고 평가할 수 있을 것이다.

그럼에도 불구하고 아직 우리 사회는 의사결정능력 장애인의 자기결정권 존중에 관한 인식이 매우 미약한 실정이다. 이들을 사회활동에서 배제하도록 하는 제도만이 아니라 부정적 사회 · 문화적 인식도 널리 확산되어 있다는 것이다. 이를 상황을 개선하기 위한 사회적 노력 역시 이에 상응하여 다방면으로, 심도 있게 경주되어야 할 것이다.

이런 인식 하에 다양한 분야의 법률전문가들인 필자들이 모여 각자의 연구분야에서 필요한 '의사결정능력 장애인'의 자기결정권 존중을 위한 제도개선의 문제를 연구하기로 하고 이 책을 발간하게 되었다. '구원장학재단'은 이 연구의 취지에 적극 공감하고 연구자들의 연구활동을 흔쾌히 지원해 주기로 하였다. 이제 그 성과를 책으로 발간하게 되었다. 이 책에 담긴 연구내용은 연구자들이 새롭게 한 연구도 있고, 기존의 연구를 더욱 발전시킨 것도 있다. 다양한 분야의 연구내용을 담은 것은 다방면의 과제가 있음을 보여주기 위한 시도이기도 하다. 이 연구서를 흔쾌히 출판해 주기로 한 홍문사 관계자 여러분께도 진심으로 감사드린다.

집필자를 대표하여
제철웅 교수

차 례

4 성년후견제도와 친족상도례의 문제점과 개선방안

5 고령자의 의사결정지원을 위한 성년후견제도의 활용과 신탁제도의 이용방안

6 보충성의 원칙에 입각한 후견종료사유 개선방안

7 공익의 대표자로서의 검사의 민사법상 권한 현실화를 위한 제언

8 국제후견의 국제사법 문제

위험사회와 의사결정능력
장애인의 자기결정권 행사의 지원

1.

자율성 개념에 대한 기초적 이해 -도덕적 자율성으로부터 개인주의적 자율성을 거쳐 관계적 자율성으로의 전환-

임미원(한양대학교 법학전문대학원 교수, 기초법 전공)

후견이라는 규범적 주제와 관련하여 우선 우리가 갖게 되는 의문은, '과연 인간은 어떤 조건과 상황 하에서 타인의 결정이나 처분에 맡겨지게 되는가 혹은 맡겨져도 좋은가'라는 것이다. 이로부터 간접적으로 '의지결정에 있어서 자율성 내지 자기결정이란 어떤 의미인가'라는 의문이 이어지게 된다. 이 단락에서는 후견 문제의 다양한 규범적-법적인 맥락을 이해하기 위한 기초적 전제로서, 자율성 개념의 의미내용을 세분화하여 살펴보기로 한다.

Ⅰ.

현대적 생활세계에서 자율성 내지 자기결정성에 대한 요구는 자유에 대한 요구 못지않게 자주 등장하고 있다. 그 의미기원 상 자율성은 자유 개념과 불가분적으로 연결되어 있지만, 그 구체적인 관계 양상에서는 특징적 변화를 겪어왔다. 규범사적으로 볼 때, 도덕, 자유의지, 자율성 관념들은 일정한 친화성과 긴장관계 속에서 자기자리를 마련해왔다고 할 수 있다. 자율성 관념의 이력과 의미맥락 상 특히 주목할 만한 것으로는, 고대의 실체존재론적 도덕관념을 근대적으로 극복했던 칸트의 '보편적

−도덕적 자율성'개념, 칸트의 이성주의적인 보편적−도덕적 자율성관념을 보다 자유주의적으로 확장시킨 밀의 '개체적−자유주의적 자율성'개념, 이런 자유주의적 자율성관념에 내재하는 한계를 관점의 전환을 통해 극복하려 한 '관계적 자율성'개념들을 들 수 있다. 각각의 의미맥락 속에서 이 개념들을 살펴보면 다음과 같다.

1. 칸트의 보편적-도덕적 자율성 개념: 복종으로서의 도덕으로부터 자기지배로서의 도덕을 거쳐 자율로서의 도덕으로

근대의 관념론 철학자 칸트는 자신의 도덕철학을 통해 '복종으로서의 도덕으로부터 자기지배로서의 도덕을 거쳐 자율로서의 도덕으로' 방향전환을 이루었다고 평가된다. 근대 이전까지의 도덕관념에 따르면, 도덕이란 곧 신과 권위있는 인간에 대한 복종을 의미하는 것이었다. 적어도 17세기까지 이런 복종으로서의 도덕관념이 지배적이었다면, 17세기 이후에는 점차 자기지배로서의 도덕과 자율로서의 도덕관념이 활성화되었다. 이미 17세기의 도덕 심리학에서는 인간 누구나 도덕법칙이 요구하는 바를 알 수 (있는 능력이) 있으며 그에 따라 행위할 심리적 근거(동기)를 지닌다고 설명하였다. 그럼에도 인간 행위자가 따라야 할 도덕법칙을 인간 스스로가 정립한다는 생각에는 이르지 못했다. 인간은 도덕적으로 행위하기 위해, 즉 도덕적 의지작용을 위해 외적 권위에 의한 강제적 지시명령이나 외적인 동기를 필요로 하지는 않지만, 그럼에도 도덕적 지식 자체는 인간과는 독립된 질서에 대한 지식이어서, 인간으로서는 다만 자신의 본성이나 도덕 감정, 마음 등에 의해 심리적으로 그러한 독립적 질서에 합치되도록 동기부여될 수 있다는 차원이었다. 요컨대 인간은 (외적 지배를 필요로 하지 않는) 자기지배적 존재이지만 그럼에도 아직 전적으로 자율적인 것은 아니다. 인간이 따라야 할 법칙 자체는 스스로가 만든 것이 아니기 때문이다. 이런 자기지배로부터 더 나아간 자율성관념에 기초하여 도덕성을 해명한 것이 칸트였다. 칸트에게서 자율성은 초월적 자유의 이념(transzendentale Idee der Freiheit)을 근거로 하여 선험적−필연적으로 전제된다. 인간이 모든 경험에 앞서 선험적으로 지닌 초월적 자유의 이념에 의해 경험적 세계 또는 자연필연적 인과성의 질서와는 독립적으로, '도덕적−자율적인 입법자'라는 의미에서의 도덕적 주체가 될 수 있다는 것이다.

이것은 선(善)개념의 의미−역할 변화도 내포한다. 17세기까지 도덕은 그 내용상 인간본성 외부의 심급으로부터 인간(본성)에 부과되는 질서 또는 공동체 내에서 인간이 수행해야 할 부분 역할을 가르치는 것으로 여겨졌다. 18세기에 이르러 인간의 본성에 부과된 것이 아니라 인간 본성 자체의 표현이라고 인식되기도 했지만, 근대적 자연법론을 비롯한 여러 규범적 논쟁 속에서 '선이란 행복 또는 기쁨을 주는 것'이라는 관념 이상을 보여주지는 못했다. 물론 더 이상 신에게 좋은 것이 아니라 인간 자신이 그의 감정이나 욕구, 직관을 통해 다다른, 자연적 선과 덕에 관한 도덕적 확신이 중요해졌다는 것은 큰 의미를 지녔다. 그럼에도 불구하고, '인간이 해야 할 바'란 '그 실행을 통해 선(good)을 낳게 되는 것'이라고 봄으로써, 어떤 특정 행위는 그것이 선한 결과(good)를 낳기 때문에 옳은(right) 것이라고 설명될 뿐이었다. 칸트의 방식은 이에 대한 이중의 극복이다. 칸트의 관점에서 어떤 행위는 그것이 인간에 대해 좋은 결과(선)를 낳으므로 옳은 것이 아니라 행해야 할 바(의무)를 '의무라서(aus Pflicht)' 행한 것이므로 옳다. 이때 행해야 할 바(의무)가 무엇인지 아는 데에는 선관념이 필요한 것이 아니라 의무를 명하는 도덕법칙(의 관념)이 필요하다. 그리고 이 법칙은 인간행위자의 외부로부터 오는 것이 아니라 인간 행위자 스스로가 제정한 것이다. '인간에게 좋은 것(선)을 하라'가 아니라 '인간이 행해야 할 바를 하라'이며, 도덕적 수범자로서 '도덕법칙에 복종하라'보다 '보편적인 도덕법칙을 스스로 정립하는 도덕적 입법자로서 자율적으로 의지결정하라'라는 요구이다. 행위자 스스로가 정립하고 오직 그렇기 때문에 그에 복종하게 되는 도덕법칙이라는 관념을 통해 도덕성과 자율성은 상호지시–환원적 관계에 서게 된다. 자율성 개념은 고전적 이론들, 즉 '선'과 '인간의 외부'로부터 도덕적 확실성을 얻고자 했던 이론들을 전환시켜, 도덕은 인간(의 이성)이 주체가 되어 자신의 의지를 규정하는 문제이고 그 매개는 의지의 대상으로서의 선이 아니라 스스로 정립하는 의무의 법칙임을 보여주었다. 칸트는 선 대신 선(하고자 하는) 의지(guter Wille, good will)를 강조하고, 외적 권위–의무법칙에의 종속성(타율성) 대신 자기입법성을 강조함으로써, 주관적 도덕성과 자율성이 함께 가는 방식을 취하였다. 아울러 이런 자율성의 상태야말로 그 무엇에도 의존, 종속되거나 좌우되지 않는, 도덕적으로 가장 자유로운 상태라고 여겼다. 즉, 칸트에게서 자유는 자율성과 다르지 않으며, 자율성은 곧 보편적 도덕성의 핵심요소인 것이다.

2. 밀의 개체적-자유주의적 자율성 개념

(1) 밀의 자유주의

칸트는 도덕의 문제를 주체의 자율적 의지결정의 문제로 제시했다는 점에서 규범적 근대성을 상징한다. 그러나 근대를 지나오면서 이런 도덕적 자율성의 한계 또는 모순도 점차 의식되었다. 그것은 칸트의 의지의 자율성 관념이 인간의 도덕화를 보장해줄 수는 있지만 과연 이를 진정한 자아의 자기결정의 표현으로 볼 수 있는가라는 의문이다. 인간이 자발적으로 의지결정한 듯이 보이는 경우에, 실제로는 초월적 자유의 이념과는 무관하게 혹은 중립적으로 특정한 상황－맥락 속에서 의지결정－행위한 것일 수 있으며, 이때의 의지결정－행위는 자유로부터 개시되었다(자유를 원인으로 한다)기보다는 경험적－주관적 요소들의 인과적 작용 및 심리적 동기화에 의해 유발－진행된 것일 수 있다. 이렇게 주관적－자의적인 선택의 자유를 행사한 경우에 '인간은 실천적으로 자유롭고 자율적인가'라고 묻는다면, 칸트의 입장에서는 물론 부정할 것이고, 이런 방식의 자유란 실천적 자유(도덕적－자율적 의지결정)와는 다른, 주어진 상황－조건 하에서의 심리적 (동기화의) 자유, 자의적 선택의 자유, 반응응답의 자발성일 뿐이라고 비판할 것이다.

이런 칸트의 도덕적 자율성 관념을 보다 자유주의적인 방식으로 확장시켜, 자아의 진정성(진정한 자아)에 기초한 선택능력으로서의 자율성 관념을 제시한 것이 존 스튜어트 밀이었다. 보편적－도덕적 자율성 대 개체적－주관적 자율성으로도 구별되는 각자의 구상에 따라, 칸트와 밀은 서로 다른 차원에서 '자율성 존중'의 근거와 그 제한에 대해 설명한다. 칸트의 의무론적 윤리학에 따르면 자율성은 보편적－이성적으로 의지－행위결정할 수 있는 능력(가능성)이고, 근본적으로 개인의 도덕적인 삶의 질에 관한 문제이다. 그에 비해 밀에게 있어서 인간의 자율성을 존중하라는 요구는 그런 존중이 인간의 행복을 최대화시키리라는 공리주의적 관점에 기초해 있다. 즉, 인간의 행복－복지를 극대화하기 위해 자율성에 대한 존중이 요구되는데, 이는 그런 존중이 타인을 해하지 않는 한에서, 그리고 존중되는 자들이 기본적 성숙함을 지니는 한에서 그러하다. 밀에게서 자율성은 공리성과 함께 가는 한에서 존중된다는 점에서 부차적이라고 볼 수 있으나, 관점을 달리하면 굳이 의무개념을 매개로 하지 않더라도 최대행복을 추구하라는 공리성의 원리로부터 인간의 이해(이익)에 부합하는 자율성에 대한 최대한의 존중 원리가 도출될 수 있다.

(2) 개체적-인격적 자율성(individual-personal autonomy)

도덕적 상식의 관점에서, 인간들의 삶과 자아의 다층-다중성이라는 근본조건을 고려할 때 과연 칸트의 자율성 개념이 진정한 자아의 선택-결정을 설명해줄 수 있는가라는 의문은 불가피하다. 즉 개인이 타인이나 외부의 영향을 배제한 채 자기 자신의 선(좋음) 관념에 따라 스스로의 의지와 행위를 지배할 수 있을 때 진정한 자기결정 상태가 아닌가라는 의문이다. 개인의 자율성이란 오히려 도덕 중립적인 의미에서 개인의 좋은 삶(well-being)과 관련된 선을 추구하는 데에서의 자기 지배 능력-가능성이라고도 볼 수 있다. 이에 비해 칸트의 자율성은 보편적 도덕법칙에 대한 이성적 주체의 자기 입법성을 의미하며, 타인의 개입-간섭뿐 아니라 자기 자신의 주관적-경험적 특수성이나 선호, 감정도 배제할 것을 요구한다. 이에 비판적인 개체적 자율성 관념에서는 자아(또는 자기의 것) 대 비자아(타인 또는 외부의 것)라는 구도에서 출발하여, 특정한 것을 선택한 주체는 진정 너인가, 선택 대상은 진정 너의 선관념에 부합하는가를 물으며, 자아의 진실-진정성, 자명성(authenticity)에 초점을 맞춘다. 이 관념을 통해 가능한 것은 보편적인 도덕적 선택이라기보다는 개체적-주관적 특수성을 고려한 합리적 선택(rational choice)이다. 선택의 주체로서 다른 사람 아닌 너의 자아를 보라는 요구이다. 그에 비해 칸트적인 도덕적 자율성 관념에서는 자아의 자명성 및 합리적 선택보다 보편적 입법자성에 초점을 맞춘다. 너의 자아만이 아니라 (보편적이고 동등한 인격체로서) 이성적 존재자인 타인 모두를 보라는 요구이다.

이런 두 자율성 개념이 연관-수렴 가능한가에 대해서는 부정적인 견해가 일반적이다. 라즈는 '칸트에게서는 개인적 자율성 관념을 확인할 수 없다'는 부정적 입장을 취하였으며, 오닐 역시 칸트의 자율성 개념을 규범적으로 재구성한다 해도 현재의 개체적 인격적 자율성 개념과는 양립불가능하다고 설명한 바 있다. 칸트적 관점으로는, 의지의 자율성이란 이성에 의해 스스로를 보편적-도덕적으로 규율하는 능력을 의미하며, 합리적 존재자라면 누구나 이런 도덕적 능력을 지닌다. 의지의 자율성은 경험적으로 확인 가능한 특별한 성취가 아니라 모든 이성적 존재의 선험적-보편적 속성인 것이다.

(3) 자율성-자유-자아의 문제

이렇듯 칸트 계열과 밀 계열의 자율성 관념은 근본적으로 자아 및 자유에 대한 서로 다른 구상을 내포한다. 자유의 본질을 설명함에 있어 개체적-자유주의적 자유/보편적-도덕적 자유 개념 중 전자를 보다 강조하는 입장에서는 한 인간이 홀로 있어야(let alone) 하는 최소한의 외적 영역(external sphere)을 규정하고 그에 대한 부당한 외적 장해를 제거하는 것이 주요 관심사이다. 그에 비해 도덕적 자유를 중시하는 입장에서는 인간의 행위에 대한 인간 외부적이거나 내재적인 제한이 있다면 그것은 어떤 것인가, 그 기원과 본성은 무엇인가를 확인하려 한다. 이런 관심의 차이는 인격체-자아 관념에도 반영되어 있다. 즉, 인간은 단일체인가 아니면 서로 다르게 평가되는, 경쟁하는 부분들의 집합체인가라는 물음에서 두 입장은 차이를 보인다. 자유주의적 자유의 관점에서는 한 인간은 자아로서 단일체이며, 자유에 대한 부당한 제한이 있는 경우 이 제한은 외부로부터 오는 것이다. 반면 도덕적 자유의 관점에서 볼 때, 한 인간은 서로 다른 부분(선한 부분과 악한 부분)들로 구성되어 있으며 자유에 대한 제한(장해)은 외부로부터가 아니라 오히려 인간 존재 안에 이미 내재해 있다(inbuilt). 이렇게 내재된 제한(장해)에서 벗어나기 위해 인간의 자유는 진정한 자아 내지는 더 나은 자아를 통해 제한-규율될 필요가 있다. 자유주의적 자유 개념으로는 인간의 진정한 자아를 구하기 위한 어떤 자기규율의 시도도 불필요-무의미하다. 자유와 자율성의 관계 설정에 있어서, '외부세계'에 맞서는 '단일한 인간 자아'의 보호막으로서 '자유주의적-개체적 자유'가 결정적인가 혹은 자아에 내재된 '자기한계'에 맞서기 위해(인간을 자기 자신으로부터 보호하기 위해) '더 나은 자아'에 의한 '도덕적 자기규율-자기결정'이 보다 중요한가라는 관점의 차이이다.

적어도 밀의 자유주의적 관점에서 볼 때, 칸트의 자율성은 무엇보다 지나친 이성-도덕정향성으로 인해 인간의 존재-상황 조건에 부합하지 않는 면이 있다. 자유주의적 관점에서 자율성 관념의 의미를 이해해보면, 자율성이란 무엇보다 선택 가능한 여러 선들(some goods) 중 하나 또는 으뜸의 것이 아니라 여러 선들 중에서의 선택을 가능하도록 하는 조건이다. 자율성은 선택의 가능조건으로서(어떤 선도 선택 가능하다는 점에서) 도덕 중립적이라고 할 수 있지만, 적어도 그런 선택가능성 자체가 그 주체의 도덕적 자질에 대한 승인을 전제한다는 점에서 규범적 의미를 가진다. 즉, 자율성은 도덕중립적으로 모든 선택결과를(어떤 선이든) 포용하며, 그 선택의 주체에 대한 규범적 능력-지위의 부여-승인을 전제한다. 선택결과(선의 내용)가 주체의 자율성 여부를 가르는 것이 아니라, 선택가능성이 주체의 자율성 여부를 가른다고 할 수 있다. 여기서 칸트의 완고한 도덕적 자율성과 자유주의적 자율성 간의 차이가 역설적으로 드러난다. 자유주의적 관점에서 자율성은 도덕적 선택-결정으로만 열린 통로가 아니라 자의성까지 포함하여 스스로의 자명하고 진정한 선택-결정으로 가는 보편적 통로 내지 조건이다. 복종으로부터 자기지배를 거쳐 '자율'로서의 도덕성에 이르렀던 칸트의 방향전환을 바탕으로 하여, 이제 자율성 자체에 관해서는 이성의 '도덕적 자율성'으로부터 자아의 '자유주의적 자율성'으로 관심이 이동하게 된 것이다.

3. 관계적 자율성 개념: 자유주의적 자율성으로부터 관계적 자율성으로

이성적-보편적-도덕적 자기결정 차원의 칸트적 자율성으로부터 의미확장된 자유주의적 자율성의 관점에서 볼 때, 개인의 자기결정은 무엇보다 '의사결정 능력'과 '진정성'을 그 조건으로 한다. 즉, 비판적으로 숙고하는 합리적 성찰 능력을 통해, 외적 강제-개입으로부터 독립적으로, 자신의 욕구, 선호, 신념 등 내적 동기들의 자명성(진정성, authenticity)에 기초하여 선택-결정할 수 있어야 한다. 다양한 경험적 제약상황-조건 하에서 비이성 및 개별-특수성의 요소까지 포함하는 통합적인 자아-정체성을 바탕으로, 자기 욕구, 선호, 신념 등에 충실하게 합리적으로 판단-선택할 가능성으로까지 확장된 것이다. 여기서 강조되는 것이, 주관적 욕구-선호들의 위계질서 속에서 비판적 숙고를 통해 확인되는 일차적/이차적 욕구 및 선호의 자명성 내지 진정성이다. 자율성을 선험과 보편에 기초한 이성능력의 문제로 설명했던 칸트의 관점을 넘어서 이성 이외의 요소, 보편에서 벗어난 주관적 욕구-경험의 영역으로까지 나아갔다는 점에서 자유주의적 자율성은 규범주의적 제약으로부터 벗어나 있으나, 사회성 내지 사회적 관계의 형성과는 분리된 채 어떻게든 내적-주관적으로 의식되는 개인적인 욕구, 선호, 신념들과 연관된 자아정체성에 의존하고 머무름으로써, 결과적으로 고립된 자아의 합리적 자기선택 능력의 단계를 벗어나기 어렵게 된다.

이런 문제들을 의식하며 제시된 것이 관계적 자율성(relational autonomy)개념이다. 이 관념은 자유주의적 개인주의를 비판하는 차원에서, 두 가지 측면을 강조한다.

첫째, 자아의 정체성은 (고립적으로가 아니라) '관계적'으로 이해되어야 한다는 점, 둘째, 개인의 자율성 능력은 고립적으로 향유－행사되는 것이 아니라 '사회적 관계'에 의해 영향받는다는 점이다. 결국 핵심은 인간의 자아 및 자율성에 대한 '사회적 구성성'으로 집약된다. 이런 관점에 따르면, 개인은 사회적 존재이고, 개인의 자아 정체성과 그에 바탕을 둔 자율성은 사회적으로, 사회적 관계의 맥락 안에서 형성되며, 그렇게 비개별화－비개인화된 방식으로 구성－형성되는 자율성에 기반한 행위에 있어서는 결과만이 아니라 그 과정에도 주목해야 한다. 그에 비해 주류적인 개인주의적 자율성은 자아의 내재적－배타적인 실체－속성의 의미에 가까우며, '자율성을 지니고 행사한다'는 것은 고립적이고 고유한 개체로서 자아/비자아의 구분 하에 비자아를 최대한 밀어내는 능력을 지니고 행사한다는 의미와 같다. 사회적 요소나 타인들과의 관계라는 요소들은 나의 고유한 자율성 행사에서 선택적으로 고려되는(작용하는) 정보 혹은 변수일 뿐, 나의 정체성이나 자율성 자체가 이미 늘 그 요소들에 의해서, 그 속에서 형성되고 표출된다는 점은 고려되지 않는다.

(1) 방법론적 개인주의 비판

맥켄지에 따르면, 관계적 자율성 이론이 특히 흡인력을 가지는 것은 그것이 방법론적 개인주의(methodological individualism)를 거부하기 때문이다. 이 방법론적 개인주의는 모든 사회적 세계의 사실 또는 그에 대한 설명이 궁극적으로 개인에 관한 사실들, 즉 개인의 의도, 목표, 믿음, 원망(desires) 같은 개인적 사실로 환원된다고 가정하는 입장이다. 자연히 (개인의 선택을 넘어서는) 제도－관행이나 구조적인 요소들에는 큰 관심을 두지 않는다. 그에 비해 관계적 자율성 이론은 비자발적 사회 집단 및 사회적 억압의 문제에도 주목한다. 커드의 설명으로는, 사회적 억압이란 직접－간접의 물질적이고 심리적인 힘의 행사를 통해 타집단들로부터 특정 집단에게 가해지는, 제도적으로 구조화된 부당한 해악을 뜻한다. 이런 억압 메커니즘은 한 인간의 자율적 행위자로서의 사회적 지위(status)를 위협하고 자율적 능력(capacity)의 향상 및 실행을 가로막는다는 점에서 부정의한 메커니즘이다. 이렇게 사회정의의 문제영역과 자율성 개념을 밀접히 연관시키는 입장들은 공통적으로 개인주의적인 자율적 주체 관념을 문제시하고 있다. 로레인 코드(Lorrain Code)에 따르면 개인주의적 자율성 관념은 인간을 자기 충족적인 독립적－고립적 존재로(self－sufficient independence) 파악하는 형이상학적－인식론적 오류에 기인한다. 이런 원자론적 자아관으로 인해, 인간 주체의 다양성과 복합성, 인간 삶에서의 협동 및 상호의존성의 요구들은 자율성에 맞선 대립물로 설정될 뿐이다. 실제로 이런 원자론적 관점에 따르면 정신적－육체적으로 취약한 자들, 사회경제적으로 빈곤한 자들, 주변화된 아웃사이더들은 내재적－개체적 능력으로서 '자율성 능력'을 결여한 존재이다. 그만큼 의존적인 존재로서 결핍－부재하는 자율성을 되살리거나 보충－대체하기 위해, 이들에게는 후견주의적 보호나 개입도 불가피하다. 그러나 관계적 관점에서 보면 이들의 자율성은 사회적 관계－맥락 속에서 형성된 것이고 관계－맥락의 취약성을 반영하는 것이며, 그만큼 이 관계－맥락을 교정하고 복원시키는 것이 우선적으로 중요해진다.

포스트모던적 해체주의나 정치적 급진주의의 관점에서 본다면, 자유주의적 법－권리 담론 및 주류적 자율성 관념은 주체의 합리성－이성의 지배 및 보편적 동일화의 논리에 기초하여 '보편적－중립적 개인(개체)되기'와 '개체적 자율성 능력－권능 인정하기'에 머물러 있다. 자연히 이런 관념은 개별－특수－차이의 요소를 놓치고 있을 뿐 아니라, 단일하고 통일된 행위주체라는 가정을 고수함으로써 이른바 다중 정체성(multiple identity) 또는 간－영역적(intersectional) 정체성의 차원을 적절히 이해－반영하지 못한다. 그러나 자율성이란 개체적－배타적으로 보유되는 능력상태라기보다는 상황－맥락적으로 형성되는 구조로서, '상대적이고 관계적'인 속성을 갖는다.

(2) 자유지상주의적 자율성(libertarian autonomy) 비판

특히 자율성에 관한 이해－구성의 스펙트럼 중 신자유주의적 담론 내에서 주류적 경향을 이루는 것이 이른바 "최대한의 선택"(maximal choice)으로서의 자율성 관념 내지는 자유지상주의적 자율성 관념이다. 이들의 구상으로는 자율성이란 소극적 자유, 즉 불간섭과 같으며, 자율성은 선택의 자유의 극대화 및 선택에 대한 규제－제한의 최소화에 의해 증진되는 것이기에, 개인의 선택의 자유에 대한 후견주의적 제한이야말로 자율성에 대한 가장 큰 위협요소이다. 국가의 책임 문제에서는 불개입주의(non－interventionist) 또는 반규제주의(anti－regulatory)의 관점에 서서 국가의 부조－지원이나 재분배 정책까지도 개인적 자유에 대한 제한으로 해석하며, 결국 신자유주의의 논리, 즉 자기규율－조절적 시장 영역, 선택의 주체로서 소비자 주권, 그리고 위험(risk) 및 책임(responsibility)의 개인화를 정당화하는 논리와 이어지게 된다. 자율적이라는 것은 '개인의 선택의 자유에서 제한이 없음'과 같고, 여기에는 '(선택의) 위험에 대해 개인적으로 책임지기'와 '선택의 결과－비용을 스스로 부담하기'가 수반된다. 이 때 개인의 선택에 작용하는 사회적 제약－제한이나 불균등한 위험부담을 교정할 사회적 책임 문제는 간과된다.

이런 자유지상주의적 자율성 관념에 대해 페미니즘 이론가 파인만은 "자율성 신화"(the autonomy myth)라고 규정한 바 있다. 그의 설명에 따르면 자유주의적 자율성 관념은 시민－국가 간의 관계에 대해 "자유주의적 주체" 모델(liberal subject model)을 제시하는데, 여기서 시민은 자기이익을 추구하는 독립적이고 합리적인 계약당사자와 같다. 국가가 관여하는 사회적 제도－구조의 개선과 교정의 문제에 상대적으로 무관심한 이 입장에 대해 파인만이 대안으로 제시하는 것이 "취약한 주체" 모델(vulnerable subject model)이다. 이는 자율성, 독립성보다 인간의 취약성과 의존성에 주목함으로써, 국가 책임 및 시민 상호 간의 책임을 강조하고 재분배와 규율 메커니즘을 활성화시키려는 입장이다. 자율성은 자유지상주의적 관념처럼 사회관계와의 절연 속에서 실행되는 것이 아니라 사회적 관계 속에서(사회적 관계를 조건－토대로 하여) 형성－실행되며, 이런 관계적 맥락에서 자연히 사회적 불평등－부정의의 교정(정의의 회복)문제와도 이어지게 된다.

(3) 관계적 자율성 개념의 다차원성

관계적 자율성의 관점에서 자율성은 우선 지위(status)이자 능력(capacity)으로 파악된다. 자율적이라는 것은 개인들이 자신의 삶에 대해 스스로 결정할 권위－권한을 행사할 자격을 지닌다는 의미인 동시에, 자기 자신의 선호와 가치에 근거하여 결정하고 행위하는 자기지배의 능력을 지닌다는 의미이다. 따라서 관계적 자율성은 각각의 관계 맥락을 지니는 다양한 사회적 억압들이 어떻게 한 개인에 대해 자율적 행위자로서의 사회적 지위와 자율성 능력을 손상시키게 되는가에 관심을 둔다. 자율성과 사회적 억압의 관계 또는 전자에 대한 후자의 영향－작용에 대한 이런 관심 때문에(관심에도 불구하고) 관계적 자율성론자들은 이른바 카더가 언급한 "행위자 딜레마"(agency dilemma)에 빠지게 된다. 이는 '사회적 억압－박탈에 종속된 인간들의 취약성을 인정하기'와 '이들의 행위자성을 인정－존중하기' 간의 딜레마이다. 즉, 사회적 억압은 분명 개인의 정체성 및 자아 관념에 부정적 영향을 미치지만, 이런 개인의 자율적 행위주체성을 전적으로 부정-박탈할 수는 없다는 딜레마이다. 사회적 관계는 정체성-행위자성-자율성을 적극적으로 규정하면서 동시에 부정적으로 균열-손상시키기도 하는 이중성을 지니는 것이다.

이런 딜레마와 관련하여 맥켄지는 자율성 개념에 대한 다차원적 분석을 제안한다. 그에 따르면 관계적 자율성 개념은 서로 분리되면서도 인과적으로는 상호의존적인 세 가지 차원의 관점, 즉 자기결정(self-determination), 자기지배(self-governance), 자기권위-승인(self-authorization)을 포함한다. 자기결정의 관점은 지위로서의 자율성 관념에 기초하여, 무엇보다 자유 및 기회와 관련된 개인적 자율성의 외적-구조적 조건들을 확인하려 한다. 무엇보다 특정 집단 구성원의 자유와 기회를 제약함으로써 스스로 결정하는 삶을 영위할(자기결정의) 능력-지위 자체를 손상시키는 구조적 불평등, 부정의, 억압의 다양한 방식들이 주요 관심사이다. 그에 비해 자기지배의 관점에서는 능력으로서의 자율성 관념에 기초하여, 권능(competence)이나 자명성(authenticity) 같은 자율성의 내재적 행위자 연관적(행위자성에 관련된) 조건들을 확인하려 한다. 심리적 자유(psychological freedom)를 제약하고 그럼으로써 행위자 주체성을 위축시키는 부정의-억압의 내면화가 진행되는 메커니즘에 관심을 둔다. 또한 자기권위-승인의 차원은 자율성의 지위와 능력이 (자존감, 자기신뢰 등의) 자기평가적 태도 및 사회적 인정-승인 관계(social relations of recognition)와 연결되는 방식들에 집중한다. 자율성의 특정한 차원으로서 자기권위라는 요소는 특히 사회적 종속의 체계 및 관행들이 어떻게 자기평가적 태도를 왜곡시킬 수 있는지를 드러내준다. 맥켄지에 따르면 이런 세 차원의 관계적 자율성은 전부 또는 전무의 문제(all or nothing matter)가 아니며, 단계적 정도와 영역의 문제이다. 한 인간은 시기-영역-정도에 있어 각각 다르게 자기결정, 자기지배, 자기권위 차원의 자율성을 누리는 것이다.

세 차원으로 세분화된 자율성 개념을 바탕으로 관계적 자율성과 자유지상주의적 자율성 개념을 비교해보면 이들의 차이는 더 분명해진다. 우선 자기결정으로서의 관계적 자율성 관점에서는 개인적 자율성의 외적-구조적 조건, 특히 자유와 기회의 차원에 집중하는 반면, 자유지상주의적 자율성의 관점에서는 소극적 자유 또는 부적절한 간섭으로부터의 자유(freedom from undue interference)를 곧 자율성으로 이해한다. 그러나 맥켄지의 설명에 따르면 간섭-개입의 부재보다 더 중요한 것은 지배와 종속로부터의 자유(비지배성)이다. 자기결정을 위해서는 실체적인 사회-관계적 지위의 평등이 요구되며, 이는 모든 구성원들이 기본적 자유들(basic liberties)에 대해 실제로 평등하게 접근하고 향유할 수 있어야 한다는 의미이다. 주어진 사회 환경 내에서 이런 기본적 자유들에 대한 충분한 기회 혹은 선택지를 갖지 못한다면 그것은 단순히 불간섭의 소극적 자유의 침해가 아니다. 의미있는 선택지에 접근가능하다는 것은 단순히 무한히 열린 선택권에 접근한다는 의미는 아니며, 삶을 영위하는 데에 요구되는 재화 및 기회에 충분히 접근할 수 있다는 의미이다. '무한히 열린 기회들에 접근-선택할 수 있으려면 간섭이 없어야 함'이라는 설명보다 '의미있는 기회들에 접근-선택할 수 있으려면 역량-지위를 갖추어야 함'이라는 설명이 자율성, 특히 자기결정의 의미에 보다 부합한다.

또한 자기지배란 한 개인의 의지와 심리적 요소들에 대한 내재적-주도적 통제의 문제로서, 자기의 정체성과 가치정향적 자명성, 즉 내가 누구이고 무엇을 중시하는지를 알며 그와 연관된 선택 및 실행이 가능하다는 의미이다. 주류적 관점으로는 개체의 인지적-의지적 능력 차원에서의 자기지배가 주된 것이지만, 관계적 자율성 이론가들은 감정적, 상상적, 비판적 반성의 기술들에 대한 자기지배에까지 주목한다. 자기지배란 사회적으로 고립된 원자론적 조건 속에서 이루어지는 것이 아니라 사회적으로 구성되는 능력이며, 인간상호적, 사회적, 제도적인 환경에 의해 영향받는 것이어서 그만큼 사회문화적이고 심리적인 순응, 회피, 조작, 허위의식 등 다양한 반응기제들 속에서 왜곡되고 손상되기 쉽다. 또한 자기권위-승인은 삶의 방향 결정에 있어 자기주도-책임성을 지닌다는 자기존중-신뢰감과 관련되는 것이어서, 사회관계, 특히 사회적 인정 관계를 통해 영향받게 되고 그만큼 사회적 취약 집단들은 다양한 억압-왜곡의 위험에 노출될 수밖에 없다.

이렇게 자기결정(지위 관계), 자기지배(능력 관계), 자기권위-승인(인정 관계)의 차원으로 세분화된 관계적 개념으로 접근할 때, 자율성은 관계-구조에 의해 일방적이고 일면적으로 규정되기보다는 상호적이고 사회적인 맥락 속에서 비로소 구성되는 상대적, 단계적, 관계적 지위이자 능력으로서 다면-다차원성을 지닌 것이 된다.

(4) 관계적 자율성의 난제들

인간이 바로 인간존재의 가장 중요한 속성 중 하나인 '타인-외부 요소로부터의 자립성-자율성'에 대해 사유한 이후 그런 자립적 능력이나 지위의 향유는 선험적-

배타적인 방식이 아니라 사회적-관계적 요소, 절차적 구성-형성의 측면을 지닌다는 각성에 이르면서 나타난 '관계'적 '자율성'은 형용모순적인 개념으로 보이기도 한다. 아울러 이런 관계적 자율성 개념은 원론적으로 자유주의적 자아 및 자율성 개념을 넘어서는 보다 적절한 대안으로 받아들여지지만, 다른 한편으로 이 모호하고 모순적인 관념의 구체적 의미내용은 무엇인지, 어떤 구체적 갈등 양상을 낳게 되는지의 의문은 여전히 남아있다. 이런 문제들을 심층적으로 다룬 것이 크리스먼이다.

우선 그는 관계성의 일반적 의미, 즉 인간이 자기 자신 및 자기 가치에 대해 생각하고 경험하는 바는 사회적 연고성-규정성 및 인간 상호 관계성에 의해 구성된다는 의미를 세분화시켜 설명한다. 그에 따르면 타인이나 다른 외부요소들과의 관계에 의해 자아가 구성된다는 것은 첫째, 형이상학적 주장으로서, 이런 관계들은 필수-본질적으로 인간인격체의 부분이라는 의미를 지닌다. 둘째, 그러나 다른 한편으로 이런 사회적 자아(social self)라는 관념은 인간의 자아관이나 가치구조, 감정상태, 동기부여 등에 관한 우연적이고 심리학적인 주장일 수 있다. 즉, 인간의 자아 관련적 심리나 행태 역시 사회적 또는 인간 간의 상호작용에 의해 구성되지만, 이런 상호작용들 자체는 가변적, 유동적이고 우연적인 성격을 갖는 것이다. 크리스먼에 따르면 사회, 전통 또는 타인과의 필수적인 연결이 전적으로 결핍된 개인을 곧 자아라고 보는 것은 사회적 실체로서의 인간을 오해한 것이지만, 이런 식으로 자아의 고립적 비사회적 본질을 주장하는 '형이상학적 개인주의(metaphysical individualism)를 거부한다는 것'과 '형이상학적으로 관계적인 자아 개념(metaphysically relational conception of the self)을 받아들인다는 것' 간에는 분명 논리적 차이가 있다. 즉 '인간에 대한 사유는 사회적 맥락에 대한 본질적 관련 없이 이루어질 수 있다는 것(형이상학적 개인주의의 입장)을 부정함'과 '인간에 대한 사유는 사회적 맥락의 어떤 측면에 대한 특수한(particular) 관련을 가지고 이루어져야 한다고 주장함'은 전혀 다른 차원이다. 이때 후자와 같은 (형이상학적-본질주의적인) 관계적 자아 관념은 바로 형이상학적 개인주의와 마찬가지로 인간존재의 가변성, 우연성, 유동성들을 간과할 위험이 있다. 즉 인간을 사회적 관계와 단절된 고립적 존재단위로 보는 것은 오류이지만, 인간은 필연적으로 어떤 특수한 방식으로 관련되어 있다고 보는 것 역시 자아 관념의 가변성, 유동성 및 다중적 정체성을 부정하는 것이다. 다양한 맥락을 가로질러 고착된 어떤 특수한 자아 관념을 규범적 사고의 모델로 삼으려는 물화, 더 나아가 물신화의 위험은 이렇듯 관계적 자율성 관념에도 깃들어 있다.

Ⅱ. 요약: 결론을 대신하여

적어도 근대 이후 인간의 자율성을 뒷받침하는 근본 요소는 칸트적인 보편적 이성으로부터 자유주의－개인주의적인 욕구의 자명성을 거쳐 사회적 관계성의 단계에까지 이르렀다. 피성년후견인은 이런 요소들에 있어서 제약된 의존적 존재이며 자율성 내지 자기결정의 권능을 행사하기 어렵다고 주장되기도 하지만, 이에 대한 재사유 내지 해결의 실마리를 제공해주는 것이 무엇보다 '관계적 자율성' 개념일 것이다.

관계적 자율성 이론은 인간의 '사회적 구성성', 자아 및 정체성 형성에 작용하는 인간 간의 '관계성 및 상호 의존성'에서 출발하여, 자율성은 고립적－원자적 개인이 본래적이고 배타적으로 향유하는 자명한 자기선택－결정의 권능이라기보다는 사회적 구조와 인간들 간의 관계 속에서 비로소 구성되는 자기결정－자기지배－자기인정의 지위 또는 능력이라고 설명한다. 그간 자율성 개념에서 부각되지 않았던 관계성 및 사회적 제도－구조의 요소에 초점이 맞춰짐으로써, 이제 자율성은 자유주의적이고 원자론적인 개인화－개인적 독립의 문제가 아니라 사회적 구조－관계의 정의로운 재구성 및 관계성의 형성－복원의 문제가 된다. 이렇게 개인적인 차원을 벗어난 사회－관계적 현상으로 설정된 자율성은, 칸트처럼 선험적 자유 및 실천이성, 또는 자유주의자들처럼 개인주의적인 주관적－경험적 자명성이 아니라, 사회적 관계－구조를 가능조건으로 하게 되고 자연히 그것에 의존하게 된다. 이때 사회구조의 규정성이라는 맥락에서 관계적 자율성론자들 내에서는 다시 실체주의 대 절차주의 간의 구별 또는 객관주의－완전주의 대 주관주의 간의 구별이 나타나며, 다양한 층위에서 이들 간의 구체적인 논쟁이 이어지고 있다.

그 논쟁들의 세부쟁점을 여기서 살펴볼 수는 없겠으나, 이런 논쟁들로부터 결국 '자율성은 왜 중요한가'라는 근본문제로 되돌아가게 된다. 자율성이란 사회－관계적으로 형성된 자아－정체성을 바탕으로 개인 스스로가 자명하게 자기결정－지배－승인한다는 요구－관념이라고 보면, 이런 자율성은 관계 자체를 차단한 고립된 원자적－개인주의적 자아에 대한 불간섭에 의해 마련될 수도 없고, 사실적 후견을 통한 객관적－규범실체적인 교정(억압－위계의 제거－부재)을 통해 해결될 수도 없다. 추상적이긴 하나, 무엇보다 주관적 자기반성(자기의식) 속에서 스스로가 사회적－개인적 서사의 주체－저자임을 의식할 수 있는 관계가 형성될 때 비로소 자율성의 통로는 마련된다고 할 수 있다.

성년후견의 문제와 연관지어 보면 피성년후견인의 자율성을 위한 선행조건으로는, 일체의 사회적 관계로부터 격리－고립된 자아 상태가 아닐 것(격리－고립－방치되지 않을 것), 실체적 규범 목록을 수반－전제한 후견이 아니라 사회적 관계 내에서 재산관리 및 신상보호에 관한 스스로의 자명한 의사를 확인하도록 지원할 것(후견주의적 의사결정 대행이 아닐 것), 개별－단편적으로가 아니라 연속적인 방식으로 개인들의 자기서사성을 최대한 되살려 이어가게 할 것(서사와 단절된 생존이 아닐 것) 등이 우선 필요할 것이다. 결국 자율성을 찾고 복원시키는 작업은 근본적으로 주체의 인격성을 찾아 되돌려주는 작업과 같다. 즉, 인격성을 전제하는 관점 하에서만 자율성은 자유주의적－원자적 개인들의 개체적－배타적 능력이나 운의 문제를 넘어, 객관적－사회관계적 맥락과 주관적－자기반성적 맥락 속에서 형성－성취되는 인간적 가치개념으로 해석될 수 있다. 지금까지의 논의에서 적어도 확인되는 두 가지가 있다면, '인격적－사회적 관계가 비로소 인간을 자율적이게 한다'라는 추상적인 명제가 한 사회 내에서 어떻게 구체화되는가가 그 사회의 자율성의 질적 수준을 가늠케 한다는 것, 그리고 이러한 자율성의 관계적 차원을 살리는 것은 원자론적 자유주의와 규범적 후견주의 사이에서 균형을 잡는 어렵고도 중요한 우리사회의 과제라는 것이다.

2.
정신보건법 제24조 제1항과 제2항에 대한 헌법불합치결정과 신체의 자유의 객관적 가치질서로서의 의미*

방승주(한양대학교 법학전문대학원 교수)

Ⅰ. 서 론

헌법재판소는 2016년 9월 29일 정신보건법 제24조 제1항 등 위헌제청 사건에서 그간 논란이 되어 오던 정신보건법 제24조 제1항과 제2항에 대하여 헌법불합치결정을 선고하였다. 하지만 이 결정이 선고되기 전인 2016년 5월 29일 정신보건법은 '정신건강증진 및 정신질환자 복지서비스 지원에 관한 법률'이라고 하는 명칭으로 전면개정되어 1년 후인 2017년 5월 30일부터 시행되고 있으나, 문제가 되었던 핵심 조항인 보호입원제도는 별로 개정되지 않은 채, 종전의 규정과 거의 비슷한 내용으로 유지되고 있고, 아직까지 국회에 헌법불합치결정의 취지를 제대로 반영하는 개정법률안도 올라와 있지 않은 상태에 있어서 과연 헌법재판소의 헌법불합치결정이 실효성이 있는 것인지, 그리고 과연 신체의 자유가 가지는 객관적 가치질서라고 하는 헌법적 의미는 무엇인지에 관하여 근본적인 문제를 제기하게 만들고 있다. 이는 아마도 헌법재판소가 헌법불합치결정을 하면서 입법개선의 시한을 두지 않은 데에도 연유한

---

* 본 논문은 헌법재판소의 2014헌가9 정신보건법 제24조 제1항 등 위헌제청 사건의 대리인, 권오용 변호사로부터 의뢰받아 헌법재판소에 제출한 의견서와 그리고 이를 기초로 2018년 10월 26일 국가인권위원회 · 국회의원 이명수 보건복지위원장 · 대한변호사협회 공동주최로 개최된 「정신건강제도와 인권, 정신건강법률 국제심포지엄」에서 발표한 원고를 수정 · 보완한 것임.

것은 아닌지 생각해 보게 한다.

이하에서는 헌법재판소의 헌법불합치결정의 요지를 살펴 본 후(Ⅱ), 이 사건이 계류 중인 당시 필자가 제청신청인 대리인(권오용 변호사)으로부터 의뢰를 받아 헌법재판소에 제출한 필자의 의견서를 기초로, 정신보건법 제24조의 위헌성에 대하여 심층 분석한 뒤, 신체의 자유라고 하는 기본권의 객관적 가치질서의 차원에서 헌법재판소 결정에 대하여 평가를 해 보고(Ⅲ), 과연 입법자의 법개정이 앞으로 어떠한 방향으로 이루어져야 합헌적이라고 할 수 있을 것인지에 대해서 개정신법(정신건강복지법)과 함께 고찰(Ⅳ)한 후 결론(Ⅴ)을 맺기로 한다.

Ⅱ. 정신보건법 제24조 제1항과 제2항에 대한 헌법불합치결정의 요지

1. 사건의 개요와 심판의 대상[1)]

(1) 사건의 개요

1) 제청신청인은 2013. 11. 4. 그 보호의무자인 자녀 2인의 동의와 정신건강의학과전문의의 입원진단에 의하여 화성시 소재 정신의료기관인 ○○병원에 입원되었다.

나. 제청신청인은 자신이 입원 당시 갱년기 우울증을 앓고 있었을 뿐 정신의료기관에서 입원치료를 받을 정도의 정신질환에 걸려 있거나, 자신의 건강 · 안전이나 타인의 안전을 해할 염려가 없었음에도 강제로 입원되었다고 주장하면서 서울중앙지방법원에 인신보호법에 따른 구제청구를 하였다(서울중앙지방법원 2014인1).

다. 제청신청인은 위 구제청구 사건 계속 중인 2014. 2. 3. 보호의무자 2인의 동의와 정신건강의학과전문의 1인의 진단에 의하여 정신질환자를 입원시킬 수 있도록 한 정신보건법 제24조가 제청신청인의 신체의 자유 등을 침해한다고 주장하면서 위헌법률심판제청을 신청하였고, 당해 사건 법원인 서울중앙지방법원은 2014. 5. 14. 위 신청을 받아들여 정신보건법 제24조 제1항, 제2항에 대하여 이 사건 위헌법률심판을 제청하였다(서울중앙지방법원 2014초기408).

---

1) 헌재 2016.9.29. 2014헌가9, 정신보건법 제24조 제1항 등 위헌제청, 판례집 28-2상, 276, 278-279 [헌법불합치] 결정문 참조.

(2) 심판대상

이 사건 심판대상은 정신보건법(2011. 8. 4. 법률 제11005호로 개정된 것) 제24조 제1항, 제2항이 헌법에 위반되는지 여부이다. 심판대상조항의 내용은 다음과 같다.

[심판대상조항]

정신보건법(2011. 8. 4. 법률 제11005호로 개정된 것)

제24조(보호의무자에 의한 입원) ① 정신의료기관등의 장은 정신질환자의 보호의무자 2인의 동의(보호의무자가 1인인 경우에는 1인의 동의로 한다)가 있고 정신건강의학과전문의가 입원등이 필요하다고 판단한 경우에 한하여 당해 정신질환자를 입원등을 시킬 수 있으며, 입원등을 할 때 당해 보호의무자로부터 보건복지부령으로 정하는 입원등의 동의서 및 보호의무자임을 확인할 수 있는 서류를 받아야 한다.

② 정신건강의학과전문의는 정신질환자가 입원등이 필요하다고 진단한 때에는 제1항에 따른 입원등의 동의서에 당해 정신질환자가 다음 각 호의 어느 하나에 정한 경우에 해당된다고 판단한다는 의견을 기재한 입원등의 권고서를 첨부하여야 한다.

1. 환자가 정신의료기관등에서 입원등 치료 또는 요양을 받을 만한 정도 또는 성질의 정신질환에 걸려 있는 경우
2. 환자 자신의 건강 또는 안전이나 타인의 안전을 위하여 입원등을 할 필요가 있는 경우

2. 제청신청인의 주장, 법원의 위헌제청이유와 이해관계인 의견

(1) 제청신청인의 주장 요지

정신보건법은 다음과 같은 문제를 가지고 있으므로, 결국 과잉금지원칙에 위배되어 제청신청인의 인간의 존엄과 가치와 행복추구권, 일반적 인격권으로서의 자기결정권, 평등권, 신체의 자유를 침해한다.

1) 보호의무자와 정신질환자 사이에 이해관계가 충돌하는 경우도 다수 있는데, 보호의무자에 의한 입원제도는 보호의무자에 의한 입원 대상자 본인의 의사 확인 없

이 보호의무자 2인의 동의로 보호의무자에 의한 입원이 가능하도록 하고 있다. 한편 정신의료기관 등이 정신질환자를 수용하고 있으면, 국가가 환자에 대한 의료보장을 통해 급여를 제공하므로, 보호의무자에 의한 입원자 수는 정신의료기관의 수익으로 직결되는바, 해당 정신의료기관의 운영자 또는 의사가 입원의 필요성에 대해 판단하는 것은 객관성을 담보하기 어렵다.

2) 심판대상조항은 정신질환자가 입원여부 결정에 관하여 의사능력이 없다고 단정하여 본인의 의사결정권을 배제하고 제3자인 보호의무자가 의사결정을 대리하도록 하고 있다.

3) 심판대상조항은 진단방법을 별도로 규정하지 않고 통상적으로 이루어지는 대면진단만으로도 입원이 가능하도록 규정되어 있으므로, 6개월이라는 장기간의 입원 여부를 결정하기 위한 적절한 진단방법이 될 수 없다.

4) 정신병원은 형식상 '대리진단을 위한 이송'이라는 명목으로 환자를 강제적으로 포박하여 병원으로 데려가고 있는 것이 현실이다.

심판대상조항은 정신질환자가 보호의무자에 의하여 입원되는 과정에서 방어권을 행사할 수 있는 기회를 부여하는 등의 적절한 절차적 보장을 하고 있지 않고, 부당한 보호의무자에 의한 입원에 대한 사후적인 권리구제수단도 미흡하므로, 적법절차원칙에 위반될 뿐만 아니라, 정신보건법 제24조 제2항 제2호는 "환자 자신의 건강 또는 안전이나 타인의 안전을 위하여 입원 등을 할 필요가 있는 경우"라고 규정하고 있는바, 이 기준은 관계 법령 어디에도 설시되어 있지 않아 그 구체적인 사례를 전혀 예상할 수가 없어 명확성의 원칙에 위반된다.

(2) 법원의 위헌제청 이유의 요지

이 사건 심판대상조항은 입원 요건에 있어서의 불완전성·불명확성, 보호의무자와 정신질환자의 이해충돌 우려에 대한 대책 미비, 입원 등 필요성을 판단하는 주체의 제도적 객관성 결여 등으로 인하여 당초 입법목적과는 달리 그 자체로 보호의무자 또는 정신의료기관 등의 장에 의하여 악용될 수 있으므로, 과잉금지의 원칙에 위반하여 신청인의 신체의 자유와 자기결정권을 과잉하게 침해할 뿐만 아니라, 헌법상 적법절차의 원칙에도 위반된다.

(3) 이해관계인 보건복지부장관의 의견 요지

심판대상조항은 입원 등이 필요한 정신질환자에 대하여 보호의무자의 후견적 동의 아래 정신의료기관 등에 입원시켜 치료함으로써 건강한 가정 및 사회구성원으로 복귀하도록 하는 데 목적이 있다. 심판대상조항은 정신질환자의 인권을 침해하려는 것이 아니라, 정신과전문의의 진단에 의하지 않고는 보호의무자에 의한 입원을 시킬 수 없도록 함으로써 정신질환자의 인권을 보호하는 한편, 정신질환자의 적시치료를 도모하려는 규정이다.

심판대상조항은 보호의무자 2인의 동의와 정신과전문의의 객관적이고 전문적인 판단을 보호의무자에 의한 입원의 요건으로 하고 있으므로, 기본권침해를 최소화하고 있다. 보호의무자와 정신질환자 사이에 이익충돌의 우려가 있어 보호의무자에 의한 입원이 오 · 남용될 수 있는 위험이 있으나, 이는 감금죄와 같은 형사상 책임을 지우는 것으로 방지해야 하고, 보호의무자에 의한 입원제도 자체를 부정할 것이 아니다.

정신보건법 등은 보호의무자에 의한 입원에 관하여 정신질환자에게 권리구제절차를 충분히 마련하고 있으므로, 심판대상조항은 적법절차원칙에 위배되지 않는다.

3. 헌법재판소의 결정

(1) 주 문

1. 정신보건법(2011. 8. 4. 법률 제11005호로 개정된 것) 제24조 제1항, 제2항은 헌법에 합치되지 아니한다.

2. 위 법률조항들은 입법자가 개정할 때까지 계속 적용된다.

(2) 이유의 요지

1) 제한되는 기본권

심판대상조항은 정신질환자의 보호의무자 2인의 동의와 정신과전문의 1인의 진단만 있으면 정신질환자를 본인의 의사에 반하여 6개월까지 정신의료기관에 입원시킬 수 있도록 하고 있으므로, 정신질환자의 신체의 자유를 제한한다. 개인의 자기결정권이나 통신의 자유에 대한 제한은 보호입원 대상자의 신체의 자유가 제한됨으로써 부수적으로 발생하는 결과이므로 이들 기본권에 대하여는 별도로 판단하지 않고, 한편 정신질환자의 수용에서 해제에 이르기까지 일련의 과정에서 요구되는 적절한 절차보장은 결국 격리수용의 필요성에 대한 판단에 공정성과 객관성을 담보하기 위한 것으로서 실체문제와 분리될 수 없으므로 과잉금지원칙 위반 여부에서 적법절차 문제를 포함하여 검토하기로 한다.

2) 과잉금지원칙 위반 여부

가. 입법목적의 정당성과 수단의 적정성

심판대상조항은 정신질환자를 신속 · 적정하게 치료하고, 정신질환자 본인과 사회의 안전을 지키기 위한 것으로서 그 입법목적은 정당하다.

보호입원을 통해 정신질환자를 보호의무자 2인의 동의 및 정신과전문의 1인의 진단을 요건으로 정신의료기관에 입원시켜 치료를 받도록 하는 것은 위와 같은 입법목적을 달성하는 데 어느 정도 기여할 수 있을 것이므로 수단의 적절성 또한 인정된다.

나. 침해의 최소성

심판대상조항은 정신질환자 본인의 의사에 반하는 입원을 가능하게 함에도 다음과 같이 정신질환자의 신체의 자유 침해를 최소화할 수 있는 방안을 충분히 마련하지 않고, 보호입원이 정신질환자를 사회로부터 격리시키는 수단으로 이용될 수 있는 가능성을 열어 두고 있으므로 침해의 최소성 요건을 충족하고 있다고 볼 수 없다.

① 보호입원의 대상과 그 진단의 문제

심판대상조항이 정한 보호입원 대상은 그 요건이 매우 추상적이고 포괄적일 뿐만 아니라, 그 판단마저 신뢰성이 확보되지 않은 정신과전문의 1인에 맡기고 있어 정당성을 갖추고 있다고 보기 어렵다.[2)]

② 보호의무자 2인의 동의와 정신과전문의 1인의 진단 요건의 문제

현행 정신보건법은 보호의무자와 정신질환자 사이에 이해관계가 충돌하거나 보호의무자가 정신질환자에 대한 부양의무를 회피하려는 경우 등과 같이 정신질환자의 이익을 저해하는 보호입원을 방지할 수 있는 제도를 충분히 마련하고 있지 않다.[3)]

---

2) 판례집 28-2(상), 276, 286.
3) 판례집 28-2(상), 276, 286-287.

심판대상조항은 입원치료 · 요양을 받을 만한 정신질환을 앓고 있는지 또는 환자 자신의 건강 · 안전이나 타인의 안전을 위하여 입원이 필요한지 여부에 대한 판단 권한을 정신과전문의 1인에게 전적으로 부여함으로써, 그의 자의적 판단 또는 권한의 남용 가능성을 배제하지 못하고 있다.[4]

이와 같은 보호의무자 동의 요건의 문제점과 정신과전문의 진단요건에 관한 문제점들이 서로 결합하는 경우 보호입원 제도가 남용될 위험성은 더욱 커지며, 실제로 그러한 사례들이 빈발하고 있다.[5]

③ 입원기간과 계속입원의 문제

보호입원은 입원기간도 최초부터 6개월이라는 장기로 정해져 있다(제24조 제3항 본문). 행정입원이 2주간의 진단입원을 거쳐 최대 3개월의 입원이 가능한 것(제25조)과 비교해 보았을 때에도 입원기간이 지나치게 길어, 치료의 목적보다는 격리의 목적으로 이용될 우려가 높다.[6]

이에 더하여 정신의료기관장은 6개월이 지난 후에도 피보호입원자에 대하여 계속하여 입원치료가 필요하다는 정신과전문의의 진단 및 보호의무자 2인의 동의가 있는 때에는 6개월마다 시장 · 군수 · 구청장 소속 기초정신보건심의위원회의 계속입원 심사를 통해 얼마든지 피보호입원자의 입원을 연장할 수 있다(제24조 제3항, 제30조, 제31조). 따라서 보호의무자와 의료기관 사이의 이해만 맞으면 얼마든지 정신질환자의 의사나 이익에 반하는 장기입원이 가능하다.[7]

④ 보호입원 대상자의 의사 확인이나 절차보조인의 관여 배제

강제입원은 기본적으로 신체의 자유를 제한 내지 박탈하는 인신구속의 성질을 가지므로 부당한 강제입원으로부터 환자의 권리를 보호할 수 있는 절차의 마련이 필요하다. 예컨대 신체의 자유를 제한당하는 당사자에 대한 사전고지, 청문 및 진술의 기회, 강제입원에 대한 불복, 부당한 강제입원에 대한 사법심사, 국가 또는 공적 기관에서 제공하는 절차보조인의 조력과 같은 절차가 보장될 필요가 있으나 정신보건법은 이러한 절차들을 전혀 마련하고 있지 아니하다.[8]

4) 판례집 28－2(상), 276, 286, 287.
5) 판례집 28－2(상), 276, 286, 287－288.
6) 판례집 28－2(상), 276, 286, 288.
7) 판례집 28－2(상), 276, 286, 288.
8) 판례집 28－2(상), 276, 286, 288－289.

정신질환자의 판단능력은 모두 다를 수 있음에도 불구하고, 심판대상조항은 입원을 결정함에 있어 정신질환자에게는 판단능력 내지 입원에 대한 동의능력이 전혀 없는 것으로 간주하여 이들의 의사를 고려하고 있지 아니하다. 입원 전이나 입원 당시에 당사자에게 고지하는 제도가 없고, 입원 후에야 이를 통지하는 사후통지제도만을 두고 있다(제24조 제5항).[9]

기초정신보건심의위원회에서는 피보호입원자를 직접 대면하여 그의 진술을 충분히 청취하는 절차를 거치지 않은 채, 대부분 서류 위주로 심사가 이루어지고 있는 점, 피보호입원자가 이미 보호입원된 상태에서 사후적으로 입원의 필요성 등을 심사하게 되어 결국은 처음 입원의 필요성이 있다고 인정한 정신과전문의 1인의 진단에 상당히 의존할 수밖에 없는 점 등에 비추어 보면, 기초정신보건심의위원회가 보호입원 당시의 위법 · 부당성을 충분히 심사할 수 있을 것으로 기대하기 어렵다.[10]

인신보호법상 구제청구라는 사후적 구제수단이 마련되어 있다고 하더라도 이러한 구제수단이 피보호입원자를 위법 · 부당한 보호입원으로부터 충분히 보호하고 있다고 보기 어렵다.[11]

⑤ 소 결

보호입원제도는 입원의 필요성에 대한 판단에 있어 객관성과 공정성을 담보할 만한 장치를 두고 있지 않고, 보호입원대상자의 의사 확인이나 부당한 강제입원에 대한 불복제도도 충분히 갖추고 있지 아니하여 보호입원 대상자의 신체의 자유를 과도하게 제한하고 있어, 침해의 최소성에 반한다.[12]

다. 법익의 균형성

심판대상조항이 정신질환자를 신속 · 적정하게 치료하고, 정신질환자 본인과 사회의 안전을 도모한다는 공익을 위한 것임은 인정되나 심판대상조항은 단지 보호의무자 2인의 동의와 정신과전문의 1인의 판단만으로 정신질환자에 대한 보호입원이 가능하도록 하면서 정신질환자의 신체의 자유 침해를 최소화할 수 있는 적절한 방안을 마련하지 아니함으로써 지나치게 기본권을 제한하고 있다. 따라서 심판대상조항은 법익의 균형성 요건도 충족하지 못한다.[13]

---

9) 판례집 28－2(상), 276, 286, 289.
10) 판례집 28－2(상), 276, 286, 289.
11) 판례집 28－2(상), 276, 286, 290.
12) 판례집 28－2(상), 276, 286, 290.

라. 소결론

심판대상조항은 과잉금지원칙을 위반하여 신체의 자유를 침해한다.

3) 헌법불합치결정

심판대상조항에 대하여 단순위헌결정을 하여 그 효력을 즉시 상실시킨다면 보호입원의 법률적 근거가 사라져 정신질환자에 대한 보호입원의 필요성이 인정되는 경우에도 보호입원을 시킬 수 없는 법적 공백 상태가 발생하게 된다.

따라서 심판대상조항에 대하여 단순위헌결정을 하는 대신 헌법불합치결정을 선고하되, 입법자가 심판대상조항의 위헌성을 제거하고 합헌적인 내용으로 법률을 개정할 때까지 심판대상조항이 계속 적용되도록 할 필요가 있다.

다만 국회는 2016. 5. 29. 법률 제14224호로 정신보건법을 '정신건강증진 및 정신질환자 복지서비스 지원에 관한 법률'로 전부개정하였고, 위 개정법률은 2017. 5. 30.부터 시행될 예정이다. 그러나 개정법률의 내용이나 개정법률에서 심판대상조항의 문제점을 해소하였는지 여부에 대하여는 나아가 판단하지 아니한다.[14]

4) 결 론

심판대상조항은 헌법에 합치되지 아니하나, 입법자의 개선입법이 이루어질 때까지 잠정적으로 적용하기로 하여 관여 재판관 전원의 일치된 의견으로 주문과 같이 결정한다.[15]

Ⅲ. 정신보건법 제24조 제1항과 제2항의 위헌성에 대한 사견과 헌법재판소결정에 대한 평가

1. 정신보건법 제24조 제1항과 제2항의 위헌성에 대한 사견

(1) 관련되는 기본권과 헌법원리

제청신청인과 제청법원은 이 사건 심판대상조항에 의하여 헌법 제10조의 인간

13) 판례집 28-2(상), 276, 286, 291.
14) 판례집 28-2(상), 276, 286, 291.
15) 판례집 28-2(상), 276, 286, 291-292.

으로서의 존엄과 가치와 행복추구권, 인격권으로서의 자기결정권, 헌법 제12조 제1항의 신체의 자유와, 헌법 제11조의 평등권이 침해되었으며, 또한 심판대상조항은 과잉금지원칙, 적법절차원칙과 명확성의 원칙에 위반된다고 주장한다.

이 사건 심판대상조항은 정신질환자에 대하여 보호의무자 2인의 동의가 있고, 정신과전문의의 입원진단이 있는 경우에는 본인의 의사에 반하여 강제 입원하여 최장 6개월까지 감금할 수 있도록 한 규정이다. 따라서 부당한 체포와 감금 등을 금지하는 헌법 제12조 제1항의 신체의 자유의 보호영역과 관련된다고 볼 수 있다.

그리고 비록 정신보건법상 정신질환자에 해당된다 하더라도, 본인이 타인에게 해를 입히거나 공공의 안전에 해를 끼칠 우려가 있지 않는 이상, 입원을 하여 병을 낫게 할 것인지 여부는 본인이 직접 결정을 하여야 할 것인데, 심판대상조항은 본인의 의사와 상관없이 정신질환자에 대하여 강제입원을 할 수 있게 하고 있으므로 이는 헌법 제10조의 행복추구권으로부터 도출되는 자기결정권과도 관련된다고 할 수 있을 것이다. 신체의 자유를 신체의 거동의 자유를 보장하는 기본권으로서 이해하는 경우 신체의 자유를 제한하는 모든 행위들은 본인의 의사에 반한다고 할 수 있을 것이므로, 이 경우에 헌법 제10조의 자기결정권이나 일반적 행동의 자유 등은 신체의 자유라고 하는 특별한 기본권에 대한 일반적 기본권이라고 할 수 있는 측면도 있으나, 이 사건 심판대상 조항은 단순히 신체적 거동의 자유뿐만 아니라, 정신병원에서의 강제치료까지 포함하는 강제입원이기 때문에, 여전히 환자의 자기결정권은 중요한 위헌심사의 기준이 되는 기본권이라 할 수 있을 것이다.

그리고 헌법 제10조의 인간존엄권의 침해여부도 여전히 문제될 수 있다고 할 수 있으며, 특히 이는 헌법 제36조 제1항에서 보장되는 개인의 존엄에 기초한 가족생활권으로 더욱 특별히 보장되고 있고, 이러한 인간존엄권은 헌법 제10조와 헌법 제36조 제1항에서 국가의 기본권보호의무를 통하여 사인에 의한 침해로부터도 보호되고 있다고 할 것이다.

그리고 정신보건법 제25조의 시장 · 군수 · 구청장에 의한 입원(이하 '행정입원'이라 함) 등과 비교하여 이 사건 보호의무자에 의한 입원의 경우 입원요건에 관한 조항이나 그 밖에 입원기간 등에 대해서 달리 규정하고 있으므로 보다 완화된 규정으로 인하여 보호의무자에 의한 입원의 대상이 되는 정신질환자의 경우 행정입원의 경우에 비하여 차별을 받고 있다고 할 수 있으므로, 헌법 제11조의 평등권의 침해여부에 대하여 심사해야 할 것이다.

그리고 헌법 제12조는 모든 국민에게 신체의 자유를 보장하고 있으며, 법률에 의하지 아니하고는 체포 · 구속 · 압수 · 수색 등을 당하지 않으며, 체포 · 구속 · 압수 또는 수색을 받는 경우에는 적법한 절차에 따라 검사의 신청에 의하여 법관이 발부한 영장을 제시하여야 한다고 함으로써 적법절차원칙을 선언하고 있다. 헌법재판소에 의하면 이 적법절차원칙은 단순히 형사절차에만 국한되는 원칙이 아니라 국가의 공권력 행사 전반에 걸쳐서 공권력행사의 형식적 합법성과 실질적 정당성을 요구하는 원칙이다. 그리고 신체의 자유와 같이 다른 기본권의 행사를 위한 전제가 되는 중요한 기본권을 제한함에 있어서는 과연 그 사유가 합당한지 여부에 대하여 판사의 영장이나 사전의 허가를 거치게 함으로써, 보호의무자나 후견인 등이 보호권을 남용하지 않도록 절차를 마련할 필요가 있을 것이다. 그러나 그러한 남용을 통제할 수 있는 장치가 없이 의사의 입원결정만으로 장기 6개월까지 강제입원할 수 있게 한 이 사건 심판대상조항은 제청법원이나 신청인이 주장하고 있는 바와 같이 헌법상 적법절차원칙을 침해할 소지가 있다.

결론적으로 이 사건 심판대상조항이 헌법 제10조 인간으로서의 존엄과 가치 및 헌법 제36조 제1항의 개인존엄에 기초한 가족생활권, 헌법 제12조 제1항의 신체의 자유, 헌법 제11조 평등권을 침해하는지 여부,[16] 적법절차원칙, 명확성의 원칙과 국가의 기본권보호의무에 위반하는지 여부가 쟁점이 된다.

이하에서는 보호의무자에 의한 강제입원제도가 건드리는 가장 직접적인 기본권은 신체의 자유라고 할 수 있을 것이므로, 신체의 자유의 침해 여부를 먼저 살펴 본 후, 평등권 침해 여부와 적법절차원칙 및 기본권보호의무 위반 여부에 대하여 순서대로 살펴보기로 한다.

---

16) 대체로 비슷한 견해로, 정태호, 보호의무자에 의한 정신질환자 강제입원 · 치료제도의 위헌성, 경희법학 제51권 제2호(2016), 121－159(126－130). 다만 그는 기본권보호의무 위반여부의 관점에서가 아니라 방어권적 관점에서, 즉 과잉금지원칙을 기준으로 그 위헌여부를 심사하여야 한다고 주장하고 있는데(132), 정신보건법상 보호입원제도의 남용을 통해서 보호의무자에 의하여 위법한 침해를 받게 될 경우에 피해자인 정신질환자는 국가로부터 그의 기본권에 대한 침해나 침해위협에 대한 보호를 받아야 할 지위에 놓이게 되고, 따라서 그는 국가에 대하여 보호청구권을 행사할 수 있다고 하는 점에서, 기본권보호의무 위반여부를 얼마든지 심사할 수 있다고 보아야 할 것이다. 이것은 신체의 자유 등 다른 기본권침해에 대한 과잉금지원칙에 입각한 심사와 별개로 또 다른 차원에서 할 수 있다고 생각된다.

(2) 신체의 자유의 침해 여부

1) 신체의 자유의 보호영역

헌법 제12조 제1항 제1문은 "모든 국민은 신체의 자유를 가진다"고 규정하고 있다. 신체의 자유는 다른 모든 기본권의 행사를 위한 전제가 되는 가장 중요한 기본권 중의 하나라고 하는 것이 헌법재판소의 판례[17]이다.

이 신체의 자유에는 신체를 훼손당하지 않을 권리와 신체적 거동의 임의성을 침해받지 않을 자유가 포함된다. 즉 신체를 일정한 좁은 장소에 가두거나 감금함으로써 자유롭게 거동하지 못하도록 하는 경우 이는 개인의 신체의 자유를 제한하는 것이다.

2) 신체의 자유의 수범자

신체의 자유는 주로 국가 형벌권행사로부터 신체에 대한 부당한 침해를 방지하기 위하여 보장되는 기본권이라고 할 수 있으므로, 그 우선적인 수범자는 국가이며, 대국가적 방어권이라고 하는 점에 대해서는 논란의 여지가 없다.

그러나 예로부터 노예제나 그와 유사한 사례에서 볼 수 있듯이 국가가 아니라 사인이 사인의 신체와 신체적 거동의 자유를 부당하게 침해하는 사례가 얼마든지 발생해 왔고 발생하고 있는바, 신체의 자유가 가지는 객관적 가치질서로서의 측면을 고려할 때, 국가는 사인에 의한 신체의 자유의 침해가 발생하지 않도록 적절하게 기본권보호의무를 행사해야 할 뿐만 아니라, 사전적 · 사후적 보장장치를 마련할 의무가 있다.

독일에서도 후견인에 의하여 피후견인을 폐쇄된 시설에 수용할 경우에, 기본법 제104조에 따라 법관의 허가를 사전에 받아야 하는지가 문제되었던바, 우리와 마찬가지로 독일에서도 신체의 자유를 규정하고 있는 독일 기본법 제2조 제2항 제2문과 제104조의 직접적 수범자는 국가라고 할 수 있음에도 불구하고, 신체의 자유가 가지는 객관적 가치질서를 근거로 하여 후견인이 피후견인을 정신병동에 수용할 때에도 역시 법관의 사전허가를 받지 않으면 안 된다고 하여 독일 연방헌법재판소가 그 적용범위를 확대한 이래로[18] 독일 민법은 후견인의 피후견인에 대한 수용뿐만 아니라,

---

17) 헌재 1993.12.23, 93헌가2, 판례집 제5권 2집, 578, 594－595

18) 이에 관해서는 BVerfGE 10, 302 참조. 그 밖에 독일의 정신보건법제와 정신질환자에 대한 강제입원제도에

부모가 거소지정권의 행사로 자녀를 폐쇄된 시설에 수용할 경우에도 법관의 허가를 받도록 명시함으로써, 독일 연방헌법재판소의 신체의 자유의 객관적 가치질서로서의 효력에 관한 판시를 따르고 입법적으로 반영하였는데 이는 우리에게도 시사하는 바가 크다.

3) 제 한

이 사건 심판대상조항은 보호의무자 2인의 동의와 정신과전문의의 입원소견만 있으면 정신질환자의 의사와 상관없이 강제입원조치를 할 수 있도록 하고 있는 조항으로서, 당사자인 정신질환자의 신체를 정신병원에 최장 6개월까지 감금하여 강제치료를 할 수 있도록 하고 있는 규정이므로, 정신질환자의 신체적 거동의 임의성을 제한할 뿐만 아니라, 신체를 훼손당하지 않을 권리까지도 제한하는 규정이라고 할 수 있다.

이러한 제한이 유효하기 위해서는 헌법 제37조 제2항이 규정하고 있는 과잉금지의 원칙을 준수해야 할 뿐만 아니라, 법치국가원리로부터 도출되는 명확성의 원칙 등 요건을 갖추어야 할 것이다.

4) 제한의 한계

가. 과잉금지원칙 위반 여부

만일 신체의 자유를 침해 받아 일정한 폐쇄된 시설이나 장소에 장기간 동안 감금되는 경우에, 그 사람은 더 이상 헌법이 보장하고 있는 다른 기본권들도 행사할 수가 없게 되므로, 신체의 자유는 다른 모든 기본권행사를 위한 전제가 되는 중요한 기본권이라고 할 수 있다. 따라서 이러한 신체의 자유에 대한 국가적 제한이 과잉금지의 원칙을 충족하는지 여부에 대해서는 엄격한 심사기준에 따라서 심사하여야 할 것이다.

① 목적의 정당성

정신보건법 제1조는 정신보건법이 정신질환의 예방과 정신질환자의 의료 및 사회복귀에 관하여 필요한 사항을 규정함으로써 정신건강증진에 이바지함을 목적으로 한다고 밝히고 있다.

관해서는 박귀천, 독일의 정신보건법제와 정신질환자 강제입원제도, 이화여대 법학논집 제19권 제2호 (2014. 12), 357－395면.

그런데 이 사건 심판대상조항은 보호의무자에 의한 강제입원을 규정하고 있으므로, 보호의무자에 의한 입원제도가 가지는 입법목적을 밝혀야 할 것이다.

구 정신보건법(2011. 8. 4. 법률 제11005호로 개정된 것)은 정신질환자에 대하여 정신병원에 입원시키는 방법으로 자의입원(제23조 현행 제41조), 보호의무자에 의한 입원(제24조, 현행 제43조), 행정입원(제25조, 현행 제44조), 응급입원(제26조, 현행 제50조)의 네 가지 유형을 규정하고 있다. 그 가운데 보호의무자에 의한 입원은 정신질환자가 자해나 타해의 위험이 있을 경우, 이러한 위험을 방지하기 위해서 가족이나 보호의무자가 직접 정신질환자를 입원시킬 수 있도록 한 것으로서, 정신질환자 본인의 치료와 정신질환으로 인한 자해와 타해 위험의 방지에 그 목적이 있다고 할 것이다. 이러한 목적 자체는 일응 헌법 제37조 제2항이 규정하고 있는 "질서유지"의 차원에서 정당화될 수 있는 목적이라고 할 것이다.[19]

다만 정신보건법이 추구하는 이와 같은 정신질환자의 치료와 사회복귀 및 타해 위험의 방지 자체는 정당하다 하더라도, 정신보건법이 정의하고 있는 정신질환자의 개념은 "정신병(기질적 정신병을 포함한다) · 인격장애 · 알코올 및 약물중독 기타 비정신병적정신장애를 가진 자"이기 때문에, 이러한 정신보건법상 정신질환자가 의학적으로 정신질환자와 반드시 일치한다고 할 수는 없고, 그보다 훨씬 넓은 개념으로서 정신질환으로 인하여 행위무능력상태에 빠지거나 아니면 정신병에 관한 인식(병식)이 없는 상태가 아닌 사람들까지 포함될 수 있는 현저한 위험성이 내포되어 있다.

그렇다면 의학상 정신질환자라고 할 수 없음에도 정신보건법상 정신질환자에 포함되는 다수의 사람들도 자기 스스로 입원의 필요성이 없다고 판단함에도 불구하고 그들의 의사에 반하여 보호의무자가 의사의 진단을 받아 강제입원을 시킬 수 있도록 하고 있는바, 이 부분에 대해서는 그 입법목적이 정당하다고 보기 힘들다. 즉

19) 정태호, 앞의 논문(주 16), 138; 타해 위험의 방지는 정당한 목적이 될 수 없다고 하는 입장으로는 신권철, 헌법재판소 강제입원 위헌(헌법불합치)결정의 의미와 향후 과제, 헌법실무연구 제17권(2016), 311-349(335)과 서울법학 제24권 제4호(2017. 2), 1-45(23)면. 또한 치료나 요양 목적으로 본인의 의사에 반하여 입원 등을 시키는 것은 헌법 제10조의 자기결정권을 근본적으로 침해하는 것이며 그 목적의 정당성 자체가 부정되어야 한다고 보는 입장으로 제철웅, 정신건강증진 및 정신질환자 복지서비스 지원에 관한 법률의 시행과 치료, 입원, 퇴원 절차에서의 정신장애인 지원 방안, 서울법학 제25권 제3호(2017. 11. 30), 227-267(238-239). 다만 이 견해는 보호입원의 요건과 관련해서 신 · 구법이 거의 같은 내용임에도 불구하고(240면), "치료 및 요양 목적이라는 요건이 없어짐으로써 비자의입원의 목적의 정당성은 확보될 수 있다."(254면)고 주장하고 있어 다소 불분명한 입장을 보이고 있다. 이에 반하여 이를 인정하는 견해로 신은주, 제155회 발표회 지정토론문, 같은 책, 360-365(362)면. 김광욱, 같은 지정토론문, 같은 책, 350-359(352-353)면.

정신보건법이 의학상 명백히 정신질환자에 해당되어 그의 자해나 타해 위험으로 인하여 일정기간 강제 입원시켜 치료나 사회복귀에 도움을 주고 사회의 안전을 보호해야 하는 목적 자체는 정당하다고 볼 수 있겠으나, 의학상 정신질환자라고 하기 힘들고 스스로 자기결정과 판단능력이 있는 자들에 대해서까지 강제입원을 시킬 수 있는 가능성을 열어 둔 부분의 목적은 결코 정당화될 수 없다고 보인다.

그리고 정신보건법 제24조에서 정신과전문의의 입원필요성 판단의 요건을 보게 되면 “환자 자신의 건강 또는 안전이나 타인의 안전을 위하여”라고 하는 막연한 개념이 나오는데 이 요건은 자해나 타해의 위험을 반드시 내포하고 있는 것은 아니어서 정신질환자 범위의 광범위성과, 입원필요성 요건의 불명확성이 겹쳐지는 부분에 있어서는 결코 강제입원을 할 필요가 없는 부분이 있다고 할 수 있기 때문에, 이러한 부분에 대한 목적의 정당성은 상실된다고 보지 않을 수 없다.

제청신청인의 경우도 갱년기 우울증 치료를 받기 위한 진료경력이 있었을 뿐이고, 강제입원을 시킨 병원의 정신과의사의 진단의 내용이 각각 다를 뿐만 아니라, 퇴원 후 2015. 6. 17. 카톨릭대학교 여의도 성모병원에 심리진단을 받은 결과 정상이라고 하는 평가를 받았다고 하는 것[20]은 이러한 정상적인 사람들에 대해서도 정신보건법이 강제입원을 시킬 수 있는 위험성을 내포하고 있다는 증거라고 할 수 있을 것이다.

② **방법의 적정성**

입법자는 정신질환자의 치료와 사회복귀 및 자해와 타해의 위험방지를 위해서 2인의 보호의무자의 동의와 1인의 정신과의사의 입원진단에 의한 강제입원의 방법을 선택하였는데 이러한 방법이 과연 입법자가 추구하고 있는 목적을 달성할 수 있을 것인지가 문제된다.

이 사건 심판대상조항은 정신보건법이 규정하는 의미의 정신질환자에 대하여 자신의 의사에 반하여 강제 입원시킬 수 있도록 하고 있는데, 이러한 강제입원은 환자 자신의 자율적 의사에 반하여 강제 감금이 이루어질 뿐만 아니라, 입원 중에 강제치료가 이루어질 수 있는 가능성을 내포하고 있는바, 이와 같이 본인의 의사에 반하는 강제입원과 강제치료의 방법으로는 진정한 의미의 치료의 목적을 달성하기가 곤란

20) 제청신청인 대리인 의견서, 18쪽.

하고, 오히려 정신질환과는 상관없는 다수의 사람들을 약물치료 등을 통하여 장기간 입원을 강요함으로써 정신질환을 촉진하거나 악화시킬 가능성이 높다고 할 수 있다.

강제입원은 주로 강제치료를 할 목적으로 이루어진다고 할 수 있으므로, 정신질환자에 대하여 본인의 의사에 반하여 강제로 입원시킨 후 강제치료를 하게 되는 경우, 본인의 자율적 의사에 반하여 신체적 거동의 자유를 침해할 뿐만 아니라, 강제투약 등의 행위가 이루어지게 되는 것이므로 환자의 인간존엄성과 자기결정권을 침해할 가능성이 매우 높다. 따라서 치료의 성공가능성이 있는지의 관점에서 비례의 원칙에 입각한 엄격한 심사를 할 필요가 있다.[21)]

정신질환자의 경우 심신상실의 정도가 심하여 의사무능력 상태이거나 판단능력이 결여되어 자해나 타해의 위험이 큰 상태에 있는 경우, 이 환자에 대하여 강제입원 및 치료를 하여야 한다면, 그것은 당사자인 환자가 그 입원을 통해서 치료될 가능성이 있을 경우에 한하여 허용을 하여야 할 것이다. 만일 정신질환의 치료나 호전이 처음부터 가능하지 않고, 오히려 악화시킬 수 있을 뿐인 경우에, 정신질환자를 사회에 대한 일반적인 위험의 방지를 위한다는 목적으로 폐쇄된 시설에 감금하거나 그들에 대하여 강제치료를 한다면, 이는 정신질환자의 치료와 사회복귀라고 하는 입법목적을 달성할 가능성도 없이 그들을 장기간 감금하여 사회로부터 격리시키는 것이기 때문에, 이러한 방법으로는 보호의무자에 의한 입원의 진정한 입법목적을 달성할 가능성이 없다. 그렇다면 방법의 적정성마저도 없다고 할 수 있는 것이다.[22)]

그리고 이 사건 제청신청인의 경우에서 볼 수 있는 바와 같이, 가족들간의 이해관계가 충돌할 수 있는 경우, 보호의무자는 가령 경제적 이유나 자신들의 사적 목적을 위해서 정신질환자를 강제로 입원시키기로 하고, 또한 정신병원 역시 환자를 입원시킬 경우 수입이 상승하고 병상에 따른 국고보조금도 늘어날 수 있는 등 경제적 수익가능성이 있다는 점을 고려해 볼 때, 환자와 병원, 환자와 보호의무자의 이해관계의 충돌[23)]가능성과, 또한 강제입원의 남용가능성에 대하여 아무런 방비책을 두지 않

---

21) 이에 관해서는 BVerfGE 128, 282.

22) 동지, 정태호, 앞의 논문(주 16), 139; 역시 방법의 적정성을 부인하는 견해로, 신권철, 앞의 논문(주 19), 335와 신은주, 앞의 토론문(주 19), 363. 이에 반하여 인정하는 견해로, 김광욱, 앞의 토론문(주 19), 354.

23) 대표적인 사례가 이 사건 위헌제청신청인의 강제입원을 의뢰한 자 김○국의 경우 제청신청인이 여신전문금융업법위반으로 고소하여 2011. 2. 17. 기소유예처분을 받은 사실이 있고(서울중앙지방검찰청 2011형제1753), 친양자인 김○경의 경우 제청신청인이 서울가정법원에 파양을 청구한 사실이 있었음(2010드단83185)은 제청신청인 대리인이 그 의견서(31쪽)에 잘 적시하고 있다.

고서 보호의무자 2인의 동의와 정신과전문의 1인의 입원소견만 있으면 환자를 입원시킬 수 있게 하고 있는 것은, 오히려 건강한 사람도 정신병동에 강제로 입원시켜 사회로부터 격리시킨 후 정신질환자로 만들 가능성을 내포하고 있는 것이다.

따라서 이러한 범위 내에서는 이 사건 심판대상조항은 입법목적의 달성 가능성이 없기 때문에 방법의 적정성도 충족하지 못하고 있다고 보인다.

③ **침해의 최소성**

주지하듯이 침해의 최소성은 입법자가 선택한 수단보다 덜 침해적인 다른 수단은 없는가 하는 관점에서의 심사이다. 특히 위에서도 언급한 바와 같이 남용가능성을 줄이기 위한 보다 적절한 절차가 없었는가 하는 점에서 보다 덜 침해적인 수단이 있었다고 한다면 입법자가 그러한 수단을 선택하지 않은 경우 침해의 최소성 위반이 된다.

신체의 자유는 헌법재판소가 판시하고 있듯이 다른 모든 기본권행사를 위한 전제가 되는 가장 기본적이고도 중요한 기본권으로서 신체적 거동의 임의성이 보장되지 않아 일정한 장소에 구금되어 있을 수밖에 없는 경우, 인간으로서의 존엄과 가치 역시 침해될 가능성이 크다. 이와 같이 중요한 신체의 자유는 대국가적 방어권이기도 하지만 모든 법질서에 적용되어야 하는 객관적 가치질서[24]로서의 의미도 가지는 것이다. 따라서 입법자는 개인의 신체의 자유를 제한해야 할 필요성이 있는 예외적인 경우에도 국가권력의 남용에 의하여 신체의 자유가 과도하게 침해되지 않도록 하기 위해서, 법관의 허가[25]나 사전 영장을 받게 하는 등의 적법한 절차를 취할 것을 요구하고 있는 것이다. 따라서 신체의 자유의 보호가 국가가 이행해야 할 중요한 객관적 가치질서라고 한다면, 국가 형벌권의 남용을 방지하기 위한 목적에서 제정된 형사소송법적인 공법적 절차에서 뿐만 아니라, 부모나 후견인 그 밖의 보호의무자가 자녀나 피후견인과 피보호자 등에 대하여 친권이나 후견권, 보호권의 행사로써 폐쇄된 시설에 수용하기로 하는 결정을 하는 *私法秩序*의 경우에도 이러한 결정에 앞서서, 강제입원의 결정이 정당한지 여부를 판단하고 의사의 결정에 대하여 통제할 수 있는 법관의 영장이나 허가가 반드시 필요하다고 보지 않을 수 없으며 입법자는 이러한 규정을 마련하지 않으면 안 된다.[26]

---

24) BVerfGE 10, 302 (322).
25) 동지, 신은주, 앞의 토론문(주 19), 364.

그러나 이와 같이 강제입원을 결정함에 있어서 보안처분결정의 경우에는 헌법 제12조 제1항에 따라서 그 적법여부가 통제될 수 있는 가능성이 열려있는 데 반하여, 이 사건 보호의무자에 의한 입원의 경우에는 의사의 소견에 대한 법관의 통제가능성이 전무함으로 인하여 보호의무자 2인과 정신과전문의 1인이 서로 뜻을 합하는 경우에는 얼마든지 건강한 사람도 정신질환자로 둔갑시켜, 한밤에 포승줄로 묶어 강제입원을 시킬 남용의 가능성이 처음부터 내포되어 있었던 것이다.

한편 입원기간과 관련해서도 의사의 입원진단이 떨어질 경우 장기 6개월까지 입원이 가능하도록 하고 있는바, 가령 정신보건법 제25조에 따른 행정입원의 경우와 같이 진단을 위한 입원기간은 2주로 한 후, 그 후 정확한 진단결과 입원이 필요하다고 판단되는 경우에는 그 치료를 위하여 요구되는 기간을 행정입원의 경우와 같이 3월을 넘지 않는 범위 내에서(구 정신보건법 제36조) 한다든가, 그리고 그 기간이 지나면 계속입원을 할 필요가 있는지 여부에 대하여 계속입원심사를 하는 등의 방법으로 할 수 있음에도 불구하고, 이러한 세분화되고 완화된 방법이 아니라 최장 6개월이라고 하는 기간을 설정한 것은 침해의 최소성의 원칙에 반한다고 보아야 할 것이다.[27]

④ **법익의 균형성**

이 사건 심판대상조항이 추구하는 목적의 중요성과 심판대상조항으로 인하여 침해되는 정신질환자의 기본권의 중요성이 서로 균형관계에 있어야 법익의 균형성이 충족될 수 있다.

그러나 정신보건법이 추구하는 목적은 정신질환자의 치료나 사회복귀를 포함하여 자해나 타해의 위험이라고 하는 정신질환자 자신과 사회의 이익을 위한 것이지만, 장기 6개월간의 입원기간이 예정되어 있고, 그 기간 동안 입원이 정당한지와 치료의 효과가 있는지 여부에 대한 사후적 통제장치가 제대로 보장되어 있지 않은 점을 고려할 때, 정신보건법은 정신질환자의 치료 및 사회복귀에 목적을 두고 있기보다, 오히려 사회의 안전에 방점을 두고 있는 듯하다. 그러나 정신질환자가 자신을 해할 위험의 문제는 누구든지 자기의 운명은 자기 스스로 결정할 수 있으며, 심지어 병에 걸려 아픔에도 불구하고 치료를 받지 않겠다고 하는 결정, 즉 아플 자유(Freiheit zur Krankheit)도 환자 스스로 할 수 있는 자기결정권의 한 내용임을 생각해 볼 때, 환자

26) 이에 관해서는 BVerfGE 10, 302 참조.
27) 동지, 제청신청인 대리인 의견서, 53쪽.

스스로의 자해나 건강상의 위험을 그의 의사에 반하여서까지 강제입원을 시켜 가면서 보살펴야만 하는 것인지 의문이 드는 것이 사실이다. 그리고 다른 사람을 해할 위험을 방지하는 것은 그 위험이 구체적이고 현실적으로 발생하였다고 하기 힘든 추상적이고 일반적인 위험으로서의 의미가 상당히 내포되어 있는 데 반하여, 정신질환자나 또는 의학적으로 정신질환을 가지지는 않았지만 행위능력과 판단능력이 있는 그 밖의 여타의 알콜중독자나 인격장애자 등 이 사건 심판대상조항의 적용대상자가 겪을 신체의 자유나 자기결정권 등의 침해의 가능성은 매우 현실적이고 구체적일 뿐만 아니라, 크고 중대하다고 할 것이다.[28]

따라서 이 사건 심판대상조항은 법익균형성을 갖추지 못하였다.

⑤ 소 결

결론적으로 이 사건 심판대상조항은 헌법 제37조 제2항의 과잉금지의 원칙에 반하여 제청신청인의 헌법 제12조 제1항에서 보장되는 신체의 자유를 과도하게 침해하고 있으므로, 헌법에 위반된다.

나. 명확성의 원칙 또는 과도한 광범성의 원칙 위반여부

나아가 이 사건 심판대상조항은 첫째, 보호의무자에 의한 입원의 대상자와 관련하여, 둘째, 보호의무자에 의한 입원의 요건과 관련하여 명확성의 원칙 또는 과도한 광범성의 원칙에 위반된다.

① 정신보건법 적용대상자의 광범위성

정신보건법 제3조 제1호는 "정신질환자"라 함은 정신병(기질적 정신병을 포함한다) · 인격장애 · 알코올 및 약물중독 기타 비정신병적 정신장애를 가진자를 말한다고 정의하고 있다.

위에서도 지적하였듯이 이러한 정의에는 의학상 정신질환에 포함되지는 않고 사회에서 정상적으로 일상생활을 해 나가면서 어느 정도의 질환을 치유해 나갈 수 있는 사람들도 포함될 가능성이 있고, 나아가 "기타 비정신병적 정신장애를 가진 자"가 누구인지 하는 것은 정신과전문의들 역시 정확하게 한정하기 힘든 광범위한 개념이다.[29]

그러하다 보니 이 사건 제청신청인과 같이 단지 갱년기 우울증을 겪고 있을 뿐

28) 동지, 제청신청인 대리인 의견서, 56쪽.
29) 동지, 신권철, 앞의 논문(주 19), 339.

이고, 카톨릭대학교 서울성모병원에서의 사후 진단 결과 아무런 정신병적 문제가 없다는 진단결과30)를 얻은 사람에 대해서까지 서로 일치하지 않는 정신질환 병명을 들면서 입원소견이 나온 사례가 있는 것을 볼 때, 이와 같이 과도하게 광범위한 정신보건법상의 "정신질환자" 개념으로 인하여 처음부터 보호의무자 2인과 정신과전문의 1인의 판단에 의한 강제입원의 남용가능성이 열려 있었다고 볼 수 있을 것이다.

② 보호의무자에 의한 입원을 위한 전제조건의 불명확성

다음으로 보호의무자에 의한 입원을 하기 위해서는 정신과전문의가 다음 각호의 어느 하나에 해당된다고 판단한다는 의견을 기재하여 입원을 권고해야 한다. 즉 ⅰ) 환자가 정신의료기관 등에서 입원 등 치료 또는 요양을 받을 만한 정도 또는 성질의 정신질환에 걸려 있는 경우, ⅱ) 환자 자신의 건강 또는 안전이나 타인의 안전을 위하여 입원 등을 할 필요가 있는 경우가 그것이다.

우선 첫째, 환자가 어느 정도로 심각한 정신질환을 가지고 있을 때, 입원이나 요양을 받을 필요가 있다고 할 수 있을 것인지에 대해서 아무런 예측가능한 기준이 없다. 즉 어느 정도의 정신질환이 있어서 내원치료에 의한 회복이 가능한 경우에도 의사의 판단 여하에 따라서 입원치료가 불가피하다고 하여도 이에 대하여 통제할 수 있는 아무런 장치가 없고, 환자는 자신의 의사에 반하여 강제입원을 당할 수밖에 없는 상태이다.

둘째, "환자 자신의 건강 또는 안전이나 타인의 안전을 위하여 입원 등을 할 필요가 있는 경우"라고 하는 전제조건 역시 지나치게 광범위하고 추상적이며 모호한 개념을 담고 있다. 즉 환자 자신의 건강 또는 안전을 위해서 입원을 해야 할 필요가 있는 경우가 언제인지, 이 경우도 내원치료 등을 통해서 해결될 수 있는 가벼운 증상의 경우에도 입원이 필요하다고 판단할 수 있는 가능성이 열려 있고, 언제 입원이 필요한지에 대한 아무런 구체적 기준이 없어 예측가능성이 없다. 그리고 타인의 안전을 위하여 입원 등이 필요한 경우가 언제인지도 역시 불확실하다. 즉 타인에 대한 상해나 살해 등의 현실적이고 구체적인 위험이나 위협이 있는 경우에는 범죄의 구성요건을 충족할 수 있으므로, 이에 대해서는 사회안전을 보호하기 위하여 경찰이 투입되어 현행범으로 체포 등을 하거나, 필요한 경우에 정신보건법 제25조에 따른 행정입원

30) 제청신청인 대리인 의견서, 60쪽, 각주 47).

등을 시킬 수 있을 것이지만, 보호의무자에 의한 입원의 경우에는 이러한 정도의 구체적인 위험이나 위협이 현실적으로 존재하지 않더라도 일반적이고도 추상적인 잠재적 위험이 있다고 판단되는 경우에는 정신질환자에 대하여 강제입원을 할 가능성이 열려 있기 때문이다.

이 점은 행정입원의 경우 정신보건법 제25조가 “자신 또는 타인을 해할 위험의 기준은 제28조의 규정에 의한 중앙정신보건심의위원회의 심의를 거쳐 보건복지부장관이 정한다”고 규정하고 있는 데 비하여 그 구체적인 기준에 관하여 아무런 규정이 없는 데서 더욱 분명해진다.

그리고 강제이송단에 의하여 포승줄로 묶여서 정신병원에 강제이송되어 오는 경우에는 정상적인 사람이라 하더라도, 자신을 포박하여 강제로 정신병원에 감금하려는 자들과 의사에게 극한적인 적대감과 흥분상태를 보일 수 있을 것임은 당연한 것이며, 이에 대해서도 정신과전문의는 일종의 정신질환의 하나로 진단하고 안정을 취하기 위해서는 이 사람에 대하여 입원치료를 해야 할 필요가 있다고 진단할 가능성을 처음부터 배제할 수 없으며, 실제로 “의증”이나 “행동장애”와 같은 막연한 진단으로도 입원을 시키는 사례가 빈발하는 것이다.

따라서 이 사건 심판대상조항은 정신질환의 개념의 광범위성과 입원요건의 불확실성 등으로 인하여 환자의 입원필요성 판단에 있어서 의사의 자의적 결정을 배제하지 못하고, 어떠한 경우에 입원이 필요한지에 대하여 아무런 예측가능성이 없다고 할 수 있으므로, 명확성의 원칙에 위반된다.

5) 소 결

따라서 이 사건 심판대상조항은 과잉금지의 원칙과 명확성의 원칙에 반하여 제청신청인의 헌법 제12조에서 보장되는 신체의 자유를 침해한다.

(3) 평등권 침해 여부

이 사건 심판대상조항이 제청신청인의 헌법 제11조로부터 나오는 평등권을 침해하는지 여부를 심사해 보면 다음과 같다.

1) 심사기준

주지하듯이 제대군인가산점 판결[31]이래로 평등의 원칙 위반여부에 대한 심사에 있어서 ⅰ) 헌법이 특별히 평등취급을 명하거나 차별을 금지하는 경우, ⅱ) 차별로 인하여 다른 기본권에 대한 중대한 제한이 야기되는 경우에는 자의금지의 기준이 아니라 비례의 원칙에 입각한 엄격한 심사를 한다.

이 사건 심판대상조항으로 인하여 정신질환자들은 다른 일반인, 피성년후견인인 정신질환자, 행정입원 대상 정신질환자와 비교하여 지나치게 차별적으로 자기결정권, 신체의 자유와 적법절차에 관한 권리 등에 있어서 중대한 침해를 받고 있다고 볼 수 있으므로, 비례의 원칙에 입각한 엄격한 심사를 하여야 할 것이다.

2) 비교 및 차별대상

첫째, 보호의무자에 의한 입원 대상이 되는 정신질환자들은 가령 일반인들과 비교해서 그들이 자기결정권을 행사할 수 없을 정도로 심신상실에 이르지 않았을 수 있음에도 불구하고, 다른 일반인의 육체적 질병에 있어서와 달리 입원과 치료의 필요성 여부에 대하여 자신이 스스로 결정하지 못하고 자기결정권을 박탈당한 채, 보호의무자 2인과 정신과의사 1인의 진단만 있으면 최장 6개월까지 강제입원을 당할 수 있다. 이는 다른 육체적 질병을 가지고 있는 환자들과 비교할 때, 차별에 해당한다고 할 수 있다.

둘째, 제청신청인 대리인이 잘 주장하고 있듯이,[32] 피성년후견인은 자신의 신상에 관하여 그의 상태가 허락하는 범위에서 단독으로 결정하도록 하며(민법 제947조의2 제1항), 성년후견인이 피성년후견인을 치료 등의 목적으로 정신병원이나 그 밖의 다른 장소에 격리하려는 경우에는 가정법원의 하가를 받도록 하는 데 비하여(민법 제947조의2 제2항), 이 사건 심판대상조항에 의하여 강제입원 대상이 되는 성년 정신질환자의 경우는 법원에 의한 사전허가절차가 따로 보장되어 있지 아니하여 차별적 취급을 받고 있다.

셋째, 구 정신보건법 제25조에 따른 행정입원의 경우, 입원요건이 자해와 타해의 위험으로 상대적으로 명확하며, 그 기준 자체도 중앙정신보건심의위원회의 심의를 거쳐 보건복지부장관이 정하도록 규정하고 있고(법 제25조 제4항), 또한 입원요건판단도 정신과전문의 2인 이상의 일치된 소견이 필요하며(법 제25조 제6항), 진단을 위하

31) 헌재 1999.12.23, 98헌마363, 판례집 제11권 2집, 770, 787. 헌재 1999.12.23, 98헌마363, 판례집 제11권 2집, 770, 787. 헌재 2007.5.31, 2006헌바49, 판례집 제19권 1집, 600, 605-606.

32) 제청신청인 대리인 의견서(미발간), 74쪽.

여 먼저 2주간 입원을 시키는 것으로 단계화되어 있다(법 제25조 제3항). 이에 반하여 보호의무자에 의한 입원의 경우 입원의 요건, 진단의사의 수, 그리고 단계가 나누어지지 않고 입원기간도 6개월로 장기간이라는 점 등에서 차별을 받고 있다.

3) 차별의 정당화

비록 정신질환으로 인한 장애인이라 하더라도 그들 역시 헌법 제10조의 인간으로서의 존엄과 가치 및 행복추구권, 그리고 이로부터 도출되는 자기결정권과 헌법 제12조 제1항의 신체의 자유의 기본권주체라는 점에는 의심의 여지가 없다. 이들이 특별히 정신질환으로 인하여 병에 대한 인식이 없을 수 있다는 이유 하나만으로, 입원 및 치료 여부를 포함하는 자기운명에 대하여 스스로 결정할 권리를 박탈당해야 할 이유는 없다.

그리고 성년후견개시심판을 받은 정신질환자에 비하여 그렇지 않은 정신질환자들이 헌법상 적법절차에 관한 권리를 더 제한받아야 할 합리적 사유가 보이지 않는다. 왜냐하면 심신상실 등의 이유로 성년후견개시심판을 받은 정신질환자의 경우도 강제입원 등의 경우에 가정법원의 허가를 받아야 한다면, 자기결정능력과 판단능력을 가지고 있다고 볼 수 있는 그 밖의 정신질환자들의 경우에는 더욱 자기결정권을 존중하여야 할 뿐만 아니라, 이해관계의 충돌이 있을 수 있는 정신과전문의 1인의 진단에 대한 사법적 통제의 필요성이 필요하다고 볼 수 있기 때문이다.

다음으로 행정입원의 경우 가족의 정신적 상태에 대해서 가장 잘 파악하고 있으며 그 보호책임이 있다고 할 수 있는 보호의무자에 의한 입원의 경우와는 달리, 공권력에 의한 강제입원에 해당하므로 그 요건과 진단의사의 수, 진단의 단계 등을 더욱 까다롭게 해야 한다는 주장이 있을 수 있다. 그러나, 앞에서도 보았듯이 보호의무자 및 정신의료기관(정신과전문의)과 정신질환자 사이의 경제적 이해관계가 충돌할 가능성이 상당히 농후하며, 이러한 남용가능성을 고려할 때, 오히려 보호의무자에 의한 입원의 경우 공권력에 의한 강제입원과 마찬가지로 요건을 까다롭게 할 필요가 있다는 점에서 차별의 정당화 사유가 있다고 보기 어렵다.

4) 소 결

결국 위 비교대상들의 차이에 비추어 볼 때, 보호의무자에 대한 차별의 정도가 비례의 원칙에 맞지 않게 지나치다고 볼 수 있으므로, 이 사건 심판대상조항은 헌법

제11조의 평등의 원칙에도 위반된다.

(4) 적법절차원칙 위반 여부

다음으로 보호의무자 2인의 동의와 정신과전문의의 입원진단서가 있을 경우 본인의 의사에 반하여 정신의료기관 등에 강제로 입원시킬 수 있도록 하고 있는 이 사건 심판대상조항이 헌법상 적법절차원칙에 위반되는지 여부가 문제된다.

1) 적법절차원칙의 헌법적 근거와 보호영역

먼저 적법절차원칙의 헌법적 근거와 그 보호영역 내지는 보호범위가 무엇인지를 확인해 보아야 할 것이다.

헌법재판소는 "현행헌법에서는 제12조 제1항의 처벌, 보안처분, 강제노역 등 및 제12조 제3항의 영장주의와 관련하여 각각 적법절차의 원칙을 규정하고 있지만 이는 그 대상을 한정적으로 열거하고 있는 것이 아니라 그 적용대상을 예시한 것에 불과하다고 해석하는 것이 우리의 통설적 견해"라고 전제하고 있으며, "다만 현행 헌법상 규정된 적법절차의 원칙을 어떻게 해석할 것인가에 대하여 표현의 차이는 있지만 대체적으로 적법절차의 원칙이 독자적인 헌법원리의 하나로 수용되고 있으며, 이는 형식적인 절차뿐만 아니라 실체적 법률내용이 합리성과 정당성을 갖춘 것이어야 한다는 실질적 의미로 확대 해석하고 있으며, 우리 헌법재판소의 판례에서도 이 적법절차의 원칙은 법률의 위헌여부에 관한 심사기준으로서 그 적용대상을 형사소송절차에 국한하지 않고 모든 국가작용 특히 입법작용 전반에 대하여 문제된 법률의 실체적 내용이 합리성과 정당성을 갖추고 있는지 여부를 판단하는 기준으로 적용되고 있음을 보여주고 있다"[33]고 판시한 바 있다.

헌법재판소의 이와 같은 판시에 의할 경우 적법절차원칙의 독자성을 강조하고 있기는 하지만 실제로 대륙법계 국가에서 인정되는 법치국가원리와 어떤 차이가 있는지는 분명히 드러내고 있지는 않은 채, 과잉금지의 원칙 위반여부를 심사하고 있는 바, 결국 법률의 실체적 합리성이나 정당성은 전통적으로 심사해 온 과잉금지의 원칙에 따라서 심사할 수밖에 없음을 보여준 바 있다.[34]

---

33) 헌재 1992.12.24. 92헌가8, 판례집 4, 853, 876-877.

34) 헌재 1992.12.24. 92헌가8, 판례집 4, 853, 878; 헌재 2004.09.23, 2002헌가17, 판례집 제16권 2집 상, 379, 390.

헌법 제12조가 규정하고 있는 적법절차원칙에서 보다 독자적인 성격이나 보장내용을 찾으려면, 국가형벌권의 남용을 방지하기 위해서 절차적 보장으로 규정해 놓은 영장주의(헌법 제12조 제3항), 변호인의 조력을 받을 권리(헌법 제12조 제4항), 변호인의 조력을 받을 권리에 대한 고지(헌법 제12조 제5항) 등과 같은 보장규범이 사인에 의한 신체의 자유의 제한의 경우에도 적용된다고 보아야 할 것인지의 문제로 귀착된다.[35]

한편 이 문제는 신체의 자유의 객관적 가치질서로서의 측면이라고도 바꾸어 말할 수 있으며, 또한 사법질서[36] 가운데서 발생할 수 있는 친권자나 부양의무자, 후견인 등이 자녀나 피부양자, 피후견인 등을 정신질환 등을 이유로 폐쇄된 시설에 수용하는 결정을 함에 있어서도 사전에 법관의 영장 또는 허가가 필요하다고 보아야 할 것인지에 대한 헌법적 해석의 문제로 전환된다.

이 문제를 해결함에 있어서는 신체의 자유나 적법절차원칙의 객관적 가치질서로서의 측면을 강조하여 사법질서에서도 효력이 미치는 것으로 적용하는 경우, 가령 친권이나 후견권 등이 제한될 수 있는 가능성이 존재하기 때문에 그에 관하여 신중한 형량을 하여야 할 것이다.

그러나 정신질환자를 포함하여 모든 정신장애자들 역시 헌법 제12조 제1항에서 보장되는 신체의 자유의 기본권주체로서 그 보호를 받는 자이며, 이러한 신체의 자유가 가지는 헌법적 중요성에 비추어 국민의 모든 생활영역에서 신체의 자유에 대한 제한을 위해서는 법관의 영장과 같은 적법한 절차에 의하여 사전에 정당화되지 않으면 안 되고, 불가피한 경우에는 예외적으로 사후영장이 제시되어야 한다는 것으로 이

35) 우리 헌법 제12조에 명문으로 규정되어 있지 아니한 경우에도 헌법 제37조 제1항으로부터 도출되는 불문의 적법절차에 대한 권리가 있어 누구든지 법률에 정한 절차에 따라 인신구속을 당하기 전에는 반드시 법관에 의하여 그 당부에 대한 판단을 받을 수 있으며, 그 법관 앞에 나가서 진술할 권리가 있다고 새길 수 있을 것이다.

36) 이와 관련하여 제청신청인 대리인은 정신보건법 제24조의 보호의무자에 의한 강제입원제도를 공법관계로 파악하고 있으나(소송대리인 의견서, 3쪽), 입법에 의하여 국민의 기본권이 침해될 수 있다고 해서 사법질서에 의한 사법관계가 모두 공법관계가 되는 것은 아니라고 보아야 할 것이다. 즉 민법상 친권제도나 후견제도가 상당부분 본인의 의사를 제한하는 공법적 요소가 있다고 해서, 그러한 민법질서가 공법관계가 되는 것은 아닌 것처럼, 이 사건 보호의무자에 의한 입원제도 역시 보호의무자와 정신과전문의 그리고 정신의료기관 사이에 맺어지는 사법관계라고 보아야지 이를 공법관계로 파악할 수는 없다고 보아야 할 것이다. 이 점이 정신보건법 제25조의 시장 · 군수 · 구청장에 의한 입원(행정입원)과 제26조의 응급입원의 다른 점이라고 보아야 할 것이다. 다만 어쨌든 정신질환을 앓고 있는 피성년후견인을 폐쇄된 시설에 감호시키는 결정을 후견인이 할 경우에도 법관의 허가가 필요하다고 하는 취지의 독일 연방헌법재판소 판시에서는 민법상 후견제도의 공법적 성격을 강조하고 있기도 하다{BVerfGE 10, 302 (326-327)}.

해하여야 할 것이다. 그렇다면 이러한 신체의 자유와 적법절차에 대한 정신질환자로서의 권리는 헌법적 기본권인 데 반하여, 민법상 또는 정신보건법상 인정될 수 있는 거소지정권이나 강제입원 동의권은 법률에 의하여 비로소 인정될 수 있는 권리로서 그러한 권리가 정신질환자의 헌법적 기본권보다 우월할 수는 없다.

따라서 헌법재판소도 인정하고 있는 기본권의 객관적인 가치질서[37]의 성격과, 그리고 적법절차원칙의 일반원리성을 고려해 볼 때, 보호의무자가 정신질환자에 대하여 폐쇄된 시설에 강제입원을 시킬 경우에는 법관의 영장이나 허가 절차가 반드시 개입되지 않으면 안 된다고 보아야 할 것이다.

그리고 이 영장 또는 허가절차에는 강제입원의 대상자인 정신질환자의 건강상 또는 심신상실 등의 이유로 대면심사가 불가능한 예외적인 경우를 제외하고는 반드시 법관에 의한 대면심사를 전제로 정신질환자가 자신의 입장에 대해서 진술할 수 있는 청문의 기회(청문권)[38]가 보장되어야 할 것이다.

다음으로 헌법 제12조 제4항은 체포 · 구속을 당한 자에게 변호인의 조력을 받을 권리를 보장하고 있으며, 또한 체포 · 구속의 이유와 변호인의 조력을 받을 권리에 대해서 고지받을 권리를 보장하고 있는데, 이러한 권리들 역시 적법절차원리의 중요한 구성부분이라 할 수 있으며, 신체의 자유와 적법절차원리가 가지는 객관적인 가치질서로부터, 국법에 의하여 승인된 사인에 의한 체포 · 구속이라고 해도 과언이 아니라고 할 수 있는 이 사건 보호의무자에 의한 입원의 경우에도 변호인의 조력을 받을 권리를 보장하고, 제반 권리구제절차에 대하여 고지를 받을 권리가 법적으로 보장되지 않으면 안 된다고 보아야 할 것이다.[39]

2) 심판대상조항이 이러한 적법절차원칙을 충족하는지 여부

가. 사전 영장주의의 보장 여부

① 정신보건법상 심사청구제도와 이의신청제도

이해관계인은 정신질환자가 강제로 입원되었다 하더라도 언제든지 퇴원의사를 밝히고 퇴원절차를 밟을 수 있으며, 정신보건법 제24조 제3항의 입원 등의 치료에 대한 심사청구제도와 제24조 제6항에 따른 퇴원 거부시 이의신청제도나 제34조에 따

37) 헌재 2008.7.31. 2006헌마711, 판례집 20-2(상), 345, 358.

38) BVerfGE 58, 208 (222 f.).

39) 동지, 제청신청인 대리인 의견서, 69쪽 이하.

른 재심사청구제도를 통하여 구제받을 수 있다고 주장하고 있다.

그러나 정신질환자의 이러한 퇴원신청에 대해서는 정신과전문의가 정신질환자의 위험성을 고지한 경우에는 정신의료기관 등의 장이 퇴원 등을 거부할 수 있다(법 제24조 제6항).

그리고 이에 대하여 기초정신보건심의위원회 또는 광역정신보건심의위원회에 이의를 신청할 수는 있으나, 이러한 이의신청제도는 강제입원이 끝난 이후의 사후적 구제제도에 지나지 않으며, 일단 강제입원이 되고 나면, 현실적으로 환자들의 통신의 자유, 면회의 자유 등 많은 기본권이 제한될 수 있기 때문에(구 정신보건법 제45조), 이러한 이의신청을 통한 권리구제의 가능성은 그리 크다고 볼 수 없고,[40] 구제가 된다 하더라도 그것은 상당기간 신체의 자유에 대한 침해가 이루어진 연후에 뒤늦게 이루어지는 데 불과한 것이다.

인신의 자유의 구속에 있어서 가장 중요한 것은 사전적 통제제도이다. 아무리 정신과전문의의 입원진단에 따라 강제입원이 이루어진다 하더라도, 이러한 의사의 진단권의 남용가능성을 완전히 배제할 수 없는 이상, 의사의 진단에 대해서 독립된 기관, 즉 법관에 의한 사법적 통제의 가능성을 개입시키지 않으면 안 된다. 그리고 법관이 의사가 청구한 입원신청의 당부를 판단할 때에는 정신과전문의가 환자를 대동하여 환자로 하여금 자신의 의견을 진술할 수 있는 기회를 부여하여야 하고, 법관이 그 환자의 심신상태가 어떠한지를 직접 눈으로 보고 판단할 수 있는 절차가 보장되어야 할 것이다.[41]

사후적 이의신청제도는 이러한 사전적 통제제도와는 전혀 다른 것으로서 이를 대체할 수 있는 성질의 것이 아니다.

② 임시퇴원 등 제도(구 정신보건법 제37조)

구 정신보건법 제37조는 법 제24조의 보호의무자에 의한 입원이나 제25조의 행정입원에 따라 정신질환자를 입원시키고 있는 정신의료기관 등의 장은 2인 이상의 정신건강의학과전문의의 진단 결과 당해 환자의 증상에 비추어 일시적으로 퇴원 등

---

40) 이 사건 제청신청인의 경우 초록병원에서 입원 당시 항의하며 입원을 거부하고 관계당국에 진정을 제기하는 등의 행동을 하였다는 이유로 징계로서 격리실에 감금되기도 하였으며, 화성시 정신보건심판위원회에 한 퇴원청구는 기각되었다. 제청신청인 대리인 의견서, 14쪽 참고. 2010년부터 2012년까지 퇴원심사청구의 평균 구제율은 12.7%, 같은 기간 동안 계속입원심사청구의 평균 구제율은 3.5%에 불과하다. 같은 의견서, 67쪽.

41) 이에 관해서는 독일 연방헌법재판소 판례집 BVerfGE 58, 208 (222).

을 시켜 그 회복경과를 관찰하는 것이 필요하다고 인정될 때에는 즉시 퇴원 등을 시키고 그 사실을 입원 등의 치료를 의뢰한 보호의무자 또는 시장 · 군수 · 구청장에게 통보하도록 제도를 마련하고 있다.

그러나 병원의 입장에서 정신질환자를 한 명이라도 더 유치하는 것이 경제적으로 유리하다고 하는 관점에서 본다면, 이러한 임시퇴원 제도가 이용되기는 쉽지 않아 보이고, 또한 제청신청인의 사례와 같이 강제입원제도를 남용하는 기관의 경우는 더군다나 이러한 임시퇴원제도를 이용할 가능성이 더욱 희박하다고 할 수 있다. 이러한 점 외에도 임시퇴원제도 역시 사후적 권리구제제도에 불과하다는 점을 생각한다면 이 역시 충분한 구제제도라 하기 힘들다.

③ **인신보호법에 따른 구제가능성**

이해관계인은 또한 정신보건법에 따른 절차를 통하여 권리구제를 받지 못한 자는 인신보호법에 따라 법원의 심판을 받을 수 있다고 주장하고 있다.

그러나 인신보호법에 따른 구제절차 역시 강제입원이 이루어지고 난 후에 당사자의 청구에 의하여 이루어질 수 있는 것으로서 사후적 권리구제제도라고 하는 점은 마찬가지이다.

그리고 이 사건 제청신청인의 경우가 그랬듯이, 강제로 포승줄에 묶여서 정신병동에 감금되고 나면, 가족이나 그 밖의 지인 등 외부에 이와 같은 사실을 알릴 수 있는 통신의 가능성이 3－4주간 원칙적으로 차단되는 것이 보통[42]이며, 이러한 상황에서 이미 부당하게 상당시일 강제입원 및 구금을 당하여 신체의 자유 등 기본권을 심대하게 침해받은 이후에 천신만고 끝에 법원에 인신보호청구를 할 수 있게 되는 경우 그 구제가능성이 열리게 되는 데 불과하고, 그 사이[43]에 벌어지게 되는 강제입원, 약물투여, 격리, 강박 등 각종 인권침해행위는 더 이상 돌이킬 수 없는 사실이 되는 것이다.

뿐만 아니라 제청신청인의 경우 처음에 초록병원에 강제입원된 후 인신보호청구가 이루어지자 바로 전원시켜서 도담병원으로 강제입원을 시킨 사례가 보여주듯이, 인신보호청구제도 자체를 무력화시키기 위하여 전원조치가 이루어지게 되면 정

---

42) 제청신청인 대리인 의견서, 16쪽 각주 13).

43) 인신보호제도가 존재하고 있음에도 불구하고 제청신청인의 경우 2013. 11. 4. 1차 강제입원 된 이후 두 번째 병원인 도담병원에서 퇴원한 것은 2014. 1. 27.에 이르러서이므로 약 2~3개월간 강제입원을 당하여 감금되었던 것이다.

신의료기관만 바뀌었지 정신질환자의 경우 여전히 다른 병원에 계속 감금될 수밖에 없게 되는 것이므로(수용해제명령과 재심사의 회피[44]), 이러한 인신보호제도가 당사자의 권리구제제도로서 충분하다고 보기 힘든 것이다.

나. 변호인의 조력을 받을 권리의 보장 흠결

정신보건법 제6조에는 정신질환자가 입원 또는 입소할 경우에 정신질환자와 그 보호의무자에게 정신보건법상 권리 및 권리행사 방법에 대하여 고지할 의무를 지기 때문에 어느 정도까지는 이러한 권리행사고지의 원칙이 법률적으로 구체화되어 있다.

그러나 이 사건 보호입원의 경우 국가가 허용하고 있는 사인에 의한 합법적 인신구속제도라고 할 수 있음에도 불구하고, 위에서 언급한 변호인의 조력을 받을 권리를 보장하고 이에 대하여 고지할 의무를 법률적으로 보장해 놓지 않고 있으므로, 이 역시 신체의 자유와 적법절차원칙의 객관적 가치질서에 위반되는 것이라고 보아야 할 것이다.

다. 청문권 보장 결여

보호의무자에 의하여 강제입원 당하는 정신질환자라 하더라도, 입원이나 치료의 필요성이 있는지 여부에 대해서는 스스로 판단할 수 있는 자기결정권이 보장되어야 하며, 정신과전문의의 입원판단이 올바른 결정이었는지 여부에 대하여 법관이 판단함에 있어서 정신질환자 스스로 판사를 대면하여 자신의 입장에 대해서 진술할 기회를 가져야 한다고 할 수 있음에도, 정신보건법 어디에도 이러한 조항은 규정되어 있지 아니하다. 따라서 이러한 관점에서도 이 사건 심판대상조항은 적법절차원칙에 위반되었다고 보인다.

라. 소 결

그러므로 이상과 같은 이유로 사후적 권리구제제도가 있다고 하더라도 그와 별도로 정신질환자에 대한 강제입원을 실시하기 전에 법관에 의한 통제가능성을 마련해 두지 않은 이 사건 심판대상조항은 신체의 자유가 가지는 객관적 가치질서에 위반하여 헌법 제12조에서 보장하는 영장주의 등 적법절차원칙을 침해하고 있다고 판단된다.

---

44) 이 점에 대해서는 제청신청인 대리인 의견서, 35쪽도 잘 서술하고 있다.

신체의 자유가 가지는 객관적 가치질서로서의 규범적 의의를 고려해 볼 때, 입법자가 보호의무자에 의하여 폐쇄된 시설에 정신질환자를 수용시키는 결정을 함에 있어서는 사전에 의사의 진단에 대한 사법적 통제의 가능성을 두어야 할 헌법적 의무를 진다.

이 사건 심판대상조항은 신체의 자유가 가지는 이러한 객관적 가치질서로서의 측면을 등한시하여, 처음부터 정신질환자와 보호의무자 및 정신의료기관의 이해충돌이 존재하는 경우 남용가능성을 막지 못하고 있다. 따라서 전체적으로 적법절차원칙에 위반된다고 할 수 있다.

수형자에 대해서 법률적 근거가 없이 기본권이 광범위하게 제한될 수 있다고 보던 과거의 특별권력관계이론이 더 이상 인정될 수 없는 것과 마찬가지로,[45] 정신질환자들을 수용하고 있는 정신의료기관에서도 정신질환자들의 기본권에 대한 제한 역시 그 법률적 근거가 없이는 이루어질 수 없다고 보아야 할 것이다. 이것이 바로 기본권이 가지는 객관적인 가치질서로서의 효과이며, 모든 법분야에서 기본권이 효력을 미칠 수 있도록 입법자가 법률을 제정해야 한다고 하는 소위 기본권의 방사효과[46]라고 할 수 있는 것이다.

(5) 기본권보호의무 위반여부

신체의 자유가 가지는 객관적 가치질서로부터 또한 국가는 개인의 신체의 자유가 또 다른 사인에 의하여 침해될 우려가 있거나 침해될 경우에 이를 적극적으로 보호하고 방지할 의무를 지며, 우리 헌법 제10조는 바로 이러한 국가의 기본권보호의무를 확인하고 있다.

이 사건 심판대상조항은 위에서도 지적한 바와 같이 보호의무자가 정신과전문의와 공모할 경우 가벼운 증상의 비정신병적 정신질환을 앓고 있는 사람도 강제입원시켜 장기 6개월씩, 그리고 이 사건 제청신청인의 사례와 같이 정신질환의료기관 상호간이나 또는 보호의무자와 서로 통모하는 경우에는 다른 병원으로 새로 전원시킴으로써 입원기간을 연장시키는 방법으로, 신체의 자유의 법익을 중대하게 침해할 가능성이 있다. 이와 같은 가능성이 있을 경우 국가는 사인에 의한 신체의 자유의 침해

45) BVerfGE 33, 1.
46) BVerfGE 7, 198.

와 침해의 위험을 예방하기 위해서 적절한 보호대책을 수립하여야 한다.

실제로 입법자는 이러한 부당한 행위를 방지하기 위하여 형법상 감금죄를 둠으로써, 부당한 이유로 다른 사람을 감금하는 경우 처벌하는 규정을 두고 있고, 이해관계인과 이해관계인측 참고인은, 보호의무자나 의사가 함부로 정상적인 사람을 부당하게 강제입원시키는 경우 감금죄로 처벌하면 된다고 주장하고 있다.

그러나 제청신청인과 같이 갱년기 우울증과 같은 가벼운 질환을 앓고 있는 자에 대하여 보호의무자가 정신과전문의와 공모하여 강제입원을 시킨 경우, 피해자가 정신과전문의의 판단이 과연 부당하여 감금을 할 고의가 있었는지를 입증하는 것은 쉬운 일이 아니며, 또한 이러한 감금죄의 처벌 역시 사후적 형사처벌에 해당하는 것으로서 정신보건법상 보호의무자에 의한 입원절차에 판사와 같이 독립적이고 객관적인 제3의 기관이 통제할 수 있는 가능성을 마련하는 방법에 의한 사전적 통제 방식과 비교하면 남용의 위험성을 줄이기 위한 수단으로서 그렇게 효과적이라고 보기 힘들고, 실제로 보호의무자와 의사가 감금죄로 처벌될 가능성은 극히 희박하다. 실제로 제청신청인의 경우도 자녀들에 대해서 감금죄로 고소하였으나, 보호의무자가 퇴원동의를 해 주는 것을 조건으로 형사고소를 취하하도록 요구하였고, 제청신청인도 이에 응하였던 것이다.[47] 이와 같이 형법적으로 감금죄가 엄연히 규정되어 있음에도 불구하고 보호의무자에 의한 입원제도의 남용을 통한 불법감금의 사례가 빈발되는 현실은 입법자가 현재로서 강제입원제도를 통한 정신질환자에 대한 신체의 자유의 침해에 대해서 효과적으로 방지를 하지 못하고 있다는 반증이기도 하다.

한편 가족들로부터 정신질환자에 대한 강제입원의 의뢰가 있으면 진단이 이루어지기 전 단계에서 먼저 강제력을 동원해 환자를 정신병원으로 이송한 후 형식적인 진단을 거쳐 강제입원을 시키고 있는 것이 현실적 적용실태인바, 이러한 남용사례가 빈발하는 경우 정신과전문의의 진단이 없이는 응급환자이송을 할 수 없도록 엄격한 관련 법률 규정이 마련되어야 함에도 현행의 응급의료에 관한 법률(제2조 제1호)과 그 시행규칙(제2조 별표 1)은 자신 또는 다른 사람을 해할 우려가 있는 정신장애의 경우 응급의료종사자가 환자를 응급이송할 수 있도록 함으로써, 정신의료기관과 응급환자이송단과의 부당한 유착관계[48] 하에서 이러한 남용이 빈발하도록 하고 있다.

---

47) 제청신청인 대리인 의견서, 17쪽.
48) 제청신청인 대리인 의견서, 37쪽.

따라서 입법자는 이 사건 보호의무자에 의한 입원제도의 남용을 통한 사인의 신체의 자유의 침해를 방지하기 위한 기본권보호의무에도 위반하였다고 할 수 있다.

(6) 강제치료에 있어서 환자의 자기결정권 침해여부에 대한 비례의 원칙 심사

이 사건 심판대상조항에서 강제입원은 강제치료를 전제로 하고 있는바, 강제치료 역시 신체의 자유에 포함되어 있는 신체불훼손권과 헌법상 고문을 받지 아니할 권리(헌법 제12조 제2항)를 침해할 가능성이 있으므로, 매우 엄격하게 예외적인 경우에만 그것을 허용해야 할 것이다.[49]

정신질환자들의 경우는 대부분 치료의 필요성에 대해서도 스스로 판단할 수 있는 인식가능성이 없다고 전제하는 것이 이 사건 심판대상조항인 것으로 보이나, 비록 병으로 인하여 인식능력이 없는 정신질환자라 하더라도 일정한 치료조치에 의하여 어떠한 효과와 부작용이 발생할 수 있고, 그러한 조치를 받지 않게 될 경우에 어떠한 상황이 발생할 수 있는지에 대해서, 치료를 받아들이지 않을 경우에 가할 불이익의 경고와 같은 강압적 분위기에서가 아니라, 환자의 자기결정권을 충분히 존중하는 가운데서 의사가 가능한 한 진지하게 설명하고, 그러한 설명에 기초하여 치료행위를 하여야 할 것이다. 만일 이러한 치료행위가 정신질환자를 낫게 할 가능성이 없을 경우에는 그러한 치료행위를 즉시 중단하여야 할 것이다.

한편 구 정신보건법이 정신질환자에 대한 일정한 특수치료에 대해서는 정신의료기관이 구성하는 협의체에서 결정하되 본인 또는 보호의무자에게 특수치료에 대한 필요한 정보를 제공하고 그 동의를 얻어야 한다고 규정하고 있다(구 법 제44조). 그러나 만일 본인과 이해관계가 충돌하고 있는 보호의무자의 동의만으로 이러한 특수치료가 수행되는 경우에는 정신질환자의 자기결정권과 신체불훼손권, 고문을 받지 아니할 권리 등이 침해될 가능성이 높다고 할 수 있다. 그러므로 그에 대한 입법적 대책과 함께, 실제로 정신병원 현장에서 그러한 인권침해적 강제치료가 현실적으로 발생하지 않도록 가령 모든 정신병원에 상설 인권감시관을 주재하게 하는 등의 방법으로 입법자가 국가의 기본권보호의무를 더욱 확실하게 이행하여야 할 것이다.

그리고 먼저 정신의료기관에 입원하고 있는 동안에도 환자에 대한 강제치료를

---

49) 강제치료의 비례성심사에 관해서는 BVerfGE 128, 282.

위해서는 사전에 규정된 적법한 절차에 따라서 치료행위가 이루어지지 않으면 안 된다. 즉 언제 어떠한 종류의 약을 투약하였는지, 그리고 그러한 약의 효과는 어떠하였으며, 약효가 있었는지 없었는지, 환자가 입원을 통하여 낫게 될 가능성이 있는지 없는지, 전체적으로 의사가 상세히 기록을 하여야 할 것이며, 이는 정신질환자가 차후의 권리구제절차를 밟을 수 있는 중요한 근거자료가 될 수 있을 것이다.[50)]

(7) 결론 및 결정주문

결론적으로 이상과 같은 이유로 이 사건 심판대상조항은 정신질환자의 자기결정권을 완전히 배제한 상태에서 거의 객체로 취급하고 있다는 점에서 헌법 제10조와 헌법 제36조 제1항에서 보장되는 (가족생활 영역에서의) 인간으로서의 존엄과 가치를 침해할 뿐만 아니라, 헌법 제12조 제1항이 보장하는 신체의 자유와 신체불훼손권, 헌법 제10조로부터 나오는 자기결정권, 그리고 기본권보호의무, 헌법 제11조의 평등의 원칙, 헌법 제12조에서 보장되는 적법절차의 원칙에 위반되고 적법절차에 관한 권리를 침해하여 헌법에 위반된다.

다만 이 사건 심판대상조항을 위헌으로 선고하여 곧바로 효력을 상실시킬 경우에는 현재 정신병원이나 정신요양원에 입원되어 있는 수많은 정신질환자들의 강제입원의 법적 근거가 상실되어 이들을 모두 퇴원시켜야 하나, 사실상 그들에 대한 사회의 합리적 수용대책이 마련되어 있지 않은 상태에서 무작정 그들을 퇴원조치 시키게 될 때 발생할 수 있는 혼란상태의 발생가능성을 고려하여, 가령 2017년 12월 31일까지 입법자가 이상에서 지적된 헌법적 문제점들을 최대한 반영하여 개선입법을 마련할 때까지 이 사건 심판대상조항을 잠정적으로 계속 적용하되, 정신과전문의가 정신질환자에 대하여 강제입원결정을 하기에 앞서서 반드시 법관의 허가를 받을 것을 명하는 헌법불합치결정을 선고할 필요가 있었다고 생각된다.

입법자가 개선입법을 마련함에 있어서는 특히 헌법상 적법절차원칙을 반영하여 보호의무자에 의한 강제입원제도의 남용가능성을 철저하게 차단하고 가능한 한 유엔장애인권리협약에 규정된 정신장애인의 인간존엄권, 자기결정권과 평등권 등 기본적 인권[51)]을 최대한 보장하여 장기적으로는 선진국들과 같이 탈시설화의 방향으로 종

---

50) 기록의무에 대하여는 BVerfGE 128, 282 (313) 참조.
51) 이에 관하여 자세한 것은 제청신청인 대리인 의견서, 3쪽 이하 참조.

합적 정책을 수립하는 등의 과감한 입법개혁을 단행할 것을 권고할 필요가 있었다고 생각된다.

2. 헌재결정에 대한 평가

(1) 헌재결정과 필자의 의견서의 차이점

헌법재판소는 이 사건에서 제청법원이 언급한 개인의 자기결정권이나 통신의 자유에 대한 제한은 보호입원 대상자의 신체의 자유가 제한됨으로써 부수적으로 발생하는 결과라고 하면서, 이들 기본권에 대하여는 별도로 판단하지 않고, 한편 정신질환자의 수용에서 해제에 이르기까지 일련의 과정에서 요구되는 적절한 절차보장은 결국 격리수용의 필요성에 대한 판단에 공정성과 객관성을 담보하기 위한 것으로서 실체문제와 분리될 수 없으므로 과잉금지원칙 위반여부에서 적법절차 문제를 포함하여 검토하기로 한다고 하였다.[52)]

통신의 자유의 제한 등은 헌법재판소가 판시하였듯이 입원 후에 이루어지는 부수적 기본권제한이라고 한다 하더라도, 강제입원 상태에서 이루어지는 강제치료의 경우는 또 다른 기본권, 즉 환자의 자기결정권, 신체불훼손권이나 고문을 받지 아니할 권리 등에 대한 새로운 침해를 유발하는 것이다. 따라서 이들 기본권의 침해문제에 대해서 다루지 않고 넘어간 것은 아쉬움이 남는다.

다음으로 정신질환자의 수용에서 해제에 이르기까지의 과정에서 요구되는 적법절차의 문제는 과잉금지원칙 위반여부를 심사하면서 통합하여 심사하겠다고 하였으나, 그보다 우선적으로 먼저 살펴보아야 할 것은 신체의 자유에 대한 제한에 있어서 반드시 필요한 것으로 명령하고 있는 ⅰ) 헌법 제12조 제3항의 영장주의와 ⅱ) 헌법 제12조 제4항의 변호인의 조력을 받을 권리, ⅲ) 헌법 제12조 제5항의 체포·구속의 이유와 변호인의 조력을 받을 수 있는 권리가 있음을 고지받을 권리, 그리고 가족 등에게 고지를 해야 할 의무, ⅳ) 구속적부심사청구권 등 일련의 절차적 기본권들이 이 사건과 같이 비록 사인인 보호의무자에 의한 강제입원의 경우에도 그대로 적용되어야 하는 것으로 봐야 할 것인지의 문제였다. 다시 말해서 신체의 자유의 객관적 가치

52) 판례집 28-2(상), 276, 283-284.

질서로서의 효력의 문제이다.

그리고 필자는 강제입원의 대상과 그 요건이 명확하지 않고 지나치게 광범위하다고 하여 명확성의 원칙 위반여부를 별도로 심사하였으나, 헌법재판소는 이 문제를 과잉금지원칙 하에서 침해의 최소성의 원칙의 한 테마로 다루었고 결론은 필자의 결론과 동일하였다.

다음으로 필자는 신체의 자유가 가지는 객관적 가치질서로서의 의의로 인하여 인신구속에 준하는 강제입원의 경우도 역시 법관의 허가가 필요하다고 본 데 반하여, 헌법재판소는 보호의무자 2인의 동의와 정신과전문의 1인의 진단요건만으로는 남용을 방지하기에 충분하지 않으며, 보호입원 대상자의 의사 확인이나 부당한 강제입원에 대한 불복제도도 충분하지 않고 절차보조인의 관여가 배제되어 있다고 하는 문제를 지적하고 있다. 다시 말해서 신체의 자유를 제한당하는 당사자에 대한 사전 고지, 청문 및 진술의 기회, 강제입원에 대한 불복, 부당한 강제입원에 대한 사법심사, 국가 또는 공적 기관에서 제공하는 절차보조인의 조력과 같은 절차가 보장될 필요가 있다고 하고 있는데, 정신보건법은 이러한 절차들을 전혀 마련하고 있지 않다고 지적하였다. 이러한 지적은 신체의 자유가 가지는 객관적 가치 질서의 의미에 상당히 근접하는 내용이라고 여겨지기는 한다. 그러나 그럼에도 불구하고 헌법재판소가 강제입원의 경우에 반드시 법관의 허가가 필요하다고 하는 언급은 하지 않았기 때문에, 신체의 자유 제한에 있어서 영장제도가 가지는 객관적 가치질서로서의 헌법적 의미에는 달하지 못하였다고 하는 아쉬움이 상당히 남는다고 하겠다.

입원기간이 지나치게 길다고 하는 점에 대한 지적은 동일하다.

(2) 객관적 가치질서에 관한 종래의 헌법재판소의 판례와 그 실체적 내용

지금까지 우리 헌법재판소가 객관적 가치질서에 관하여 언급한 판시내용을 그대로 인용해 보면, 다음과 같다. "집회의 자유는 자유민주주의를 실현하려는 사회공동체에 있어서 불가결한 객관적 가치질서로서의 성격을 아울러 가진다."[53] "기본권은 공동체의 객관적 가치질서로서의 성격을 가지므로, 적어도 생명신체의 보호와 같은 중요한 기본권적 법익침해에 대해서는 그것이 국가가 아닌 제3자로서의 사인에

53) 헌재 2016.9.29. 2014헌가3, 판례집 28-2상, 258, 266-267. 헌재 2009.9.24. 2008헌가25, 판례집 21-2상, 427, 438.

의해서 유발된 것이라 하더라도 국가가 적극적인 보호의무를 진다."[54] "표현의 자유는 자신의 의사를 표현 · 전달하고 의사형성에 필요한 정보를 수집 · 접수하며, 객관적인 사실을 보도 · 전파할 수 있는 자유를 그 내용으로 하는 주관적 공권일 뿐 아니라, 의사표현과 여론형성 그리고 정보의 전달을 통하여 국민의 정치적 공감대에 바탕을 둔 민주정치를 실현시키고 동화적 통합을 이루기 위한 객관적 가치질서로서의 성격을 갖는다고 할 것인바",[55] "국민의 기본권은 국가권력에 의하여 침해되어서는 아니 된다는 의미에서 소극적 방어권으로서의 의미를 가지고 있을 뿐만 아니라, 헌법 제10조에서 국가는 개인이 가지는 불가침의 기본적 인권을 확인하고 이를 보장할 의무를 진다고 선언함으로써, 국가는 나아가 적극적으로 국민의 기본권을 보호할 의무를 부담하고 있다는 의미에서 기본권은 국가권력에 대한 객관적 규범 내지 가치질서로서의 의미를 함께 갖는다. 객관적 가치질서로서의 기본권은 입법 · 사법 · 행정의 모든 국가기능의 방향을 제시하는 지침으로서 작용하므로, 국가기관에게 기본권의 객관적 내용을 실현할 의무를 부여한다."[56] "직업선택의 자유는 자유민주적 헌법질서내에 있어서는 개성신장의 수단으로서의 주관적 공권으로서 뿐만 아니라, 사회적 시장경제질서의 불가결한 요소로서 객관적인 가치질서로서도 중요한 의미를 가지고 있는 것이다."[57]

지금까지 기본권의 객관적 가치질서로서의 측면에 대한 헌법재판소의 위 판시 내용들을 살펴볼 때, 주관적 공권으로서의 측면에 대비되는 객관적 가치질서로서의 측면을 선언적으로 언급하고 있음에도, 그 내용이 매우 피상적이며, 경우에 따라서는 실질적인 내용이 별로 없이, 다분히 미사여구에 가까운 표현으로만 사용된 것은 아니었나 생각된다.

특히 이 사건 정신보건법 제24조의 위헌여부를 가림에 있어서 신체의 자유, 특히 헌법 제12조 제3항의 영장주의가 과연 어떠한 객관적 가치질서로서의 의미를 가지고 있는지가 매우 중요한 핵심적 쟁점이었음에도 불구하고, 여기에 관하여는 별반 언급이 없었던 것으로 봐서, 객관적 가치질서로서의 기본권의 실질내용을 과감하게 펴 나가기에는 그 논증적 부담이 다소 컸었던 것은 아니었나 추측해 본다. 그러나 기

54) 헌재 2012.7.26. 2011헌바352, 판례집 24-2상, 133, 141.
55) 헌재 2009.5.28. 2006헌바109등, 판례집 21-1하, 545.
56) 헌재 1995.6.29. 93헌바45, 판례집 7-1, 873, 879.
57) 헌재 1990.10.15. 89헌마178, 판례집 2, 365, 379.

본권의 수호자로서의 헌법재판소가 바로 이러한 영역에서 이와 같은 논리로 기본권 효력의 지평을 넓혀 나가지 않으면, 과연 누가 기본권의 객관적 가치질서로서의 실질 내용을 보장해 줄 수 있을 것인가를 반문해 보고 싶다.

(3) 결론적으로 헌법상 객관적 가치질서라고 할 수 있는 내용을 어떻게 이해하고 그것을 적용해야 할 것인지?

헌법재판소 역시 우리 헌법상 기본권이 가지는 객관적 가치질서로서의 의의를 여러 차례 받아들인 바 있었다. 그렇다면, 보호입원제도가 사인에 의한 사인의 사실상 구속 · 감금의 가능성으로 남용되지 않도록 하기 위해서, 최소한 보호의무자가 정신질환자에 대하여 강제입원을 시킬 경우에는 법관의 면전에서 본인의 의사가 어떠한지를 분명하게 보이고, 과연 정신과의사의 의견이 신빙성이 있는지 여부에 대하여 판사가 나름대로 심사하여 실제로 타당하다고 판단할 경우에 법관의 사전 허가가 있어야만 하고, 그와 같은 절차를 거치지 못할 정도로 급박한 상황이 발생하였을 경우에는 (물론 이러한 경우에는 대부분 경찰에 의한 위험의 사전 또는 사후적 예방조치가 가능할 것이지만), 사후적으로라도 법관의 허가를 받지 않으면 안 된다고 새겼어야 할 것이다. 그리고 보호의무자가 정신질환자에 대하여 강제입원을 시키는 경우에는 형사절차에 준하여 변호인의 조력을 받을 수 있도록 하여야 할 뿐만 아니라, 판사에 의하여 강제입원의 허가가 이루어진 경우에도 반드시, 본인뿐만 아니라 정신질환자의 다른 가족이나 신뢰할 만한 사람에게 정신병원에의 강제입원사실을 반드시 고지하지 않으면 안 되고, 강제입원절차가 합당하였는지 여부에 대한 사법심사를 청구할 수 있는 절차도 존재하지 않으면 안 된다고 보아야 할 것이다.

Ⅳ. 정신보건법에 대한 전문개정(정신건강복지법)과 입법자의 입법개선의무

1. 헌법재판소가 지적한 위헌성이 제거되었는지 여부

우선 헌법재판소가 정신보건법 제24조 제1항과 제2항이 헌법에 합치하지 않는다고 한 주요 근거의 순서대로, 과연 법률의 위헌성이 2016년 5월 29일 개정된 법률로 제거되었는지 여부에 대하여 살펴본다.[58] 물론 이 법은 헌법재판소가 이 조항에 대한 헌법불합치결정을 내리기 전에 이루어진 개정이기는 하지만, 현재까지 국회에서는 헌법불합치결정에서 지적된 위헌성을 제거하기 위한 이렇다 할 만한 법개정 움직임[59]이 보이지 않고 있다는 점에서, 과연 이 개정법률 상태를 그대로 유지하더라

58) 이하에서는 이 사건 헌법소원심판의 대상이었던 보호의무제도와 관련된 부분에 국한하여 과연 개정 신법에 의할 경우 헌법재판소가 판시한 위헌성이 제거되었는지 여부를 중심으로 개정신법의 문제점을 살펴보기로 한다. 이와 관련하여 이선구 외 4인, 「'정신건강복지법'에 따른 비자의입원제도와 입원적합성심사위원회 제도 시행의 영향평가 연구」, 보건복지부 국립정신건강센터, 2020. 12, 21면은 "2016. 5. 19. 발효한 「정신건강복지법」은 헌법재판소의 결정 취지를 반영하여 비자의입원의 요건을 강화"하였다고 쓰고 있는데, 개정된 정신건강복지법은 헌법재판소의 결정이 선고(2016. 9. 29)되기 4개월 전에 발효되었으므로 이 법이 헌재 결정의 취지를 반영할 수는 없었을 것임을 지적해 둔다. 이하에서 서술하듯이 국회에서도 별반 이렇다 할만한 개정안이 현재까지도 제출되지 않고 있는 것이 마치 개정신법이 헌재결정의 취지를 이미 반영했다고 하는 오해에 기인한 것은 아니기를 바란다.

59) 2016. 5. 29. 법률 제14224호로 전문개정되어 2017. 5. 30.부터 시행되기 시작한 정신건강증진 및 정신질환자 복지서비스 지원에 관한 법률(약칭: 정신건강복지법)이 국회에서 2016. 5. 19. 의결된 이래 제20대 국회에서 제출된 정신보건법 일부개정법률안은 3건(조경태 의원 대표발의안, 이찬열 의원 대표발의안, 윤영석 의원 대표발의안)이었다. 그 가운데 이찬열 의원 대표발의안(의안번호 제3340호)은 보호입원제도의 남용가능성을 방지하기 위하여 보호입원의 경우에 신청자 모두가 친족인 경우 성년인 정신질환자에 대하여는 정신질환자 본인 또는 친족이 아닌 후견인의 동의를 추가로 받도록 하는 것을 골자로 하는 내용이었으나, 해당 정신질환자에게 정신의료기관 입원에 대한 동의 능력이 있다면 자의입원 또는 동의입원 등으로 입원할 수 있을 것이고, 보호의무자에 의한 입원을 해야 하는 환자들은 대부분 동의능력이 없는 상태인 경우가 많을 것이라는 등, 부정적 검토의견과 보건복지부 의견이 보고된 바 있으며, 세 안 모두 임기만료로 폐기되었다.

한편 정신건강복지법 일부개정법률안으로 우선 제20대 국회에 제출된 법안 가운데 보호입원요건을 강화하고, 입원적합성심사제도 폐지 및 대면심사를 원칙으로 하는 법원에 의한 입원심사제도 도입과, 통신 · 면회의 자유 보장 범위 확대를 골자로 하는 김상희 의원 대표발의안(2018. 5. 24. 의안번호 13728)은 헌법재판소의 헌법불합치결정의 취지를 나름 반영하려 했던 안이었다. 그러나 이에 대해서 아이러니컬하게 보건복지부와 법제처에서 "수용곤란"이라는 의견을 제출하였는데, 보건복지부에 의하면 입원적합성심사위원회가 운영된지 2개월 밖에 지나지 않아 우선 현 제도를 운영하여 장단점 등을 검토한 후 새로운 제도의 도입여부를 검토함이 바람직하다는 의견이고, 법제처에 의하면 정신질환 예방 및 치료 등 정신질환 관련 사항은 보건복지부 소관 업무로, 행정부 소관 업무에서 행정부를 배제하고 사법부인 법원이 이를 수행하는 것은 헌법상 권력분립의 원칙을 침해할 소지가 있으므로 신중한 검토가 필요하다는 입장이었다(보건복지위원회 수석전문위원 박종희, 정신건강증진 및 정신질환자 복지서비스 지원에 관한 법률 일부개정법률안 검토보고, 2018. 8, 37면). 또한 김상희 의원은 정신응급대응체계구축과 정신재활시설기능 확대, 절차보조서비스 도입 등을 골자로 하는 개정안(2019. 10. 15. 의안번호 22896)을 제출한 바 있으나 모두 임기만료로 폐기되었다.

또한 정신질환자의 입원 경로 중 동의입원, 보호의무자에 의한 입원, 행정입원을 폐지하고, 응급입원의 적합성 심사를 입원적합성심사위원회가 아닌 가정법원에서 전담하도록 함으로써, 정신질환자의 입원경로를 자의입원과 가정법원의 심사에 의한 입원으로 정비하는 것을 내용으로 하는 김재경 의원 대표발의안(2019. 7. 31. 의안번호 21735)이 제출된 바 있다. 그러나 입원적합성심사제도가 도입된지 2년 정도도 되지 않은 시점이므로 그 제도운용의 결과를 더 지켜볼 필요가 있고, 아직 사법입원제도를 위한 인프라가 제대로 갖추어지지 않았으며, 이와 관련한 공청회나 관련 당사자들의 합의도 아직 이루어지지 못한 상태라는 등의 이유로 보건복지부와 법원을 비롯한 관계기관과 단체들은 부정적 견해라고 한다(보건복지위원회 수석전문위원 박종희, 정신건강증진 및 정신질환자 복지서비스 지원에 관한 법률 일부개정법률안, 2019. 11, 81-82면). 이 안 역시 임기만료로 폐기되었다.

한편 제21대 국회에 들어와서도 절차보조서비스제도를 도입하고자 하는 전해철 의원 대표발의안(2020.

도 위헌성이 이미 제거된 것인지를 살펴볼 필요가 있다. 결론적으로 말한다면, 보호입원제도와 관련하여 2016년 5월 29일 개정법률(정신건강복지법)[60]은 이 사건 심판대상규정과 내용상 별로 달라진 바가 없다고 할 수 있고, 따라서 위헌성이 제거되지 않았다고 판단된다.[61]

(1) 보호입원의 대상과 요건 그리고 그 진단의 문제

우선 보호입원의 대상과 그 진단의 문제와 관련하여 헌법재판소는 보호입원의 대상이 너무 지나치게 넓고 보호입원의 요건이 매우 추상적이고 포괄적일 뿐 아니라 그 판단마저 신뢰성이 확보되지 않은 정신과전문의 1인에게 맡기고 있어 정당성을 갖추고 있다고 보기 어렵다고 하였다.

정신보건법 제24조 제1항은 전문개정된 법률인 정신건강증진 및 정신질환자복지서비스 지원에 관한 법률 제43조 제1항으로 되었으나, 표현만 약간 바뀌었을 뿐 내용은 거의 대동소이하여 헌법재판소가 지적한 위헌성이 상당 부분 그대로 유지되고 있다. 이 사건 심판대상조항인 구법 제24조 제2항 제1호와 제2호의 입원요건에 관한 규정도 개정 법률 제43조 제2항 제1호와 제2호로 조문의 위치만 변동되었고, "환자"가 "정신질환자"로 바뀌었을 뿐, 내용은 거의 동일하다. 다만 구법에서는 보호입원요건이 충족되기 위해서는 제1호 또는 제2호에 해당되기만 하면 되었던 데 반해서, 신법에서는 제1호와 제2호 모두에 해당되어야 하기 때문에 상당한 정도로 요건이 강화되었다고 할 수 있다.[62] 한편 정신질환자의 정의와 관련하여 개정법률에서는

---

11. 17. 의안번호 5408)이 제출된 바 있다. 그리고 입원적합성심사위원회 신고기한을 3일에서 1일로, 입원적합성심사위원회의 심사기한을 1개월에서 2주 이내로 단축하도록 하고, 행정입원의 경우 보건복지부장관에게 보고하도록 하는 등을 골자로 하는 김용판 의원 대표발의안(2022. 3. 23. 의안번호 14923)이 제출되어 있다. 이에 대하여는 인력 등 여건이 충분히 갖추어지지 않은 상태에서 시간적으로 지나치게 촉박할 수 있다고 하는 기관들의 견해가 많다고 보고되고 있다(보건복지위원회 수석전문위원 홍형선, 정신건강증진 및 정신질환자 복지서비스 지원에 관한 법률 일부개정법률안 검토보고, 2022. 4.).

그러나 인신구속은 본문에서 자세히 밝힌 바와 같이 신체의 자유에 대한 중대한 제한이기 때문에 이러한 중대한 제한사항은 입법자가 직접 결정하는 법률이 정하는 바에 따라 법관의 허가가 있어야 가능하다고 하는 것이 신체의 자유가 가지는 객관적 가치질서로서의 의미라고 할 것이다.

60) 아직까지 이것이 현행 법률이고, 2018. 6. 12. 개정되어 2018. 12. 13. 시행될 예정인 법률 제15647호는 국가 차원의 효과적인 트라우마 심리지원체계를 마련하기 위하여 개정된 것으로서 헌법재판소의 헌법불합치 결정의 위헌취지반영과는 상관없는 것이다.

61) 동지, 신은주, 앞의 토론문, 364. 헌법재판소 결정상 절차적 및 실체적 위헌성 논거와 정신건강복지법령과의 상세한 대비로는 신권철, 앞의 논문, 343－345, 그리고 그의 토론 380 참고. 성중탁, 정신건강복지 관련 법제의 문제점과 개선방안－헌법재판소 2016. 9. 29.자 2014헌가9 정신보건법 헌법불합치결정에 대한 평석을 겸하여, 미국헌법연구 제29권 제2호(2018. 8), 105－139(113)면.

"정신질환자"란 망상, 환각, 사고(思考)나 기분의 장애 등으로 인하여 독립적으로 일상생활을 영위하는 데 중대한 제약이 있는 사람을 말한다(제3조 제1호)고 함으로써, 구법에서 정신병(器質的 精神病을 포함한다) · 인격장애 · 알코올 및 약물중독 기타 비정신병적정신장애를 가진 자라고 지나치게 포괄적이고 광범위하게 정의했던 문제점을 상당 부분 해소한 것으로 보인다.[63)]

(2) 보호의무자 2인의 동의와 정신과전문의 1인의 진단요건이 가지는 문제

헌법재판소는 앞에서 자세히 언급하였듯이 보호의무자 2인의 동의와 정신과전문의 1인의 진단요건만으로는 보호입원의 적정성이 담보되고 있다고 할 수 없다고 하였다.

그런데 개정신법은 보호의무자 2인 이상으로 하여 여전히 보호의무자의 최소한의 수를 2인으로 유지하였고(제43조 제4항), 서로 다른 정신의료기관 등에 소속된 2인 이상의 정신건강의학과 전문의의 일치된 소견이 있는 경우에만 해당 정신질환자에 대하여 치료를 위한 입원 등을 하게 할 수 있다고 함으로써 최초 입원요건을 약간 강화하였다.[64)]

그러나 정신과전문의 1인이 추가되었다고 해서 헌법재판소가 지적한 보호입원의 남용가능성이 완전히 차단될 수 있는 것은 아니다. 정신병원의 경우 입원환자를 한 사람이라도 더 받아야 그 수익에 도움이 될 수 있는 구조적 특성을 고려해 볼 때, 강제이송되어 온 환자에 대하여 보호입원을 해야 할 필요가 있다고 하는 또 다른 정신과의사의 입원소견 하나를 더 추가하는 것은 그렇게 어려운 일은 아닐 것이기 때

62) 김도희, 보호입원제도 존속의 한계성에 관하여－정신보건법 제24조 제1항 등의 헌법불합치 결정을 중심으로, 사회보장법연구 제5권 제2호(2016), 1－39(26). 이와 관련 환자의 의사결정능력 평가에 근거한 자율성 존중이라는 관점에서 개선이 거의 없다고 하는 비판으로 김문근, 정신보건법 개정 담론에 근거한 정신건강증진 및 정신질환자 복지서비스 지원에 관한 주요 쟁점 분석, 사회복지연구 제47권 제3호(2016. 9.), 85－111(101)면. 김창휘, 정신건강복지법의 주요 내용과 개선 방안에 관한 연구, 토지공법연구 제80집(2017. 11.), 303－331(325)면.

63) 동지, 김광욱, 앞의 토론문(주 19), 358. 신권철(2017)(주 19), 27면.

64) 다만 동조 제11항에서 "제4항 및 제6항 제1호에 따른 서로 다른 정신의료기관 등에 소속된 2명 이상의 정신건강의학과전문의의 진단은 해당 지역의 정신의료기관 등 또는 정신건강의학과전문의가 부족한 사정이 있는 경우에는 보건복지부령으로 정하는 바에 따라 구체적인 시행방안을 달리 정하여 진단하도록 할 수 있다."고 규정함으로써 예외를 인정하고 있으나 현재 시행규칙이 이에 관하여 구체적 규정을 두고 있지는 않고 단지 절차와 관련된 내용만을 규정하고 있는 상태에서(제35조), 사실상 자체 추가진단을 허용하고 있는 것으로 보이나 이는 구체적 규정이 결여된 상태에서 이루어지는 한시적 조치로서 그 위법성을 면할 수 없다고 생각된다. 이에 관한 지적으로 윤석준 외 3인의 보고서(보건복지부/고려대 의료원 산학협력단, 개정 정신건강복지법 평가 및 제도개선 연구, 2019. 11.), 23, 78면.

문이다.[65]

(3) 입원기간과 계속입원의 문제

다음으로 입원기간과 계속입원의 문제와 관련, 보호입원은 최초로부터 6개월이라는 장기로 정해져 있고, 행정입원이 2주간의 진단입원을 거쳐 최대 3개월의 입원이 가능한 것과 비교해 보아도 입원기간이 지나치게 길게 책정되어 있다고 헌법재판소는 지적하였다.

개정신법은 정신의료기관등의 장은 정확한 진단을 위하여 2주의 범위에서 기간을 정하여 입원하게 할 수 있도록 하였고(제43조 제3항), 진단결과 2명 이상의 정신과전문의의 일치된 소견이 있는 경우 치료를 위한 입원 등을 할 수 있게 하였으며(제4항), 최초입원기간은 3개월 이내로 줄였으나, 1차 입원 후에 기간연장의 경우에는 6개월 이내로 연장할 수 있도록 하였다(제5항). 따라서 입원기간과 계속입원과 관련해서도 처음 2주간의 진단입원, 그리고 최초입원의 경우 3개월로 단축되고, 3개월 이후 1차 연장의 경우만 3개월 내에서 하도록 된 외에는 그 다음 번부터, 매 연장시마다 6개월 이내에서 연장할 수 있도록 되었기 때문에, 헌법재판소가 지적한 장기입원가능성으로 인한 문제점은 여전히 제거되지 않은 상태에 있다.

(4) 보호입원대상자의 의사 확인이나 절차보조인의 관여 배제의 문제

헌법재판소는 보호입원대상자의 의사 확인이나 절차보조인의 관여가 배제되어 있는 문제점을 지적하였고, 이와 관련하여 헌법재판소는 전술한 바와 같이 여러 절차적 보장이 필요하다고 판시하였다.

이와 관련하여 개정신법을 살펴보면 우선 입원적합성심사위원회 제도(신법 제45조–제49조)를 신설한 것을 주목해 볼 필요가 있고, 이 제도가 과연 실효성이 있을 것인지를 지켜봐야 할 필요가 있다고 생각된다.[66]

---

65) 위 이선구 외 4인(주 58), 33면은 보통 10분 정도의 짧은 시간에 환자를 단순 관찰하거나 접견한 의사는 첫 번째 의사의 소견에 배치되는 소견을 내기가 곤란하기 때문에, 첫 번째 소견을 참고하여 작성할 가능성이 높다고 하고 있다. 그리고 보건복지부 자료에 따르면 전체 7만여 건의 심사 건수 중에 두 번째 소견이 입원 부적합으로 첫 번째 소견과 달랐던 경우는 98건에 그쳐 첫 번째 소견과 다른 소견이 나올 가능성은 0.14%에 불과하다고 한다. 마찬가지로 2차진단의 객관성 · 중립성에 관한 문제제기로 윤석준 외 3인(주 63), 78면.

66) 이와 관련하여 보건복지부는 최근 2018. 9. 6. "입원적합성심사위원회, 비자의입원 환자의 권리를 다시 한 번 살핀다"고 하는 제목으로 시행 3개월 간 8,495건 심사, 1,399명 대면, 115건 퇴원 · 퇴소 결정을 하였다

다만 이 입원적합성심사위원회 제도에 대해서도 신체의 자유가 가지는 객관적 가치질서로서의 측면을 고려하면서 평가해 볼 필요가 있다고 생각된다. 이러한 관점에서 가장 큰 문제점은 개정신법 제46조 제4항에서 입원심사소위원회는 5명 이상 15명 이내의 위원으로 구성하고, 입원적합성심사위원회 위원 중 위원장이 임명 또는 위촉한다고 규정하고 있는 점이다. 다시 말해서 이 규정은 결국 개정신법 제46조 제3항 각호에 있는 사람들을 포함하여 입원적합성심사위원을 임명하도록 하고 있지만, 입원심사소위원회는 5명 이상 15명 이내로 하고 있기 때문에, 이 입원심사소위원회 구성원들은 제3항 각호에 있는 사람들이 빠진 채 그 밖의 사람들로 채워질 수 있는 가능성도 배제할 수 없다는 점이다. 그리고 제46조 제3항 각 호 가운데서 헌법상 신체의 자유의 객관적 가치질서의 내용 중 하나라고 할 수 있는, 법관의 영장주의를 담보할 수 있는 사람은 오직 판사라고 할 수 있을 것인데, 입원적합성심사위원회 위원장이 임명하기에 따라서는 판사를 입원심사소위원회에서 배제할 가능성이 있을 뿐만 아니라, 판사가 포함된다 하더라도 5명 이상 15명 내의 입원심사소위원회 위원들 중 한 명으로서 그의 의사는 결정에 영향을 크게 미치지 못할 수도 있다. 따라서 이것은 신체의 자유가 가지는 객관적 가치질서로서의 측면에서 볼 때 헌법적으로 큰 문제라고 여겨진다.[67]

다음으로 개정신법 제47조 제3항은 입원적합성심사위원회의 위원장은 최초로

고 보도자료를 배포하는 등(보건복지부 http://www.mohw.go.kr/react/al/sal0301vw.jsp?PAR_MENU_ID=04&MENU_ID=0403&CONT_SEQ=345966&page=1 최종방문일 2023. 2. 2.), 그간의 제도운영의 성과를 강조하고 있다. 이러한 성과가 입원적합성심사위원회제도가 보호입원제도의 남용을 방지하기 위한 충분히 실효성 있는 제도임을 입증해 줄 수 있을 것인지는 좀 더 지켜봐야 할 것이다. 일단 위 이선구 외 4인(주 58), 37면에 의하면 "결과적으로 입원적합성심사제도는 제도의 존재 자체는 인권의 증진에 도움이 되지만 운영 과정에서 기대만큼 인권의 증진에 기여하지 못한 것으로 판단된다."고 밝히고 있다. 2018년 6월부터 2020년 10월까지 진행된 전체 입원적합성심사 중 부적합 판정을 받은 경우는 총 1,139건(1.42%)으로 집계되고 있고(62–63면), 이 보고서가 인용하고 있는 다른 연구{윤석준 외 3인(주 63), 24, 99, 104면}에 의하더라도 1.6(1.59)%에 불과하다. 이러한 실증적 연구를 고려해 보더라도 행정부 산하 입원적합성심사위원회제도가 법관에 의한 사전 입원허가제도를 결코 대체할 수 없으며 따라서 앞으로 강제입원의 경우에 법관의 허가를 거치도록 하는 법개정 노력이 계속 이루어져야 할 것이라고 하는 필자의 기존의 생각에는 변함이 없다. 마찬가지로 사법입원제도의 도입필요성을 강조하는 견해로, 신권철, 한국 정신보건법의 변화와 그 의미, 경희법학 제52권 제3호(2017), 171–210(203–205)면과 그곳에서 인용된 문헌(각주 60).

67) 이선구 외 4인(주 58)이 밝히고 있는 소위원회의 구성 현황(p. 26–27)에 따르면 판사는 한 사람도 없고, 법조인으로서 변호사 1명이 포함되어 있을 뿐인데, 실제 변호사가 소위원회 참석한 횟수를 보면 기껏해야 0.159회(국립춘천병원)와 0.194회(국립공주병원)에 불과하다고 하는 사실이 드러나고 있다. 이에 반하여 법관에 의한 입원심사제도로 갈 것인지 아니면 의료전문가가 참여하는 위원회에 맡길 것인지는 입법정책적 문제라고 보는 견해로 박인환, 정신장애인의 인권과 지역사회통합의 관점에서 본 2016년 정신건강증진법의 평가와 과제, 의료법학 제17권 제1호(2016. 7.), 209–279(259)면.

입원 등을 한 날부터 1개월 이내에 정신의료기관 등의 장에게 입원 등의 적합 또는 부적합 여부를 서면으로 통지하여야 한다고 규정하고 있다. 그러나 부당하게 강제입원 당한 자의 경우 1개월간이나 계속 입원상태, 즉 신체적 구속상태로 있어야 한다는 말인데, 그 기간이 지나치게 길다.68) 만일 판사의 영장의 경우 영장실질심사가 그렇게 오래 걸리지 않듯이, 부당한 입원의 경우에 조속한 판단을 통해서 부당한 인신구속으로부터 피해자가 해방될 수 있어야 하는 것은 당연하다. 뿐만 아니라 심사의 결과의 서면통지 대상이 단지 정신의료기관 등의 장으로만 규정되어 있으나 인신구속을 당한 본인에게는 정작 통지하지 않고 있다.69) 하지만 심사결과서를 본인에게도 통지해야 할 뿐만 아니라,70) 불복절차나 인신보호법상 구제가능성 등(인신보호법 제3조와 제20조)에 제반 권리구제절차에 관하여 고지를 해야 할 것이다.71)

또한 동법 제48조 제1항은 입원적합성심사위원회의 위원장은 소속 직원에게 해당 정신의료기관등을 출입하여 입원 등을 한 환자를 직접 면담하고 입원 등의 적합성, 퇴원 등의 필요성 여부를 조사하게 할 수 있다고 규정하고 있으나, 이러한 직원을 통한 조사는 입원적합성심사소위원회의 직접 대면 조사라 할 수도 없고, 소속 직원의 면담을 통한 간접적 조사에 불과하여, 자주 발생하는 부당한 감금 · 구속으로 보호입원제도가 남용되는 사례를 제대로 방지하기에는 역부족이라고 보인다.72) 또한

---

68) 실제로 입원적합성심사가 이루어지는 평균 기간은 20일이 넘는다. 이선구 외 4인(주 58), 30, 117면. 이에 반하여 이태리의 경우 입원 명령이 입원시점으로부터 48시간 이내에 판사에게 통지되어야 하고, 판사는 48시간 이내에 강제입원의 검증을 완료해야 한다. 이선구 외 4인(주 58), 76면. 박현정, 행정법적 관점에서 본 비자의입원의 법적 성격과 절차, 행정법연구 제56호(2019. 2.), 145－172(168)면.

69) 같은 지적과 통지의 필요성에 관하여 이선구 외 4인(주 58), 57, 108면. 윤석준 외 3인(주 63), 32, 108면. 박현정(주 68), 164면.

70) 실제로 그 사이에 입적심 결정의 환자 및 보호의무자 통지 신설안이 정부입법으로 예고(보건복지부 공고 제2019－618호. 윤석준 외 3인(주 63), 156면)된 바 있었으나, 정식으로 법률안으로 제출되지 않았으며 법개정도 이루어지지 않은 것으로 보인다.

71) 정신건강복지법 제6조 제1항은 정신질환자 등이 입원 등을 하거나 사회적응을 위한 훈련을 받으려고 하는 때에는 지체 없이 정신질환자 등과 그 보호의무자에게 이 법 및 다른 법률에 따른 권리 및 권리행사 방법을 알리고, 그 권리행사에 필요한 각종 서류를 정신건강증진시설에 갖추어 두어야 한다고 의무를 부과하고 있으며, 동 시행규칙 제2조에 정신질환자 등과 보호의무자에게 알려야 하는 권리의 종류 및 내용을 열거하고 있다. 행정절차법 제26조의 취지를 고려하여 위 제6조 제1항을 최초입원시뿐만 아니라 입원의 각 단계별로 처분이 행해질 때마다 적용되는 것으로 해석해야 한다는 견해로 박현정(주 68), 165면.

72) 이선구 외 4인(주 58)에 의하면 대면조사비율은 전체적으로 4건 중 1건에 못 미쳤고 3건 이상의 사건들이 단지 서류에 근거하여 심사되고 있다고 한다. 35, 118면. 그리고 대면조사의 경우 입원부적합 판정은 3.05%인데 반하여 서면조사의 경우 0.89%로 대면조사로 진행한 경우에 부적합 판정률이 크게 높아진 것을 확인할 수 있다(63－64면). 대면진술권 보장을 위한 절차 부재의 문제점과 인권친화적 대면조사로의 보완 필요성에 관한 지적으로 같은 보고서 55－56, 146, 153, 155면; 윤석준 외 3인(주 63), 103면. 행정절차법상 당사자가 의견제출기회를 가져야 한다는 견해로 박현정(주 68), 166면.

이와 같이 직원으로 하여금 현장조사를 나가게 한다 하더라도 같은 의료기관 상호간에 사전 정보제공 및 연락가능성이 존재하는 한, 이러한 조사활동이 어느 정도까지 실효성을 거둘 수 있을 것인지 의문이 제기되지 않을 수 없다.

그 밖에 개정신법 제46조 제1항은 보호입원과 행정입원의 경우에만 이러한 입원적합성심사제도를 적용하고 있는바, 개정신법에서 신설되었고, 거의 보호의무제도에 근접하다고 할 수 있는 소위 "동의입원"의 경우에는 왜 이러한 절차를 적용하지 않는지 의문이 든다. 왜냐하면 동의입원의 경우도 정신과전문의의 진단 결과 환자의 치료와 보호 필요성이 있다고 인정되는 경우에는 정신의료기관 등의 장이 정신질환자의 퇴원 등의 신청을 받은 때부터 72시간까지 퇴원 등을 거부할 수 있고, 퇴원 등을 거부하는 기간 동안 보호입원이나 행정입원으로 전환할 수 있기 때문이다(개정신법 제42조 제2항).

그리고 이러한 입원적합성심사제도에 관한 규정에 어떠한 절차보조인에 관한 규정도 존재하지 않는다.[73]

다만 약간 보완되었다고 할 수 있는 내용으로는 정신의료기관 등의 장은 보호입원이나 입원기간의 연장 등을 할 경우에는 해당 대상자와 보호의무자에게 그 사실을 통지해 주도록 하고 있는 규정(신법 제43조 제8항)이 있지만, 환자 본인은 이미 강제입원되는 경우에 그 사실에 대하여 알게 되는 것은 당연한 것이고, 또한 입원연장된 경우에도 마찬가지이며, 보호의무자의 경우도 그들이 동의한 경우에만 입원연장이 될 수 있기 때문에 그 결과의 고지 자체가 정신질환자의 인권보호를 위한 결정적인 변화라고 볼 수는 없다.

그리고 정신의료기관 등의 장은 본인이나 보호의무자가 퇴원을 신청하는 경우에는 즉시 퇴원시켜야 한다고 하고 있으나 곧바로 단서에서 다만 제2항 각호에 해당되는 경우에는 퇴원을 거부할 수 있다고 규정함으로써(개정신법 제43조 제9항), 정신의료기관의 장이 여전히 결정권을 쥐고 있는 종래의 규정태도에서 벗어나지 못하고 있다.

---

73) 절차보조인제도 도입 필요성에 관해서는 제철웅(주 19), 254－263면; 박현정(주 68), 167면; 이선구 외 4인(주 58), 56, 155면. 보건복지부에서는 절차보조인시범사업을 일부 실시하고 있는 것으로 보이나{이선구 외 4인(주 58), 53, 58면; https://www.mohw.go.kr/react/al/sal0301vw.jsp?PAR_MENU_ID＝04&MENU_ID＝0403&CONT_SEQ＝344895 최종방문일 2023. 2. 3}, 현장에서는 정신의료기관의 '높은 문턱'으로 인하여 입원환자들에 대한 절차보조서비스가 제대로 보장되지 못하고 있는 것으로 보이므로 법률개정을 통해서 이러한 제도를 조속히 도입하고, 필요한 전문적 교육을 해 나갈 필요가 있다고 보인다. 이러한 현장의 목소리로는 위 보고서 143－144면.

2. 그 밖에 신체의 자유의 객관적 가치질서로서의 측면으로부터 나오는 개정의무

기본적으로 구 정신보건법이든 개정 신법인 정신건강복지법이든 정신질환자에 대한 강제입원과 그 적합여부나 퇴원 등의 문제는 보건복지부장관과 지방자치단체장이 결정할 수 있는 것으로 하여 제도를 설계하고 있다(개정신법 제46조, 제59조, 제62조, 제63조 제3항, 제66조 제4항). 이를 한마디로 말한다면 우리 정신보건법은 정신질환자에 대한 인신구속을 행정유보사항으로만 취급하고 있고 법관의 관여는 거의 배제하고 있다고 평가할 수 있다. 그러나 정신질환자에 대한 강제입원은 인신의 자유에 대한 제한이 수반되는 것이기 때문에, 전술한 바와 같이 헌법 제12조가 천명하고 있는 신체의 자유의 객관적 가치질서로부터 법관의 허가가 필요한 법관유보사항으로 보아야 하며, 입원의 결정, 퇴원의 거부, 입원기간의 연장 등 본인의 의사에 반하는 모든 강제입원과 입원기간의 연장과 관련해서는 법관의 면전에서 정신질환자가 스스로 자신의 입장을 진술할 수 있는 청문의 기회를 가지지 않으면 안 된다.

이러한 관점에서 보면, 퇴원의 심사청구 등에 대하여 관장하도록 되어 있는 광역 및 기초 정신건강심의위원회(개정신법 제53조. 특히 보호입원과 관련해서는 제53조 제2항 제2호, 제53조 제3항 제1호, 제1의2호, 제2호, 제4호)와 그 산하 광역 및 기초 정신건강심사위원회(개정신법 제54조 제1항, 제2항)의 경우에도, 위에서 입원적합성심사위원회의 경우와 마찬가지로 법관유보가 배제될 수 있는 문제점이 마찬가지로 존재한다.

이와 같이 헌법재판소가 지적한 부분 외에도 필자는 신체의 자유가 보장하고 있는 여러 적법절차조항의 객관적 가치질서로서의 의의를 입법자가 존중하여, 보호의무자에 의한 입원의 경우에도 반드시 법관의 허가를 받지 않으면 안 되도록 그 절차를 마련하여야 할 것이라고 본다.

그 밖에 개정신법은 외래치료지원결정과 관련해서도 위에서 지적한 행정유보로 만족하고 정신질환자가 외래치료지원결정에 불응하면 언제든지 강제입원시킬 수 있는 조항을 신설하여 정신질환자를 철저히 관리의 대상으로서 취급하고 있다. 즉 특별자치시장 · 특별자치도지사 · 시장 · 군수 · 구청장은 제5항에 따라 외래치료지원결정을 받은 사람에게 평가를 받도록 명령하는 경우 구급대원에게 그 사람을 정신의료기관까지 호송하도록 요청할 수 있다고 규정하고 있는 개정신법 제64조 제6항인데, 이

것은 신설된 조항으로서 외래치료 명령을 받은 사람을 강제로 정신의료기관까지 호송하도록 요청할 수 있는 수권규정이다. 인신에 대한 강제조치에도 불구하고 사전에 판사의 허가를 받아야 한다고 하는 아무런 조항이 없어 이 역시 매우 큰 문제라고 보인다. 또한 동조 제7항 역시 신설조항인데, 이 조항은 자치단체장으로 하여금 정신질환자에 대한 자의입원, 동의입원, 보호입원 및 행정입원까지 강제할 수 있는 조항으로서, 동조 제5항에 따라 평가한 결과 외래치료지원결정을 받은 사람이 자신의 건강 또는 안전이나 다른 사람에게 해를 끼칠 위험이 있다고 인정되는 경우에 이러한 입원조치를 강제할 수 있는 수권조항이다. 이 역시 판사의 허가 등에 관해서는 아무런 규정을 두고 있지 않고 헌법재판소가 그 요건이 추상적이고 막연하다고 지적한 헌법적 문제점을 그대로 안고 있기 때문에 그 남용가능성을 배제할 수 없는 매우 위험한 조항들이라고 생각된다.

3. 기 타

개정신법은 입 · 퇴원등 관리시스템제도를 신설하고 있는바(제67조), 이 조항은 환자의 정보에 관한 자기결정권을 침해할 소지가 매우 크다고 여겨진다. 즉 이 조항은 정신질환자의 입 · 퇴원관리시스템의 구축 · 운영을 통하여 정신질환자를 헌법 제10조에서 보호되는 정보에 관한 자기결정권과 일반적 인격권의 주체로서의 지위가 아니라, 관리되고 통제되어야 하는 대상으로 전락시키고 있다고 보인다.

한편 개정신법에서는 구법보다 개선이 아니라 개악이 된 조항도 발견된다. 즉 통신과 면회의 자유의 제한금지(개정신법 제74조)와 격리 등 제한의 금지(제75조)규정인데 표현상으로 조금 엄격해 진 것처럼 보이나, 내용상으로는 구법의 조항과 크게 달라진 바가 없는 상태에서, 제한조치의 이유에 대하여 진료기록부에 기재할 의무조항을 슬쩍 삭제한 것이 아닌가 생각되는데, 결국 양 조항은 모두 구법보다 후퇴한 개악규정인 것으로 보인다.

그 외에 유엔장애인협약에 규정되어 있는 여러 가지 사항들에 대해서는 입법자가 최대한 반영하여, 정신질환자들의 인권을 존중하면서 그들에 대한 치료와 사회복귀를 앞당길 수 있도록 노력을 해야 할 것이라고 본다.

Ⅴ. 결 론

어떠한 한 사회가 얼마나 인권을 존중하는 사회인가 하는 것은 그 사회에서 가장 나약하고 힘없는 사람들의 인권이 어떻게 보호되고 존중되고 있는가를 살펴보면 어렵지 않게 알 수 있다. 우리나라가 진정한 의미에서 인권선진국이 되기 위해서는 가장 약하고 힘없는 사람들이라고 할 수 있는 정신질환자들에 대한 인권존중을 제대로 해야 할 필요가 있다. 현행 정신건강증진 및 정신질환자 복지서비스 지원에 관한 법률은 명칭은 그럴 듯하지만 헌법재판소가 지적한 위헌성이 거의 제거되지 않은 여전히 위헌적인 법이라고 할 수 있다. 입법자는 헌법재판소가 지적한 위헌성을 제거하는 입법개선을 해야 할 의무가 있다. 나아가 신체의 자유의 객관적 가치질서로서의 측면을 최대한 존중하여서, 정신질환자의 강제입원제도를 설계함에 있어서 행정유보가 아니라 법관유보의 원칙을 최대한 반영하도록 하지 않으면 안 된다. 정신질환자에 대한 비자의입원제도에 관한 비교법적 고찰을 근거로 반드시 사법입원만 존재하는 것이 아니라는 점을 고려하여 입원적합성심사를 법원에 맡길 것인지 아니면 행정부에 맡길 것인지를 입법정책적 문제로 인정한다 하더라도, 인신구속의 타당성 여부를 판단하는 주체는 준 사법기관에 해당할 정도로 독립성과 공정성이 확보된 기관이어야 하는데 현행법상의 입원적합성심사위원회의 구성을 볼 때, 이러한 독립성과 공정성이 확보되지 못했을 뿐만 아니라, 정신질환자에 대한 대면심사가 아니라 서면심사를 위주로 하고 있고, 나아가 그 심사에 최대 1개월이 소요되고 있는 점은 헌법적으로 큰 문제점으로 지적하지 않을 수 없다.

심지어 통신과 면회자유의 제한과 격리 등 조치에 있어서 기록의무규정이 삭제되었는데 이것은 구법보다 오히려 일부 후퇴한 규정들이라고 생각된다.

요컨대 입법자는 하루속히 아직 위헌성이 제거되었다고 볼 수 없는 개정신법의 패러다임을 행정유보에서 법관유보의 관점으로 완전히 틀을 바꾸거나, 만일 현재의 입원적합성심사위원회제도의 틀을 고수할 것이라면 이 위원회 자체를 준 사법기관으로 볼 수 있을 정도로 심사의 독립성과 중립성을 강화할 뿐만 아니라, 보호입원의 대상자인 정신질환자에게 대면 출석과 청문의 기회를 보장하여, 그 자신의 상태와 진정한 의사를 확인하여 판단할 수 있는 절차를 도입하여야 할 것이다.

그리고 정신건강복지법은 정신질환자들을 소위 보호의무자에 의한 입원제도를 통하여 정신질환자들을 사회로부터 격리하는 데 주안점을 두었던 구 정신보건법과는 달리 정신질환자의 치료와 재활 및 사회복귀를 통한 복지의 실현까지도 목표로 하고 있다고 보이므로, 이러한 입법목적을 최대한 실현할 수 있기 위해서는 부당하게 강제입원을 당하는 사람이 없도록 절차적인 문제서부터 신체의 자유가 철저히 보장될 수 있는 방향으로 법률을 개정해 나가지 않으면 안 될 것이라고 생각된다.

3.
존엄한 노후생활을 위한 노인장기요양보험법

장승혁(한양대학교 법학전문대학원 교수)

Ⅰ. 들어가며

인생의 처음과 끝은 닮아있다. 모두 돌봄이 필요하기 때문이다. 하지만 인간의 존엄성을 미처 깨우치기 전의 영유아와는 달리 스스로 일상생활을 할 수 없는 노인은 존엄한 삶이 무엇인지 새삼 깨달을지도 모른다. 일어나서 씻고 옷을 입고 음식을 먹고 대 · 소변을 보고 움직이고 말하는 모든 일상생활 중 어느 하나라도 남의 도움을 받아야 한다면 돌봄이 없이 혼자서 존엄을 유지한다는 것이 얼마나 어려운 일인지 겪어보지 않더라도 알 수 있을 것이다. 노인에 대한 돌봄은 종래 개인적인 일로 여겨졌다. 치매인 노부모를 몇 년간 수발한 이야기에 경악을 하였지만 으레 해야 하는 일로 치부했다. 전통적인 효사상은 그것을 당연한 일로 받아들이도록 했다. 더욱이 수발 부담은 가족구성원 모두에게 공평하게 돌아가지 아니해서 그 부담은 거의 딸과 며느리에게 지워졌다. 여기에 핵가족화, 여성의 경제활동 증가 등으로 여성들이 가정에서 노인성질환이 발병한 부모님을 돌보는 것은 전보다 더 어려워졌다.[1] 이렇게 사적 부양이 한계에 이르렀다.

이에 공적인 방식의 장기요양보험제도가 도입되었다.[2] 2007년 제정되어 2008년

1) 정희선, 노인장기요양보험법 제정사, 사회보장법연구 제1호, 서울대 사회보장법연구회, 2012, 166면.
2) OECD 역시 장기요양의 방식을 사적인 방식과 공적인 방식으로 구분한다. 즉 노인인구가 증가하면서 발생되는 노인의 장기요양 필요에 어떻게 대처할 것인가에서 국가 간의 차이가 있지만, 특히 재가에서 생활하

부터 시행된 노인장기요양보험제도는 심신의 기능상태 장애로 6개월 이상 혼자서 일상생활을 수행하기 어렵다고 인정되는 자에게 신체활동 · 가사활동의 지원 또는 간병 등의 서비스나 이에 갈음하여 현금 등을 지급하는 제도이다. 노인장기요양보험제도는 도입 당시에 예산상 문제로 인하여 경증환자, 장애인을 수급대상자에서 제외하여 제한적 범위의 사람들에게 적용되는 한계를 가지고 있었으나,[3] 2014년 법 개정으로 장기요양등급을 1－4등급으로 확대하고 치매 환자를 위하여 5등급과 인지지원등급을 차례로 신설하여 수급대상자를 확대하였다. 하지만 수급자가 되기 위한 관문은 여전히 좁고 급여의 질이 높지 않고 단편적, 획일적이라는 비판이 나온다. 장기요양이 필요한 노인들의 존엄한 노후생활을 보장한다고 말하기에는 아직 이르다.

이하에서는 먼저 노인장기요양제도의 현황을 노인장기요양보험제도와 노인맞춤돌봄서비스를 중심으로 살펴보고 존엄한 노후생활을 보장하기 위한 장기요양급여 제공의 원칙을 제시한 후 이에 따라 장기요양이 필요한 노인들이 누구나 자신의 필요에 맞추어 장기요양급여를 받을 수 있는 제도적 개선책을 구상하고자 한다.

Ⅱ. 노인장기요양제도의 현황

65세 이상 노인을 대상으로 일상생활 지원 등을 목적으로 시행되는 요양제도는 사회보험방식으로 운영되는 노인장기요양보험제도와 사회서비스의 일종인 노인맞춤돌봄서비스로 크게 나눠볼 수 있다. 노인장기요양보험제도는 등급판정(장기요양 1－5등급, 인지지원등급)을 받은 장기요양인정자에게 장기요양급여를 제공하고, 노인맞춤돌봄서비스는 65세 이상의 노인 중 국민기초생활수급자 등 저소득층에 대하여 돌봄 욕구와 필요도에 따라 돌봄서비스를 제공한다. 이하에서는 양 제도의 현황을 차례로 살펴본다.

는 노인의 장기요양 필요를 충족하는 방식을 친지나 가족으로부터 도움을 받는 사적인 방식과 노인장기요양보험 등의 공적 제도를 통해 도움을 받는 방식으로 구분한다(OECD, Accounting and mapping of long－term care expenditure under SHA 2011, 2018.)

3) 정희선, 앞의 논문, 184면.

1. 노인장기요양보험

(1) 목 적

노인장기요양보험은 노령이나 노인성 질병 등의 사유로 일상생활을 혼자서 수행하기 어려운 노인이 노후의 건강증진 및 생활안정을 도모하고 그 가족의 부담을 덜어줌으로써 국민의 삶의 질을 향상하도록 함을 목적으로 한다{노인장기요양보험법(이하 '법'이라고만 한다) 제1조}.

(2) 수급자

장기요양보험에서는 수급자에게 보험료를 바탕으로 신체활동 · 가사활동의 지원 또는 간병 등의 서비스나 이에 갈음하여 현금 등(이하 '장기요양급여'라 한다)을 제공한다(법 제2조 제2호). 장기요양급여를 받기 위해서는 다음과 같은 2가지 요건을 충족하여야 한다.

첫째, 수급자는 65세 이상 노인과 65세 미만의 자 중에서 치매 · 뇌혈관성질환 등 노인장기요양보험시행령 제2조 별표 1로 정하는 노인성 질병을 가진 자(이하 '노인 등'이라 한다)이어야 한다. 위 시행령에서 말하는 노인성 질병은 다음과 같다.

[표 3-1] 노인성 질병의 종류(제2조 관련)[4)]

구분	질병명	질병코드
한국표준질병 · 사인분류	가. 알츠하이머병에서의 치매	F00*
	나. 혈관성 치매	F01
	다. 달리 분류된 기타 질환에서의 치매	F02*
	라. 상세불명의 치매	F03
	마. 알츠하이머병	G30
	바. 지주막하출혈	I60
	사. 뇌내출혈	I61
	아. 기타 비외상성 두개내출혈	I62
	자. 뇌경색증	I63
	차. 출혈 또는 경색증으로 명시되지 않은 뇌졸중	I64

카. 뇌경색증을 유발하지 않은 뇌전동맥의 폐쇄 및 협착	I65
타. 뇌경색증을 유발하지 않은 대뇌동맥의 폐쇄 및 협착	I66
파. 기타 뇌혈관질환	I67
하. 달리 분류된 질환에서의 뇌혈관장애	I68*
거. 뇌혈관질환의 후유증	I69
너. 파킨슨병	G20
더. 이차성 파킨슨증	G21
러. 달리 분류된 질환에서의 파킨슨증	G22*
머. 기저핵의 기타 퇴행성 질환	G23
버. 중풍후유증	U23.4
서. 진전(震顫)	R25.1

둘째, 6개월 이상 혼자서 일상생활(ADL, Activities of Daily Living)을 수행하기 어려워야 한다. 6개월 이상 혼자서 일상생활을 수행할 수 없는 정도는 일상생활에서 다른 사람의 도움이 얼마나 필요한가를 기준으로 장기요양인정 점수에 따라 장기요양 1−4등급으로 판정된다. 그런데 이와 같이 일상생활을 수행하는 정도에 중점을 두다 보니 경증 치매환자는 기억력 · 주의력 장애로 인해 일상생활 수행이 어려움에도 불구하고 장기요양수급자로 인정되지 못하여 치매 질환자에 대한 추가적인 보호방안을 강구할 필요성이 제기되었다.[5] 이에 정부는 2014. 6. 25. 등급판정기준(위 시행령 제7조)에 치매노인을 위한 5등급을, 2017. 12. 26.에는 등급판정기준에 장기요양 인지지원등급을 각 신설하였다. 현재 노인장기요양 등급판정기준은 다음과 같다.

위와 같은 요건을 충족하는 경우에 보험자인 국민건강보험공단(이하 '공단'이라 한다)으로부터 장기요양급여가 필요하다는 인정(이하 '장기요양인정'이라 한다)을 받을 수 있다. 장기요양인정을 받기 위해서는 먼저 공단에 신청을 해야 하고, 공단은 신청서가 접수되면 신청인의 심리상태, 신청인에게 필요한 장기요양급여의 종류와 내용을 조사하고 그 결과를 공단에 설치된 장기요양등급판정위원회에 제출한다(법 제13조, 제

4) 비고) 1. 질병명 및 질병코드는 「통계법」 제22조에 따라 고시된 한국표준질병 · 사인분류에 따른다. 2. 진전은 보건복지부장관이 정하여 고시하는 범위로 한다.

5) 유애정 · 문용필 · 이호용 · 이희승 · 박영우, 장기요양 사각지대 진단과 과제: 대상자, 급여내용을 중심으로, 국민건강보험 건강보험정책연구원(연구보고서 2019−1−0011), 2019, 58면.

[표 3-2] 노인장기요양 등급판정기준

등급	내용
장기요양 1등급	심신의 기능상태 장애로 일상생활에서 전적으로 다른 사람의 도움이 필요한 자로서 장기요양인정 점수가 95점 이상인 자
장기요양 2등급	심신의 기능상태 장애로 일상생활에서 상당 부분 다른 사람의 도움이 필요한 자로서 장기요양인정 점수가 75점 이상 95점 미만인 자
장기요양 3등급	심신의 기능상태 장애로 일상생활에서 부분적으로 다른 사람의 도움이 필요한 자로서 장기요양인정 점수가 60점 이상 75점 미만인 자
장기요양 4등급	심신의 기능상태 장애로 일상생활에서 일정부분 다른 사람의 도움이 필요한 자로서 장기요양인정 점수가 51점 이상 60점 미만인 자
장기요양 5등급	치매(제2조에 따른 노인성 질병에 해당하는 치매로 한정한다)환자로서 장기요양인정 점수가 45점 이상 51점 미만인 자
장기요양 인지지원등급	치매(제2조에 따른 노인성 질병에 해당하는 치매로 한정한다)환자로서 장기요양인정 점수가 45점 미만인 자

15조 제1항). 장기요양등급판정위원회는 신청인이 장기요양보험가입자 또는 그 피부양자 등으로서 신청자격요건을 충족하고 6개월 이상 동안 혼자서 일상생활을 수행하기 어렵다고 인정하는 경우 심신상태와 장기요양이 필요한 정도 등에 관한 [표 3-2]의 노인장기요양 등급판정기준에 따라 수급자로 판정한다(법 제15조 제2항). 등급을 판정할 때 사용되는 장기요양인정 점수는 장기요양이 필요한 정도를 나타내는 점수로서 보건복지부장관이 정하여 고시하는 심신의 기능 저하 상태를 측정하는 방법에 따라 산정한다(시행령 제7조 제2항). 한편 수급자로 판정되지 못한 신청인도 장기요양인정 점수에 따라 등급외A(45점 이상 51점 미만), B(40점 이상 45점 미만), C(40점 미만)로 구분된다.

[표 3-3]의 장기요양 등급판정 현황을 보면 장기요양인정을 신청한 자 중 장기요양인정을 받는 사람(수급자)의 비율은 해마다 증가하여 2022년 1분기를 기준으로는 87.1%에 이르고 있다. 하지만 장기요양인정을 받았다고 하여 이들이 모두 장기요양급여를 받는 것은 아니다. 2018년을 기준으로 장기요양급여 이용률은 83.5%를 나타내고 있다. 즉, 장기요양인정을 받고도 급여를 이용하고 있지 않는 자가 약 16%를 차지하고 있는 것이다. 장기요양급여를 이용하지 않는 사유를 살펴보면 '요양병원이나 병원의 이용(50.9%)'이 가장 높은 비중을 차지하고 있었고, 그 다음으로 '가족 등에

의한 직접 요양(12.8%)'과 '개인적인 사정[6](12.9%)'이 뒤를 이었다. 장기요양 판정등급별로 미이용자의 사유를 분석하면 중증일수록 의료적 처치의 필요에 의해 요양병원을 이용해서 이용하지 않는 경우의 비율이 높았고, 경증의 경우에는 등급을 받기는 했지만 여전히 가족에 의한 돌봄을 받고 있어 장기요양급여를 이용하지 않고 있는 비율이 높았다.[7]

또한 2022년 1분기를 기준으로 장기요양 등급을 받지 못한 등급외자도 약 14만명(장기요양인정을 신청한 자 중 12.9%)에 이르고 있다. 이들 중 국민기초생활수급자, 차상위계층 등 일부 등급외자(2019년 기준 29,620명)[8]는 지방자치단체가 운영하는 노인돌봄종합서비스의 대상이 되었으나 2020년 노인돌봄종합서비스를 비롯한 6개 사업이 통합되어 노인맞춤돌봄서비스 사업이 신설되었다. 등급외자는 노인맞춤돌봄서비스의

[표 3-3] 장기요양 등급판정 현황

구분 \ 시기		2022년 1분기		2021년		2020년		2019년	
		인원 (단위: 명)	비율 (%)	인원 (단위: 명)	비율 (%)	인원 (단위: 명)	비율 (%)	인원 (단위: 명)	비율 (%)
합계		1,102,886	100	1,097,462	100	1,007,423	100	929,003	100
인정자	소계	960,694	87.1	953,511	86.9	857,984	85.2	772,206	83.1
	1등급	46,970	4.3	47,800	4.4	43,040	4.3	44,504	4.8
	2등급	91,335	8.3	92,461	8.4	86,998	8.6	86,678	9.3
	3등급	262,394	23.8	261,047	23.8	238,697	23.7	226,182	24.3
	4등급	430,205	39.0	423,595	38.6	378,126	37.5	325,901	35.1
	5등급	107,358	9.7	106,107	9.7	91,960	9.1	73,294	7.9
	인지지원등급	22,432	2.0	22,501	2.1	19,163	1.9	15,647	1.7
등급외자	소계	142,192	12.9	143,951	13.1	149,439	14.8	156,797	16.9
	등급외A	73,967	6.7	74,838	6.8	76,481	7.6	78,462	8.4
	등급외B	52,659	4.8	53,700	4.9	58,659	5.8	64,927	7.0
	등급외C	15,566	1.4	15,413	1.4	14,299	1.4	13,408	1.4

6) 주위 시선, 수급자가 원하지 않음, 가족 간 합의 불일치, 수급자 부적응 등을 말한다.
7) 유애정 · 문용필 · 이호용 · 이희승 · 박영우, 앞의 연구보고서, 94-100면.
8) 사회보장위원회의 사회보장통계(http://www.ssc.go.kr/sscstat/kor/tblInfo/sscTblInfoList.html, 최종 방문일

대상이 되지 않는 이상 결국 본인의 비용부담으로 장기요양 욕구를 충족시켜야 할 상황에 놓여있다.

(3) 급여의 종류와 내용

장기요양급여에는 재가급여, 시설급여 및 특별현금급여의 3종류가 있다. 먼저 재가급여에는 방문요양, 방문목욕, 방문간호, 주 · 야간보호, 단기보호, 기타재가급여가 있다. 방문요양은 장기요양요원이 수급자의 가정 등을 방문하여 신체활동 및 가사활동 등을 지원하는 장기요양급여이고, 방문목욕은 장기요양요원이 목욕설비를 갖춘 장비를 이용하여 수급자의 가정 등을 방문하여 목욕을 제공하는 장기요양급여이며, 방문간호는 장기요양요원인 간호사 등이 의사, 한의사 또는 치과의사의 지시서에 따라 수급자의 가정 등을 방문하여 간호, 진료의 보조, 요양에 관한 상담 또는 구강위생 등을 제공하는 장기요양급여이고, 주 · 야간보호란 수급자를 하루 중 일정한 시간 동안 장기요양기관에 보호하여 신체활동 지원 및 심신기능의 유지 · 향상을 위한 교육 · 훈련 등을 제공하는 장기요양급여를 말하며, 단기보호는 수급자를 보건복지부령으로 정하는 범위 안에서 일정 기간 동안 장기요양기관에 보호하여 신체활동 지원 및 심신기능의 유지 · 향상을 위한 교육 · 훈련 등을 제공하는 장기요양급여이고, 기타재가급여란 수급자의 일상생활 · 신체활동 지원 및 인지기능의 유지 · 향상에 필요한 용구를 제공하거나 가정을 방문하여 재활에 관한 지원 등을 제공하는 장기요양급여이다(법 제23조 제1항 제1호). 재가급여(복지욕구 제외)는 월 한도액의 범위 내에서 지급되고, 월 한도액은 등급에 따라 다음과 같다.

[표 3-4] 장기요양 재가급여 월 한도액

등급	1등급	1등급	1등급	1등급	1등급	1등급
월 한도액(원)	1,672,700	1,486,800	1,350,800	1,244,900	1,068,500	597,600

시설급여란 장기요양기관에 장기간 입소한 수급자에게 신체활동 지원 및 심신기능의 유지 · 향상을 위한 교육 · 훈련 등을 제공하는 장기요양급여를 말한다(법 제23조 제1항 제2호).

2022. 7. 28.)

특별현금급여로 가족요양비, 특례요양비 및 요양병원간병비가 있다(법 제23조 제1항 제3호). 가족요양비는 ① 도서 · 벽지 등 장기요양기관이 현저히 부족한 지역에 거주하거나, ② 천재지변이나 그 밖에 이와 유사한 사유로 인하여 장기요양기관이 제공하는 장기요양급여를 이용하기가 어렵다고 인정되거나, ③ 신체 · 정신 또는 성격 등 사유로 인하여 가족 등으로부터 장기요양을 받아야 하는 경우에 수급자가 가족 등으로부터 방문요양에 상당한 장기요양급여를 받은 때 해당 수급자에게 현금급여(월 15만 원)를 지급할 수 있다(법 제24조 제1항). 특례요양비는 수급자가 장기요양기관이 아닌 노인요양시설 등의 기관 또는 시설에서 재가급여 또는 시설급여에 상당한 장기요양급여를 받은 경우 해당 장기요양급여비용의 일부를 해당 수급자에게 현금으로 지급하는 급여이다(법 제25조 제1항). 요양병원간병비는 수급자가 요양병원에 입원한 때 장기요양에 사용되는 비용의 일부를 현금으로 지급하는 급여이다(법 제26조 제1항). 그러나 특례요양비와 요양병원간병비는 시행령과 시행규칙이 갖추어지지 아니하여 아직 지급되고 있지 않다.

[표 3-5] 장기요양급여 이용실적

시기 구분		2020년		2019년		2018년		2017년	
		금액(단위: 억 원)	비율 (%)	금액(단위: 억 원)	비율 (%)	금액(단위 : 억 원)	비율 (%)	금액(단위: 억 원)	비율 (%)
장기요양 공단부담금		88,827	–	77,763	–	62,992	–	50,937	–
재가급여	소계	52,302	100	43,702	100	34,344	100	26,417	100
	방문요양	35,889	68.6	30,071	68.8	24,364	70.9	18,916	71.6
	방문목욕	1,362	2.6	1,162	2.7	1,003	2.9	892	3.4
	방문간호	261	0.5	221	0.5	177	0.5	132	0.5
	주 · 야간보호	12,726	24.3	10,444	23.9	7,361	21.4	5,119	19.4
	단기보호	88	0.2	112	0.3	123	0.4	134	0.5
	복지용구	1,976	3.8	1,692	3.9	1,315	3.8	1,223	4.6
시설급여	소계	36,525	100	33,661	100	28,648	100	24,520	100
	노인요양시설	33,416	91.5	30,634	91.0	25,879	90.3	21,971	89.6
	노인요양 공동생활가정	3,109	8.5	3,027	9.0	3,109	9.7	2,549	10.4

[표 3-5]의 장기요양급여 이용실적을 보면 2020년을 기준으로 재가급여와 시설급여의 비중은 약 6 : 4이었고, 재가급여 중에서는 방문요양(68.6%)과 주 · 야간보호(24.3%) 순서로 많이 이용하였다.

(4) 비용부담

장기요양보험료는 장기요양위원회의 심의를 거쳐 결정된 장기요양보험료율을 국민건강보험법상 건강보험료액에 곱하여 산정한다(법 제9조). 장기요양보험료율은 2022년을 기준으로 1만분의 1,227이다(시행령 제4조). 장애인복지법상 제1급, 제2급 장애인과 희귀난치성질환자로서 장기요양보험가입자 또는 그 피부양자인 경우 수급자로 결정되지 못한 때에는 장기요양보험료의 100분의 30을 경감한다(법 제10조, 시행령 제5조).

수급자가 재가급여를 받을 때에는 그 비용의 100분의 15, 시설급여를 받을 때에는 그 비용의 100분의 20을 부담한다(법 제40조 제1항, 시행령 제15조의8). 국민기초생활수급법에 따른 의료급여 수급자는 본인부담금이 면제된다(법 제40조 제2항). 식사재료비, 상급침실 이용에 따른 추가비용 및 이 · 미용비 등은 장기요양급여의 범위에서 제외되는 사항(이하 '비급여대상'이라 한다)이어서 본인이 전액 부담한다(시행규칙 제14조 제1항).

2. 노인맞춤돌봄서비스

(1) 목 적

노인돌봄종합서비스사업은 혼자 힘으로 일상생활을 영위하기 어려운 노인에게 가사 · 활동지원 또는 주간보호서비스를 제공하고 신체 · 인지 기능이 약화됨을 방지하여 안정된 노후생활 보장과 가족의 사회 · 경제적 활동기반을 조성하는 데 그 목적을 둔다.[9)]

(2) 서비스 대상

지방자치단체는 만 65세 이상의 노인 중 국민기초생활수급자, 차상위계층 또는

9) 보건복지부 노인정책과, 2015년 노인돌봄종합서비스 사업 안내, 2015, 2면.

기초연금수급자로서 노인장기요양보험 등급자 등 유사중복사업 자격에 해당되지 않는 자를 돌봄서비스가 필요한 대상자를 선정한다. 독거 · 조손 · 고령부부 가구 노인 등 돌봄이 필요한 노인, 신체적 기능 저하, 정식적 어려움(인지 저하, 우울감) 등으로 돌봄이 필요한 노인, 고독사와 자살 위험이 높은 노인이 주요 서비스 대상에 해당한다.[10)]

대상자는 사회, 신체, 정신 영역의 돌봄 필요도에 따라 중점돌봄군, 일반돌봄군, 으로 나누어지고 이에 따라 서비스제공시간의 범위 등이 달라진다. 중점돌봄군은 신체적인 기능 제한으로 일상생활을 지원할 필요가 큰 대상으로 월 16시간 이상 40시간 미만의 직접서비스와 주기적인 가사지원서비스를 제공할 수 있다. 일반돌봄군은 사회적인 관계가 단절되고 일상생활의 어려움으로 돌봄 필요가 있는 대상이다. 일반돌봄군에 대하여는 월 16시간 미만의 직접서비스를 제공할 수 있고, 주기적인 가사지원서비스는 제공할 수 없으나 특수한 상황(수술 · 골절 등)이 있는 경우에 한정하여 가사지원서비스를 한시적으로 제공할 수 있다.[11)]

(3) 서비스의 종류와 내용

지방자치단체는 개인별 조사 · 상담에 따라 서비스제공계획을 수립한 후 개인별 돌봄 욕구 · 필요 정도에 따라 서비스 내용, 제공시간, 제공주기 등을 결정한다. 서비스에는 직접 서비스, 연계 서비스, 특화서비스가 있다.

직접 서비스는 ① 안전지원서비스, ② 사회참여서비스, ③ 생활교육서비스, ④ 일상생활지원서비스로 구성된다. 안전지원서비스란 대상자의 전반적인 안전 여부를 점검하기 위하여 생활환경, 가구구조와 같은 환경 여건 뿐만 아니라 노인의 기본적인 신체적, 정신적, 사회적 안녕 여부 등을 점검 · 지원하는 서비스를 말한다. 이 서비스는 안전 · 안부 확인(방문 · 전화 등), 생활안전점검, 정보제공, 말벗으로 구성된다. 사회참여서비스란 대상자가 사회적 관계망을 형성 · 확장하여 사회적 교류와 활동을 유지하도록 지원하는 서비스이다. 이 서비스는 사회관계 향상 프로그램, 자조모임을 그 내용으로 한다. 생활교육서비스란 사회적, 신체적, 정신적 기능을 유지하거나 악화를 지연 · 예방하기 위한 교육 프로그램을 제공하는 서비스이다. 이 서비스는 신체건

10) 보건복지부, 2022년 노인보건복지사업안내(II), 2022, 102면.
11) 보건복지부, 위의 자료, 103면.

강 · 정신건강 분야에 관한 생활교육을 제공한다. 일상생활지원서비스는 대상자의 일상생활을 지원하기 위하여 외출동행, 가사지원을 제공하는 서비스이다. 연계 서비스는 지역사회 내 민간자원 등의 후원물품이나 서비스를 연계 지원하는 서비스를 말한다. 그 내용으로는 생활지원연계, 주거개선연계, 건강지원연계 등이 있다. 특화서비스란 고립, 우울, 자살생각 등이 높은 노인을 대상으로 개별 맞춤형 사례관리 및 집단활동을 제공하는 서비스이다.[12]

Ⅲ. 존엄한 노후생활을 위한 노인장기요양급여 제공의 기본원칙

노인장기요양제도가 국가마다 그 역사적, 제도적 배경에 따라 다르게 설계된다고 하더라도, 사람은 누구나 신체활동 능력이 급격하게 저하되는 시기를 맞이하여 누군가에 의한 돌봄과 지원을 필요로 하게 된다. 그러므로 노인장기요양제도를 다양한 방식으로 설계할 때에도 장기요양을 받는 사람들의 기본적인 권리, 근본적인 자유 및 인간의 존엄성을 보장하기 위한 공통적인 원칙을 상정할 수 있다.

1. 세계보건기구의 장기요양급여 제공에 관한 핵심원칙

세계보건기구는 장기요양제도를 "적절하고, 부담할 수 있으며, 접근할 수 있는 통합적인 연속성(integrated continuum)을 보장하고 노인과 그를 돌보는 사람의 권리를 똑같이 지키는 국가적인 제도"로 정의한다.[13] 여기서 통합적인 장기요양이란 정보체계부터 돌봄 지원에 이르는 전체 영역에 관한 의료와 사회 서비스의 통합을 포함한다. 그럼으로써 장기요양은 파편화되지 않은 방식으로 제공되고 받을 수 있게 된다.[14]

이러한 관점에서 세계보건기구는 세계의 모든 장기요양제도가 장기요양서비스를 통합적인 연속성(integrated continuum)에 따라 제공하는 것을 확립하기 위해서는

12) 보건복지부, 위의 자료, 104면.

13) World Health Organization, Towards long－term care systems in sub－Saharan Africa, 2017.

14) World Health Organization, Framework for countries to achieve an integrated continuum of long－term care, 2021, p. v.

다음의 핵심적인 원칙들을 고려해야 한다고 밝힌다.[15)]

- 중앙정부가 지방자치단체와 함께 장기요양제도의 관리에 관한 전반적인 책임을 져야 한다.
- 장기요양급여의 제공은 기존의 의료와 사회적 요양체제 위에서 이루어져야 하고, 무엇보다도 중요한 것은 장기요양을 주된 의료보장에 편입시켜야 한다.
- 장기요양은 그 비용을 부담할 수 있고 그것에 접근할 수 있어야 하며 특히 사회적 약자들의 요양서비스에 대한 접근이 확보되어야 한다.
- 장기요양은 노인과 그를 돌보는 사람의 존엄성을 높이기 위하여 그 인권을 보호하고, 장기요양 근로자들의 권리와 필요를 고려하여 노인들의 자부심과 가능한 경우 그들의 선택권을 보장하여야 한다.
- 장기요양은 서비스의 구조보다는 노인들의 필요에 맞추어 제공되어야 하고, 다른 서비스와 연계하여 파편화되지 않은 방식으로 제공되어야 한다.

2. 노인장기요양보험법의 장기요양급여 제공에 관한 기본원칙

노인장기요양보험법은 노인등에 대하여 장기요양급여를 다음과 같은 기본원칙 하에서 제공한다.

첫째, 장기요양급여는 노인등이 자신의 의사와 능력에 따라 최대한 자립적으로 일상생활을 수행할 수 있도록 제공하여야 한다(제3조 제1항). 이는 자립의 원칙이라 할 수 있다. 자립적인 일상생활의 유지는 인간의 존엄성 유지의 기초라는 점에서 노인에 대한 장기요양의 핵심적인 가치가 된다. 장기요양급여는 심신의 기능장애로 일상생활에서 다른 사람의 도움이 필요하다는 사회적 위험에 대응하여 제공된다. 그럼으로써 장기요양급여는 자립적인 일상생활의 유지 또는 회복을 지향한다.

둘째, 장기요양급여는 노인등의 심신상태 · 생활환경과 노인등 및 그 가족의 욕구 · 선택을 종합적으로 고려하여 필요한 범위 안에서 이를 적정하게 제공하여야 한다(제3조 제2항). 이를 개별성의 원칙이라 한다. 사회보험의 특성상 사회보험 급여는 그 현실적 운영에서 어느 정도 유형화가 불가피하기 때문에 수급자의 개별적, 구체적

15) World Health Organization, ibid., p. vi.

상태에 따라 보호를 실시하는 데 제약이 있기는 하다.[16] 그러나 국가와 지방자치단체는 노인등의 욕구를 파악하여 구체적으로 충족시킬 수 있는 급여를 가능한 한 다양하게 제공하여야 한다.

셋째, 장기요양급여는 노인등이 가족과 함께 생활하면서 가정에서 장기요양을 받는 재가급여를 우선적으로 제공하여야 한다(제3조 제3항). 사람은 자기가 태어나고 자린 지역 또는 주거지역에서 상호 신뢰가 형성된 가족 · 이웃과 교류하면서 살기를 원한다. 이를 지원하기 위해서 노인장기요양보험법은 재가급여 우선의 원칙을 제시하고 있다.[17] 이에 따라 수급자 중 장기요양등급이 1등급 또는 2등급인 자는 재가급여 또는 시설급여를 이용할 수 있다. 3등급부터 5등급에 해당하는 자는 주수발자인 가족구성원으로부터 수발이 곤란한 경우, 치매 등에 따른 문제행동으로 재가급여를 이용할 수 없는 경우 등 등급판정위원회로부터 시설급여가 필요한 것으로 인정받은 자를 제외하고는 재가급여만을 이용할 수 있다(장기요양급여 제공기준 및 급여비용 산정방법 등에 관한 고시 제2조 제2항).

넷째, 장기요양급여는 노인등의 심신상태나 건강 등이 악화되지 아니하도록 의료서비스와 연계하여 이를 제공하여야 한다(제3조 제4항). 노인장기요양보험법은 가입자를 국민건강보험법의 가입자로 하면서(법 제7조 제3항) 장기요양 수요의 존부 판단을 고령(65세 이상) 또는 노인성 질병의 발생으로 하고 있으므로 국민건강보험법과 보호법익이 일정 부분 중첩되고 있다. 또한 일상적으로 스스로 생활하기 곤란하여 장기요양을 필요로 하는 상태와 질병과의 구별이 쉽지 아니할 뿐만 아니라 의료적 조치가 필요한 질병과 장기요양 수요가 혼재되는 경우도 발생할 수 있다. 따라서 장기요양급여는 노인등의 심신상태나 건강 등이 악화되지 아니하도록 의료서비스와 연계하여 이를 제공하여야 한다는 원칙을 규정하고 있다.[18]

3. 존엄한 노후생활을 위한 노인장기요양 제공의 원칙

노인장기요양의 제공에 관한 국제적인 원칙인 세계보건기구의 핵심원칙과 국내

16) 전광석 · 박지순 · 김복기, 사회보장법(제6판), 신조사, 2020면, 69면.
17) 이호용 · 유애정 · 문용필 · 김경아, 노인장기요양보험의 보장성 강화방안 연구, 국민건강보험 건강보험정책연구원(연구보고서 2015-1-0014), 2015, 32면.
18) 전광석 · 박지순 · 김복기, 앞의 책, 69면.

적인 원칙인 노인장기요양보험법의 기본원칙을 조화롭게 해석한다면 다음과 같이 존엄한 노후생활을 위한 노인장기요양 제공의 원칙을 세울 수 있다.

먼저 노인장기요양급여는 보편적으로 제공되어야 한다. 노인장기요양보험법은 65세 이상 노인 또는 65세 미만의 자로서 치매 · 뇌혈관성 질환 등 노인성 질병을 가진 자가 6개월 이상 혼자서 일상생활을 수행하기 어렵다고 인정되는 경우에 장기요양급여를 제공한다(법 제27조 제1항, 제2조 제1호, 제2호, 시행령 제2조 별표 1). 하지만 세계보건기구의 핵심원칙에 의하면 빈곤층 등 사회적 약자를 포함하여 장기요양을 받을 필요가 있는 노인은 누구든 감당할 수 있는 비용으로 장기요양급여를 제공받을 수 있어야 한다. 따라서 위 법령에 의하여 장기요양급여의 제공대상이 위와 같이 제한된다고 하더라도 위 법령은 그 문언의 의미 범위 내에서 장기요양급여의 제공대상이 가능한 넓어지도록 해석하여야 하고, 입법자는 재원의 확보가 가능한 범위에서 장기요양을 받을 필요가 있는 노인을 더 넓게 장기요양급여의 제공대상에 포함하도록 개선하여야 한다.

둘째, 노인장기요양급여는 수요자의 필요에 맞추어 제공되어야 한다. 세계보건기구의 핵심원칙은 장기요양 공급자의 관점보다는 장기요양 수요자인 노인들의 필요에 맞추어 제공되어야 한다는 점을 분명히 밝히고 있다. 노인장기요양급여법의 기본원칙은 노인등과 그 가족의 욕구 · 선택이 종합적인 고려대상 중의 하나이어서 이 점이 덜 분명하기는 하다. 그러나 다른 고려대상인 노인등의 심신상태 · 생활환경과 비교할 때 가장 우선적으로 고려해야 하는 사항은 노인등과 그 가족의 욕구라고 할 것이다. 노인등의 심신상태 · 생활환경을 가장 잘 알고 있는 사람이 노인등과 그 가족인 이상 이들의 욕구를 우선적으로 고려하지 않는 이상 어떠한 장기요양급여도 이들에게 적합하다고 말할 수 없기 때문이다.

이상과 같이 노인장기요양은 장기요양을 받을 필요가 있는 누구에게나 그 필요를 개별적으로 충족시키는 방식으로 제공되어야 한다. 이하에서는 노인장기요양의 보편성과 필요의 충족이라는 관점에서 우리나라의 노인장기요양보험제도의 개선방안을 제시하고자 한다.

Ⅳ. 노인장기요양의 보편성과 필요의 충족

1. 노인장기요양보험의 적용범위 확대

(1) 등급외자에 대한 적용 확대

현행 장기요양제도상 등급외자는 보호의 사각지대에 놓여있다. 등급외자는 노인장기요양보험법에 의한 보호를 받지 못한다. 또한 노인맞춤돌봄서비스는 국민기초생활수급자 등 저소득층에 한정하여 제한적인 서비스만을 제공할 뿐이다. 사각지대를 해소하기 위해서는 다음과 같은 점에서 노인장기요양보험이 등급외A, B에 대하여도 적용되는 것이 타당하다.

첫째, 등급외A, B를 받은 사람도 장기요양을 받을 필요성이 있다. 노인장기요양보험법상 등급판정의 2가지 기준은 '일상생활에서 일정부분 다른 사람의 도움이 필요한가'와 '치매환자인가'이다. 그런데 등급판정 완료자에 대한 연구결과 2018년도 장기요양등급판정자 가운데 등급내로 판정된 사람뿐만 아니라 등급외A, B인 사람까지 일상생활 1개 이상의 부분 도움이 필요한 사람으로 나타났다. 즉 등급외A, B인 사람은 장기요양 5등급과 마찬가지로 그 등급의 95% 이상의 사람이 일상생활(ADL)에서 1개(목욕하기) 이상의 부분도움이 필요하였다.[19] 특히 등급외A를 받은 사람은 치매 증상만 없을 뿐 장기요양인정점수가 45점 이상 51점 미만으로 장기요양 5등급과 같고, 등급외B를 받은 사람도 치매 증상만 없을 뿐 장기요양인정점수가 40점 이상 45점 미만으로 장기요양 인지지원등급과 같다. 치매 환자에 대한 장기요양보장이 치매 환자가 아닌 다른 노인에 대한 보장필요성을 부정하는 것은 아니다.

둘째, 등급외 판정을 받은 사람에 대한 예방과 관리가 필요하다. 등급외자의 기능상태 변화를 연구한 결과에 의하면 2009년을 기준으로 등급외자의 52.6%가 평균 3년 안에 장기요양등급을 받았으며, 이 중 68.1%가 3등급, 13.8%가 2등급, 10.9.%가 4등급으로 진입하였다고 한다. 등급외A를 받았던 사람 중 54.3%가 장기요양등급을 받은 후 평균 2.23년 내에, 등급외B를 받았던 사람 중 49.5%는 장기요양등급을 받은

---

19) 2018년 12월 말 기준 장기요양보험 등급판정결과에 기초한 장기요양보험 등급판정 완료자 831,512명을 대상으로 일상생활(ADL) 장애와 인지 장애 분포를 분석하였다. 그 분석방법과 더 상세한 결과는 유애정 · 문용필 · 이호용 · 이희승 · 박영우, 앞의 연구보고서, 77－81면 참조.

후 평균 2.45년 내에, 등급외C를 받았던 사람 중 44.3%는 장기요양등급을 받은 후 평균 2.49년 내에 사망하였다.[20] 일본의 개호보험은 기능장애 상태에 있는 요개호자(1–5단계)뿐만 아니라 기능장애 발생 위험이 높은 자인 요지원자(1–2단계)에게도 급여를 제공하고 있다. 요개호자에게는 개호급부가, 요지원자에게는 개호급부에 준하는 예방급부가 지급된다.[21] 현재 상태는 경증에 해당하나 예방급부를 통해 상태악화를 예방할 수 있다면 장기적으로 요양제도의 재정 부담을 줄이고 노인 개개인의 삶의 질도 향상될 수 있다는 것이다.[22] 이와 같은 점에 근거해서 보면 등급외 판정을 받은 사람 중 적어도 등급외A, B인 사람에 대하여는 장기요양보험에 의한 급여를 제공함으로써 건강 악화를 방지하고 장기요양등급이 더 높아지는 것을 지연시킬 필요가 있다.

셋째, 노인맞춤돌봄서비스는 현실적으로 등급외자의 장기요양욕구를 충족시킬 적합한 수단인지 의문스럽다. 노인맞춤돌봄서비스는 사회서비스의 일종으로 지방자치단체의 재량에 따라 수혜 여부가 결정될 뿐만 아니라 국민기초생활수급자, 차상위계층 등 소득수준이 낮은 자만을 대상으로 제공되기 때문이다. 더욱이 지방자치단체의 재정적 상황에 따라 그 서비스의 시행 범위가 크게 달라질 수 있다.

다만, 이와 같이 노인장기요양보험을 등급외A, B인 사람에 대하여도 확대하여 적용하는 경우에는 추가적으로 소요되는 보험재정을 추계하고 이를 확보하는 방안을 마련하여야 한다. 일본이 개호보험제도에서 예방사업을 추진하면서 정책적 추진 당위성을 강조하고 제도적으로 보완해 나가는 방법으로 2005년에 관련 서비스를 확대했지만 결국 재정적 부담으로 인해 10년만에 보험급여방식의 서비스 제공체계를 지역사업방식으로 전환한 사례는 정책적 시사점이 크다. 우리나라 노인장기요양보험의 보험요율은 2022년을 기준으로 소득 대비 0.86%(국민건강보험료율 6.99%×노인장기요양보험료율 12.27%)로 독일의 소득 대비 2.05%, 네덜란드의 소득 대비 12.65%에 비해서 매우 낮은 수준이다.[23] 급여의 질을 확보하면서도 수급자의 범위를 확대하기 위해서는 주요국에 비해서 낮은 수준의 보험료를 점진적으로 인상하는 방안을 검토하여야

---

20) 한은정, 장기요양 수요 예측과 진입 예방 전략, 한국장기요양학회 추계학술대회자료집, 한국장기요양학회, 2020, 15–17면.

21) 이호용 · 유애정 · 문용필 · 김경아, 위 연구보고서, 56, 71, 72면.

22) 김찬우, 노인장기요양보험제도의 사각지대 규명과 해소 방안에 대한 고찰, 한국정책학회보 제23권 제2호, 한국정책학회, 2014. 6., 140, 141면.

23) 이호용 · 유애정 · 문용필 · 김경아, 위 연구보고서, 65면.

한다.

(2) 연령기준의 철폐 또는 완화

우리나라의 장기요양급여제도는 65세를 기준으로 65세 이상의 사람에게는 질병 요건을 부가하지 않으나 65세 미만의 사람에게는 치매 · 뇌혈관성질환 등 노인성 질환이 있을 것을 요구하고 있다. 현행 장기요양보험은 그 수급자가 노인 또는 노인성 질환을 가진 자로 한정된다는 점에서 장기요양이 필요한 사람들에게 포괄적으로 적용되는 제도가 아니라는 한계를 가지고 있다.[24] 이와 달리 독일에서는 '노인'이라는 제한을 두지 않고 전 국민을 대상으로 장기요양보험제도를 운영하고 있다. 피보험자도 수급자의 범위와 마찬가지로 모든 국민을 대상으로 하고, 누구든 장기요양이 필요한 상태에 있는 사람은[25] 수발보험 급여신청이 가능하고 등급 판정을 받으면 급여를 받을 수 있다. 그러나 우리와 같이 '노인'장기요양보험법이라는 체계에서는 '노인'이라는 범주를 철폐하기 곤란하다. 장기요양의 문제를 단지 노인에게만 국한된 것으로 보기 어렵다는 사회적 합의가 있었던 독일과는 다르다.[26]

하지만 65세 미만의 자 중 노인성 질병의 범위를 확대함으로써 연령기준을 완화하는 효과를 볼 수는 있을 것이다. 현재 노인장기요양보험법령에서 인정하는 노인성 질병은 [표 3−6]과 같이 총 21개의 질환이다. 그러나 21개의 질환은 포괄적인 개념으로 규정된 일본의 16개 특정질병 중 4개의 질환, 즉 조기치매, 뇌혈관질환, 파킨슨질환, 폐쇄성 동맥경화증에 해당한다.[27] 일본의 개호보험에서는 40세 이상 65세 미만인 의료보험 가입자 중 조기치매, 뇌혈관질환 등 노화로 인한 특정 질병이 있는 자도 수급자에 해당한다(제2호 피보험자).

이러한 좁은 범위의 질병 범위는 65세 미만의 자 중 기능장애를 유발하는 대부분의 만성질환 보유자들에 대하여 장기요양보험 급여를 받지 못하도록 가로막는다.[28] 일본의 개호보험법상 특정질병의 규정은 장기요양급여의 필요성을 질병명이

24) 전광석 · 박지순 · 김복기, 앞의 책, 65면.

25) 육체적, 정신적 또는 정서적 질병이나 장애로 인하여 일상생활의 통상적, 반복적 일을 행하는데 적어도 6개월 이상 지속적으로 타인의 도움을 필요로 하는 자를 말한다(독일 수발보험법 제14조). (이호용 · 유애정 · 문용필 · 김경아, 위 연구보고서, 58면).

26) 김찬우, 앞의 논문, 141면.

27) 윤종률 · 노용균 · 권석범 · 전아영 · 김복남 · 윤태형 · 김도훈 · 나영균, 우리나라 노인장기요양보험에서 65세 미만자 노인성질병의 재검토 및 범위 확대의 필요성, 장기요양연구 2권 2호, 한국장기요양학회, 2015. 2., 89, 90면.

[표 3-6] 우리나라 노인성질병과 일본의 특정질병 비교

우리나라 노인성질병의 종류	일본 개호보험 특정질병 종류
1. 알츠하이머병에서의 치매 2. 혈관성 치매 3. 달리 분류된 기타 질환에서의 치매 4. 상세불명의 치매 5. 알츠하이머병 6. 지주막하 출혈 7. 뇌내출혈 8. 기타 비외상성 두개내 출혈 9. 뇌경색증 10. 출혈 또는 경색증으로 명시되지 않은 뇌졸중 11. 뇌전동맥의 폐쇄 및 협착 12. 대뇌동맥의 폐색 및 협착 13. 기타 뇌혈관 질환 14. 달리 분류된 질환에서의 뇌혈관장애 15. 뇌혈관 질환의 후유증 16. 파킨슨병 17. 이차성 파킨슨증 18. 달리 분류된 질환에서의 파킨슨증 19. 기저핵의 기타 퇴행성 질환 20. 중풍후유증(中風後遺症) 21. 진전(振顫)	1. Amyotrophic Lateral Sclerosis(근위축성 측삭경화증) 2. 후종인대골화증 3. 골절을 동반한 회복불가능한 골조증 4. 복합계통위축증(Shy-Drager Syndrome) 5. 조기치매 6. 척수소뇌변성증 7. 척추관협착증(마비동반) 8. 조로증(Wemer증후군) 9. 당뇨병성 신중, 망막증, 신경장애에 의한 장애 10. 뇌혈관질환 11. 파킨슨질환 12. 폐쇄성 동맥경화증 13. 만성관절질환(류마티스질환)에 의한 장애 14. 만성폐쇄성 폐질환 15. 양측 슬관절, 고관절의 현저한 변형동반 변형성관절증 16. 말기 암

아니라 대상자의 일상생활 기능장애 여부에 따라 타인의 도움을 필요로 하는가에 의하여 평가한다는 점에서 노인성 질병의 범위를 확대하는 논의에서 참고할 만하다. 다만, 일본 특정질병 중에는 노인성질병과는 무관한 것도 있기 때문에 일본의 특정질병 중 명백히 조기에 일상생활 기능장애를 유발하게 되는 만성퇴행성 질병만을 취사선택하는 과정이 필요하다.29)

28) 이호용 · 유애정 · 문용필 · 김경아, 위 연구보고서, 163면

29) 윤종률 · 노용균 · 권석범 · 전아영 · 김복남 · 윤태형 · 김도훈 · 나영균, 앞의 논문, 95면.

2. 장기요양 필요에 맞춘 급여의 제공

(1) 맞춤형 급여의 제공

사회보험에서 급여의 내용과 범위는 보험가입자의 필요에 따라 결정되어야 한다. 이것을 '필요의 원칙(Bedarfsprinzip)'이라 한다.[30] 사회보험에서 보험가입자는 법률에서 정한 급여를 지급받는다. 이 급여는 원칙적으로 보험가입자가 납부한 보험료에 비례하여 정해지는 것이 아니라 보험가입자의 필요에 따라 결정된다.[31] 치료를 받을 필요가 있는 경우에 건강보험에 의한 급여가 제공되는 것과 마찬가지로 장기요양보험에서도 보험가입자 또는 그 피부양자의 요양 필요성에 따라 급여가 제공되어야 한다.

우리나라는 노인장기요양보험제도를 운영하면서 계속적으로 대상자 확대를 위한 노력이 이루어져왔지만, 급여유형의 변화는 거의 이루어지지 않았다.[32] 수급자의 구체적인 필요에 부합하는 급여를 제공하기 위하여 급여를 다양화하고 통합화하여야 한다.

먼저 급여유형과 방식이 다양화되어야 한다. 장기요양등급을 부여받고 중증화를 지연시키면서 재가생활을 오랫동안 영위하기 위해서는 변화하는 수급자(또는 보호자)의 욕구에 맞춰 기존의 재가급여(요양, 목욕, 간호, 주 · 야간보호, 단기보호) 외에 재활, 식사지원, 이동지원과 같은 신규 재가급여의 유형을 도입할 필요가 있다.[33] 보건복지부는 제2차 장기요양 기본계획(2018-2022년)에서 독거노인, 노인부부가구, 치매노인 등 홀로 식사 준비가 어려운 수급자에게 영양식을 제공하는 식사배달 서비스와 수급자 외출 시 동행 및 교통이용 지원 서비스, 차량제공 서비스 등 방문요양 외 별도의 이동지원 서비스를 각 개발하겠다고 밝혔으나,[34] 아직 입법이 되지 않고 있다.

---

30) 헌법재판소도 연금 지급의 여부와 정도가 생계와 부양의 필요성에 따라 결정되어야 한다는 입장이므로 이 원칙을 묵시적으로는 수용하는 것이라고 볼 수 있다. 헌법재판소는 공무원연금법상 지급정지 제도에 관하여 "지급정지제도는 퇴직공무원이 소득활동을 지속적으로 하여 생계 및 부양 필요성이 적은 경우에는 연금의 일부 또는 전부의 지급을 정지함으로써, 한정된 재원을 연금제도의 취지에 맞게 운영하고, 연금재정의 건전성과 안정성을 도모하기 위한 것이다."고 밝히고 있다(헌재 2022. 1. 27. 자 2019헌바161 결정(지방의회의원에 대한 퇴직연금의 지급을 정지하는 공무원연금법 조항에 관한 위헌소원 사건).

31) Otto Depenheuer, *solidarität im Verfassungsstaat: Grundlegung einer normativen Theorie der Verteilung*, Herstellung und Verlag, 2009, pp. 29, 30.

32) 유애정 · 문용필 · 이호용 · 이희승 · 박영우, 위 연구보고서, 124면.

33) 유애정 · 문용필 · 이호용 · 이희승 · 박영우 외 4인, 앞의 연구보고서, 125면.

34) 보건복지부, 2018-2022 제2차 장기요양 기본계획, 2018, 20면.

다만, 김성주 의원(더불어민주당) 등 10인은 2021. 4. 29. 재가급여의 종류에 방문영양, 방문재활을 신설하는 내용의 노인장기요양보험법 일부개정법률안을 제안하였고, 위 법률안이 2021. 4. 30. 국회 보건복지위원회에 상정되어 있다.[35] 나아가 등급에 따라 급여량을 통제하는 급여방식도 수급자의 욕구와 상태에 맞추어 다양화할 필요가 있다.

다음으로 급여의 통합적인 제공이 필요하다. 현재 수급자가 재가급여를 받기 위해서는 방문요양, 방문목욕, 주 · 야간보호 등 개별 재가급여를 제공하는 기관을 찾아가 원하는 재가급여를 신청하여 이에 따른 급여를 개별적으로 제공받는다. 이와 같이 단편적으로 제공되는 재가급여만으로는 수급자의 복합적인 욕구를 충족시킬 수 없다. 따라서 수급자가 원하는 다양한 급여를 장기요양기관에서 한꺼번에 통합하여 이용할 수 있어야 한다. 이미 일본에서는 2011년 개호보험법을 개정하여 대상자(보호자)의 욕구에 맞추어 한 기관에서 요양, 목욕, 간호, 주 · 야간보호, 단기보호를 통합하여 제공하는 복합형서비스를 신설한 바 있기도 하다. 중증 상태의 노인이 본인이 거주해온 지역에서 받을 수 있는 지역밀착형서비스 중 정기순회수시대형방문개호간호와 소규모다기능형거택개호가 그 대표적인 예이다. 정기순회수시대형방문개호간호는 방문개호와 간호서비스를 한 기관에서 통합적으로 제공하는 형태이고, 소규모다기능형거택개호는 기존의 방문개호(목욕), 주야간보호, 단기보호를 합친 유형이라고 볼 수 있다.[36] 현재 국민건강보험공단이 통합재가서비스의 도입을 위하여 예비사업을 진행하고 있는 것은 수급자의 다양한 욕구의 복합적인 충족이라는 관점에서 볼 때 바람직하다.[37] 위 예비사업상 통합재가서비스는 수급자가 원하는 다양한 서비스(주 · 야간보호, 방문요양, 목욕, 간호, 단기보호 등)를 장기요양기관(주야간보호시설을 기반)에서 한꺼번에 통합하여 이용할 수 있는 제도이다. 통합재가기관은 간호(조무)사 · 물리(작업)치료사 · 사회복지사 · 요양보호사가 함께 팀을 이루어 수급자의 개별적 상태와 욕구를 파악하여 맞춤형 재가서비스를 제공하며, 수급자는 주 · 야간보호, 방문요양, 목욕, 간호, 단기보호 이외에 기능회복훈련, 이동지원 등의 다양한 재가서비스를 이용할 수

35) 의안정보시스템(http://likms.assembly.go.kr/bill/billDetail.do?, 최종방문일 2022. 7. 28.)

36) 유애정, 일본의 지역포괄케어시스템 구축과 개호보험제도 개정과정의 정책적 시사점, 한국노년학 제39권 제1호, 한국노년학회, 2019, 5, 6, 11면.

37) 2022년 3월까지였던 예비사업을 2022년 12월까지로 연장하였으며, 2024년 본사업의 시행을 예정하고 있다 (2022. 6. 27.자 보도자료, 건보공단, 『통합재가서비스 예비사업』 제도 안내).

있다.[38] 남인순 의원(더불어민주당) 등 11인은 2022. 1. 17. 통합재가서비스의 법적 근거를 마련하고 통합재가서비스를 제공하는 통합재가기관을 규정한 노인장기요양보험법 일부개정법률안을 제안하였고, 위 법률안은 2022. 4. 26. 국회 보건복지위원회에 상정되어 있다.[39]

(2) 요양과 의료의 연계 강화

장기요양의 필요성이 있는 노인들은 일상생활에서 일정 부분 다른 사람의 도움을 받아야 할 뿐만 아니라 건강 상태가 급격하게 악화될 우려도 상존한다. 그렇기 때문에 위 노인들의 건강을 관리하고 질병을 예방하기 위한 차원에서 의사에 의한 정기적인 검진과 진료는 매우 중요하다. 앞서 본 바와 같이 장기요양 등급판정을 받고도 장기요양급여를 이용하지 않는 노인들 중 절반은 요양병원이나 병원을 이용하고 있다. 이들의 진료에 대한 필요를 충족시켜야 한다. 이를 위해서는 장기요양과 의료가 강하게 연계되어야 한다.

그러나 국민건강보험과 노인장기요양보험이 분리되어 있는 현행법체계상 재가급여에는 방문간호만이 있을 뿐 방문의료는 없다. 또한 시설급여가 제공되는 노인요양공동생활가정에도 간호조무사 등 의료보조인력만이 있을 뿐이고, 다만 노인요양시설에는 간호조무사 등 의료보조인력과 함께 의사 또는 계약의사를 배치하도록 하고 있다(법 제31조 제1항, 시행규칙 제23조 제2항, 노인복지법 시행규칙 제22조 제1항 [별표 제4호]). 계약의사는 수급자를 월 2회 이상 정기적으로 진찰하며 이때 진찰의 대상은 1일 최대 50명까지로 한다(장기요양급여 제공기준 및 급여비용 산정방법 등에 관한 고시 제43조 제6항 제2호, 제4호). 따라서 현행법상으로는 노인요양시설의 수급자에 대하여만 정기적인 진찰이 보장되는 상황이다.

이 문제에 관하여서는 재가의료가 활성화된 일본의 사례를 참고할 만하다. 일본은 재가의료서비스를 퇴원지원, 일상요양지원, 긴급 시 대응, 임종케어로 구분하여 제공하고 있다. 이 중 일상요양지원은 환자의 질환, 중증도에 맞춘 서비스가 다직종 연계로 이루어짐으로써 가능한 한 환자가 지역에서 생활할 수 있도록 계속적, 포괄적으로 서비스를 제공한다. 전체 진료소의 22.4%에 해당되는 20,597개소에서 환자를

38) 위 보도자료.
39) 위 의안정보시스템.

계획적, 정기적으로 방문하고, 병원의 경우도 전체의 31.7%인 2,692개소가 관련 서비스를 제공하고 있다. 그리하여 2014년 말 기준 방문진료건수는 월 645,992건에 달하고 있는데 그들의 과반수 이상이 75세 이상이다.[40]

주로 환자들이 의료기관을 내원하여 진료를 받는 의료체계 하에서는 마비, 인지장애 등이 있는 재가급여 수급자들이 진료를 받기 어렵다. 따라서 이와 같이 거동이 불편한 수급자들에 대한 방문진료를 활성화하여 경증이 중증으로 이환하는 것을 방지하고 정기적으로 건강상태를 확인하도록 할 필요가 있다. 또한 시설급여가 이루어지는 노인의료복지시설 중 노인요양시설뿐만 아니라 노인요양공동생활가정에도 의사 또는 계약의사가 배치되도록 시설기준을 변경하여야 한다. 노인요양공동생활가정은 노인요양시설과 대비하여 규모만 작고 노인요양시설과 마찬가지로 급식 · 요양과 그 밖에 일상생활에 필요한 편의를 제공하는 시설이므로 노인요양공동생활가정에서 지내는 노인들에 대하여 정기적인 건강관리를 배제할 이유는 없기 때문이다.

Ⅴ. 마치며

이상으로 노인장기요양보험제도와 노인맞춤돌봄서비스의 현황을 각 살펴보고 존엄한 노후생활을 위한 노인장기요양 제공의 원칙에 따라 노인장기요양보험제도의 개선방안을 제시하였다.

현황을 살펴본 결과 노인장기요양보험은 여전히 장기요양이 필요한 노인들 중 일부에게만 제한적으로 적용되어 등급외자를 적용범위 바깥에 두는 사각지대를 만들고 진료에 대한 필요가 충족되지 못하다 보니 장기요양등급판정을 받은 노인들 중 일부도 이용하지 않는 또 다른 사각지대를 만들고 있다. 2020년부터 시행된 노인맞춤돌봄서비스는 돌봄이 필요한 저소득층의 노인들을 얼마나 잘 찾아내서 그 돌봄의 욕구와 정도에 맞추어 서비스를 제공할 것인지가 관건이다. 존엄한 노후생활을 위한 장기요양급여 제공의 원칙은 국제적인 기준은 세계보건기구의 핵심원칙과 노인장기요양보험법의 기본원칙의 조화에서 찾았다. 이에 의하면 노인장기요양급여는 보편적

40) 厚生勞働性, 在宅醫療の現況, 第1回全國在宅醫療會議資料, 2016.(유애정, 앞의 논문, 6-8면에서 재인용).

으로 수요자의 필요에 맞추어 제공되어야 한다. 이 원칙에 기초하여 2제도 중에서는 사회보험인 노인장기요양보험제도가 사회서비스의 일종인 노인맞춤돌봄서비스보다는 노인들의 장기요양을 받을 권리를 더 구속력 있게 보장한다는 차원에서 노인장기요양보험제도의 개선방안을 검토하였다.

노인장기요양보험법을 등급외자A, B를 받은 사람에게 적용하는 한편 위 법의 적용을 받는 노인성 질환의 범위를 일상생활에서 다른 사람의 도움이 필요한가라는 기준에 따라 확대하는 방안은 제도의 보편성을 높여 장기요양이 필요한 더 많은 노인이 더 존엄한 노후생활을 보내도록 할 것이다. 그리고 장기요양급여의 유형과 방식을 다양화하고 통합한다면 수급자 각자의 필요에 맞는 급여를 제공할 수 있을 것이며 방문진료를 활성화하고 노인요양공동생활가정에서도 의사의 진료를 받을 수 있게 한다면 장기요양등급판정을 받고도 급여를 이용하지 않고 요양병원이나 병원을 찾는 노인들의 숫자를 줄일 수 잇을 것이다. 위와 같은 방안은 공급자 중심이 아니라 수요자 중심에서 장기요양급여가 제공되도록 함으로써 장기요양이 필요한 노인들의 필요를 더 많이 충족시킬 것으로 기대된다.

존엄한 노후생활은 장기요양에 관한 제도 개선만으로 이루어질 수 있는 과제는 아니다. 노인들이 언제 어떠한 방식의 돌봄을 원하는지 면밀히 살펴야 한다. 또한 요양보호사가 어떻게 노인들을 더 잘 돌볼 수 있는 것인지 그들의 근무환경과 애로사항도 청취하여야 한다. 궁극적으로 돌봄은 나와는 무관한 문제, 다른 사람이 해결해야 할 문제가 아니라 나에게 언젠가 닥칠 문제, 내가 언젠가 해결해야 할 문제 나아가 사회 전체의 책임이라는 사회연대적인 의식만이 존엄한 노후생활을 보장하는 길을 밝혀줄 것이다.

4.
성년후견제도와 친족상도례의 문제점과 개선방안

박세영(한국교통대학교 교양학부 강사)

Ⅰ. 서 론

민법이 제정된 1958년 이후 우리나라에서는 사회 · 경제적 등 생활환경의 변화와 함께 생활관계도 크게 변화하여 왔다. 기본적인 생활관계인 가족공동체는 특히 그 변화의 정도가 크다. 과거에는 농촌에서 친족이 마을을 이루어 3, 4대가 같이 사는 대가족이 주류를 이루었으나 산업화를 거치며 사람들은 도시에서 부부와 2명 또는 1명의 자녀로 구성된 가족을 이루었다. 가족의 소규모화는 현대인에게 더욱 심화되고 있는데, 전체 가구의 비중 가운데 가장 큰 것이 1인가구이고 그 다음이 2인가구로 집계되고 있다.[1)]

기존 가족관계의 변화는 이를 규율하고 있는 가족법에도 지속적인 변화를 불러오고 있다. 1958년 제정민법과 비교하자면 몇 차례의 큰 변화가 있었다. 친족의 범위를 부계와 모계 동일하게 정한 1989년 개정과 호주제(戶主制)를 폐지한 2005년 개정, 2011년 한정치산 · 금치산제도를 폐지하고 성년후견제도, 한정후견제도로 대체한 개정 등이다. 제정민법 당시의 가족법과 비교하면 현재 가족법은 그 차이점이 확연히

1) 2021년 1인가구의 비중은 33.4%, 2인가구는 28.3%로 집계된다. 1인가구는 2000년 15.5%로 집계된 이후 꾸준히 증가하고 있는데 반하여 4인 이상 가구는 같은 기간 2000년 44.5%에서 2021년 18.8%로 지속적으로 감소하였다. 연합뉴스, “1인 가구 700만명 첫 돌파 … 혼자 사는 노인 182만명”, 2022. 7. 28., <https://www.yna.co.kr/view/AKR20220728089000002?input=1195m>, <2022. 08. 03. 최종확인>.

드러난다. 이 점에서 생활관계의 변화에 따른 개정이 어느 정도는 이루어진 편으로 평가된다. 반면에 가족법의 영향을 받는 형법적 문제는 그 중요도에 비해 거의 반영되지 않고 있다.

형법적 문제는 민법상 친족관계에 따라 범죄의 성립과 처벌에 걸쳐 매우 다양하게 나타난다. 부진정신분범인 존속살해죄 등 존속범죄(제250조 제2항, 제257조 제2항, 제260조 제2항 외 다수 규정)나 영아살해죄 등에서는 배우자, 직계존속이라는 신분관계가 필요하다. 또한, 책임조각사유로 강요된 행위(제12조)나 성립하기 위해서는 친족의 생명 · 신체에 대한 위해를 방어할 방법이 없는 협박이 있어야 하는 경우가 있다. 처벌조각사유인 친족상도례도 형법적 효과가 민법상 친족관계에 영향을 받은 대표적인 예라고 할 수 있다. 이처럼 다양한 논점이 있기 때문에 민법의 친족관계의 변화는 자연스럽게 형법적 효과의 변경을 요구하게 된다. 특히 가족구성원의 소규모화에 따라 기존 가족공동체에 대한 인식이 과거와 다른 시점에서 동거하지 않는 가족 간의 재산범죄에 대하여 친족상도례의 필요적 형면제 규정의 타당성 여부나 현재의 적용범위가 바람직한 것인지 의문이 제기된다.

이러한 문제의식으로 성년후견제도의 시행 이후 친족후견인의 재산범죄(대표적으로 절도, 횡령 등)에 대한 형법적 효과에 관한 논의로 초점을 맞추도록 한다. 재산범죄에 대한 형면제, 친고죄를 규정한 친족상도례는 1953년 제정형법 당시의 모습을 거의 그대로 가지고 있어서 친족후견인의 절도, 횡령 등 재산범죄에 그대로 적용된다면 형면제나 친고죄의 효과를 가져올 수 있다. 친고죄의 경우도 피후견인의 자발적 고소를 기대하기는 어렵다. 과거의 친족관계에서는 이것을 인정해야 할 필요도 있었다. 그러나 오늘날 변화된 가족관계에 따라 성년후견제도가 도입된 상황에서는 그 정당성을 인정하기 어려운 경우가 많고, 또한 성년후견제도의 취지를 크게 퇴색시키는 문제점이 있다. 후견인의 부정행위에 친족상도례를 적용할 수 없다는 하급심 판결(제주지방법원 2017.11.8. 선고 2017고단284 판결)은 있으나 확립된 대법원 판례는 없는 상황이다.

아래에서는 먼저 친족상도례의 일반적인 내용과 문제점을 살펴본다(Ⅱ). 다음으로 국외의 입법례를 통해 우리와 어떠한 차이가 있는지 찾아보고(Ⅲ), 친족상도례의 개선방안을 모색하여 본다(Ⅳ).

Ⅱ. 친족상도례 일반론

1. 의 의

(1) 개 념

친족상도례(親族相盜例)의 의미를 문자 그대로 풀어 보면 친족 사이에 발생한 절도에 관한 특례이다. 물론 형법 개념인 친족상도례는 문자 그대로의 의미처럼 대상범죄를 절도죄로 한정하지 않는다. 강도죄와 손괴죄를 제외하고 친족 간에 발생한 재산범죄의 처벌에 대해 그 형을 면제하거나 피해자의 고소가 있어야 공소제기가 가능하도록 하는 특별한 취급을 말한다.[2)]

(2) 취 지

친족간 범행에 대한 처벌을 면제하거나 친고죄로 한다는 원칙은 '법은 가정에 들어가지 않는다'라는 법언(法諺)의 취지를 따른 것이다. 가족은 생물학적 혈연관계를 기초로 생활상 재산관리나 소비생활을 공동으로 하는 경우가 일반적이다. 따라서 가정에서 발생하는 재산범죄에 대하여 국가형벌권으로 다스리기 보다는 가정 내의 정의(情義)를 존중하고 일차적인 해결을 도모하기 위한 형사정책적 취지라 할 수 있다.[3)] 헌법재판소에서도 피해자인 친족의 의사를 적극적으로 존중하고 반영하고자 하는 입법취지라고 하였다.[4)]

그 밖에 가족간 재산범죄를 처벌할 필요성이 없다는 점에서 처벌 여부를 피해자의 고소에 의존하고자 하는 특수한 형사정책적 취지, 가족관계의 특수성으로 위법성 내지 책임이 감경된다는 취지로 구분되는 견해들이 있었으나,[5)] 엄밀한 의미의 구분보다는 친고죄나 가족관계의 특수성 모두 오늘날 형사정책적 취지로도 설명이 가능할 것이다.

한편, 동양의 사상에서 친족상도례의 취지를 찾을 수 있다고 보기도 한다.[6)] 가

---

2) 이 때문에 형법에서는 '친족상도례'라는 용어는 사용하지 않고 '친족간의 범행'이라는 용어를 사용하고 있다. 그러나 친족상도례라는 용어가 널리 사용되므로 이 글에서도 친족상도례라는 용어를 사용하기로 한다.
3) 오영근, 『형법각론』, 제7판, 박영사, 2022, 272면; 임웅, 『형법각론』, 제12정판, 법문사, 2021, 364면.
4) 헌재 2012.3.29. 2010헌바89.
5) 이상의 논의들은 김일수, 『한국형법 Ⅳ』 [각론 중], 박영사 1994, 17면 참조.
6) 류기환, "친족상도례 규정의 개정방향", 「인문사회21」 제12권6호, 아시아문화학술원, 2021, 3424면.

정이 화목하면 풀리지 않을 일이 없다는 뜻을 지닌 가화만사성(家和萬事成)은 고려시대 추적(秋適)이 엮은 명심보감(明心寶鑑)의 치가(治家)에서 유래를 찾을 수 있다. 결국 가정의 화목은 외부에서 인위적으로 만드는 것이 아니라 가정 안에서 해결되어야 한다는 것이므로 친족상도례의 취지에도 부합한다고 해석될 수 있기 때문이다. 이처럼 친족상도례의 적용은 가정이 지닌 사적(私的) 성격을 드러내는 규정으로도 볼 수 있다.

2. 연 혁

(1) 로마법 계수

현행 형법에 규정된 친족상도례의 연원은 로마법에서 기원을 찾고 있다.[7] 로마법은 절도행위가 발생하면 민사적으로 절도의 손해배상을 위한 절도소권(竊盜訴權, actio furti)이 성립하고, 형사소추권은 이와 별개로 성립한다.[8] 동거 중인 친족을 포함한 동거인 사이에 발생한 절도에 대해서 피해자는 절도소권을 제기할 수 없었다.[9] 절도행위로 취득한 물건은 장물이 되어 손해배상청구권이 성립하고, 동거인이 아닌 공범에 대해서는 절도소권이 성립하였다고 한다.[10] 친족상도례는 이처럼 로마법에 그 바탕을 두고 유럽 각국의 근대 형법전으로 계수되어왔다.[11]

이후 일본에서는 프랑스형법전(1810)의 영향으로 구형법이 제정되고(1880) 이후 프로이센의 독일형법전(1871)을 모법으로 하여 현행형법이 제정되었다(1907).[12] 친족상도례는 우리나라 형법에서도 계수되었다. 우리나라는 일제 강점기 이후 조선형사령을 통해 일본형법의 적용을 받았는데 광복 이후에도 일본형법을 의용(依用)하고 있다가 1953년 형법이 제정 · 시행되었는데, 제정형법도 친족상도례 규정을 두었다.

(2) 동양의 친속상도(親屬相盜)

친족상도례(親族相盜例)는 동양 특유의 가족 공동체에 대한 유대감과 가부장적인 가

7) 김대휘 · 김신 편/이헌섭, 『주석형법』, 제5판, 각칙 (5), 한국사법행정학회, 2017, § 328, 316면.
8) 조규창, 『로마형법』, 초판, 고려대 출판부, 1998, 108면.
9) 김대휘 · 김신 편, 앞의 책, § 328, 316면.
10) 김대휘 · 김신 편, 앞의 책, § 328, 316면.
11) 대륙법계 국가의 간략한 입법례는 후술하는 Ⅲ. 친족상도례의 비교법적 검토 참조.
12) 연혁은 大塚仁 等 編, 『大コンメンタール刑法』. 第3版, § 244, 青林書院, 2013, 563頁 以下. 일본형법에 관한 소개는 후술하는 Ⅲ. 친족상도례의 비교법적 검토 참조.

족제도의 영향이라는 측면에서 동양인의 정서에 가까운 제도이다. 우리나라에서도 전통적으로 동거가족 외의 혈족에 대한 강한 유대감이 형성되어 있다. 이는 당고모(堂姑母), 처백부(妻伯父), 종숙(從叔) 등 친족을 지칭하는 명사가 다양한 것에서도 드러난다.

조선시대 편찬된 대명률직해(大明律直解)을 살펴보면 295조 친속상도(親屬相盜)라는 표제어로 친족간 절도에 관한 처벌을 규정하고 있다(大明律 卷第十八 刑律 盜賊).[13] 동거여부에 따라 각거친속(各居親屬), 동거친속(同居親屬)으로 나누고 있고 절도죄, 강도죄, 살인죄, 상해죄에 걸쳐 가해자와 피해자의 항렬, 관계에 따라 처벌하는 예를 규정하고 있다. 절도에 관한 규정 가운데 형을 감면해주는 경우만을 살펴보면 다음의 [표 4-1]과 같다.

[표 4-1] 대명률직해 295조 친속상도

각자 거주하는 친속이 재물을 훔친 경우에는 … 기친(期親)의 친속은 일반적인 절도죄(凡盜)에서 5등급, 대공(大功)의 친속은 4등급, 소공(小功)은 3등급, 시마(緦麻)는 2등급을 감하여 처벌하고, 무복(無服)의 친속도 1등급 감하여 처벌한다.[14] 다만, 이들에게 자자형(刺字刑)은 내리지 않는다.

그 밖에 동거친속의 경우에는 아랫사람이 외부인과 함께 집안의 재물을 훔친 경우 가중처벌 규정이 있기도 하지만, 친족관계를 세분하여 차등적으로 형을 감면해주었다. 기본적으로 절도에 대해서는 외부인과 공모하지 않는 한 동거친속간 절도는 벌하지 않고 있고 각거친속에 대한 처벌만 규정되어 있다. 현재의 친족상도례가 대명률을 계수하고 있지 않지만, 이처럼 친족관계가 지닌 특수성이 법률에 영향을 미치는 것은 동일한 원리로 작동하고 있다.

(3) 형법전의 규정

현행 형법에 규정된 친족상도례 규정은 다음 [표 4-2]와 같다.

---

13) 대명률 규정의 해석은 김지 외 편/박철주 역주, 『大明律直解』, 초판, 한국문화사, 2012, 745면 이하 참조.

14) 상례(喪禮)의 오복제도에 따라 상복을 입는 친족의 기준이다. 기친(期親)은 1년간 상복을 입는 친족으로, 맏며느리, 장손 등이 있다. 대공(大功)은 9개월간 입고 사촌형제 등이 있으며, 소공(小功)은 출가한 사촌자매 등이다. 시마(緦麻)는 3개월간 상복을 입는 친족으로 8촌까지이다. 그 이외의 친속은 상복을 입지 않는 무복(無服)이다. 이상의 내용은 한국민족문화대백과사전, "대공(大功)", <http://encykorea.aks.ac.kr/Contents/Item/E0014024>, <2022. 07. 29. 최종확인>; "시마(緦麻)", <http://encykorea.aks.ac.kr/Contents/Item/E0032352>, <2022. 07. 29. 최종확인> 참조.

[표 4-2] 형법상 친족상도례 규정

적용대상범죄	조문	법적효과	
		근친(近親)	원친(遠親)
권리행사방해(제323조)	제328조(친족간의 범행과 고소) ① 직계혈족, 배우자, 동거친족, 동거가족 또는 그 배우자간의 제323조의 죄는 그 형을 면제한다. ② 제1항 이외의 친족간에 제323조의 죄를 범한 때에는 고소가 있어야 공소를 제기할 수 있다. ③ 전 2항의 신분관계가 없는 공범에 대하여는 전 이항을 적용하지 아니한다.	필요적 형면제	친고죄
절도죄(제329조), 야간주거침입절도죄(제330조), 특수절도죄(제331조), 자동차등 불법사용죄(제331조의2), 각 상습범(제332조)	제344조(친족간의 범행) 제328조의 규정은 제329조 내지 제332조의 죄 또는 미수범에 준용한다.		
사기죄(제347조), 컴퓨터 등 사용사기죄(제347조의2), 준사기죄(제348조), 편의시설부정이용죄(제348조의2), 부당이득죄(제349조), 공갈죄(제350조), 각 상습범(제351조), 각 미수범(제352조)	제354조(친족간의 범행, 동력) 제328조와 제346조의 규정은 본장의 죄에 준용한다.		
횡령 · 배임죄(제355조), 업무상횡령 · 배임죄(제356조), 배임수증재죄(제357조), 각 미수범(제359조), 점유이탈물횡령죄(제360조)	제361조(친족간의 범행, 동력) 제328조와 제346조의 규정은 본장의 죄에 준용한다.		
장물죄(제362조), 상습장물죄(제363조), 업무상과실 · 중과실횡령죄(제364조)	제365조(친족간의 범행) ① 전3조의 죄를 범한 자와 피해자간에 제328조 제1항, 제2항의 신분관계가 있는 때에는 동조의 규정을 준용한다. ② 전3조의 죄를 범한 자와 본범간에 제328조 제1항의 신분관계가 있는 때에는	필요적 형면제(장물범과 피해자)	친고죄
		필요적 형감면(장물범과 본범)	해당 없음

	그 형을 감경 또는 면제한다. 단, 신분관계가 없는 공범에 대하여는 예외로 한다.		
손괴의 죄(제366조 이하)	해당 없음	해당 없음	해당 없음

친족상도례 규정은 제37장 권리행사를 방해하는 죄에 적용되는 제328조가 가장 먼저 등장한다. 이후 제38장 절도와 강도의 죄에서 강도죄를 제외한 부분에 적용되는 제344조, 그 밖에 제39장 사기와 공갈의 죄, 제40장 횡령과 배임의 죄, 제41장 장물에 관한 죄에 각각 적용되는 제354조, 제361조, 제365조의 순으로 등장한다. 제344조 이하의 친족상도례 규정이 제328조를 준용하고 있으므로 제328조는 친족상도례의 기본조항이라고 할 수 있겠다.[15] 직계혈족, 배우자, 동거친족, 동거가족 또는 그 배우자를 근친(近親)으로, 이외의 친족은 원친(遠親)이 되어 각각 필요적 형면제와 친고죄로 법적 효과도 달라지게 된다. 다만 장물범과 본범의 경우 근친은 필요적 형감면이고 원친은 적용을 받지 않는다.

현행 형법의 친족상도례는 1953년 제정형법[법률 제293호] 이래로 두 차례의 개정이 있었다. 1995년 개정된 형법[법률 제5057호]는 자구수정만 있었고, 2005년 개정[법률 제7427호]는 호주제가 규정된 제778조를 삭제하는 민법개정에 따른 개정이었다. 현행 형법의 친족상도례의 요건과 법적 효과는 제정형법 당시에 비해 크게 달라진 점이 없다.

3. 법적 성격

(1) 형면제

재산범죄에 규정된 친족상도례 가운데 장물범과 본범을 제외하면 필요적 형면제라는 법적 효과는 동일하다. 이와 같은 형면제효과에 대한 법적 성격에 대해 인적처벌조각사유설, 가벌적 위법성조각설, 책임조각설[16] 및 이원설이 있었으나, 현재 인적 처벌조각사유 이외의 주장을 하는 견해는 찾아보기 어렵다. 가벌적 위법성조각설과 책임조각설 및 이원설을 간략하게 소개하면 다음과 같다.[17]

15) 김광현, “「형법」상 친족상도례 조항의 개정 검토”, 「NARS현안분석」 제205호, 국회입법조사처, 2021, 2면.
16) 일본의 일부 학설이 이러한 태도를 취하고 있다고 한다[김대휘 · 김신 편, 앞의 책, § 328, (주 11) 참조].
17) 각 학설에 대한 상세한 내용과 비판은 이천현, “친족관계에 따른 형법상의 효과−문제점과 개선방안을 중

먼저 가벌적 위법성조각설은 가족간 경제적 생활이 일정부분 공유되고 있으므로 여기에서 발생하는 절도 등 재산범죄를 범죄로서 처벌하여야 하는 위법한 정도에 이르지 못하였다고 한다. 책임조각설은 가족 사이에는 타인의 재물이라는 인식이 약하므로 적법행위에 대한 기대가능성이 없다고 본다. 이원설은 부양관계와 소비의 공동체라는 관계의 유무에 따라 인정되는 경우 위법성조각, 인정되지 않는다면 인적 처벌조각으로 보는 입장이다.

가벌적 위법성조각설과 책임조각설은 우리 형법의 규정과 맞지 않는다. 우리 형법은 위법성이 조각되거나 책임이 조각되는 경우 '벌하지 아니한다'고 규정하고 있다. 그러나 친족상도례에 대해서는 '형을 면제한다'로 규정하고 있기 때문이다.[18] 이원설의 경우 부양관계나 소비공동체 관계의 유무를 확인하는 것이 불분명하므로 적합하지 않다. 즉 친족, 동거가족처럼 법적 근거를 통한 규범적 판단이 아니라 실제 생활관계를 파악한 사실적 판단이 요구될 수밖에 없다.

따라서 친족상도례는 인적처벌조각사유라고 하는 견해가 가장 타당하다. 이것은 범죄는 성립하지만, 친족간의 범행이라는 특수한 성격을 고려하여 국가형벌권이 발생하지 않는다는 것을 의미한다.[19]

(2) 형감면

장물죄의 경우 장물범과 피해자간의 친족관계는 형면제의 효과가 있지만 장물범과 본범 사이에 친족관계(근친)가 있는 경우 형감면이라는 법적 효과를 가진다. 전자는 재산범죄로서의 성격이 반영된 반면 후자는 장물죄의 범인은닉적인 성격이 반영된 것이다.[20] 형감면의 법적 성격에 대해서도 인적 처벌조각 · 감경사유설과 형벌감면적 면책사유설이 대립한다.

형벌감면적 면책사유설은 장물범과 본범간의 친족관계는 범인은닉이나 증거인멸과도 유사한 측면이 있으므로 적법행위에 대한 기대가능성이 감소한다는 것이다.[21] 그렇지만 형면제의 법적 성격과 같은 맥락에서 볼 때 법문에서 "형을 면제 또

심으로", 「형사정책연구」 제12권 제2호, 한국형사법무정책연구원, 2001, 184면 참조.

18) 이천현, 앞의 논문(2001), 184면 이하.

19) 오영근, 앞의 책, 272면; 이재상 외, 『형법각론』, 제11판, 박영사, 2019, 294면; 이천현, 앞의 논문(2001), 185면.

20) 오영근, 앞의 책, 427면.

21) 김일수, 앞의 책, 21면.

는 감경한다"라고 규정하고 있으므로 죄는 성립하되 형의 감면이라는 인적처벌조각 · 감경사유로 보아야 할 것이다.

4. 친족상도례에서 친족의 의미

(1) 친족 및 가족의 법적 개념

친족상도례의 형면제 대상인 친족은 직계혈족, 배우자, 동거친족, 동거가족 또는 그 배우자이다. 여기에서 친족과 가족의 범위는 일차적으로 민법에 의해 결정된다.

민법상 친족은 배우자, 혈족 및 인척이고(민법 제767조) 친족의 범위는 배우자 및 8촌 이내의 혈족과 4촌 이내의 인척이다(민법 제777조). 가족은 배우자 및 직계혈족과 형제자매 그리고 생계를 같이하는 직계혈족의 배우자 및 배우자의 직계혈족과 배우자의 형제자매이다(민법 제779조). 따라서 혈족의 배우자의 혈족은 1990년 개정 전 민법(법률 제4199호로 개정되기 전)에서는 인척이었지만 현행법상 친족관계가 아니므로 친족상도례의 적용을 받지 않는다.[22] 구체적인 적용범위는 다음 항목에서 상세히 살펴보도록 한다.

(2) 친족과 친족상도례의 인적 적용범위

직계혈족은 자기의 직계존속과 직계비속을 말하는데(민법 제768조), 판례는 외할머니의 형제자매는 친족으로 인정하고 있지 않으므로 직계혈족을 부계혈족으로 한정한다고 해석된다.[23] 친족상도례가 적용되는 배우자의 범위에 대하여 통설은 사실혼관계는 배우자에 포함되지 않는다고 보고 있다.[24] 판례 역시 사실혼 관계는 민법상 친족이 아니라는 점에서 친족상도례의 적용을 부정하고 있다.[25] 그렇지만 친족상도례의 취지가 가정의 문제에 대한 국가형벌권의 자제라는 측면에서 사실혼 관계인 배우자도 포함되는 것이 타당하다.[26] 책임조각사유를 규정한 형법 제12조의 '친족의 생명, 신체에 대한 위해를 통한 강요된 행위'에서 사실상의 친족도 친족에 포함되는

22) 대법원 2011.4.28. 선고 2011도2170 판결.
23) 대법원 1980.4.22. 선고 80도485 판결.
24) 김성돈, 『형법각론』, 제8판, SKKUP, 2022, 341면; 배종대, 『형법각론』, 제13판, 홍문사, 2022, 312면 이하; 이재상 외, 앞의 책, 295면.
25) 대법원 2001.6.29. 선고 2001도2514 판결.
26) 오영근, 앞의 책, 273면; 임웅, 앞의 책, 364면 이하.

것이 일반적인 견해이므로 통일적 해석을 고려할 필요가 있다.[27]

동거친족은 동일한 주거에서 생활관계를 같이 하는 친족을 의미한다. 동거 중이 아닌 친족은 원친(遠親)이 되어 친고죄가 적용된다. 친족간에는 생계를 같이하는 경우에 한하여 부양의무를 가진다는 점에서(민법 제974조 제3호) 주거에서 생활하더라도 생계를 따로 한다면 동거친족으로 볼 수 없다는 견해가 있다.[28] 한편, 민법은 가족의 범위를 친족의 범위와 다르게 규정하고 있는데 친족상도례의 형면제가 적용되는지 여부에 다소 차이가 있으므로 아래에서 살펴보도록 한다.

(3) 가족과 친족상도례 적용범위

본래 형법 제328조의 법문은 '호주와 가족'으로 되어있었으나 2005년 호주제(구 민법 제778조) 폐지로 '동거가족'으로 개정되었다. 가족의 범위는 배우자, 직계혈족 및 형제자매, 생계를 같이하는 직계혈족의 배우자, 배우자의 직계혈족 및 배우자의 형제자매가 되므로(민법 제779조) 민법상 친족의 범위에는 가족이 포함된다.

그렇지만 친족상도례의 적용을 받는 친족의 범위와 민법상 가족의 범위에는 일정한 차이가 있다. 예컨대 동거 중이 아닌 형제자매는 민법상 가족에 포함되지만 친족상도례에서는 원친으로 분류되어 친고죄가 적용된다. 반면 동거 중인 형제자매의 배우자는 민법상 가족이 아닌데 동거여부와 관계없이 근친으로 분류되어 형면제가 적용되고, 동거 중인 친족은 민법상 가족이 아님에도 형면제의 효과를 받는다. 다음 [표 4-3]은 친족관계에 따라 민법상 가족에 해당하는지 여부 및 친족상도례의 적용을 구분한 것이다.

민법상 가족인지 여부와 친족상도례의 형면제 적용 사이에는 차이가 있음을 확인할 수 있다. 친족상도례 규정의 법적 효과가 근친인 경우 형면제, 원친은 친고죄이라는 점에서 민법상 가족이 아닌데 형법상 근친으로 형면제의 효과를 가진다는 점과 민법상 가족임에도 원친인 친고죄의 효과를 가진다는 점은 민법상 가족과 친족상도례가 지닌 괴리라고 하겠다.

이러한 원인으로는 첫째, 형법 제328조 제1항의 해석에 찾을 수 있다.[29] 즉 "또

---

27) 모성준, "형법상 친족상도례 규정의 문제점과 바람직한 개정방향", 「법학논총」 제21집 제2호, 조선대 법학연구원, 2014, 511면.

28) 김대휘 · 김신 편, 앞의 책, § 328, 323면; 임웅, 앞의 책, 365면. 이는 지나치게 엄격한 해석이라는 견해로 오영근, 앞의 책, 273면.

[표 4-3] 민법상 가족의 범위와 친족상도례*

<table>
<tr><th colspan="2">친족관계</th><th>민법상 가족(민법 제779조)</th><th>친족상도례의 법적 효과</th></tr>
<tr><td colspan="2">배우자(동거불문)</td><td>가족</td><td>형면제</td></tr>
<tr><td colspan="2">직계혈족(동거불문)</td><td>가족</td><td>형면제</td></tr>
<tr><td rowspan="2">직계혈족의 배우자</td><td>동거</td><td>가족</td><td>형면제</td></tr>
<tr><td>비동거</td><td>해당 없음</td><td>형면제</td></tr>
<tr><td rowspan="2">배우자의 직계혈족</td><td>동거</td><td>가족</td><td>형면제</td></tr>
<tr><td>비동거</td><td>해당 없음</td><td>친고죄</td></tr>
<tr><td rowspan="2">형제자매</td><td>동거</td><td>가족</td><td>형면제</td></tr>
<tr><td>비동거</td><td>가족</td><td>친고죄</td></tr>
<tr><td colspan="2">형제자매(동거)의 배우자 (동거불문)</td><td>해당 없음</td><td>형면제</td></tr>
<tr><td colspan="2">형제자매(비동거)의 배우자</td><td>해당 없음</td><td>친고죄</td></tr>
<tr><td rowspan="2">배우자의 형제자매</td><td>동거</td><td>가족</td><td>형면제</td></tr>
<tr><td>비동거</td><td>해당 없음</td><td>친고죄</td></tr>
<tr><td colspan="2">배우자의 형제자매(동거)의 배우자 (동거불문)</td><td>해당 없음</td><td>형면제</td></tr>
<tr><td colspan="2">배우자(비동거)의 형제자매의 배우자</td><td>해당 없음</td><td>친고죄</td></tr>
<tr><td colspan="2">기타 동거친족</td><td>해당 없음</td><td>형면제</td></tr>
<tr><td colspan="2">기타 동거친족의 배우자 (동거불문)</td><td>해당 없음</td><td>형면제</td></tr>
</table>

* 모성준, 앞의 논문, 502면의 표를 참조하여 재구성, 민법상 가족이 아닌데 친족상도례의 형면제인 경우, 민법상 가족인데 친고죄인 경우를 음영으로 표시함.

는 그 배우자"가 직계혈족, 배우자, 동거친족, 동거가족 모두의 배우자를 의미하는 것으로 해석되기 때문이다.[30] 또한, 친족상도례의 적용을 받는 친족과 가족범위는 그대로 둔 상태에서 1989년 가족법의 개정에 따라 친족범위만 확대된 까닭이라 하겠다.[31] 이처럼 친족상도례 규정은 친족과 가족의 개념을 민법에 의하고 있으면서도

29) 모성준, 앞의 논문, 503면.

30) 대법원 2011.5.13. 선고 2011도1765 판결.

31) 원석호, "가족법의 개정이 형사법에 미친 영향", 「비교법학」 제5집, 부산외대 비교법연구소, 77-78면 참조.

민법상 가족 개념을 제대로 반영하지 못하고 있다. 이는 근친이라고 보기 어려움에도 친족상도례의 법적 효과인 필요적 형면제의 적용을 받는 다소 불합리한 결과를 가져온다.

5. 친족상도례의 문제점과 개정시도

(1) 형법이론상의 문제점

가정 내의 재산범죄는 가정 내에서 해결하고자 하는 취지와 달리 친족상도례 규정의 일반적인 내용만으로도 다음과 같은 문제가 드러나 있다. 첫째, 친족상도례의 적용을 받는 친족의 범위가 지나치게 넓다는 것이다. 생활관계의 변화로 핵가족화, 더 나아가 1인가구가 다수를 차지하여 친족의 개념도 제정형법 당시와는 다르게 취급되어야 한다. 또한, 자본주의의 발달은 재산범죄로 인해 침해받는 법익에 대한 국가형벌권의 적극적인 개입을 요구하고 있다. 이 측면에서 특례규정을 최소화할 필요가 있다.[32)]

둘째, 근친에 대한 법적 효과를 필요적 형면제로 하는 것이 친족상도례의 취지에 부합하는지에 관한 문제이다. 자본주의의 고도화에 따라 친족간의 재산분쟁도 정도가 커지고 있다는 점에서 임의적 형면제로의 변경을 고려할 필요가 있다.

셋째, 원친이 근친보다 유리한 취급을 받는 문제이다. 근친의 경우 범죄는 성립하지만 형의 면제판결을 받고 원친은 친고죄는 고소가 없을 시 공소기각의 판결(형사소송법 제327조)을 받으므로 후자가 더 가벼운 판결이다.[33)] 또한, 근친이 받는 형의 면제의 판결(형사소송법 제322조)은 실체재판이므로 형식재판이 더 신속하게 처리된다는 점에서 원친이 유리하다.[34)]

(2) 성년후견제도의 도입에 따른 문제점

친족상도례는 2013년 성년후견제도가 시행된 이후 더욱 문제되고 있다. 대다수의 후견인이 피후견인의 친족으로 지정되고 있다. 그렇지만 실제 피후견인의 효과적

32) 조광훈, "친족 상도례의 제한적 적용에 관한 검토", 「성신법학」 제11호, 성신여대 법학연구소, 2011, 66면.
33) 박광현, "형법상 친족상도례의 개선방안에 관한 연구", 「홍익법학」 제14권 제3호, 홍익대 법학연구소, 2013, 423면.
34) 임웅, 앞의 책, 367면.

인 보호를 위한 취지를 무색하게 만드는 경우가 종종 발생한다. 친족후견인이 피후견인의 재산을 횡령하는 등의 불법행위를 저지르기 때문이다. 현실적으로 피후견인의 재산을 노리고 친족들 간에 피후견인이 되기 위한 다툼이 적지 않다. 이는 피후견인의 재산을 임의로 처분할 수 있다는 잘못된 인식이 바탕이 되기 때문이다.

통상 이러한 행위는 형법적으로 횡령 내지는 업무상횡령으로 다루어진다. 친족 간에 발생한 횡령에 대해서는 친족상도례의 적용(형법 제361조)의 적용을 받기 때문에 근친의 경우 형의 면제를 받게 된다. 통상 가까운 친족이 성년후견인으로 지정된다는 점에서 친족후견인은 친족상도례의 적용을 받게 된다. 이는 성년후견제도의 취지를 크게 퇴색시키고, 부당한 결과를 낳는다. 해석상 친족후견인에 대해서는 친족상도례의 적용이 배제된다는 견해가 있고,[35] 실제 유사한 취지의 하급심 판결도 존재한다.[36] 그렇지만 명문의 규정에 반하는 해석이 된다는 점에서 법의 흠결로 평가되며, 성년후견제도의 취지를 고려할 때 시급한 입법적 해결이 요구된다.

(3) 친족상도례 개정 시도

친족상도례에 관한 문제들이 지적되어 왔지만 민법상 가족법 규정의 몇 차례 큰 변화와 달리 1953년 제정형법 이래로 큰 변화가 없었다. 그렇다고 친족상도례의 개정 시도가 아예 없었던 것은 아니다. 1992년 법무부는 형법개정법률안을 제출하며 친족상도례 규정도 개정하려 하였다. 그렇지만 실제로 국회는 충분한 의견수렴 등을 통한 개정에 상당한 시간이 걸린다는 점과 형법의 전부개정에 대한 혼란의 우려 등으로 자구수정만 하는 정도의 개정만 이루어졌다.[37] 다음 [표 4-4]는 친족상도례의 초기모습과 개정안들이다.

1992년의 개정안은 기본규정을 친고죄로 하고 있으므로 원친은 친고죄의 대상이 된다. 제2항의 형면제의 적용대상이 되는 친족의 범위도 직계혈족, 배우자, 동거친족으로 가족은 포함되어 있지 않지만 비교적 명확하다. 특히 법적 효과도 필요적

---

35) 배인구, "친족인 성년후견인에게 횡령죄를 인정한 사례", 법률신문, 2017. 12. 13. <https://www.lawtimes.co.kr/Legal-Opinion/Legal-Opinion-View?serial=136154>, <2022. 08. 04. 최종확인>; 오호철, "성년후견제도에 따른 현황과 개선과제", 「법이론실무연구」 제4권 제1호, 한국법이론실무학회, 2016, 96면; 이근영, "법정후견제도에서 후견인의 재산부정사용 문제와 후견제도지원신탁", 「법학논총」 제30권 제1호, 국민대 법학연구소, 2017, 164면.

36) 제주지방법원 2017.11.8. 선고 2017고단284 판결. 이에 관한 상세한 소개는 후술하는 Ⅳ. 3. (2) 참조.

37) 국회법제사법위원장, 형법중개정법률안(대안) [의안번호 141388], 1995, 2-3면 참조.

[표 4-4] 친족상도례 개정안 비교

1953년 제정형법 [법률 제293호]	1992년 법무부 형법개정법률안	2014 최동익의원 등 형법 일부개정법률안	2017 박남춘의원 등 형법 일부개정법률안
제328조(친족간의 범행과 고소) ① 직계혈족, 배우자, 동거친족, 호주, 가족 또는 그 배우자간의 제323조의 죄는 그 형을 면제한다. ② 전항이외의 친족간에 제323조의 죄를 범한 때에는 고소가 있어야 논한다. ③ 전2항의 신분관계가 없는 공범에 대하여는 전이항을 적용하지 아니한다.	제208조(친족간의 범행) ① 친족사이에서 범한 제195조 내지 제198조의 죄 및 그 죄의 미수범은 고소가 있어야 공소를 제기할 수 있다. ② 직계혈족, 배우자 또는 동거친족 사이에서 범한 제1항의 죄는 그 형을 면제할 수 있다.	제328조(친족간의 범행과 고소) ①~③ (현행과 같음) ④ 피성년후견인에 대하여 제323조의 죄를 범한 성년후견인에 대하여는 제1항 및 제2항을 적용하지 아니한다.	제328조(친족간의 범행과 고소) ①~③ (현행과 같음) ④ 피후견인에 대하여 제323조의 죄를 범한 미성년후견인, 성년후견인, 한정후견인, 특정후견인 및 임의후견인에 대하여는 제1항 및 제2항을 적용하지 아니한다.

형면제를 임의적 형면제로 변경하여 그간의 문제점을 일정부분 반영하고 있었다고 평가할 수 있겠다. 1995년 개정 이후에도 형법개정에 관한 논의가 있을 때 친족상도례의 문제점은 유사한 취지에서 계속 제기되어 왔지만 실제 개정으로 이루어지지 않았다.[38] 그렇다면 친족상도례를 규정하고 있는 외국의 경우는 어떠한지 항목을 바꾸어 살펴보고 그 시사점을 찾아보도록 한다.

Ⅲ. 친족상도례 규정에 대한 비교법적 검토

1. 개 관

로마법을 계수한 대다수의 대륙법계 국가들은 친족상도례 규정을 두고 있다. 근대형법에서 이를 가장 먼저 규정한 나라는 프랑스이고 이후 대륙의 다른 나라들도 규정하였다고 한다.[39] 친족상도례는 친족간 재산범죄에 대한 특례이므로 형법전에

38) 형법개정연구회, 『형사법개정연구(Ⅳ) 형법각칙개정안』 [연구총서 09-25-06], 한국형사법무정책연구원, 2009, 330면 이하.

규정되어 있는 것이 일반적이지만, 친족과 가족을 규정하고 있는 민법의 영향을 받지 않을 수 없다는 점을 유념할 필요가 있다. 아래에서는 우리 형법에 많은 영향을 미친 독일형법과 일본형법에 규정된 친족상도례의 입법례와 특징을 살펴보고, 기타 대륙법계 국가의 입법례도 살펴보기로 한다.

2. 독일의 친족상도례

(1) 친족상도례의 대상범죄 및 효과

독일형법은 각칙 제19장에서 절도죄와 횡령죄를 함께 규정하고 있고, 같은 장 제247조에서 '동거인 및 친족간 절도'라는 제목하에 [표 4−5]와 같이 규정하고 있다.

[표 4-5] 독일형법 제247조[40]

후견인 또는 보호자가 친족의 물건을 절취 또는 횡령하거나 피해자와 범인이 동거인일 경우에는 고소가 있어야 공소를 제기할 수 있다.

독일형법상 친족상도례는 절도나 횡령의 불법성이나 비난의 정도를 낮추는 것이 아니므로 감경적 구성요건이 아닌 절차적 요건으로 파악된다.[41]

친족상도례의 대상범죄에는 모든 형태의 절도와 횡령이 포함되므로 무기휴대절도, 범죄조직절도, 주거침입절도(제244조), 중한범죄조직절도(제244조의a), 횡령(제246조 제2항) 및 특히 중한 절도(제242조, 제243조 제1항)이 포함된다. 그러나 강도(제249조), 준강도(제252조), 공갈(제253조) 및 손괴(제303조)에는 적용되지 않는다. 그 밖의 적용대상 범죄는 전력도용(제248조의c 제3항), 장물취득(제259조 제2항), 사기(제263조 제4항), 컴퓨터사기(제263조의a 제2항), 사익취득(제265조의a 제3항), 배임(제266조 제2항)이 있으며 별도의 항으로 준용규정을 마련하고 있다.[42]

---

39) 김광현, 앞의 보고서, 7면.

40) Strafgesetzbuch (StGB) § 247 Haus− und Familiendiebstahl Ist durch einen Diebstahl oder eine Unterschlagung ein Angehöriger, der Vormund oder der Betreuer verletzt oder lebt der Verletzte mit dem Täter in häuslicher Gemeinschaft, so wird die Tat nur auf Antrag verfolgt. 국문번역으로 법무부, 『독일형법』, 2008, 185면 참조, 원문은 <https://www.gesetze−im−internet.de/stgb/__247.html>, <2022. 7. 28. 최종확인>.

41) Hohmann, in: Münchener Kommentar zum StGB, 4. Aufl., 2021, § 247, Rn. 1.

42) Hohmann, in: Münchener Kommentar zum StGB, 4. Aufl., 2021, § 247, Rn. 2.

(2) 인적 적용범위

독일 친족상도례의 인적 적용범위는 상당히 넓은 편이다. 기본적인 범위는 독일 형법 제11조 제1항 제1호에 규정된 친족이다. 직계혈족 및 인척, 배우자, 사실혼 동거자, 약혼자, 형제자매, 형제자매의 배우자나 사실혼 동거자를 포함하고 이러한 관계를 형성하게 된 혼인이나 사실혼 관계가 지속되지 않거나 혈족관계 또는 인척관계가 상실된 경우에도 마찬가지이며 양부모 및 양자도 포함된다.

후견인도 친족상도례의 적용을 받으며 같은 주거공간에서 생활관계를 같이하는 동거인(häusliche Gemeinschaft)도 포함되는데, 친족의 범위에 포함되지 않는 동거인(사실혼이 아닌 사귀는 미혼 동거)은 물론 동성간의 동거인도 친족상도례의 적용을 받는다.[43] 더 나아가 양로원이나 기숙학교 거주자들도 이러한 공동체를 형성할 수 있다.[44]

(3) 검 토

친족상도례가 기본적으로 친고죄로 규정되어 있다. 별도의 형면제나 감경에 대한 규정이 없다는 점도 특기할 만하다. 또한, 친족의 개념은 민법규정을 따르는 것이 아니라 형법에 별도의 친족 개념을 마련해 놓고 있다. 후견인을 비롯하여 사실혼이 아닌 관계라도 생활관계를 같이 하고 있는 동거인이면 폭넓게 적용한다는 점도 우리와 차이를 가지고 있다. 즉 우리나라는 법률상으로 친족관계가 있는 사람에 대해서만 친족상도례를 적용하는 데에 비해 독일은 사실상의 생활관계를 중심으로 법률상으로는 친족관계가 없는 사람들에게도 적용한다는 것이다.

3. 일본의 친족상도례

(1) 친족상도례의 대상범죄 및 효과

다음 [표 4-6]은 일본형법상 친족상도례 규정이다.

일본형법상 친족상도례도 강도죄에는 적용되지 않는데, 폭행 또는 협박을 수단으로 한다는 점에서 재산범죄의 범위를 넘어서기 때문이다.[45] 그 밖에 사기, 배임,

---

43) Hohmann, in: Münchener Kommentar zum StGB, 4. Aufl., 2021, § 247, Rn. 2.
44) Fischer, StGB, 68. Aufl., 2021, § 247, Rn. 2.

[표 4-6] 일본형법 제244조(친족간의 범죄에 관한 특례)[46)]

일본형법 제244조
배우자, 직계혈족 또는 동거친족간에 제235조의 죄, 제235조의2의 죄 또는 이 죄들의 미수범을 범한 자는 그 형을 면제한다.
전항이 규정한 친족 이외의 친족간에 범한 같은 항에 규정된 죄는 고소가 없으면 공소를 제기할 수 없다.
전항의 규정은 친족이 아닌 공범에 대하여는 적용되지 아니한다.

공갈, 횡령죄에도 준용되고 있으며(제251조, 제255조), 장물죄에 대해서는 특별히 적용되는 규정을 마련하고 있다(제257조). 법적 효과는 적용대상을 근친과 원친으로 나누어 근친의 경우 필요적 형면제, 원친은 친고죄로 되어 있다. 공갈죄에서도 친족상도례가 적용된다는 점에서 우리나라와 같고 독일형법과 다르다.

(2) 인적 적용범위

일본은 메이지(明治) 원년(1868)의 가형률(仮刑律), 메이지 3년(1871)의 신율망령(新律綱領), 메이지 6년(1874)의 개정율례(改定律例)에서 친속상도(親屬相盜)의 규정을 두고 있었다.[47)] 이후 메이지 23년(1891) 개정형법 제360조와 메이지 34년(1902) 개정안 285조를 거쳐 현행 형법으로 정착되었다고 한다. 종래 친족과 가족이 같이 규정되어 있었지만 쇼와 22년(1947) 적용범위에서 가족이 삭제되고 현재의 친족만 남아 있다.[48)]

일본의 친족상도례도 친족의 범위는 민법의 규정에 따르고 있다. 일본민법상 친족의 범위는 6촌 이내의 혈족, 배우자, 3촌이내의 인척(일본민법 제725조)으로 규정되어 있다.

---

45) 大塚仁 等 編, 앞의 책, 561면.

46) 刑法第244条 (親族間の犯罪に関する特例)

1. 配偶者´ 直系血族又は同居の親族との間で第235条の罪´ 第235条の2の罪又はこれらの罪の未遂罪を犯した者は´ その刑を免除する °
2. 前項に規定する親族以外の親族との間で犯した同項に規定する罪は´ 告訴がなければ公訴を提起することができない°
3. 前2項の規定は´ 親族でない共犯については´ 適用しない°

47) 大塚仁 等 編, 앞의 책, 563면.

48) 大塚仁 等 編, 앞의 책, 563면.

(3) 검 토

우리 형법의 친족상도례가 1953년 제정 이후 큰 변화가 없었다는 점을 감안하면 일본형법의 내용과 크게 다르지 않은 것도 수긍이 간다. 근친과 원친으로 구분하여 법적 효과를 다르게 설정한다는 점과 근친의 법적 효과 역시 필요적 형면제라는 점도 동일하다. 그러나 일본의 친족상도례 규정은 민법상 친족의 범위가 우리보다 좁고, 또는 그 배우자라는 문언이 없다는 점에서도 인적 적용범위가 우리보다 확연하게 좁다.[49)]

4. 기타 국가의 친족상도례

로마법을 계수한 대륙법계의 다른 국가들도 친족상도례 규정을 가지고 있다. 다만, 구체적인 적용범위와 법적 효과는 차이를 가지고 있다. 다음 [표 4-7]에서 친족상도례 규정을 소개하도록 한다.

[표 4-7] 기타 국가의 친족상도례

프랑스형법 제311-12조[50)] 다음 각 호의 경우에 대해서는 절도죄로 기소할 수 없다. 1. 자기의 직계존속 또는 직계비속에 대하여 죄를 범한 경우 2. 배우자에 대하여 죄를 범한 경우, 다만 별거 중이거나 별거가 정당하게 인정되는 배우자의 경우는 제외한다. 이 조문은 다음의 경우 적용되지 아니한다. a) 신분증, 유럽연합회원국적의 외국인 체류증 및 기타 외국인의 체류증, 지불수단 또는 전자지불수단과 같이 피해자의 일상에 사용되는 물건이나 문서에 대한 절도의 경우 b) 법원에 의하여 지정된 후견인, 보호자, 가족의 위임을 받은 대리인 또는 피해아동의 장래보호를 맡은 대리인의 경우
스위스형법 제137조[51)] 1. 제138조부터 제140조의 특례가 적용되지 아니하는 한, 자기 또는 타인이 부당한 이익을 위하여 타인의 동산을 점유한 자는 3년 이하의 징역 또는 벌금에 처한다. 2. 범인이 물건을 발견하거나 의사없이 물건을 습득하는 경우, 불법이득의사가 없는 경우 또는 친족이나 가족에게 피해를 끼치는 경우에는 고소가 있어야 공소를 제기할 수 있다.
이탈리아형법 제649조[52)]

49) 김광현, 앞의 보고서, 9면.

이 장에 규정된 범죄는 다음 각 호에 해당하는 자에 대하여 처벌되지 아니한다.
1) 법률상 별거 중이 아닌 배우자
1-1) 삶의 동반자로서 동성(同性)간 파트너로 등록된 경우
2) 존속, 비속, 직계인척, 양부모 또는 양자
3) 동거형제자매
이 장에 규정된 범죄는 법적으로 별거 중인 배우자 또는 동성 간 동거의 일방에 피해를 주는 경우 피해자의 요청에 의하여 처벌될 수 있다. 정범과 동거 중이 아닌 형제자매 또는 동거중인 백부, 숙부 등 인척의 손해가 발생한 때에는 고소가 있어야 공소를 제기할 수 있다. 이 조의 규정은 제628조, 제629조 및 제630조와 폭행을 수반하는 다른 모든 재산범에는 적용되지 아니한다.

---

50) Code pénal
Article 311-12
Ne peut donner lieu à des poursuites pénales le vol commis par une personne:
1° Au préjudice de son ascendant ou de son descendant;
2° Au préjudice de son conjoint, sauf lorsque les époux sont séparés de corps ou autorisés à résider séparément.
Le présent article n'est pas applicable:
a) Lorsque le vol porte sur des objets ou des documents indispensables à la vie quotidienne de la victime, tels que des documents d'identité, relatifs au titre de séjour ou de résidence d'un étranger, ou des moyens de paiement ou de télécommunication;
b) Lorsque l'auteur des faits est le tuteur, le curateur, le mandataire spécial désigné dans le cadre d'une sauvegarde de justice, la personne habilitée dans le cadre d'une habilitation familiale ou le mandataire exécutant un mandat de protection future de la victime.
프랑스어 원문 확인은 <https://www.legifrance.gouv.fr/codes/article_lc/LEGIARTI000042193493/>, <2022. 08. 04. 최종확인>.

51) 1. Wer sich eine fremde bewegliche Sache aneignet, um sich oder einen andern damit unrechtmässig zu bereichern, wird, wenn nicht die besonderen Voraussetzungen der Artikel 138-140 zutreffen, mit Frei-heitsstrafe bis zu drei Jahren oder Geldstrafe bestraft.
2. Hat der Täter die Sache gefunden oder ist sie ihm ohne seinen Wil-len zugekommen,
handelt er ohne Bereicherungsabsicht oder handelt er zum Nachteil eines Angehörigen oder Familiengenossen, so wird die Tat nur auf Antrag verfolgt.
독일어 원문은 스위스연방의회 홈페이지, <https://www.fedlex.admin.ch/eli/cc/54/757_781_799/de#art_137>, <2022. 08. 03. 최종확인>.

52) Art. 649.
Non punibilità e querela della persona offesa, per fatti commessi a danno di congiunti.
Non è punibile chi ha commesso alcuno dei fatti preveduti da questo titolo in danno:
1) del coniuge non legalmente separato;
1-bis. della parte dell'unione civile tra persone dello stesso sesso;
2) di un ascendente o discendente o di un affine in linea retta, ovvero dell'adottante o dell'adottato;
3) di un fratello o di una sorella che con lui convivano.
I fatti preveduti da questo titolo sono punibili a querela della persona offesa, se commessi a danno del coniuge legalmente separato , o della parte dell'unione civile tra persone dello stesso sesso, nel caso in cui sia stata manifestata la volontà di scioglimento dinanzi all'ufficiale dello stato civile e non sia intervenuto lo scioglimento della stessa, ovvero del fratello o della sorella che non convivano coll'autore del fatto, ovvero dello zio o del nipote o dell'affine in secondo grado con lui conviventi.

프랑스의 경우 직계존속과 직계비속 및 배우자만 친족상도례의 대상이다. 다른 입법례에 비해 범위가 좁은 편으로 평가된다. 법적 효과로 형사소추를 불가능하게 한다는 점도 특기할 만하다. 이는 적용범위를 좁게 하는 대신 형사소추를 불가능하게 하여 가족공동체의 사적(私的) 성격을 강하게 보호하고 있다고 볼 수 있겠다.[53] 2020년 개정으로 신분증 등 일상에 사용되는 물건의 절도의 경우와 법원에 의하여 지정된 후견인 등의 범죄의 경우 적용을 배제하는 입법을 추가하였다.

스위스는 조문 구성이 단조롭지만 친족과 가족구성원의 범위를 형법 제110조에서 정하고 있다. 친족의 범위는 배우자, 동성 배우자, 직계혈족, 동복 형제자매와 이복(이부) 형제자매, 양부모, 입양된 형제자매와 입양자이고 가족구성원은 같은 주거공간에서 생활관계를 같이하는 사람이 포함된다. 인적 적용범위가 넓은 대신 친고죄로 하고 있다.

이탈리아는 친족상도례 규정에 직접 인적 적용범위를 규정하고 있는데, 별거 중인 배우자는 배제된다는 점이 특기할 만하다. 친고죄로 되어 있고 별도의 형감면 등의 효과는 규정되어 있지 않다.

그 밖에 흥미로운 점은 영국은 친족상도례와 같은 규정이 없는데, 남편과 아내가 법률상 동일한 인격으로 간주되므로 배우자간에는 절도죄가 성립하지 않는다는 이론에 의한다고 한다. 이는 전통적으로 국가형벌권 개념을 인정하는 대신 개인에 대한 불법행위로 인식하는 사인소추(私人訴追)라는 것과 관련된다는 점에서 별도의 친족상도례 규정이 필요하지 않았을 것이라고 보고 있다.[54]

5. 시사점

많은 국가들이 친족상도례 규정을 두는 것은 공통적이지만 구체적인 적용범위나 법적 효과에 있어서는 차이를 가지고 있다. 친족의 적용범위는 직계혈족과 배우자

Le disposizioni di questo articolo non si applicano ai delitti preveduti dagli artt. 628, 629 e 630 e ad ogni altro delitto contro il patrimonio che sia commesso con violenza alle persone.
이탈리아어 원문은 <https://www.altalex.com/documents/news/2014/10/22/dei-delitti-contro-il-patrimonio>, <2022. 07. 28. 최종확인>; 일본어 번역본은 大塚仁 等 編, 大コンメンタール刑法. 第3版, § 244, 青林書院, 2013, 562頁 참조.

53) 김광현, 앞의 보고서, 7면.

54) 大塚仁 等 編, 앞의 주석서, 563면 참조.

는 기본적으로 포함되지만 형제자매나 기타 가족구성원에 있어서는 나라별로 차이가 있다.

독일의 경우 인적 적용범위에 후견인도 포함되고 법적인 친족관계보다 생활관계를 같이하는 동거인들을 폭넓게 포함하고 있다는 점이다. 이는 독일 사회에서 타인들과 주거 및 생활을 공유하며 사는 생활 공동체인 WG(Wohngemeinschaft)가 보편화되어 있다는 점도 이유가 될 수 있다. 현실적으로 특별한 일이 아니면 만나기 어려운 친척보다 사실상의 생활관계를 형성하고 있는 사람들에게도 적용하고 있다. 프랑스의 경우 적용되는 인적범위가 상대적으로 좁은 편이었는데, 2020년 개정으로 신분증 등 일상용품에 대한 절도의 경우와 법원에 의하여 지정된 후견인 등에게는 친족상도례의 적용을 배제하고 있는 조항을 신설하였다. 이처럼 독일과 프랑스는 법원에 의해 지정된 후견인의 경우 친족상도례를 배제하는 규정을 따로 마련하고 있다는 점을 특기할 만하다.

법적 효과는 소추불가능으로 한 프랑스와 필요적 형면제를 규정한 일본 정도를 제외하고는 기본적으로 친고죄로 규정하고 있다. 이에 비해 우리나라의 친족상도례는 인적범위가 넓고 법적 효과도 필요적 형면제로 매우 크다는 특징이 있다. 이를 바탕으로 다음 항목에서 개선방안을 모색하여 본다.

Ⅵ. 친족상도례의 개선방안

1. 친족의 범위 축소

(1) 배 경

현행법상 친족상도례의 적용을 받는 친족의 범위는 일반인의 관점에서도 국외의 입법례를 보더라도 지나치게 넓다고 할 수 있다. 이렇게 친족의 범위가 넓어진 것은 제328조 제1항의 "또는 그 배우자"가 직계혈족, 배우자, 동거친족, 동거가족 모두의 배우자라고 해석할 수밖에 없다는 점과, 1989년 민법의 개정으로 친족의 범위가 확대되었다는 점에서 비롯된다.[55]

---

55) 전술하는 Ⅱ. 4. (3) 참조.

친족상도례 규정을 개선하는 방식으로 민법상 친족과 가족의 범위를 수정하는 방식과 형법 규정을 수정하는 방식을 생각 할 수 있을 것이다. 전자의 경우는 친족과 가족의 생활관계와 법률관계를 규정한 가족법 규정을 형법적 효과를 축소적용하기 위해 개정한다는 측면에서 타당하지 않다. 형법상 친족상도례는 될 수 있는 한 국가형벌권이 가정에 개입하지 말아야 한다는 취지를 지니고 있다. 이것은 긴밀한 가족관계 혹은 친족관계를 전제로 하고 있다. 그런데 가족 개념은 생활관계의 변화와도 밀접하게 관련되므로 일반적 의미에서 가족의 관념이 어떻게 변화하였는지 살펴보도록 한다.

(2) 가족에 대한 관념의 변화

우리나라는 전통적으로 혈연 중심의 가족관계를 중요하게 여겨 왔다. 이 지점에서 친족상도례가 본래의 취지에 부합하기 위해서는 가족에 대한 두 가지 사항이 전제되어 있어야 한다. 첫째는 가족 구성원 간의 재산적 분쟁을 해결할 권위있는 어른의 존재이다. 둘째는 구성원 개개인이 가족관계의 대체불가능 내지는 영속성을 인지하여야 한다는 점이다. 현대 사회의 가정에 대한 인식은 두 가지 측면 모두 커다란 변화를 맞이하고 있다.

현재 일반적인 가정의 형태가 부부와 자녀로 구성된 핵가족이고 생활관계 역시 개인주의가 동반되어 부모와 동거 중인 형제를 제외한 친족은 명절이나 관혼상제때나 한번 만나는 수준으로 변모하고 있다. 또한, 혼인하는 비율이 낮아지는 데 반하여 이혼하는 부부의 숫자는 증가하고 있다. 과거에는 사회적으로도 이혼을 큰 흠으로 여기는 경향이었고 편부모가정의 자녀들에 대한 편견도 존재했었다. 그렇지만 현대인의 높은 이혼율은 가족이나 가정이 숙명적 존재가 아니라 필요에 따라 변화할 수 있는 대상으로 바뀌었음을 의미한다.

민법도 이렇게 변모하는 가족관계의 양상을 정비하여 나가고 있다. 예컨대 2005년 호주제(戶主制)를 폐지하여 가족관계등록의 일대 변화를 가져왔다(2005. 3. 31. 법률 제7427호). 이에 따라 형법의 친족상도례 조항에서 “친족, 호주 또는 동거의 가족”이 “친족 또는 동거의 가족”으로(제151조 제2항, 동조 제4항), “동거친족, 호주, 가족”이 “동거친족, 동거가족”으로 변경된 바 있다(제328조 제1항).

이처럼 현대인의 가족관은 기존보다 개인주의적 성향은 깊으나 가족의 범위는 좁고 연대감은 느슨한 방향으로 변화하고 있다고 할 수 있다. 이러한 현실에 비추어 볼 때 현행 친족상도례는 특히 법적 효과측면에서 형벌권의 발생을 지나치게 제한하는 것으로 보인다. 특히 근친 간의 범죄를 필요적 형면제 내지 필요적 형감면으로 하고 있다는 점에서 변화하는 가족상을 제대로 반영하고 있다고 보기 어렵다.[56]

(3) 축소의 범위

친족상도례의 적용을 받는 범위가 지나치게 넓고, 민법의 규정과도 불균형한 상태이므로 친족상도례 규정의 인적 적용범위를 축소할 필요가 있다.

친족상도례에서 친족의 범위를 축소하는 것을 제안해볼 수 있겠다. 즉 직계혈족, 배우자, 생계를 같이하는 동거친족으로 밀접한 생활관계를 함께하는 범위로 한정하는 것이다. 민법이나 형법이 제정될 당시에는 대가족이 주류였지만, 오늘날 한국인의 가구형태는 1인가구(33.4%) → 2인가구(28.3%) → 3인가구(19.4%) → 4인가구(18.8%)의 순이다.[57] 따라서 가족 개념이 기존에 비해 많이 희미한 상황이라 할 수 있다.

친족상도례의 적용범위가 위와 같이 축소되면 형제자매는 생계를 같이하는 동거여부에 따라 근친이나 원친이 될 수 있다. 형제자매가 독립된 생계를 하면서부터는 생활관계가 멀어지고 재산분쟁이 발생할 확률도 높아진다. 별도의 친족상도례 규정이 없는 미국과 영국을 제외하고 이를 규정한 많은 국가들도 직계혈족과 배우자 외에 동거친족만을 포함한다는 점도 참고할 만하다. 우리와 비슷한 체계를 가진 일본도 근친의 범위를 직계혈족, 배우자, 동거친족으로 두고 있다.

2. 친족상도례 법적 효과의 변경

(1) 필요적 형면제의 개정

현재 근친에 대한 친족상도례의 법적 효과는 필요적 형면제로 규정되어 있다. 국외의 입법례를 보면 프랑스는 소추를 할 수 없고 일본은 우리와 같이 필요적 형면

56) 이천현, “재산범죄 분야의 개정에 관한 소고”, 법학논총 제27집 제1호, 한양대 법학연구소, 2010, 90-91면.
57) 연합뉴스, “1인 가구 700만명 첫 돌파 … 혼자 사는 노인 182만명”, 2022. 7. 28., <https://www.yna.co.kr/view/AKR20220728089000002?input=1195m>, <2022. 08. 03. 최종확인>.

제로 규정되어 있다. 그러나 일본의 경우 친족의 적용범위가 우리보다 좁기 때문에 필요적 형면제의 실질적인 대상범위에 차이가 있다는 점은 밝힌 바와 같다. 일본 내에서도 친족의 기준이 모호하다는 점, 일반예방효과에 대한 회의 등의 문제가 제기된다고 한다.[58)]

특히 필요적 형면제에 대해서는 지속적으로 문제가 지적되어 왔다. 형면제라는 법효과가 획일적이라 피해자의 의사를 배제하는 점,[59)] 피해자의 권익을 보호하여야 하는 국가의 의무에 충실하지 않다는 점,[60)] 가족관념의 변화에 따라 형법의 개입이 불필요하다고 볼 이유가 없다는 점[61)] 등이 근거로 제시되고 있다.

더 나아가 고도화된 자본주의와 개인주의에 따른 재산범죄의 불법성도 과거에 비해 증대되었다. 특히 가족간 발생하는 재산분쟁은 부동산이나 증권, 유산 등 상대적으로 고액인 경우가 많다는 점에서 최소한 일차적으로 피해자의 의사를 존중해야 할 필요가 있다.

(2) 친족상도례의 친고죄화

법적 효과로 친고죄 대신 반의사불벌죄화를 주장하는 견해도 있다. 친고죄에 적용되는 고소기간 동안 자율적 해결이 어렵기 때문에 반의사불벌죄로 신속한 피해회복이 가능하다는 점,[62)] 당사자간의 분쟁해결이라는 친족상도례의 취지와 더 부합한다는 점[63)] 등을 근거로 들고 있다.

친고죄와 반의사불벌죄는 형사소송법상 고소불가분 원칙의 적용에 있어서 차이를 가진다. 형사소송법은 반의사불벌죄의 경우 친고죄의 고소취소 시한과 재고소금지에 관한 동법 제232조 제1항 제2항을 준용하도록 하고 있는데, 고소의 주관적 불가분에 관하여는 반의사불벌죄의 경우 준용한다는 규정을 두고 있지 않은 것이다.[64)]

---

58) 김광현, 앞의 보고서, 14면 참조.
59) 모성준, 앞의 논문, 528면; 황태정, “형법상 친족간 특례규정과 피해자의 의사”, 「피해자학연구」 제16권 제1호, 한국피해자학회, 2008, 111면 이하.
60) 김태수, “친족상도례의 문제점과 개선방안”, 「형사정책」 제26권 제1호, 한국형사법무정책연구원, 2014, 233면.
61) 형법개정연구회, 앞의 보고서, 330면 이하.
62) 류기환, 앞의 논문, 3433면.
63) 김대성, “친족상도례 규정의 개정방향”, 「외법논집」 제40권 제4호, 한국외대 법학연구소, 2016, 230면 이하.
64) 형사소송법 제232조(고소의 취소) ① 고소는 제1심 판결선고 전까지 취소할 수 있다.
② 고소를 취소한 자는 다시 고소할 수 없다.
③ 피해자의 명시한 의사에 반하여 공소를 제기할 수 없는 사건에서 처벌을 원하는 의사표시를 철회한 경

이 때문에 반의사불벌죄에도 고소불가분의 원칙을 준용하여야 한다는 견해가 있지만, 판례[65] 및 다수설은 부정설을 따른다.[66] 따라서 친고죄보다 반의사불벌죄가 가해자에 대한 선별적 처벌이 가능하게 되는 것이다. 이 점에서 반의사불벌죄는 친고죄보다 국가형벌권의 발동이 사인(私人)의 의사에 의하여 불공평하게 결정되는 경향이 짙다.[67]

친고죄화는 일차적으로 가족간의 자율적 해결을 도모하되, 차선책으로 국가형벌권의 개입을 열어두는 방향이 된다. 또한, 현행법이 원친에 대하여 친고죄를 규정하고 있으므로 이를 사인의 의사에 더 좌우되는 방향으로 개정하는 것은 가족 개념의 변화에도 맞지 않을 것이다. 따라서 근친과 원친을 불문하고 친족간 재산범죄를 친고죄화하는 것이 바람직한 방향일 것이다.

3. 친족후견인의 적용배제

(1) 후견제도의 도입과 친족상도례

민법은 행위능력이 결여되어 있거나 불충분하다고 판단되는 자(제한능력자)의 행위를 취소할 수 있도록 하여 제한능력자를 보호하고자 하는 후견제도를 마련하고 있다(민법 제9조 이하). 개정 전 민법에서는 이를 한정치산 · 금치산제도로 규율하고 있었다. 그러나 제한능력자에 대한 실질적인 보호에 충실하지 못하였고 운영방식도 경직

우에도 제1항과 제2항을 준용한다.

제233조(고소의 불가분)

친고죄의 공범 중 그 1인 또는 수인에 대한 고소 또는 그 취소는 다른 공범자에 대하여도 효력이 있다.

65) 대법원 1994.4.26. 선고 93도1689 판결.

66) 준용긍정설은 주로 다음과 같은 이유로 형사소송법 제233조가 반의사불벌죄를 명시하지 않은 것이 입법의 불비로 보고 있다. 첫째, 반의사불벌죄와 친고죄의 유사한 성격임에도 반의사불벌죄에 고소불가분의 원칙을 준용하지 않는다면 국가형벌권의 행사가 피해자의 의사에 좌우되는 결과를 낳는다는 점, 둘째, 사인(私人)의 의사가 미치는 영향의 정도는 반의사불벌죄가 친고죄보다 낮다는 점에서 반의사불벌죄를 더 엄격하게 다루어야 한다는 점을 들고 있다. 대표적으로 신동운, 『신형사소송법』, 제5판, 법문사, 2014, 215면; 이은모 · 김정환, 『형사소송법』, 제8판, 박영사, 2021, 193면.

반면 다수설은 준용부정설의 입장에 있다. 첫째, 별도로 준용한다는 규정이 없으므로 준용을 부정하는 것이 법문에 충실한 해석이라는 점, 둘째, 반의사불벌죄는 피해자와의 사적인 분쟁해결을 촉진하는 취지의 유형이므로 친고죄와 본질적인 성격이 다르다는 점 등을 들고 있다. 대표적으로 김희옥 · 박일환 편/전승수, 『주석 형사소송법』, 제5판, 한국사법행정학회, 2017, 397면; 이재상 외, 『형사소송법』, 박영사, 2022, 126면 이하.

67) 김태수, "재물손괴에 있어 친족상도례 적용배제의 불합리성과 그 대안", 「형사법연구」 제24권 제2호, 한국형사법학회, 2012, 185면 이하.

되어 있는 등 제도 자체가 지닌 문제가 지속적으로 제기되어 왔다.[68] 매년 법원에 접수되는 건수가 저조하였다는 점도 이를 잘 드러낸다.[69] 이후 학계와 정부의 논의를 거쳐 2011년 민법 개정[법률 제10429호]을 통해 2013년 7월 1일자로 기존 한정치산 · 금치산제도는 폐지되고 성년후견제도와 한정후견제도로 시행 중에 있다.

친족후견인은 후견인임과 동시에 친족이라는 신분도 가지게 된다. 따라서 절도나 횡령과 같은 재산범죄를 저지른다면 친족이라는 신분때문에 친족상도례의 적용대상이 되는 경우가 발생한다. 이러한 경우 친족상도례가 적용될 것인가에 대한 대법원 판례는 존재하지 않는다. 다만, 관련된 지방법원판결이 있으므로 아래에서 살펴보도록 한다.

(2) 제주지방법원 2017.11.8. 선고 2017고단284 판결

1) 사실관계

甲은 2011년 교통사고로 의식불명 상태가 되어 뇌병변 1급 장애 및 사지마비 장애 판정을 받았다. 乙은 甲의 유일한 혈족인 친형으로서 2014년 7월 제주지방법원에 의해 甲의 성년후견인으로 선임되었다. 乙은 2015년 1월에 甲의 교통사고 보험금 약 1억 4천여만 원을 乙 본인 명의의 계좌로 송금받았다. 乙은 2015년 2월에 수령받은 금액 중 1억 2천만 원과 대출금을 합쳐 빌라를 구입하고 본인 명의로 등기를 경료하였다.

법원은 2016년 8월 후견감독 과정에서 위 사실을 발견하고 乙에게 1억 2천만원의 현금을 계좌로 입금시키거나 상당의 지분을 甲명의로 이전할 것을 권고하였다. 그러나 乙이 법원의 권고를 이행하지 않자 법원은 직권으로 2016년 10월 후견인변경사건의 심리를 개시하면서 乙의 후견인 직무집행의 정지 및 임시후견인으로 변호사를 전문가로 선임하는 결정을 내렸다. 임시후견인은 乙을 검찰에 고발하고, 검찰은 乙을 횡령죄로 기소하였다.

---

68) 법무부 민법개정자료발간팀 편, 『2013년 개정민법자료집』 上, 법무부, 2012, 116면.

69) 실제 성년후견제도의 시행 전 통계에 의하면 한정치산 · 금치산은 2010년 1,024건 접수되어 1,002건 처리되었으며(법원행정처, 사법연감 2011, 2011, 823면), 2011년 1,290건 접수되어 1,155건 처리되었다(법원행정처, 『사법연감 2012』, 2012, 847면). 이는 성년후견제도가 시행 중인 2020년에 법원에 접수된 성년후견사건이 8,180건 가운데 7,832건 처리되었고, 후견감독 5,060건 접수, 1,990건 처리된 것(법원행정처, 사법연감 2021, 2021, 948면)과 비교하면 성년후견제도가 적극적으로 운용되고 있음을 알 수 있다.

2) 판결요지

이 사건은 친족후견인이 저지른 횡령에 대하여 인적 처벌조각사유인 친족상도례가 적용될 것인지가 주요 쟁점이다. 乙은 자신이 피후견인 甲의 친형이므로 친족상도례가 적용되어 형의 면제를 주장하였다.

재판부는 "가족이라는 사적 관계를 보호하기 위한 친족상도례 규정은 성년후견인에게는 적용할 수 없다"고 판시하였다. 후견인은 법률상 공적 역할을 수행하므로 피후견인의 재산관리 등을 신의성실의 원칙에 맞게 수행하여야 한다는 것이다. 즉 친족성년후견인의 재산관리상의 불법행위에는 친족상도례가 적용되지 않는다고 해석하여 징역 8개월을 선고하였다.

(3) 친족후견인의 횡령행위에 대한 친족상도례의 적용여부

횡령 · 배임죄는 신뢰관계의 배신이 본질이므로 소유자와 위탁자 모두 피해자이어야 한다. 통설에 의하면 친족상도례가 적용되기 위해서는 범인이 위탁자와 소유자 모두와 친족관계에 있을 것을 요구한다.[70] 판례 역시 친족상도례의 적용에는 범인이 소유자 및 위탁자 모두와 친족관계일 것을 요구한다.[71] 후견제도에서는 위탁자를 어떻게 보는지에 따라 친족상도례의 적용이 달라질 수 있을 것이다.

친족후견인에 대해서 친족상도례가 적용된다는 견해가 있다.[72] 이 견해는 가정법원을 후견업무의 위탁자로 보고 있지 않다. 따라서 친족후견인의 업무가 공적 성격을 지녀 공적지위를 가진다고 하더라도 친족상도례를 배제할 근거는 되지 않는다는 것이다.[73] 또한, 친족후견인에 대한 친족상도례의 적용을 배제할 수 있는 별도의 법적 근거가 없다는 점도 들고 있다. 즉 현행법상 친족후견인에 대해 친족상도례를 배제한다면 허용되지 않는 해석인 법창조가 된다는 것이다.

친족상도례의 적용을 배제하는 견해에서는 법원을 위탁자 내지 유사한 위치로 보고 배신의 피해자로 본다는 것이 전제된다.[74] 후견제도의 취지에 따라 친족후견인

70) 오영근, 앞의 책 377면; 임웅, 앞의 책 532면.
71) 대법원 2008.7.24. 선고 2008도3438 판결.
72) 김대휘 · 김신 편, 앞의 책, § 328, 329면.
73) 김대휘 · 김신 편, 앞의 책, § 328, 329면.
74) 나단경 외, "후견제도의 개관과 감독상 문제점에 대한 소고", 「중소기업과 법」 제5권 제1호, 2013, 110면 이하.

도 다른 후견인과 마찬가지로 가정법원의 선고에 의한 공적 성격을 가진 임무가 부여받는다.[75] 또한, 성년후견제도에서 가정법원과 후견인은 법원의 감독하에 피후견인의 재산을 점유하는 지위를 가지는 위탁신임관계가 있는데 가정법원과 후견인은 친족관계가 아니기 때문에 친족상도례가 적용되지 않는다는 점도 들고 있다.[76]

생각건대 친족후견인의 횡령행위는 친족상도례의 적용을 받는 것으로 해석될 수밖에 없다. 법령에 의한 위탁관계의 발생근거로 법정대리 등과 함께 후견도 포함된다는 점에서 위탁자를 법원으로 보기에는 무리가 있다. 법원의 성년후견개시로 인해 위탁관계가 발생하여 소유자와 위탁자 모두 피후견인이라고 보아야 하기 때문이다. 따라서 형법해석의 엄격성원칙상 해석상으로는 친족후견인에게 친족상도례가 적용된다고 하여야 할 것이다. 그렇지만 후견인의 후견업무는 법원의 지정과 감시하에 공적인 성격을 지니고 있고, 무엇보다도 후견제도의 취지를 무색하게 만드는 결과를 가져온다는 점은 부인하기 어렵다. 비교법적으로도 독일과 프랑스의 경우 명문으로 후견인에 대한 친족상도례의 적용을 배제하고 있다는 점도 참고할 만하다. 따라서 이 문제를 해석으로 해결하려고 할 것이 아니라 친족상도례의 개정을 통해 친족후견인의 적용을 배제할 필요가 있다.

4. 구체적인 적용방식

특별법의 제정 전까지는 친족상도례의 적용을 배제하는 적극적인 해석을 요구하는 견해도 있지만,[77] 앞에서 본 것과 같이 이것은 타당하지 않다. 친족후견인에 대한 문제를 해결하기 위해 친족상도례의 적용을 배제하는 특별법의 제정을 주장하기도 한다.[78] 최근의 입법 동향에 따르자면 특별법을 통해 성년후견제도의 보완과 함께 친족상도례의 적용을 배제하는 것도 하나의 방법일 수 있다.

그렇지만 친족상도례의 적용은 형법적 문제이고, 친족상도례의 정비에 대한 논

75) 김은효, "성년후견인의 공적지위에 관한 고찰", 법률신문, 2011. 6. 13., <https://www.lawtimes.co.kr/Legal-Info/Research-Forum-View.aspx?serial=2020>, <2022. 7. 31. 최종확인>; 오호철, 앞의 논문, 96면.
76) 이근영, 앞의 논문, 164면 이하.
77) 오호철, 앞의 논문, 99면.
78) 오호철, 앞의 논문, 96면; 99면; 윤홍근, "성년후견제도의 실시에 따른 관련 법률 정비에 대한 제안", 2015년 성년후견제도 시행 2년 점검 심포지엄 자료집, 2015, 34면.

의가 지속되어 왔다는 점에서 형법 개정을 통한 배제가 바람직한 방향이라고 생각된다. 이상의 논의에 대한 개정안을 제시하면 다음 [표 4−6]과 같다. 친족상도례를 기본적으로 친고죄화하기 위하여 제1항에 친고죄를 규정하면서 근친의 경우도 기본적으로 친고죄의 적용을 받기 위해 단서로 규정하였다.[79] 근친의 범위도 현실에 맞게 최소화하였고 법적 효과도 임의적 형면제로 변경하였다. 장물죄의 경우 제328조 제1항과 제2항을 별도로 특정하고 있으므로 단서를 신설할 필요가 있을 것이다.[80]

[표 4-6] 친족상도례 규정 개정제안

현행	개정제안
제328조(친족간의 범행과 고소) ① 직계혈족, 배우자, 동거친족, 동거가족 또는 그 배우자간의 제323조의 죄는 그 형을 면제한다. ② 제1항이외의 친족간에 제323조의 죄를 범한 때에는 고소가 있어야 공소를 제기할 수 있다. ③ 전 2항의 신분관계가 없는 공범에 대하여는 전 이항을 적용하지 아니한다.	제328조(친족간의 범행과 고소) ① 친족간에 제323조의 죄를 범한 때에는 고소가 있어야 공소를 제기할 수 있다. 다만, 직계혈족, 배우자, 동거친족간의 제323조의 죄는 그 형을 면제할 수 있다. ② 제1항의 신분관계가 없는 공범에 대하여는 제1항을 적용하지 아니한다. ② 미성년후견인, 성년후견인, 한정후견인, 특정후견인 및 임의후견인에 대하여는 제1항을 적용하지 아니한다.
제365조(친족간의 범행) ① 전3조의 죄를 범한 자와 피해자간에 제328조 제1항, 제2항의 신분관계가 있는 때에는 동조의 규정을 준용한다. <단서 신설> ② 전3조의 죄를 범한 자와 본범간에 제328조 제1항의 신분관계가 있는 때에는 그 형을 감경 또는 면제한다. 단, 신분관계가 없는 공범에 대하여는 예외로 한다.	제365조(친족간의 범행) ① 전3조의 죄를 범한 자와 피해자간에 제328조 제1항의 신분관계가 있는 때에는 동조의 규정을 준용한다. 다만, 전 3조의 죄를 범한 자가 피해자의 미성년후견인, 성년후견인, 한정후견인, 특정후견인 및 임의후견인인 경우에는 그러하지 아니하다. ② (현행과 같음)

79) 이 경우 자기 또는 배우자의 직계존속에 대한 고소를 금지한 형사소송법 제224조와의 충돌을 예상해볼 수 있다. 형사소송법 제224조의 적용을 배제하거나 폐지를 검토하는 것도 하나의 방법이라고 생각된다. 같은 지적으로 김광현, 앞의 보고서, (주 93); 16면 참조.

80) 국회법제사법위원회, 형법 일부개정법률안 검토보고 [박남춘의원 대표발의, 의안번호 2009366], 2018, 6면 이하 참조.

Ⅴ. 결 론

친족상도례의 문제를 검토하면서 다음 두 가지 측면을 고려할 필요가 있다. 첫 번째는 친족상도례 규정이 지닌 형법적 문제이다. 친족상도례의 본래 취지에 부합하고자 한다면 법적 효과의 개정이 요구된다. 친족이나 가족 개념이 점차 희미해지고 재산의 가액도 이전보다 훨씬 증가하였으므로, 친족간의 범행도 필요적 형면제가 아니라 친고죄로의 전환이 필요하다. 근친의 경우 필요적 형면제에서 임의적 형면제로 변경하여 형벌권행사의 가능성을 열어 둘 필요가 있다. 또한, 형면제의 대상이 되는 근친의 범위도 현실에 맞게 축소하여야 한다.

두 번째는 민법의 영향을 받는 부분이다. 일견 민법과 공법의 영역과 형법의 영역은 성격을 달리하는 것처럼 보일 때가 많지만 실질적으로는 많은 영향을 주고받는다. 미성년자약취유인죄(형법 제287조)에서의 미성년자(민법 제4조)는 민법의 개념을 따른다. 그 밖에도 위법성조각사유 가운데 자녀에 대한 체벌은 민법에 규정된 자(子)에 대한 징계권(민법 제915조)을 근거로 들어 법령에 의한 행위로 설명되었다. 그렇지만 2019년 민법개정으로 동 조항이 삭제됨에 따라 그 근거는 법령이 아닌 사회상규로 바뀌어 설명하고 있다.

친족상도례의 개정에는 근본적으로 오랜 시간동안 변화하여 온 친족이나 가족에 대한 인식의 변화가 잘 반영되어야 한다. 이를 통해 법적 효과의 불균형을 해소하고자 하는 목적도 달성될 수 있다. 특히 친족후견인의 범죄행위를 국가가 방임할 우려가 있는 현행 친족상도례는 성년후견제도의 취지를 크게 퇴색시킬 우려가 있다. 형법이론적으로나 민법상의 성년후견제도의 안착을 위해 친족상도례의 개정이 신속하게 이루어질 필요가 있다.

5.
고령자의 의사결정지원을 위한 성년후견제도의 활용과 신탁제도의 이용방안

전창훈(법무법인 진성 변호사)

Ⅰ. 고령자들이 직면하는 위험

활발한 사회활동을 영위하던 인간이 나이가 들어감에 따라 직면하게 되는 다양한 경제적, 사회적, 신체적 위험들이 존재하고 특히 많은 사람들이 퇴직 이후의 경제적 위험에 대비하기 위하여 연금제도, 보험, 자산투자 등을 활용하여 이에 대비하는 것은 보편적인 방식입니다. 이러한 노후를 대비하기 위한 노력들은 더 이상 중장년기와 같은 사회적 활동을 할 수 없다는 믿음에 기초한 것으로 그 기반에는 신체적 능력의 퇴화라는 근본적인 원인이 자리하고 있습니다.

지금까지 노후를 대비하기 위한 노력들은 경제적 빈곤을 해결하기 위한 방법들에 집중되어 있었던 것이 사실입니다. 그러나 이러한 노력들이 모두 충실하게 이루어져 노후를 편안하게 지내기 위한 경제적 기반이 마련되었다고 하여도 이것만으로 내가 원하였던 노후 생활이 보장된다고 단언할 수는 없습니다.

노후를 위해서 준비한 경제적 기반이 자신의 의사에 부합되게 잘 사용하기 위해서는 의사결정능력이 뒷받침 되어야 하는데 점차 고령이 되어 감에 따라 치매, 뇌혈관 질환, 사고로 인한 뇌손상 등이 원인이 되어 인지기능이 퇴화되거나 손상될 가능성이 점차 높아지기 때문입니다. 대표적으로 치매를 들 수 있습니다. 현재 우리나

[표 5-1] 연도별 성년후견사건 접수 사건 통계

	성년후견	한정후견	특정후견	임의후견
2015년	2,006	236	355	8
2016년	3,010	283	179	8
2017년	3,716	282	158	17
2018년	4,571	897	464	26
2019년	5,927	742	520	15
2020년	6,984	744	759	30
2021년	8,180	830	917	26

※ 해당 연도별 사법연감에서 발췌

라 노인 인구 중에 치매환자로 추정되는 숫자는 무려 84만 명으로 노인 10명 중에 1명은 치매에 걸린다고 볼 수 있습니다. 문제는 우리나라의 빠른 고령화로 2045년이 되면 대한민국의 전체 인구 중 46.5%가 65세 이상의 노인이 될 것으로 예측되고 있고, 2024년이 되면 약 100만 명의 노인이 치매환자가 될 것으로 예측되고 있습니다.

또한 고령자의 인지기능이 손상될 수 있는 요인으로는 흔히 알려진 알츠하이머 치매 이외에도 고혈압, 당뇨병, 고지혈증, 심장병, 흡연, 비만이 원인이 되어 뇌출혈이나 뇌경색이 발생하고 이로 인해 뇌조직의 손상이 발생하여 나타날 수 있는 혈관성 치매나 습관적인 음주로 인하여 발생하는 알코올성 치매도 있습니다. 즉 이러한 만성적인 질환이나 생활습관 역시 고령자의 인지기능 저하 또는 상실의 원인이 될 수 있습니다.

따라서 보통의 사람들이 직면하게 되는 노후의 위험은 단순히 경제적 기반을 조성하는 것에서 그치는 것이 아니라 본질적으로 자신의 의사에 따른 의사결정지원까지 어떻게 할 것인지를 정하여야만 비로소 완전하게 대비될 수 있는 것입니다. 그럼에도 지금까지 대부분의 사람들은 이러한 위험을 어쩔 수 없이 받아들여야만 하는 것으로 치부하였고 자녀들에게 경제적 부담을 전가하지 않는 것만으로도 만족하는 경우가 다반사였습니다.

하지만 이제 우리 사회의 구조자체가 과거와는 많은 변화를 겪고 있습니다. 핵가족화는 이미 보편적인 현상이고 자녀들과 같은 지역 공동체안에서 생활하지 않는

것이 일반적입니다. 과거처럼 부모를 잘 이해하고 있는 자녀들이 부모를 돌보아줄 수 없는 경우들이 오히려 보편적입니다. 실제 해외에 체류하고 있는 자녀들이 한국에 혼자 남은 부모를 지원하기 위한 방법을 문의하는 경우도 흔히 찾아볼 수 있습니다. 이러한 변화된 사회구조의 변화에 따라 이제 고령자들의 노년기를 어떻게 지원하는 것이 바람직할 것인지에 대한 생각의 변화 역시 필요한 것입니다.

Ⅱ. 성년후견제도 어떻게 활용할 것인가

(1) 성년후견제도란

최근에도 신문기사를 통해 대기업의 회장님, 연예인 등 유명인사들에게 성년후견이 개시되었다는 이야기를 종종 듣게 됩니다. 이런 보도나 기사를 통해서 일반인들은 성년후견인을 선임하는 것은 이처럼 재산이 많은 사람들에게 필요한 일이라고 생각하기 쉽습니다.

그러나 사실 성년후견제도는 2011. 3. 민법개정을 통해서 도입된 제도로 2013. 7.부터 시행되어 이제 9년이 되어가는 제도로 점차 그 이용이 확대되고 있어서 2021년 전국에서 약 8,000여건의 성년후견사건이 접수되었습니다.[1] 물론 이러한 성년후견제도 이용현황에 대하여 실제로 성년후견인의 도움이 필요한 치매노인, 발달장애인, 정신장애인 등의 숫자를 감안하면 아직 그 이용이 활발하지는 않은 것으로 평가되고 있으나 그럼에도 점차 성년후견제도를 이용하는 사람들이 증가하고 있는 것은 분명한 현상입니다. 특히 금융기관이나 공공기관 등에서 성년후견제도의 필요성에 대하여 많은 인지를 하고 고령자의 업무를 처리함에 있어 성년후견인을 선임하여 업무를 처리할 것을 요구하는 경우가 많이 있습니다.

대표적으로 부동산 처분업무의 경우를 들 수 있습니다. 치매노인 소유의 부동산을 처분하려는 경우 소유권이전등기에 필요한 서류로 매도인의 매도용 인감증명서를 발급하여야 하는데 매도용 인감증명의 경우 대리인에 의한 발급이 허용되지 않습니다. 따라서 간병비, 의료비 등의 마련을 위해 부득이 치매노인의 부동산을 처분하여

1) 2021년 사법연감에 따르면 성년후견 8,180건, 한정후견 830건, 임의후견 26건, 특정후견 917건이 전국 법원에 접수되었던 것으로 확인되었습니다.

야 하는 경우 자녀들로서는 성년후견인을 선임하여 부동산을 매각하는 방법 밖에는 없는 것입니다.

성년후견제도는 정신적 제약으로 인하여 사무처리능력이 부족하거나 결여되어 있는 경우 성년후견인을 선임하여 그 의사결정을 지원하기 위하여 도입된 제도로 위에서 설명한 바와 같이 반드시 재산이 많은 경우에만 필요한 것이 아닙니다. 오히려 앞서 살펴본 사례와 같이 중산층의 경우 자산의 상당부분이 부동산이 차지하고 있는데 의료비, 간병비 등을 마련하기 위해서는 부득이 이를 처분하여야 하는 경우는 흔하게 볼 수 있습니다.

따라서 성년후견제도가 점차 우리 사회에서 자리잡아 감에 따라 사회의 체계는 성년후견제도에 기반을 둔 방식으로 바뀌어 갈 것으로 치매노인과 같은 의사결정에 어려움을 가지는 고령자를 지원하는 방식 역시 성년후견제도를 기초로 변화해갈 것으로 예상됩니다.

(2) 성년후견제도의 종류

현재까지 대부분의 성년후견사건들은 치매노인의 자녀들과 같은 지원자가 치매노인의 어떠한 사무를 처리하는 과정에서 그 필요에 따라 신청을 하는 경우들이 일반적이였습니다. 이러한 필요가 발생하는 경우 지원자들은 가장 먼저 성년후견제도에 어떤 것들이 있고 이 중 어떤 형태의 성년후견제도를 이용하여야 하는지에 대하여 고민에 빠지게 됩니다.

성년후견제도는 ① 성년후견, ② 한정후견, ③ 특정후견, ④ 임의후견으로 나눠집니다. 이들 중 성년후견, 한정후견, 특정후견은 민법상의 규정에 근거하여 법원의 결정으로 후견인의 권한과 범위가 지정되어 이를 '법정후견'이라고 합니다. 반면 임의후견은 피후견인(의사결정에 어려움이 있어 후견제도의 도움을 받아야 하는 노인 등을 지칭하는 말입니다)과 후견인 사이의 임의후견계약에 근거하여 후견인 개시된다는 점에서 위 법정후견과는 차이가 있습니다.

성년후견은 치매노인 등 의사결정에 어려움을 가지는 사람의 사무처리능력이 지속적으로 결여되었을 때 이용하는 후견제도입니다. 여기서 말하는 사무처리능력의 지속적인 결여는 피후견인이 혼수상태 등으로 의식이 없거나 정신적 장애가 상당한 경우입니다. 민법에 의하면 성인의 경우 스스로 그 의사를 결정하여 의도한 법률적 효과를 발생시킬 수 있는 행위능력을 가지고 있습니다. 반면 미성년자의 경우 대표적인 행위무능력자로 일반적으로도 널리 알려진 바와 같이 미성년자의 경우 그 명의로 법률행위를 하려고 하는 경우에는 법정대리권을 가진 부모가 그 대리권을 행사하여 법률행위를 하여야 합니다.

따라서 의학적 판단을 통해 확정된 치매상태의 노인이라고 하더라도 스스로 완전한 법률행위를 할 수 있고 다만 그 법률행위를 할 당시 치매로 인해 의사무능력의 상태에 있었다는 점이 입증이 된다면 그 법률행위를 무효로 하여 그 구속에서 벗어날 수 있을 뿐입니다. 그러나 실제 충분한 준비가 되지 않은 상태에서 법원의 판단을 통해 치매노인이 법률행위를 할 당시 의사무능력 상태에 있었다는 점에 대하여 입증을 한다는 것은 쉬운 일이 아닙니다.

의사능력이란 자기 행위의 의미나 결과를 정상적인 인식력과 예기력을 바탕으로 합리적으로 판단할 수 있는 정신적 능력이나 지능을 말한다. 의사능력 유무는 구체적인 법률행위와 관련하여 개별적으로 판단해야 하고(대법원 2002.10.11. 선고 2001다10113 판결 참조), 특히 어떤 법률행위가 그 일상적인 의미만을 이해해서는 알기 어려운 특별한 법률적 의미나 효과가 부여되어 있는 경우 의사능력이 인정되기 위해서는 그 행위의 일상적인 의미뿐만 아니라 법률적인 의미나 효과에 대해서도 이해할 수 있어야 한다(대법원 2006.9.22. 선고 2006다29358 판결; 대법원 2009.1.15. 선고 2008다58367 판결 등 참조).

한편 치매노인에게 성년후견이 개시되면 피후견인의 행위능력은 원칙적으로 없어지고 성년후견인은 법정대리권을 얻게 되어 법적으로는 앞서 설명한 미성년자와 유사한 상태에 있게 되어 성년후견인은 취소권을 행사하여 치매노인의 법률행위를 취소할 수 있습니다.

[표 5-2] 성년후견개시 심판문 별지

Ⅰ. 취소할 수 있는 피성년후견인의 법률행위의 범위
취소권 제한 없음

Ⅱ. 성년후견인의 법정대리권의 범위
법정대리권 제한 있음
아래 사항에 대해서는 성년후견인의 대리권 행사에 법원의 허가를 필요로 함
1. 금전을 빌리는 행위

2. 의무만을 부담하는 행위
3. 부동산의 처분 또는 담보제공행위
4. 상속의 단순승인, 포기 및 상속재산의 분할에 관한 협의
5. 소송행위 및 이를 위한 변호사 선임행위

Ⅲ. 성년후견인이 피성년후견인의 신상에 관하여 결정할 수 있는 권한의 범위

아래 사항에 관하여 피성년후견인이 스스로 결정을 할 수 없는 경우 성년후견인이 결정권을 가짐

1. 의료행위의 동의
2. 거주 · 이전에 관한 결정
3. 우편 · 통신에 관한 결정
4. 사회복지서비스 선택 또는 결정

한정후견은 성년후견과 비교하였을 때 정신적 제약으로 인한 사무처리능력이 결여된 정도는 아니나 부족한 경우 이용할 수 있는 후견유형입니다. 초기 치매와 같은 질병, 장애, 노령 등이 해당되며 사무를 처리할 능력이 부족한 경우 가정법원이 한정후견인의 대리권, 동의권 등의 권한 범위를 정하게 됩니다.

다만 한정후견은 성년후견과 달리 개시되더라도 피후견인의 행위능력에는 제한이 발생하지 않습니다. 따라서 초기 치매노인에게 한정후견이 개시되더라도 여전히 자신의 의사결정에 따른 법률행위를 할 수 있는 것입니다. 그러나 한정후견인에게 동의권이 부여될 수 있는데 한정후견인에게 동의권이 부여되는 경우에는 피후견인은 그 범위에서는 한정후견인의 동의 없이 법률행위를 할 수 없고 만약 한정후견인의 동의 없이 법률행위를 하는 경우에는 한정후견인은 이를 취소할 수 있습니다.

[표 5-3] 한정후견개시 심판문 별지

Ⅰ. 피한정후견인이 한정후견인의 동의를 받아야 하는 행위의 범위

피한정후견인이 아래 사항에 관한 행위를 함에 있어서는 한정후견인의 동의를 받아야 함. 다만 법원의 허가사항으로 정한 사항에 관하여는 한정후견인이 동의를 함에 있어 사전에 법원의 허가를 받아야 함

1. 재산관리
   가. 부동산의 관리 · 보존 · 처분
      처분
      구입
      임대차계약의 체결 · 변경 · 종료
   나. 예금 등의 관리

예금 계좌의 개설 · 변경 · 해약 · 입금 · 이체 · 인출
2. 신상보호
가. 의료계약의 체결 · 변경 · 종료 및 비용의 지급

Ⅱ. 한정후견인의 대리권의 범위

한정후견인은 아래 사항에 관하여 대리권을 가짐, 다만 법원의 허가사항으로 정한 사항에 관하여는 한정후견인이 대리행위를 함에 있어 사전에 법원의 허가를 받아야 함
1. 재산관리
가. 부동산의 관리 · 보존 · 처분
처분
구입
임대차계약의 체결 · 변경 · 종료
나. 예금 등의 관리
예금 계좌의 개설 · 변경 · 해약 · 입금 · 이체 · 인출
다. 물품의 구입 · 판매, 서비스 이용계약의 체결 · 변경 · 종료
라. 공법상의 행위(세무신고 등)
2. 신상보호
가. 개호 및 복지서비스의 이용
개호서비스 이용계약의 체결 · 변경 · 종료 및 비용의 지급
복지시설 · 요양시설 입소계약의 체결 · 변경 · 종료 및 비용의 지급
나. 의료계약의 체결 · 변경 · 종료 및 비용의 지급

Ⅲ. 한정후견인이 피한정후견인의 신상에 관하여 결정할 수 있는 권한의 범위

아래 사항에 관하여 피후견인이 스스로 결정을 할 수 없는 경우 후견인이 결정권을 가짐
1. 의료행위의 동의
2. 거주 · 이전에 관한 결정
3. 면접교섭에 관한 결정

예를 들어 한정후견인에게 피후견인 명의 예금계좌에 대한 개설 및 인출 등에 대한 동의권이 부여되었다면 이제 피후견인은 스스로의 결정만으로 은행계좌에서 돈을 인출하는 행위를 할 수 없고 반드시 한정후견인의 동의를 받아야 하는 것입니다. 그럼에도 은행에서 한정후견인의 동의 여부를 확인하지 않고 돈을 출금하여 주는 경우에는 한정후견인은 피후견인의 인출행위를 취소할 수 있고 이에 따라 은행은 인출한 금액만큼을 원상회복하여야 할 의무를 부담하게 됩니다.

이러한 한정후견은 성년후견에 비하여 피후견인의 행위능력을 광범위하게 제한하는 것이 아니라는 장점을 가지고 있어 아직은 지역사회에서 생활을 할 수 있는 초기 치매노인들의 자기결정권을 존중하면서 필요최소한의 범위에서 후견인의 의사결

정지원을 받을 수 있다는 장점을 가지고 있습니다.

마지막으로 특정후견은 질병과 장애, 노령 그 밖의 사유로 인한 정신적 제약으로 일시적 후원 또는 특정한 사무에 관한 후원이 필요한 경우 이용하는 유형입니다. 일시적으로 후견인의 도움이 필요하거나 특정 사무에 대해서만 필요할 때 사용하게 됩니다.

현재 우리나라에서는 주로 성년후견과 한정후견이 활발하게 이용되고 있고 발달장애인 공공후견사업을 제외하고는 특정후견이 잘 이용되지 않고 있는 것이 현실입니다.

특정후견은 개시되더라도 피후견인의 행위능력을 제한하지 않고 법원에서 정한 일정한 기간 동안만 정해진 대리권의 범위에서 후견인이 후견사무를 수행할 수 있어 피후견인의 자기결정권을 보장하는 가장 바람직한 형태의 후견입니다. 반면 앞서 살펴본 성년후견과 한정후견은 사실상 후견개시사유가 없어져야만 종료될 수 있어 치매노인의 경우에는 피후견인이 사망할 때까지 후견인이 후견서비스를 제공하여야만 합니다.

현재 법원의 실무로는 치매노인에게 특정후견개시를 쉽게 허용하지 않고 있습니다. 이는 치매의 경우 치료가 어렵고 그 증상들이 계속 악화되는 것이 통상적이라는 점을 고려하여 지속적인 후견서비스의 제공이 필요하다는 판단에 의한 것입니다.

다만, 한정후견이나 성년후견이 개시되기 어려운 경도인지장애를 가지고 있는 노인들의 경우 특정후견을 통해 자신의 사무처리를 대신하여 줄 수 있는 후견인을 선임하는 것은 가능할 것입니다.

마지막으로 앞서 설명한 법정후견과 달리 임의후견은 후견인과 피후견의 계약으로 후견인을 지정하고 피후견인이 그 권한의 범위 등을 정한다는 특색을 가지고 있습니다. 임의후견은 스스로 자신을 대변하고 옹호해줄 수 있는 후견인을 정할 수 있다는 점에서 자기결정권에 충실한 후견이 개시될 수 있다는 장점을 가지고 있습니다.

하지만 역시 국내에서는 그 이용이 활발하지 않습니다. 임의후견을 이용하기 위해서는 임의후견계약을 체결하고 이를 공증하여야 하는데, 통상적으로 이미 치매로 진단을 받은 경우에는 공증을 받는다는 것이 쉽지 않은 것이 현실입니다. 또한 국내의 노령층의 경우 외국과는 달리 유언을 하는 문화자체가 보편적이지 않다는 점, 우리나라의 가족주의 전통에 비추어보면 역시 자신이 치매를 걸릴 경우를 대비하여 사전에 임의후견계약을 체결하는 것은 흔하지 않은 것이 사실입니다.

하지만 임의후견은 자신의 가치관이나 선호를 가장 잘 이해할 수 있는 사람을 후견인으로 지정하여 치매로 인하여 의사결정에 어려움이 발생하는 시기에 자신의 가치관, 선호 등이 존중받을 수 있는 의사결정지원방법이라고 할 수 있어 향후 고령화 사회에서 이를 활발히 이용할 수 있도록 제도적 지원을 할 필요가 있다는 과제를 남기고 있습니다.

(3) 치매노인들을 위한 실제 성년후견 이용 사례

▌사례 1▐ 경제적으로 여유 있는 노후생활을 준비하였던 김수자 할머니는 5남매를 중 경제적으로 곤궁하였던 막내아들이 늘 마음에 쓰였습니다. 그래서 자신의 집에서 막내아들과 며느리와 함께 살았고 막내아들에게 생활비를 지원해주기도 하였습니다.

그렇게 막내아들과 3년 정도 같이 생활하고 있던 김수자 할머니는 치매로 확진을 받게 되었습니다. 다른 자녀들은 막내아들이 할머니를 잘 모시고 있다고 생각하였고 얼마 후 할머니의 증상은 악화되어 자녀들은 논의하여 요양병원으로 모시기로 하였습니다. 자녀들은 막내아들이 할머니를 모시고 있었기에 그 재산 역시 잘 알아서 관리를 할 것이라고 믿었습니다.

그러던 중 할머니의 간병인이 큰딸에게 전화를 하여 자신이 간병비를 이미 수개월째 받지 못하고 있으니 이를 해결해줄 것을 요구하였습니다. 할머니의 다른 자녀들은 급히 할머니의 통장을 살펴보았으나 이미 그 안에 있던 20억 원 정도의 재산은 모두 사라져버린 이후였습니다.

또한 할머니의 유일한 재산이라고 할 수 있는 집을 막내아들이 이를 처분하려고 한다는 사실도 알게 되었습니다.

노년기에 접어들고 치매와 같은 질병이 발생하는 경우 많은 노인들은 그 재산을 자녀들이 적당히 잘 관리해줄 것이라고 믿고 이를 맡기는 경우는 흔히 볼 수 있습니다. 물론 자녀로서 부모의 일상유지를 위해 이를 잘 관리하여 생활비나 병원비 등으로 적절히 사용하는 경우들도 많이 있습니다.

그러나 부모의 재산을 관리하다가 이를 자신의 필요에 따라 사용할 위험도 상존하는 것이 사실이고 이러한 위험이 발생하는 경우 부모는 자신의 노후를 위한 경제적 기반을 상실하게 됩니다. 따라서 이러한 위험을 사전에 차단하고 자녀들간의 분쟁을 미연에 방지하기 위해서는 나중에 살펴볼 임의후견이나 신탁제도를 활용하는 것이 필요합니다.

위 사례에서는 이미 상당한 재산의 처분이 발생하였고 남아 있는 재산도 처분이 될 수 있는 상황이기 일단 재산을 보전하는 것이 우선적으로 필요한 일입니다. 할머니는 이미 치매로 확진을 받아 요양병원에서 수년 동안 생활을 하셨기에 성년후견 개시는 별다른 어려움이 없이 개시될 수 있을 것입니다.

또한 할머니에게 성년후견이 개시되는 경우 더 이상 권한이 없는 막내아들은 부동산을 매각할 수 없게 됩니다.

따라서 할머니의 다른 자녀들 중 한명이 후견인이 되어서 할머니의 재산에 대한 재산목록을 작성하고 그 과정에서 할머니의 현재 가용가능한 재산을 정확하게 파악한 후 할머니의 요양비 지출 등에 대한 적정한 계획을 세우는 것이 필요합니다.

실제 위 사례에서는 할머니의 유동성 자산이 없어 유일한 재산인 아파트를 법원의 허가를 얻은 후 처분하려고 하였으나 할머니의 집에 막내아들 내외가 살고 있었고 집에서 나가는 것을 거부하고 있었습니다. 성년후견인이 부동산에 대한 점유를 확보하지 못하면 사실상 이를 매각하는 것이 어렵기에 성년후견인은 그 점유를 이전받기 위하여 부득이 명도소송을 같이 제기할 수 밖에 없습니다. 이처럼 성년후견인이 피후견인의 재산을 관리하는 과정에서 이러한 소송행위를 하여야 하는 경우가 발생할 수 있는데 이러한 소송행위 및 이를 위한 변호사선임행위의 경우 통상적으로 법원의 사전허가를 얻은 후 진행하도록 정하고 있습니다.

주 문

청구인(성년후견인)이 피후견인을 대리하여 평택시 팽성읍 안정리 ○○○ 제120호를 처분하는 것을 허가한다.

청구인(성년후견인)이 피후견인을 대리하여 김춘식을 상대로 명도소송을 제기하는 행위 및 변호사선임행위를 하는 것을 허가한다.

청구인(성년후견인)은 제1항 내지 제2항의 이행결과를 제2항 기재 부동산의 처분일로부터 1개월 이내에 이 법원 2021후감○○○○ 성년후견감독사건에 보고하여야 한다.

▌사례 2▌ 한때 작은 중소기업을 운영하였던 김정남 할아버지는 초기 치매로 확진을 받자 더 이상 자신이 회사를 경영할 수 없다고 생각하게 되었습니다. 할아버지는 그동안 자

신을 도와 회사경영을 이끌어왔던 장남에게 회사의 경영권을 물려주려고 하였으나 다른 자녀들은 이에 반발하였고 자녀들간의 분쟁은 커지게 되었습니다. 자녀들은 서로 할아버지를 모시겠다고 나섰으나 합의를 하지 못하였고 결국 법원에 성년후견개시 심판을 신청하여 법원은 둘째 딸을 할아버지의 후견인으로 선임하였습니다.

그런데 후견인이 된 둘째 딸은 몇 달을 모시고 살다가 할아버지를 요양원에 입소를 시켰고 이를 알게 된 장남은 할아버지를 요양원에서 모시고 나오고 싶어하나 둘째 딸은 이를 거부하고 있어 할아버지는 요양원에서 나오지 못하게 되었습니다.

성년후견이 개시되는 경우 후견인은 피후견인의 법률행위를 대리할 수 있는 대리권을 포괄적으로 부여받게 됩니다. 그러나 성년후견이 개시되더라도 자신의 신상과 관련된 결정권은 피후견인에게 있으나 피후견인이 이를 행사할 수 없는 경우에 보충적으로 후견인에게 그 권한이 부여될 수 있습니다. 신상과 관련된 결정권이란 내가 어디에서 거주할 수 있는지, 어떤 의료적 처지를 받을 것인지, 내 개인정보를 제공할 것인지, 누구와 만날 것인지 등을 정할 수 있는 것인지를 정하는 것으로 이는 개인의 인격권과 밀접한 관계를 맺고 있어 비록 성년후견이 개시되더라도 이를 피후견인이 결정할 수 있도록 한 것입니다. 따라서 피후견인이 자신의 주거에 대하여 결정을 하였다면 후견인은 그 의사를 존중하여 이를 지원하기 위한 적절한 대리권을 행사하여 피후견인의 의사가 실현될 수 있도록 후견사무를 수행하여야 하는 것입니다.

위 사례에서 성년후견이 개시된 이후 김정남 할아버지는 본인의 뜻과는 달리 요양원에 입소를 하게 되었습니다. 요양원 입소 당시 할아버지는 스스로 자신의 주거를 선택할 수 있는 상태였기에 후견인은 이러한 피후견인의 의사를 존중하여 지역사회에서 할아버지가 안전하게 생활할 수 있는 환경을 조성해줄 의무가 있으나 이를 이행하지 않았습니다.

이처럼 후견인은 피후견인의 신상과 관련된 결정을 대행하는 경우가 발생할 수 있어 평소 후견인의 가치관이나 신념을 잘 이해하는 사람이 선임되는 것이 중요합니다. 그럼에도 불구하고 후견인이 피후견인을 위한 최선의 이익이 아닌 후견사무의 편의성 등만을 앞세워 이와 달리 후견사무를 수행하는 경우 피후견인, 이해관계인들은 법원에서 후견인의 후견사무수행과 관련된 처분명령을 신청하여 법원이 후견인에게 특정한 행위를 할 것을 명령하여 줄 것을 요청할 수 있습니다.

또한 이러한 부적절한 후견사무가 반복되거나 법원의 명령에도 불구하고 시정되지 않는 경우에는 후견인변경을 신청할 수 있습니다.

▌사례 3▐ 전직 외교관으로 세계무대에서 활동을 한 박철희 할아버지는 얼마 전 우연히 알게 된 중년여성과 자주 만나서 식사를 하기도 하고 교류를 하고 있었습니다. 할아버지에게는 3명의 자녀가 있었으나 이들은 모두 외국에서 그 터전을 잡아 1년에 한번 정도 한국에 들어와 할아버지를 뵙고 가는 것이 전부였습니다. 최근 할아버지의 아들이 한국에 다녀가 할아버지의 은행계좌에서 거액이 인출되어 정기적으로 제3자에게 이체되고 있다는 사실을 알게 되었고 할아버지의 가사도우미를 통해 그 사람이 최근 할아버지가 만나고 있는 중년여성이라는 사실을 알게 되었습니다.

아들은 할아버지에게 왜 매월 돈을 보내주고 있는지 물어보았으나 할아버지는 그렇게 돈이 빠져나가고 있다는 사실조차 기억하지 못하고 있었습니다. 아들은 더 이상 할아버지가 경제적 착취를 당하지 않도록 막고 이를 재발하지 않도록 성년후견인을 선임할 계획을 가지고 있습니다.

2022년 통계에 따르면 65세 이상 노인 중 1인 가구수는 1,761,594명에 달하여 독거노인비율은 19.5%에 달하고 있습니다. 우리나라 역시 급속한 고령화를 경험하고 있고 경제적 능력이 떨어지는 노인인구 중 특히 취약한 집단으로 독거노인을 들 수 있습니다. 노인에게는 자녀를 포함한 가족이 중요한 사회경제적 지원자로 볼 수 있는데 독거노인들은 이러한 지원에서 배제될 수밖에 없기 때문입니다.

이러한 독거노인의 경우 치매로 인해 인지기능의 저하까지 발생하게 되고 이를 노린 경제적 착취 사례 역시 최근에는 빈번하게 발생하고 있습니다. 위 사례 역시 장기간 제3자에 의한 경제적 착취를 당한 사례인데 앞으로 이러한 경제적 착취를 예방하기 위해서 성년후견인의 선임이 필요한 경우입니다.

다만, 위 사례와 같이 자녀들이 모두 해외에 거주를 하고 있는 경우 적정한 성년후견인을 찾는 것이 어렵습니다. 이러한 경우 사회복지사, 변호사, 법무사 등의 전문직 성년후견인을 선임하는 것 역시 방법이 될 수 있습니다. 다만, 이렇게 제3자 전문후견인을 선임하는 경우 후견보수가 발생할 수 있고 이를 피후견인의 재산에서 지출할 수 있습니다. 만약, 피후견인의 재산이 충분치 않은 경우에는 실무적으로는 법원에서 자녀들과 같은 이해관계인들에게 그 보수를 미리 예납해둘 것을 요청하는 경우도 있습니다.

이렇게 전문후견인이 선임되는 경우 후견인들은 1년 정도의 기간 동안 활동을 한 후 가정법원에 보수를 신청하고 가정법원은 그 보수의 적정성을 판단하여 결정을 하면 이에 따라 후견인은 피후견인의 재산에서 후견보수를 받아가게 됩니다. 통상적으로 법원은 피후견인의 재산가액을 기준으로 기본보수를 책정하고 있고 후견인이 특별한 후견사무를 수행한 경우에는 그에 따른 특별보수를 인정해주는 경우 역시 있습니다.

전문후견인을 선임하는 것은 우리나라의 경우 후견보수에 대한 부담 때문에 그 이용을 꺼리는 경우가 있고 실제 성년후견사건에서는 친족들이 후견인이 되는 경우가 대다수입니다. 하지만 일본의 경우 친족후견인들의 빈번한 비위로 인하여 현재는 친족후견인보다 전문후견인이 더 많이 선임되고 있는 추세입니다.

친족후견인의 경우에는 통상적으로 보수를 인정해주지 않고 있으나 예외적으로 그 후견사무의 성격과 소요되는 시간, 업무의 부담 등을 고려하여 보수를 인정해주는 경우도 있습니다.

[표 5-4] 성년후견인 보수 기준

피후견인의 재산가액	후견인 월별 기본 보수
1억원 이하	200,000원
1~2억원 미만	300,000원
2~5억원 미만	400,000원
5~10억원 미만	500,000원
10~30억원 미만	600,000원
30~100억원 미만	900,000원
100억원 이상	1,300,000 이상

▌사례 4▐ 3년 전 전두측두엽치매로 진단을 받은 노강석 할아버지는 5년 전 할머니와 사별을 하고 인근에 거주하는 처제의 도움을 받아 혼자 생활을 하고 있습니다. 그러던 중 2년 전 할아버지가 거주하고 있던 지역에 재개발이 시작되었고 할아버지는 처음에는 현금청산을 받아 이 돈으로 노후에 필요한 생활을 계획하였으나 할아버지는 어느 날 재개발조합에서 받은 우편을 본 뒤 자녀들과 상의 없이 분양신청을 하였습니다. 이를 알게 된 자녀들은 조합을 찾아가 분양신청에 대한 철회의사를 표시하였으나 조합은 철회에 동의를 할 수 없다는 입장을 취하고 있습니다. 이로 인해 할아버지는 재개발 사업의 결과에 따른 상당한 부담금을 납부하고 아파트를 분양받아야 하는 상황에 처해버리게 되었습니다.

앞서 언급한 바와 같이 치매로 확진을 받았다고 하여도 성년후견개시 결정이 있기 전에는 치매 노인 역시 행위능력자로서 법률행위를 할 수 있습니다. 위 사례에서 노강석 할아버지는 이미 치매로 확진을 받았고 이후 성년후견개시결정을 받았습니다. 그러나 성년후견개시결정을 받기 이전에 재개발조합에 분양신청을 하여 조합원의 지위를 얻게 되었습니다. 이로 인하여 노강석 할아버지는 자신에게 필요도 없는 집을 사기 위해서 거액의 부담금을 납부하여야 하는 위험을 부담하게 되었습니다.

이처럼 지역사회에서 생활하는 치매노인의 경우 판단력의 저하로 인하여 자신에게 불이익한 법률행위를 할 수 있고 이로 인해 상당한 채무를 부담하게 되는 경우가 발생할 수 있습니다. 따라서 이러한 위험을 제거하기 위해서는 한정후견을 이용하여 처분행위나 의무부담행위에 대한 동의권을 유보하는 것이 필요할 수 있습니다. 이러한 동의권 유보를 통해 피후견인이 후견인의 동의 없이 한 법률행위들을 취소할 수 있기 때문입니다.

다만, 이 사례와 같이 성년후견이나 한정후견이 개시되기 이전에 발생한 법률행위들에 대하여 의사무능력을 이유로 그 무효의 확인을 구하여야 합니다. 그러나 이를 위해서는 정신감정 등을 통해서 피후견인이 법률행위를 할 당시 그 법률적 의미나 효과를 이해하기 어렵다는 점이 입증되어야 합니다.

주 문

원고와 피고 사이에 2018. 11. 28. 체결된 예비분양약정, 조속재결 철회 및 수용재결상 권리 포기약정이 모두 무효임을 확인한다.

소송비용은 피고가 부담한다.

나. 앞서 든 증거들, 이 법원의 경찰병원장에 대한 진료기록 감정촉탁결과에 변론 전체의 취지를 종합하여 인정되는 아래와 같은 사정에 비추어보면, 원가가 이 사건 예비분양약정 당시 이 사건 예비분양약정이나 이 사건 조속재결 철회 및 수용재결상의 권리 포기약정의 일상적인 의미뿐만 아니라 법률적인 의미나 효과에 대하여 이해할 수 있었다고 보기 어려우므로, 이 사건 각 약정의 의미나 결과를 정상적인 인식력과 예기력을 바탕으로 합리적으로 판단할 수 있는 정신적 능력 내지는 지능이 없는 의사무능력 상태에 있었다고 봄이 타당하다. 따라서 원고가 의사무능력 상태에서 한 이 사건 예비분양약정 및 이 사건 조속재결 철회 및 수용재결상의 권리 포기약정은 모두 무효라고 할 것이다.

▮사례 5▮ 경도인지장애를 가지고 있는 김순남 할머니는 1남 3녀의 자녀를 두고 있으며, 몇 년 전 남편과는 사별하였습니다. 할머니는 평생 장사를 하여 작은 건물과 상당액의 예금을 보유하고 있을 정도로 재산을 모았고, 건물에서 나오는 월세로 남은 평생을 자녀들에게 손 벌리지 않고 당당하게 살 수 있을 것이라 생각했습니다.

그런데 남편과 사별한 후 언제부터인지 크고 작은 일들에 대한 기억이 현저히 감퇴되는 것을 느꼈습니다. 그러던 중 할머니와 한동네에 살면서 생활을 자주 돌봐주던 둘째 딸이 할머니가 분실한 통장과 체크카드 발급을 위해 함께 은행에 가게 되었고, 그 과정에서 통장의 잔액이 터무니없이 줄어들어 있는 사실을 발견했습니다.

자초지종을 알아보자 할머니의 장남이 할머니의 계좌에서 상당액을 본인의 계좌로 이체한 것이었고, 내용을 따져 묻는 가족들에게 '어머니가 허락하셨고, 그 증거로 통장과 체크카드도 내게 주시고 문자로 비밀번호도 적어주셨다'라고 반박했습니다.

실제로 장남이 제시한 문자 확인 결과 할머니가 비밀번호를 보내준 것은 명확했습니다. 그러나 할머니는 아무리 생각해도 통장과 체크카드를 건네주거나 비밀번호를 알려준 기억이 없었습니다.

이에 할머니는 본인의 치매 증상이 점점 심해지고 있다는 사실과 자녀들이나 제3자에 의해 재산을 무기력하게 빼앗길 수 있다는 사실에 두려움을 느끼고 재산과 신상을 보호할 수 있는 예방조치를 문의하셨습니다.

위 사례의 김순남 할머니는 경도인지장애를 가지고 있어 아직 치매로 판단을 받지는 않은 상태이므로 본인의 의사결정 능력이 상당 부분 잔존하고 있습니다. 따라서 잘 관리를 한다면 상당한 기간 동안은 지역사회에서 잘 생활을 할 수 있습니다.

[표 5-5] 정신감정서 일부 발췌

13. 감정요청 사항에 대한 결과	□ 자기 의사결정이 가능하며 독립적인 생활과 경제활동이 가능 □ 정신적 제약으로 사무를 처리할 능력이 부족 □ 정신적 제약으로 사무를 처리할 능력이 지속적으로 결여 ☑ 정보 부재 및 기타 사유로 인해 판단 유보
14. 회복가능성	□ 회복가능 □ 고정 □ 악화가능 ☑ 예측불가 □ 평가불가 판단근거: 뇌경색 후유증으로 인한 신체증상의 호전과 함께 인지기능의 호전 또한 보이고 있는 바(2002년 9월 18일 간이정신상태검사 19점 ⇒ 2021년 10월 6일 22점으로 상승) 정서 상태의 안정화 및 제반 신체 증상의 호전이 지속될 경우 인지기능의 호전 가능성이 있음. 그러나 고령인 점 및 재발의 위험성이 높은 뇌경색의 특성상 추후 인지기능의 악화 가능성 또한 배제할 수 없음.

또한 이러한 경우에는 한정후견이나 성년후견개시 결정을 받기 어려울 수 있습니다. 한정후견과 성년후견은 정신적 제약으로 인한 지속적인 사무처리능력의 결여나 부족을 요구하는데 감정실무상으로는 이러한 정신적 제약의 회복가능성을 두고 판단을 합니다. 즉, 감정을 통해서 인지기능의 결여나 부족 상태가 고정되었다고 판단이 되어야만 성년후견이나 한정후견의 개시가 가능한 것입니다.

따라서 이러한 경우에는 특정후견을 개시하여 김순남 할머니의 자녀들 중 한명에게 대리권을 부여하여 김순남 할머니의 은행업무, 재산관리업무 등을 조력하여 피해를 예방하는 것이 필요합니다.

Ⅲ. 고령자의 안전한 재산관리를 위한 신탁서비스 활용

(1) 신탁의 구조

고령자들이 치매 등으로 스스로 재산관리를 할 수 없는 시기가 오면 앞서 설명한 성년후견제도를 이용하여 성년후견인을 선임한 다음 후견서비스를 통해서 안전한 재산의 관리를 도모할 수 있습니다.

그러나 성년후견제도는 그 제도의 속성상 피후견인의 행위능력에 대한 광범위한 제한을 발생시키며 피후견인의 의사나 가치관과는 달리 후견사무가 처리될 수 있는 위험성이 존재하는 것이 사실입니다. 또한 후견인의 입장에서도 성년후견이나 한정후견이 개시되는 경우 피후견인이 사망에 이르기까지 자신이 후견인으로서 그 업무를 수행하여야 한다는 부담감을 가질 수 있습니다.

외국의 경우에는 이러한 고령자들의 재산관리를 위하여 신탁이라는 제도가 널리 활용되고 있습니다. 신탁은 위탁자와 수탁자 사이의 신임관계에 근거하여 위탁자가 신탁재산에 대한 관리 · 처분 권한을 수탁자에게 부여하고 수탁자는 수익자를 위하여 신탁계약에서 정한 바에 따라 신탁재산에 대한 관리 · 처분 권한을 행사하는 법률관계를 말하는 것입니다.

이러한 신탁은 현대사회에서는 다양한 목적으로 사용되고 있으며 이미 서구에서는 재산 상속을 하기 위한 목적으로도 널리 사용되고 있고 우리나라에서도 최근에는 은행 등의 금융기관에서 일반인들도 이용할 수 있는 신탁상품을 내놓아 신탁에 대한 정보나 관심이 많이 대중화되어 있습니다.

(2) 신탁의 특성과 장점

앞서 설명한 것과 같이 위탁자가 수탁자와 신탁계약을 체결하게 되면 신탁재산은 수탁자에게 소유권이 이전됩니다. 하지만 수탁자는 신탁계약의 목적과 그 정한 범위 내에서 선량한 관리자의 주의의무를 다하여 신탁재산을 관리, 처분하여야 하며 신탁법상 신탁재산의 관리 등에 대하여 분별관리의무를 지게 됩니다. 따라서 신탁재산은 수탁자의 고유한 재산이 되지 않으며 수탁자는 자신의 고유재산과는 분리되어 별도로 관리하여야 합니다. 또한 수탁자는 신탁재산으로부터 이익을 얻을 수도 없고 오직 수익자만이 위탁자와 수탁자 사이의 신탁계약의 내용에 따라 수익권을 취득하여 신탁재산으로부터 이익을 얻을 수 있습니다. 이러한 내용들은 모두 안심하고 신탁을 활용할 수 있도록 신탁계약을 규율하는 신탁법에서 규정하고 있는 내용들로 이외에도 신탁은 다음과 같은 기능을 가지고 있습니다.

1) 도산격리기능

신탁재산은 수탁자의 고유재산과 분별 관리됨으로써 위탁자나 수탁자의 채권자는 신탁재산에 대한 강제집행 및 체납처분이 제한됩니다. 수익자의 채권자도 신탁재산에 대한 집행은 불가하고 수익권의 압류만이 가능합니다. 또한 수탁자 파산시에도 신탁재산은 수탁자의 파산재단에 속하지 않아 안전하게 보호될 수 있습니다.

2) 장기재산관리기능

고령자를 위한 재산을 자녀나 타인에게 위임 등의 방식으로 관리를 부탁하는 경우 수임인이 사망하면 더 이상 위임인의 의사대로 재산이 관리될 것을 기대할 수 없습니다. 반면 신탁을 이용하는 경우에는 만약 수탁자가 사망하거나 해산되는 경우에도 새로운 수탁자에게 신탁재산이 인계되어 장기적 재산관리가 가능하고 이로써 위탁자의 의사를 장기간 계속해서 실현하는 것이 가능합니다. 또한 신탁계약상 수탁자에게 일정한 재량이 인정된다면 신탁계약 당시 위탁자가 예상하지 못한 사정변경에도 적절히 대처할 수도 있습니다.

3) 전환기능

재산관리에 있어서 소유권을 각종 수익권으로 전환, 수익자의 지정과 변경 및 추가, 수익권의 급부내용, 급부시기의 전환 등의 다양한 기능을 가지고 있어 가령, 노령의 부모가 인지능력이 저하되고 있는 경우, 재산관리에 어려움을 겪고 있는 부모는 부동산을 신탁하면서, 수탁자가 부동산을 임대하여 받는 수익에 대하여 ① 자신을 1차 수익자로 지정하여 매월의 일정한 생활비를 지급받고, ② 자신이 사망한 경우에는 특정한 자녀를 2차 수익자로 하여 잔여재산이 귀속되도록 정할 수 있습니다.

이러한 신탁의 특성으로 인해 신탁은 재산을 직접 관리할 수 있는 의사결정능력이 부족한 치매노인을 위해 안심하고 사용할 수 있는 유용한 지원방법이 될 수 있습니다.

(3) 치매신탁이란[2)]

치매신탁은 자신이 치매에 걸릴 상황에 대비하여 소유재산 중 일부에 대해 미리 신탁계약을 체결하고 수탁자는 신탁재산을 관리, 운용하면서 위탁자 겸 수익자가 의료기관에 의해 치매판정을 받게 되면 치매 이후 안정적인 생활자금을 확보하기 위해 수익금 지급이 개시되는 신탁을 말하는 것입니다.

위탁자가 겸 수익자가 향후 치매 발생 시 정기적인 교부금 인출을 목적으로 자신의 재산에 대해 신탁업자와 신탁계약을 체결하는 것으로 경증치매일 경우 행위능력이 있으므로 큰 문제가 없으나, 중증치매일 경우 신탁재산에 대한 의사결정과 자신

2) 오영표, 가족신탁 이론과 실무, 조세통람, 2020. 342면 이하의 내용을 발췌 정리한 것임.

의 신상에 대한 의사결정이 불가하게 됩니다. 결국 치매는 의사결정능력의 부족으로 연결되므로 중증치매로 전이 시 자신의 재산관리 및 신상에 대하여 의사결정을 해줄 지원자를 지정하여야 합니다.

(4) 유언대용신탁이란

유언대용신탁은 수탁자가 신탁계약의 내용에 따라 신탁계약에 지정된 사후수익자에게 사후수익권의 내용에 따라 신탁재산을 귀속시키는 의무의 이행, 즉 신탁계약에 따른 상속집행을 말하는 것으로 민법상의 유언이나 상속의 법리가 적용되지 않습니다. 다만 유언대용신탁은 신탁법 제59조 제1항에 따라 위탁자가 수익자를 자유롭게 변경할 수 있다는 점에서는 유언과 유사하다고 할 수 있습니다.

최근에 유언대용신탁과 관련하여 유언대용신탁재산을 유류분 산정시 피상속인의 상속개시 시에 있어서 가진 재산 또는 증여재산으로 볼 수 있는지 문제가 되었으나 법원은 사망일 1년 전 유언대용신탁을 통해 맡긴 신택재산의 소유권은 수탁자인 금융기관이 가지며, 금융기관으로서는 신탁계약으로 인해 유류분 부족액이 발생하리라는 점을 알았다는 증거가 없으므로 이 신탁재산은 유류분 산정에 산입될 증여에 해당하지 않음을 이유로 유류분반환의 대상이 아니라고 판단하였습니다(수원고등법원 2020나11380판결 참조).

> 유류분이란 피상속인의 생전처분 또는 유언에 의한 상속재산 처분의 자유를 제한하여 법정상속인 중 일정한 범위의 근친자에게 법률상 유보된 상속재산의 일정비율을 말하는 것으로 유류분을 침해당한 상속인은 다른 상속인으로부터 상속재산의 일정부분을 반환받을 수 있습니다.

따라서 유언대용신탁을 활용한다면 유류분과는 별개로 재산의 처분권자의 의사에 따른 실질적인 재산의 처분이 가능하다고 볼 수 있습니다.

6.
보충성의 원칙에 입각한 후견종료사유 개선방안

배광열(사단법인 온율 변호사)

Ⅰ. 서 론

2013년 7월 발달장애 · 정신장애 · 치매 기타 장애 또는 질병으로 정신적 능력이 부족한 사람들(이하 "정신적 장애인"이라고만 함)에 대한 우리 법의 시각을 180도 전환하는 변혁이 일어났다. 정신적 장애인의 자기결정권을 존중하고, 후견인의 지원 아래 사회에서 동등하게 살아가는 것을 목적으로 한 성년후견제도가 시행된 것이다. 자기결정권 존중, 보충성의 원칙, 정상화의 원칙이라는 성년후견제도의 대원칙은 개정 민법에도 반영되어있다. 정신적 장애인에 대하여 일의적이고 포괄적으로 행위능력을 제한하고, 후견인에게 전권을 부여한 금치산 · 한정치산제도에 대한 반성에 따른 변화였다. 과거 대가족 중심 사회가 해체되고, 정신적 장애인에 대한 인식변화와 인권의식이 함양된 것도 배경이 되었다.

그러나 후견인이 본인의 법적인 권리를 대행한다는 본질적인 한계, 본인의 법적 능력을 포괄적으로 제한하고, 후견인에게 광범위한 권한을 부여하는 성년후견유형, 성년후견 또는 한정후견이 개시되었다는 이유만으로 각종 자격취득, 취업, 영업허가 등이 박탈되는 소위 "결격조항" 문제, 후견개시 원인이 된 정신적 제약이 소멸하여야만 성년후견 또는 한정후견을 종료할 수 있도록 한 규정 등은 성년후견제도의 이념에 반한다는 비판을 받고 있다.

특히, 우리 민법 해석상 사실상 본인이 사망하기 전까지는 성년후견 또는 한정후견을 종료할 수 없다는 점은 후견의 보충성, 자기결정권 존중의 원칙에도 반하는 것으로서 비판의 목소리가 높아지고 있다.

물론 최근 서울가정법원은 과거 사기피해 회복을 위해 한정후견이 개시된 발달장애인에 대하여 그의 구체적인 잔존능력의 정도를 바탕으로 정신적 제약이 소멸하였다고 보고 한정후견종료 심판(서울가정법원 2021후기278 한정후견종료, 이하 "대상심판"이라고만 함)이 있기도 하였다.

본고에서는 우리나라 성년후견제도를 개관하고, 해외 주요국가들의 후견종료와 관련한 규정들을 살펴본 뒤 우리나라 성년후견 및 한정후견 종료와 관련한 민법규정의 문제점을 고찰하고자 한다.

1. 성년후견제도 개괄

(1) 개　관

종래 우리나라의 금치산 · 한정치산제도는 판단능력이 부족한 성인에 대하여 일의적으로 행위능력을 제한하고, 후견인의 포괄적이고 영속적인 대행을 허용함으로써 본인의 보호에 소홀하고, 그들의 사회통합을 저해한다는 비판을 받아왔다.

이에 우리나라는 민법 개정을 통해 2013. 7.부터 종래 행위무능력자 제도인 금치산 · 한정치산제도를 폐지하고, **자기결정권 존중**을 기본이념으로 삼은 성년후견제도를 시행하였다. 정신적 제약으로 판단능력이 부족한 장애인이라 하더라도 자신의 잔존능력을 바탕으로 주위의 여러 도움을 받아 스스로 자신의 삶에 대한 결정을 할 수 있어야 한다는 것은 기본적인 인간의 존엄성과도 연관된 것이기 때문이다.

이와 같은 이념을 갖고 있는 성년후견제도는 마지막 수단으로, 최소한으로만 이용되어야 한다는 **보충성의 원칙**과 후견인의 도움으로 비장애인과 동등하게 사회에 통합되어야 한다는 **정상화의 원칙**을 천명하고 있다. 피성년후견인은 그의 상태가 허락하는 범위에서 자신의 신상에 관하여 단독으로 결정하고(민법 제947조의2 제1항), 성년후견인은 피성년후견인의 복리에 반하지 아니하면 피성년후견인의 의사를 존중해야 하며(민법 제947조 후단), 후견계약이 등기되어 있는 경우에는 가정법원은 본인의 이익을 위하여 특별히 필요할 때에만 임의후견인 또는 임의후견감독인의 청구에 의하여 성년후견, 한정후견 또는 특정후견의 심판을 할 수 있고(민법 제959조의20 제1항), 본인이 피성년후견인, 피한정후견인 또는 피특정후견인인 경우에 가정법원은 임의후견감독인을 선임함에 있어서 종전의 성년후견, 한정후견 또는 특정후견의 종료심판을 하여야 한다는 규정(민법 제959조의20 제2항)들이 대표적이다.

위와 같은 원칙을 담은 성년후견제도는 본인이 향후 판단능력이 부족해질 때를 대비하여 미리 신뢰할 수 있는 자와 후견계약을 체결해 두는 것을 내용으로 하는 임의후견과 이미 판단능력이 부족해진 성인에 대하여 법원의 심판으로 후견개시 및 후견인 선임 등에 대한 사항이 결정되는 법정후견으로 분류되고, 법정후견은 성년후견, 한정후견, 특정후견으로 나뉜다.

성년후견, 한정후견, 특정후견은 각 그 요건으로 "사무처리능력"의 지속적 결여(성년후견), 부족(한정후견), 정신적 제약으로 일시적 후원 또는 특정한 사무에 관한 후원이 필요(특정후견)를 두고 있다. 3가지 후견의 구분기준이 정신적 제약 또는 사무처리능력 쇠퇴의 정도인지 여부에 대하여는 민법개정위원회에 참여한 위원들 사이에서도 의견이 분분한데, 적어도 성년후견과 한정후견에 대하여는 긍정하는 견해와 3가지 후견이 그렇게 구분되는 것이 아니며, 오히려 그것이 우리나라 성년후견제도와 일본의 성년후견제도와의 가장 큰 차이점이라고 하는 견해로 나뉜다. 다만, 어느 견해를 따르더라도 보충성의 원칙에 따라 가급적 법정후견도 성년후견보다는 한정후견 중심으로 이용해야 한다는 입장이다.

(2) 성년후견

성년후견은 질병, 장애, 노령, 그 밖의 사유로 인한 정신적 제약으로 사무를 처리할 능력이 지속적으로 결여된 사람에 대하여 개시된다(민법 제9조 제1항). 성년후견이 개시되면, 피성년후견인은 원칙적으로 제한능력자가 된다. 따라서 후견인은 피후견인이 한 법률행위를 취소할 수 있고(민법 제10조 제1항), 피후견인의 법정대리인이 된다(민법 제938조 제1항). 다만, 가정법원이 취소할 수 없는 법률행위의 범위를 정한 경우, 피성년후견인은 그 범위에서 온전한 능력자로 평가받는다(민법 제10조 제2항).

아울러 가정법원은 성년후견인이 피성년후견인의 신상에 관하려 결정할 수 있는 권한의 범위를 정할 수 있다(민법 제938조 제3항). 그럼에도 불구하고, 피성년후견인은 그의 상태가 허락하는 범위에서 자신의 신상에 관하여는 단독으로 결정할 수 있다(민법 제947조의2 제1항).

성년후견은 후견개시의 원인이 소멸된 경우, 즉 정신적 제약이 소멸한 경우, 가정법원의 후견종료심판으로 종료될 수 있다(민법 제11조). 그밖에도 한정후견개시(민법 제14조의3 제2항), 임의후견개시(민법 제959조의20 제2항), 피후견인 본인의 사망으로도 종료한다.

성년후견 유형은 후견인이 포괄적으로 대리권과 취소권을 보유하고, 피후견인의 법적 권리 역시 포괄적으로 제한된다는 점에서 자기결정권 존중 및 보충성이라는 성년후견제도의 기본이념과 정면으로 배치된다는 비판을 받고 있다.

(3) 한정후견

한정후견은 질병, 장애, 노령, 그 밖의 사유로 인한 정신적 제약으로 사무를 처리할 능력이 부족한 사람에 대하여 개시된다(민법 제12조 제1항). 한정후견이 개시되더라도 피한정후견인은 온전한 능력자로 평가받는다. 다만, 가정법원이 한정후견인의 동의를 받아야 하는 행위의 범위를 정한 경우(이하 "동의권 유보행위"이라고 함), 피한정후견인은 그 범위에서 제한능력자가 된다. 한정후견인은 피한정후견인이 동의없이 한 동의권 유보행위를 취소할 수 있다. 또한, 한정후견인은 가정법원이 부여한 범위 안에서만 피한정후견인을 대리한다(민법 제959조의4 제1항).

한정후견의 경우에도 성년후견과 마찬가지로 가정법원은 한정후견인이 피한정후견인의 신상에 관하려 결정할 수 있는 권한의 범위를 정할 수 있다(민법 제959조의4 제2항, 제938조 제3항). 그럼에도 불구하고, 피한정후견인은 그의 상태가 허락하는 범위에서 자신의 신상에 관하여는 단독으로 결정할 수 있다(민법 제959조의6, 제947조의2 제1항).

한정후견도 성년후견과 마찬가지로 후견개시사유의 소멸, 즉 정신적 제약이 소멸한 경우 가정법원의 종료심판으로 종료할 수 있고(민법 제14조), 성년후견개시(민법 제14조의3 제1항), 임의후견이 개시되었거나(민법 제959조의20 제2항), 피후견인의 사망으로 종료한다.

이처럼 한정후견은 피한정후견인 본인의 잔존능력에 맞춰 탄력적으로 피한정후견인의 법적 능력과 한정후견인의 권한을 조정함으로써 성년후견에 비해서는 성년후견제도의 이념에 한층 다가선 유형이라는 평가를 받고 있다. 나아가 해외 주요 국가들이 두고 있는 법정후견의 모습과도 유사하다. 입법 당시에도 한정후견이 법정후견의 중심이 될 수 있도록 설계하였다고 한다.

다만, 후술하는 것과 같이 사실상 피한정후견인인 본인이 사망하는 것 이외에는 종료할 수 없도록 하고 있다는 점, 동의권 유보행위의 범위에서 법적 능력이 제한된다는 점은 한계점으로 비판받고 있다. 특히, 사실상 피후견인의 생애동안 계속된다는 점은 성년후견제도의 기본 원칙인 보충성의 원칙과도 정면으로 배치되는 것이라고 하지 않을 수 없다.

나아가 실무상 광범위한 동의권 유보행위를 정하고, 한정후견인에게도 광범위한 대리권을 부여하는 경우가 많다는 점도 비판받고 있다.

(4) 특정후견

특정후견은 질병, 장애, 노령, 그 밖의 사유로 인한 정신적 제약으로 일시적 후원 또는 특정한 사무에 관한 후원이 필요한 사람에 대하여 개시된다(민법 제14조의2 제1항). 특정후견이 개시되더라도 피특정후견인의 법적 능력에는 아무런 영향이 없다. 따라서 특정후견인은 피특정후견인이 한 법률행위에 대한 취소권을 가질 수 없다. 나아가 가정법원은 특정후견의 심판을 하는 경우 특정후견의 기간 또는 사무의 범위를 정해야 하고(민법 제14조의2 제3항), 피특정후견인의 후원을 위하여 필요하다고 인정하면 기간이나 범위를 정하여 특정후견인에게 대리권을 수여할 수 있다(민법 제959조의11 제1항).

특정후견은 후원이 필요한 사무의 완성, 특정후견 기간 도과, 임의후견 개시(민법 제959조의20 제2항), 성년후견개시(민법 제14조의3 제1항), 한정후견개시(민법 제14조의3 제2항)로 종료한다.

특정후견은 영국의 법정후견제도(Deputy)나 프랑스의 사법적 보호제도와 같은 외국의 입법 경향을 모델로 도입된 것으로서, 필요한 사무의 처리를 위하여 제한적으로 후견인에게 대리권이 부여된다는 점이 가장 큰 특징이다.

한편으로 특정후견은 법정후견 유형 중 일상생활에서 이루어지는 일반적인 위임의 모습과 가장 닮아있다. 물론 어떤 사무를 위임함에 있어 포괄위임도 가능하나, 어떤 특정한 사무의 처리에 한정된 위임이 일반적인데, 그런 모습과 가장 가깝게 설계된 것은 특정후견이기 때문이다. 다만 일반적 위임과의 차이는 본인이 정신적 제약으로 인해 자신의 사무를 타인에게 직접 위임하는 것이 어렵고, 대신 법원의 심판으로 그와 유사한 형태의 효과가 발생한다는 점에 있다.

그러나 특정후견은 인식부족과 단기간 후견이 지속되는 동안 본인의 재산을 처분하는 등 조치를 취하고, 후견이 종료되면 법원의 감독에서 벗어나 재산을 일탈하는 등으로 악용될 수 있다는 법원의 우려 등으로 인해 많이 이용되지 않고 있다. 현재 실무상 정부의 복지사업의 일환으로 실시되고 있는 발달장애인과 치매노인을 위한 공공후견사업에서 주로 활용되고 있다.

(5) 임의후견(후견계약)

후견계약은 질병, 장애, 노령, 그 밖의 사유로 인한 정신적 제약으로 사무를 처리할 능력이 부족한 상황에 있거나 부족하게 될 상황에 대비하여 자신의 재산관리 및 신상보호에 관한 사무의 전부 또는 일부를 다른 자에게 위탁하고 그 위탁사무에 관하여 대리권을 수여하는 것을 내용으로 하는 계약을 의미한다(민법 제959조의14 제1항). 후견계약은 공정증서로 체결하여야 하고, 가정법원이 임의후견감독인을 선임한 때부터 효력이 발생한다.

가정법원은 후견계약이 등기되어 있고, 본인이 사무를 처리할 능력이 부족한 상황에 있다고 인정할 때에는 본인, 배우자, 4촌 이내의 친족, 임의후견인, 검사 또는 지방자치단체의 장의 청구에 의하여 임의후견감독인을 선임한다(민법 제959조의15 제1항).

임의후견은 본인이 그 의사로 임의후견인에게 미리 자신에 대한 사무를 위임하는 것이라는 점에서 후견제도의 이념에 가장 부합하는 원칙적인 제도이다. 우리 민법도 임의후견을 성년후견의 원칙적인 유형으로 전제하고 있는바, 후견계약이 등기되어 있는 경우에는 본인의 이익을 위하여 특별히 필요한 때에만 법정후견 심판을 할 수 있고, 이때 후견계약은 본인이 성년후견 또는 한정후견 개시의 심판을 받은 때에 종료한다(민법 제959조의20 제1항). 이미 본인에 대하여 법정후견이 개시된 경우, 가정법원이 임의후견감독인을 선임함에 있어 기존의 법정후견에 대하여는 종료심판을 하여야 하며, 성년후견 또는 한정후견 조치의 계속이 본인의 이익을 위하여 특별히 필요한 때라면 임의후견감독인을 선임하지 않을 수 있다(민법 제959조의20 제2항).

이때 “본인의 이익을 위하여 특별히 필요한 때”란 후견계약의 내용, 후견계약에서 정한 임의후견인이 그 임무에 적합하지 아니한 사유가 있는지, 본인의 정신적 제약의 정도, 기타 후견계약과 본인을 둘러싼 제반 사정 등을 종합하여, 후견계약에 따른 후견이 본인의 보호에 충분하지 아니하여 법정후견에 의한 보호가 필요하다고 인정되는 경우를 말한다(대법원 2017.6.1.자 2017스515 결정 참조).

나아가 민법 제959조의20 제1항에 따라 후견계약이 등기되어 있음에도 불구하고, 가정법원이 법정후견개시심판을 한 경우, 후견계약은 임의후견감독인의 선임과 관계없이 본인이 성년후견 또는 한정후견 개시 심판을 받은 때에 종료한다(대법원 2021.7.15.자 2020으547 결정 참조).

임의후견은 본인에 대하여 성년후견 또는 한정후견 개시의 심판을 받은 때(민법 제959조의20 제1항 후단), 가정법원의 허가를 받은 때(민법 제959조의18 제2항), 본인이 사망한 때 종료한다.

(6) 후견제도 이용 현황

2013년 성년후견제도가 시행된 이후 성년후견제도 이용건수는 증가하고는 있으나 최근에는 정체된 양상을 보이고 있다. 후견유형 중 성년후견으로 지나치게 편중되어 있어, 2014년부터 2020년까지 후견개시사건 누적총수 20,811건 중 80%가 넘는 16,504건이 성년후견을 차지하고 있고, 한정후견은 2,049건으로 뒤를 잇고 있다. 성

[표 6-1] 성년후견감독접수건수(2014-2020)

연도 \ 종류	합계	성년후견	한정후견	특정후견	임의후견
2014	1,104	834	138	131	1
2015	1,942	1,536	164	237	5
2016	2,114	1,846	180	86	2
2017	2,972	2,419	342	208	3
2018	3,973	2,916	641	415	1
2019	4,250	3,461	284	503	2
2020	4,456	3,492	300	663	1
합계	20,811	16,504	2,049	2,243	15

년후견과 한정후견을 합하면 총 18,553건으로 전체의 약 90%에 이른다. 그에 반해 성년후견제도의 원칙적인 모습인 임의후견이 개시된 사례는 총 15건으로 전체 후견개시건수 대비 0.07%에 불과한바, 거의 이용되지 않고 있다.

2. 성년후견제도에 대한 비판

(1) 들어가며

현행 성년후견제도에 대하여는 기본적으로 의사결정대행제도라는 점, 피후견인의 법적 능력을 제한한다는 점, 피후견인의 의사보다 복리를 우선으로 배려하도록 한다는 점, 성년후견이나 한정후견의 경우 사실상 본인이 사망하기 전에는 종료할 수 없다는 점에 대한 비판이 존재한다. 이하에서는 후견종료에 대한 비판을 제외한 나머지 것들에 대하여 간략하게 소개한다.

(2) 의사결정대행제도

성년후견제도는 정신적 장애인의 의사결정을 지원하는 것이 아닌, 후견인에 의한 대리, 즉 대행을 기본적인 모습으로 한다는 점에서 본질적인 한계를 지닌다고 비판을 받고 있다. UN장애인권리위원회 역시 2014년 대한민국정부의 UN장애인권리협약 이행상황에 대한 제1차 국가보고서에 대한 최종견해에서 “새로운 성년후견제도는 본 협약 제12조의 규정에 반해 의사결정지원이 아닌 의사결정대행을 강화하는 것에 주목하고, 의사결정지원제도로 전환할 것을 권고”한 바 있다.

자기결정권 존중과 후견의 보충성 원칙에 비추어 볼 때, 후견인은 최대한 본인이 스스로 의사결정을 할 수 있도록 충분히 지원해야 하고(의사결정지원), 그럼에도 불구하고 본인이 스스로 의사결정을 할 수 없는 경우에 한하여 최후의 수단으로써 그의 법률행위를 대리하거나 의사결정을 대행해야 하며, 성년후견제도 역시 그와 같이 설계되고 운영되어야 할 것이다.

그러나 현재 압도적으로 많이 활용되는 성년후견 유형은 후견인에게 포괄적인 권한을 부여함으로써 위와 같은 원칙에 정면으로 배치되고, 제한적으로 후견인에게 대리권을 부여하는 한정후견과 특정후견 유형 역시 후견인이 대리권을 최후의 수단으로 사용하도록 하는 통제수단이 사실상 부재하다는 점에서 같은 문제를 갖고 있다.

임의후견은 그나마 본인이 후견계약을 통해 미리 지시해둔 내용에 후견인이 구속되어 본인을 지원할 것이므로, 의사결정지원이 우선하여 이루어질 여지가 있기는 하다. 그러나 임의후견 역시 결국 후견인에 의한 대리, 대행을 전제로 하고 있고, 후견인이 이를 최후의 수단으로 사용하게 하는 통제수단이 부재하다는 점에서 마찬가지의 한계가 있다. 요컨대 현행 성년후견제도는 의사결정대행이라는 기본구조를 갖는다는 점에서 역설적이게도 본연의 지도이념에 배치되고, UN장애인권리협약에도 위배되는 것이다.

(3) 법적 능력 제한

성년후견이 개시되면 원칙적으로 피후견인은 제한능력자가 되고, 그가 한 법률행위는 무효가 되어 성년후견인이 취소할 수 있다. 한정후견이 개시된 경우, 법원은 피한정후견인이 한정후견인의 동의를 받아야 하는 행위의 범위를 정할 수 있고, 피한정후견인이 그 행위를 한정후견인의 동의없이 한 경우, 한정후견인은 이를 취소할 수 있다. 성년후견이나 한정후견이 개시되면 피후견인의 법적 능력은 포괄적 또는 제한적으로 부정되는 것이다.

그러나 후견이 개시되었다고 하여 피후견인의 법적 능력을 제한하는 것은 자기결정권 존중 및 정상화라는 성년후견제도의 지도이념과 모순된다. 후견인의 지원으로 정신적 장애인이 비장애인과 동등하게 대우받는 것이 제도의 목적임에도, 법적 능력을 제한함으로써 피후견인을 그렇지 않은 사람과 다르게 대우하는 것이다. UN장애인권리협약 제12조에 명백히 반함은 물론이다.

또한, 막상 취소권을 보유한 성년후견인이나 한정후견인들은 그 효용성을 잘 느끼지 못하고, 상당수는 취소권을 행사한 적조차 없다는 연구결과에 비추어 볼 때, 피후견인의 법적 권리를 제한하는 것이 특별히 실효성이 있는 것도 아니다.

나아가 법적 능력을 제한하는 것이 피후견인 본인의 보호라는 제도의 목적을 달성하기 위한 유효적절한 수단이라고 할 수는 없다. 피후견인 본인의 법적 능력을 제한하여 취소권을 행사하는 경우는 모두 이미 피후견인을 당사자로 하는 어떤 법률행위가 이루어진 뒤이기 때문이다. 이미 피해가 발생한 뒤에 취소권을 행사하는 것은 사후약방문(死後藥方文)에 그칠 수 있다.

그에 반해, 후견이 개시되어 법적 능력이 제한된다는 것은 정신적 장애인에게 부정적인 낙인으로 작용하여 사회에 통합되어 생활하는데 장벽으로 작용한다. 성년후견이나 한정후견 모두 피후견인 본인이 구체적이고 개별적인 사무에 대한 능력이 있는지 여부를 심사하지 않기 때문에 피후견인이 스스로 판단하여 결정할 수 있는 사무조차도 무효로 될 수 있기 때문이다. 나아가 피후견인의 법적 능력을 제한하는 것은 후견이 개시되었다는 이유로 직업, 자격, 영업 등을 할 수 없게 하는 결격조항과도 연결된다. 피성년후견인은 법적 능력이 제한되므로, 직업이나 자격을 보유할 수 없다는 것이다.

(4) 본인의 선호가 아닌 복리 우선 원칙

현행 성년후견제도는 후견인으로 하여금 피후견인의 복리를 가장 우선하여 업무를 수행하도록 하고, 복리에 반하지 않을 경우에 한하여 피후견인의 의사를 존중하도록 하고 있다(민법 제947조). 본인의 의사와 객관적인 이익 사이에 불일치가 발생한다면, 후견인은 본인의 의사보다 객관적인 이익을 배려해야 한다는 것이다. 피후견인 본인의 의사가 정신적 제약에 따른 비합리적인 것으로서 명백히 피후견인에의 재산이나 신상에 돌이킬 수 없는 피해를 야기할 위험이 있다면 당연히 후견인은 그의 의사보다 객관적인 이익에 따라 후견사무를 수행해야 할 것이다.

문제는 모든 사람은 정도의 차이가 있을 뿐 비합리적인 결정을 하는 존재이고, 그와 같은 비합리적인 결정을 하는 것이야 말로 자기결정권의 실현이라는 점이다. 어느정도 객관적 이익은 양보하더라도 본인의 희망대로 살아가겠다는 의사는 인간의 본성이라고 할 수 있다.

나아가 "복리에 부합하는 방법"의 판단에 대한 어떤 객관적인 기준이 있는 것이 아니고, 후견인의 경험, 가치관 등 주관에 좌우될 수밖에 없는바, 후견인의 사무처리 원칙으로서 "복리우선"이라 함은 결국 피후견인의 의사보다 후견인의 의사가 우선된다는 선언과 다르지 않을 수도 있다. 복리에 반하지 않을 경우 피후견인의 의사를 존중하여야 하나, 복리에 반하는지 여부를 판단하는 기준은 결국 후견인의 주관에 맡겨질 수밖에 없기 때문이다.

그렇기 때문에 다수의 의견은 피후견인의 복리는 주관적인 의사, 가치관, 희망, 선호, 감정 등이 종합적으로 고려되어 결정되는 것이므로, 피후견인의 희망과 별개로 합리적 · 경제적 관점에서만 결정할 수는 없다고 보고 있다.

UN장애인권리위원회 역시 UN장애인권리협약 제12조에 대한 일반평석에서 최선의 이익에 따라 의사결정을 대행하는 것이 아닌, 본인의 욕구나 선호가 존중될 수 있도록 의사결정을 지원해야 한다고 밝히고 있다.

나아가 우리 민법 제947조와 유사한 규정을 두고 있던 독일 역시 최근 민법을 개정하여 후견인의 복리배려의무를 삭제하고, 피후견인의 희망에 따라 후견사무를 수행하도록 하였다.

3. 현행 후견종료 규정의 문제점

(1) 문제제기

자기결정권 존중 및 보충성의 원칙이라는 후견제도의 이념을 감안할 때 피후견인 본인이 더 이상 후견인의 도움이 필요 없어지면 개시된 후견도 종료하는 것이 타당하다. 일단 후견인의 조력이 필요한 사무가 종료되었다면 후견을 종료하고, 그 뒤에 또다시 후견인의 도움이 필요한 일이 발생하면 후견을 재차 개시하여 후견인의 도움을 받는 방식으로 제도를 운영하는 것이 후견의 보충성이라는 원칙에 부합하기 때문이다. 자기결정권 존중의 원칙에 따라 피후견인 본인이 정신적 제약이 없다면 내렸을 판단, 즉 추정적 의사를 감안해보더라도, 자신에게 현재 발생한 구체적인 사무처리를 후견인에게 위임하고자 하였을 것이지, 일생동안 발생하는 모든 사무의 처리를 맡기려고는 하지 않았을 것이다.

나아가 후견 역시 본인의 사무처리를 타인에게 위탁한다는 점에서 본질은 위임이라고 할 수 있는데, 위임의 일반적인 모습은 위임인의 개별적이고 구체적인 사무의 처리를 위탁하는 것이고, 위임인에게 발생하는 포괄적인 사무를 영속적으로 위탁하는 것은 흔한 모습이 아니라는 점을 감안하면, 후견 역시 본연의 성질에 맞게 운영하는 것이 적절할 것이다.

그런데 현행 민법은 성년후견과 한정후견의 경우 후견개시의 원인이 소멸한 경우에 가정법원이 후견종료심판을 할 수 있도록 정하고 있다(민법 제11조, 제14조). 후견개시의 원인이란 “정신적 제약으로 사무처리능력이 지속적으로 결여된(성년후견) 또는 부족한(한정후견)” 상태를 의미하고, 후견인의 도움이 필요한 구체적인 사무를 뜻하는 것이 아니다. 즉, 후견인의 도움이 필요한 사무처리가 완료되었다고 하더라도,

후견은 종료되지 않는 것이다. 나아가 현대 의학기술로 대부분의 정신적 제약은 사후적인 치유, 상당한 호전될 수 없고, 발달장애와 같은 정신적 장애가 소멸할 수도 없는 바, 사실상 피성년후견인, 피한정후견인은 본인이 사망하여야만 후견에서 벗어날 수 있다는 결론에 이르게 된다. 전술한 것과 같이 우리나라 성년후견제도는 성년후견 위주로 이용되고 있고, 한정후견까지 합하면 전체의 90%를 차지한다는 점을 감안하면, 후견이 개시된 정신적 장애인의 대부분은 사망할 때까지 후견의 굴레를 벗을 수 없는 것이다. 후견종료와 관련한 현행 민법의 태도는 후견인의 도움이 더 이상 필요하지 않은 정신적 장애인에 대하여도 일생동안 후견이 지속되게 한다는 점에서 전술한 후견제도의 이념과 위임의 본질과 배치된다.

(2) 예상되는 반론

이에 대하여는 사무처리능력이 부족한 정신적 장애인의 경우 지속적으로 후견인의 지원이 필요한 경우가 많이 있는데, 후견인의 지원이 필요한 개별적인 사무가 종료할 때마다 후견을 종료하고, 추후 후견이 필요할 때 다시 후견을 이용하게 할 경우, 후견개시여부를 심사하는 동안 공백이 발생할 수 있다는 점에서 오히려 정신적 장애인의 지원과 보호에 취약해진다는 반론이 있을 수 있다.

1) 후견을 통해 특정한 사무에 대한 지속적인 지원이 필요한지

같은 논리라면 예를 들어, 정신적 제약은 없으나 법률적 지식이 부족한 사람이 어떤 분쟁 해결을 변호사에게 위임한 경우, 해당 분쟁이 종료되더라도 위임관계는 종료하지 않고, 지속적으로 그 변호사가 위임인에게 예상치 못한 분쟁이 발생할 때를 대비하여 법률사무를 대리해야 할 것이다. 정신적 제약이 있는지 여부만 제외하면 정신적 장애인이나 비법률전문가나 스스로 자신에게 발생한 법률사무를 처리하기 어렵다는 점은 동일하기 때문이다. 오히려 비법률전문가가 자신에게 발생한 법률문제를 적시에 적절히 대응하지 못하거나, 잘못 대응하는 경우, 그가 입을 피해는 가늠하기도 어려운바, 변호사를 선임해야 하는지 여부, 어떤 변호사를 선임해야 하는지 등을 고민하면서 소위 "골든타임"을 놓치지 않도록 보호의 필요성이 높다고 볼 여지도 있다. 의료인을 제외한 대다수의 비의료전문가들에 대하여도 마찬가지의 주장이 가능하다. 건강을 해치고 있음에도 그 사실을 알지 못하거나 알면서도 무시하는 수많은 사람들에 대하여 두터운 보호를 위해 포괄적이고 영속적인 의료행위에 대한 사무를 처리해줄 전담의사를 두어야 하는 것이 적절할 수도 있다.

비단 법률과 의료에 국한하지 않더라도 모든 사람은 불완전한 존재이기 때문에 언제나 위험에 노출되어 있고, 개인의 능력, 경험, 환경 등에 따라 이에 대처하는 정도도 다르며, 그에 따라 아무런 손해를 입지 않는 경우부터 회복하기 어려운 손해를 입는 경우까지 다양한 결과가 발생할 수 있다. 그런데 정신적 장애인에 대한 후견과 같이 지속적으로 그를 지원하는 전문가가 있다면 적어도 위험을 회피하거나, 최소한의 손해만 입을 수 있도록 적절히 대처할 수 있었을 가능성이 높다.

그러나 우리는 비장애인에 대하여 위와 같은 주장을 전혀 하지 않는다. 오히려 터무니없는 주장으로 받아들여진다. 사적자치의 원칙, 개별사무처리에 대한 위탁이라는 위임의 본지, 나아가 헌법에서 보장하는 인간의 존엄과 가치 및 행복추구권, 자기결정권이라는 기본권에 대한 중대한 침해 내지 제한을 내포하는 주장이기 때문이다.

그에 반해, 정신적 장애인에 대하여는 큰 문제의식없이 위와 같은 조치를 취하고 있는바, 비장애인에 비해 정신적 장애인만 특별히 그와 같은 조치가 필요한지를 살펴봐야 할 것이다. 전술한 것과 같이 모든 사람은 불완전하기 때문에 정신적 제약이 없더라도 비전문적인 분야 또는 경험해보지 않은 분야에 대하여는 지속적인 타인의 도움이 불가피하므로, 결국 "비전문, 무경험" 또는 "정신적 제약"이라는 도움이 필요한 사유에서 차이가 있을 뿐이기 때문이다. 그런데 본인이 무던히 학습과 경험을 쌓아 비전문, 무경험 상태를 벗어나지 않는 이상 그와 같은 상태는 지속되는바, 양자를 다르게 볼 특별한 사유가 있다고 보이지는 않는다. 그렇다면 정신적 장애인 역시 정신적 제약으로 특정한 사무를 스스로 처리하기 어려운 경우 후견인의 도움을 받되, 그 사무처리가 완료되면 후견은 종료하고, 그 뒤에 다시 후견인의 도움이 필요할 때 후견을 개시하게 하는 것이 자연스러울 것이다. 아울러 다시 후견을 개시할 때까지 심사기간 동안의 공백우려는 심리기간을 단축시킴으로써 해결할 수 있을 것이다.

2) 일상적인 사무에 대한 후견인의 지속적인 지원이 필요한지

정신적 제약으로 인해 일상적이고 반복적으로 이루어지는 금전지출 등 법률행위에 대한 지원이 필요한 자에 대하여는 후견이 지속적으로 유지될 필요가 있다는 의견도 있다. 마치 미성년자녀에 대하여 부모가 친권자로서 자녀가 성인이 될 때까지

그의 재산관리 및 법률행위를 대리하는 것과 마찬가지로 정신적 제약이 소멸하거나 피후견인 본인이 사망할 때까지 후견인이 지속적으로 그를 대리하는 것이 불가피할 수 있기 때문이다.

만약 피후견인 본인의 정신적 제약이 중대하여 간단한 일상생활에 사무조차 스스로 처리할 수 없다면 후견이 지속될 필요가 있다. 그렇다면 후견인은 지원이 필요한 사무가 완료된 것이 아니기 때문에 후견을 종료하여서는 안 될 것이다. 다만 이때 피후견인이 스스로 결정할 수 있는지 여부는 개별사무에 따라 구체적으로 판단해야 할 것이고, 그가 이해할 수 있도록 가능한 모든 방법으로 정보를 제공하기 전에 섣불리 그런 능력이 부족하거나 없다고 단정하여서는 안 된다.

아울러 후견인은 피후견인 본인의 권리를 덜 제한하면서도 일상생활을 지원할 수 있는 후견을 대체하는 수단을 모색해야 하고, 그에 따른 조치를 취해 더 이상 후견인이 없더라도 안전하고 유기적인 지원이 이루어지는 시스템이 구축된다면, 후견을 종료해도 될 것이다.

(3) UN장애인권리협약 위반

UN장애인권리협약은 모든 인간은 어떠한 종류의 차별도 받지 않고 그 안에 규정된 모든 권리와 자유를 누릴 자격이 있다는 점을 천명하고, 장애를 '점진적으로 변화하는 개념이고, 손상을 지닌 사람과 그들이 다른 사람과 동등하게 사회에 완전하고 효과적으로 참여하는 것을 저해하는 태도 및 환경적인 장벽 간의 상호작용으로부터 기인한다'라고 하여 장애를 "사회적 개념"으로 정의하고 있다.

동 협약은 제12조에서 장애인은 모든 생활영역에서 다른 사람과 동등하게 법적 능력을 향유하고, 법적 능력의 행사와 관련된 조치를 취할 때 이것이 남용되지 아니하도록 국제인권법에 따라 적절하고 효과적인 안전장치를 제공하여야 한다고 정하고 있다. 나아가 장애인권리위원회는 2014년 발표한 협약 제12조에 대한 일반논평에서 "역사적으로 장애인은 후견인 제도, 대리보호자 제도, 강제 치료를 허용하는 정신보건법 등과 같은 대리 의사결정 제도 하에 여러 영역에서 차별적으로 법적 능력을 부정당해 왔다. 장애인의 완전한 법적 능력을 다른 사람과 동등한 수준으로 회복할 수 있도록 이와 같은 관행은 반드시 철폐되어야 한다."고 밝혔고, 2014년 대한민국의 제1차 국가보고서에 대한 최종견해를 통해 "대한민국이 대체의사결정에서 의학적 치료에 대한 사전 동의 및 철회, 사법 접근성, 투표, 결혼, 근로, 거주지 선택 등 개인의 권리에 관하여, 개인의 자율성, 의지 및 선호를 존중하고 협약 제12조 및 일반논평 1호에 충실히 부합하는 조력의사결정으로 전환할 것"을 권고하기도 하였다.

피후견인에게 구체적으로 후견인의 도움이 필요한 사무가 있는지 여부와는 관계없이 정신적 제약이 있다는 점만으로 후견을 지속하는 현행 민법은 장애인권리협약 제12조에서 금지하는 "법적 능력 행사와 관련한 조치의 남용"에 해당하고, 동 조항에 대한 장애인권리위원회의 일반논평과 대한민국 정부에 대한 권고의견에도 배치된다.

4. 후견종료와 관련한 외국 입법례

(1) 들어가며

우리나라와는 달리 일본을 제외한 주요국가들은 후견인의 조력이 필요한 구체적인 사무가 완료되거나, 후견기간이 도과하면 후견을 종료하도록 하고 있다. 다른 나라들의 입법례를 맹목적으로 추종할 필요는 없겠으나, 우리와는 달리 많은 국가들이 후견종료사유를 넓게 인정하여 후견에서 벗어날 길을 마련해둔 이유에 대하여는 깊은 검토가 필요할 것인바, 이하에서는 독일, 미국, 프랑스, 일본의 입법례를 간단하게 소개하고자 한다.

(2) 독 일

독일은 1992. 1. 1. "후견과 감호법개정법(Betreuungsgesetz－BtG)"을 시행함으로써 행위무능력제도를 폐지하였고, 현행과 같은 후견제도를 두게 되었다. 즉, 독일에서는 성년후견이 개시되었다고 하여 피후견인 본인의 행위능력이 박탈되거나 부정되지 않는다. 다만, 예외적으로 후견인의 동의를 받도록 한 행위를 피후견인이 동의 없이 한 경우에 한하여 행위능력을 제한하고 있다. 이는 우리나라 한정후견과 유사하다.

나아가 독일 법원은 성년후견을 개시하고, 후견인을 선임함에 있어 후견을 지속할 것인지 여부를 정기적으로 점검하는데, 그 기간은 최장 7년을 넘지 않고, 그 기간 이내더라도 성년후견이 더 이상 필요하지 않게 되면 즉시 중단된다. 이때의 점검기간은 우리나라의 특정후견과 유사하게 사실상 후견기간으로 작용한다. 즉, 독일의 성년후견은 후견이 필요한 사무의 종료 또는 기간의 만료로 종료하는 것이다.

참고로 독일은 성년후견보다는 본인이 미리 판단능력이 부족해질 때를 대비하는 제도인 지속적 대리권(Vorsorgevollmacht)제도를 두고 있는데, 2015년 기준 약 320만 건이 등록되어 있다고 한다. 이는 법정후견 개시건수인 약 127만 건에 비해 두 배 이상 많은 수이다.

(3) 미 국

미국은 각 주별로 조금씩 내용이 다르긴 하나, 대체로 신상후견(guardianship of the person), 재산후견(conservatorship), 양쪽을 모두 담당하는 후견(Plenary guardianship)으로 법정후견을 나누고 있다. 그리고 후견인에게 권한의 일부만을 제공하는 제한후견(Limited guardianship, limited conservatorship) 역시 가능하다. 미국은 후견의 보충성 원칙에 충실하여 제한후견 위주로 이용하고 있고, 후견종료 사유도 "정신적 능력의 회복"과 함께 "후견이 더 이상 필요하지 않을 때"를 정하고 있어 정신적 능력이 회복되지 않더라도 후견을 종료할 수 있도록 하고 있다. 다만, 많은 주에서 실무상 신상후견은 정신적 제약이 소멸하지 않는 이상 피후견인이 사망할 때까지 지속되는 것으로 보인다.

1) 통일주법(統一州法)

미국은 통일법위원회(the Uniform Law Commission, ULC)가 각 주의 입법시 모델이 되는 통일주법(統一州法)의 일환으로 1982년 통일후견보호절차법(Uniform Guardianship and Protective Proceedings Act, UGPPA)을 승인함으로써 각 주를 통할하는 후견제도의 기본 원칙을 마련하였다. 그러나 그 이후에도 통일된 법령과 실무가 부재함에 따라 피후견인들에 대한 보호 소홀, 법원의 감독태만 등의 여러 문제가 지적되었고, 1997년 8월 통일후견보호절차법을 개정하였으며, 후견인은 필요한 경우에만 선임되고, 필요로 하는 기간을 한정해서 필요한 권한만을 부여받을 것도 주된 내용으로 포함되었다.

나아가 2017년 통일법위원회(the Uniform Law Commission, ULC)는 통일 후견보호법(Uniform Guardianship, Conservatorship, and Other Protective Arrangements Acts, UGCOPAA)을 승인하였다. 이 법은 더 이상 후견개시사유가 존재하지 않거나, 후견을 종료하는 것이 피후견인을 위한 최선의 이익이거나, 그 밖에 후견을 종료할 정당한 사유가 있는 경우, 후견을 종료할 수 있도록 정하고 있다.

물론 각 주(州)별로 위 두 법을 채택한 경우도 있고, 그렇지 않은 경우도 있는데, 채택하지 않더라도 유사한 내용의 주(州)법을 갖고 있는 경우가 적지 않다.

2) 네바다주

네바다주 후견법은 후견이 필요하지 않으면 법원의 명령으로 후견을 종료할 수 있다고 규정하고 있다.

3) 텍사스주

텍사스주 재산법(the Texas Estates Code)에서는 피후견인이 능력을 회복하거나, 지원 내지 조력을 받아 자신의 재산을 관리할 수 있는 경우, 후견이 필요했던 문제들이 해결되어 더 이상 후견이 필요없어질 경우, 공적 부조를 받기 위해 후견인이 필요없는 경우, 모든 피후견인의 재산이 the Texas Achieving a Better Life Experience (ABLE) Pgogram에 맡겨진 경우 등에서 후견을 종료할 수 있다.

4) 캘리포니아주

캘리포니아주 유언검인법(Probate Code)에 따르면, 재산후견(conservatorship)은 법원이 후견이 필요하지 않다고 결정한 경우 종료된다. 대표적인 사유로는 피후견인의 능력회복 또는 재산소진, 피후견인이 공적 부조금에 의존하고 있을 때 등이 있다고 한다.

5) 뉴욕주

뉴욕주법에 따르면, 후견은 피후견인의 능력회복뿐 아니라, 더 이상 후견인이 필요하지 않은 경우에도 종료될 수 있다.

6) 그 밖의 주

미네소타주는 더 이상 후견인의 도움 또는 보호가 필요없는 경우 후견이 종료될 수 있고, 미시간주의 경우 사건본인과 같은 발달장애인에게는 실무상 기간의 정함이 있는 partial guardianship이 개시되는데, 통상 5년 이내에 종료된다고 한다.

7) 미국 국립후견협회 실무준칙

미국 국립후견협회(National Guardianship Association, NGA)는 실무준칙(Standards of Practice)에서 피후견인의 능력회복, 후견제도를 대체할 대안이 마련된 경우, 후견제도를 유지하는 것이 피후견인에게 이익이 되지 않는 경우에는 후견 종료가 필요하고, 후견인도 이를 고려하라고 지시하고 있으며(NGA Standard 21 III), 미국 변호사협회(American Bar Association) 역시 후견인으로 활동하는 변호사들에게 위 원칙을 준수할 것을 권고하고 있다.

(4) 프랑스

프랑스는 1968년 민법 개정을 통해 후견(Tutell), 보좌(Curatelle), 사법적 보호(Sauvegarde de Justice), 3가지 유형을 도입하였다. 그러나 2007년 요보호성인의 급속한 증가, 법관의 인력부족, 보호조치 수행의 불완전성 등의 문제로 성년후견제도를 다시 개편하였다. 2007년 개편된 성년후견제도는 필요성, 보충성, 비례성의 원칙을 강화하였는바, 후견을 유지할 것인지 여부를 정기적으로 심사하도록 하였다. 이에 프랑스 민법은 후견과 보좌는 5년 이하의 기간을 정하도록 하고 있고, 예외적인 경우더라도 최대 10년을 넘지 못하도록 하고 있다(제441조). 또한, 후견판사는 후견인 또는 보좌인을 청문한 뒤 언제든지 후견이나 보좌를 종료할 수 있고, 기간만료시 후견판사로 하여금 그 기간을 갱신할 수 있도록 하고 있다(제442조). 나아가 사법적 보호는 개시 후 1년 뒤에 실효되도록 하고 있고, 1회에 한하여 갱신할 수 있다고 정하고 있다(제439조).

(5) 영 국

영국은 2005년 정신능력법(Mental Capacity Act 2005, MCA)을 통해 후견제도를 운영하고 있다. 영국의 경우, 본인이 자신의 의사로 대리인을 결정하는 지속적 대리인(Lasting Power of Attorney, LPA) 위주로 제도가 운영되기 때문에 법정후견(Deputyship)은 보충적으로 활용되고 있다. 즉, 동 법은 자기결정권 존중과 보충성의 원칙에 따라 본인이 자신의 의사로 선임한 지속적 대리인이 없거나, 그가 해임된 경우 등에 한하여 법정후견을 이용하도록 정하고 있다. 그렇게 선임된 법정대리인(Deputy)은 그의 조력이 필요한 사항에 대하여 본인이 스스로 결정할 수 없을 때만 권한을 행사할 수 있다.

아울러 법정후견은 보호법원에서 지정한 기간이 만료하거나, 보호법원(Court of Protection)의 결정으로 종료될 수 있다. 참고로 우리나라의 특정후견은 바로 영국의 법정후견(Deputyship)을 모범으로 도입한 것이라고 한다.

(6) 일 본

우리와 유사한 형태로 성년후견제도를 운영하고 있는 일본은 법정후견유형으로 후견, 보좌, 보조, 3가지를 두고 있다. 일본은 우리법과 유사하게 개시의 원인, 즉 "사리변식능력 부족의 원인이 된 정신상의 장애"가 소멸한 경우에 한하여 후견과 보좌, 보조를 종료할 수 있도록 정하고 있다.

5. 후견종료사유 개선방안

우리나라는 종래 행위무능력제도에 대한 반성으로 정신적 장애인의 자기결정권을 존중하고 그들이 보충적으로 후견인의 도움을 받아 사회통합적인 삶을 살 수 있도록 지원하고자 성년후견제도를 도입하였다. 후견제도의 이념에 비추어볼 때 후견은 보충적으로만 이용해야 하므로, 후견인의 도움이 필요한 사무처리가 완료하면 후견은 종료할 수 있도록 함이 타당하다. 적어도 후견이 지속되는 기간을 설정하여 일정기간이 지나면 법원에 의해 후견을 지속할 필요가 있는지에 대한 구체적인 심사를 거칠 필요가 있다. 우리나라와 일본정도를 제외한 주요 국가들의 입법례 역시 마찬가지로 정하고 있다.

그러나 우리법은 성년후견과 한정후견의 경우, 후견개시 원인이 소멸한 때에 종료할 수 있도록 하여 사실상 피후견인이 사망할 때까지 후견이 지속되도록 하고 있다. 이는 후견제도의 이념에 반하고, 피후견인의 추정적 의사에도 반하는 것이며, 특별히 그렇게 하여야만 하는 이유가 있는 것도 아니라는 점에서 개정의 필요성이 높다.

7. 공익의 대표자로서의 검사의 민사법상 권한 현실화를 위한 제언

제철웅(한양대학교 법학전문대학원 교수)

Ⅰ. 문제제기

1. '검수완박'으로 표현되는 검찰개혁 움직임 속에서 범죄수사 · 기소 · 공판절차에서의 공소유지 · 판결 후 법집행 등이 검사의 활동의 전부인 것처럼 인식되기도 하였다. 정부조직법 제32조는 법무부가 '검찰 · 행형 · 인권옹호 · 출입국관리 그 밖에 법무에 관한 사항을 관장'하도록 하고, 그 중 검사에 관한 사무를 관장하기 위해 법무부장관 소속으로 검찰청을 두도록 하고 있는데, 법무부 역시 형사사법절차에서의 역할이 중심인 것으로 부각되고 있다. 검찰청법은 공익의 대표자로서의 검사의 직무로 주로 범죄수사, 공소제기와 유지 등에 초점을 맞추어 규정하고 있다(검찰청법 제4조).

그러나 "공익의 대표자"인 국가가 스스로를 보호할 수 없거나 보호하는데 어려움을 겪는 개별 국민의 편에 서서 이들을 보호하는 역할을 해야 할 경우도 적지 않다. 이들의 보호는 사법절차와 비사법절차를 통해 제공될 수 있는데, 그 역할은 선진국에서는 주로 지방자치단체가 하도록 규정하면서 검사나 법관이 지방자치단체의 역할의 적법성을 보장하는 기능을 수행하기도 한다. 그런데 우리나라에서는 지방자치단체가 그와 같은 역할을 하는 것은 거의 없었다. 대신 검사가 자기 보호를 할 수 없거나 하기에 취약한 개인을 위해 활동하도록 하는 제도를 두고 있다. 공익의 대표자로서의 검사의 민사법상의 권한이 그것이다. 그러나 실무에서는 이와 같은 권한은 거의 행사되지 않고 있다. 이 글은 이 부분을 조망하고, 개선방안을 제시할 필요성에 근거하여 연구되었다.

2. 검사의 민사법상의 권한을 조망하기 위해서는 먼저 우리 민사법 질서의 특징에 주목할 필요가 있다. 우리 민사법질서는 각 개인을 권리주체로 전제한 후, 이들이 법률행위 또는 준법률행위라는 의사결정을 통해 권리를 행사하거나 의무를 이행하도록 짜여져 있다. 의사결정을 매개로 자원을 배분하는 사법(私法) 질서 하에서는 권리의 주체이기는 하지만, 의사결정을 할 수 없거나 의사결정을 하는 데 장애가 있어서 권리 행사나 의무 이행에 어려움을 겪는 개인이나 집단이 있기 마련이다. 의사능력이 없는 사람도 있고, 의사능력이 있지만 법률규정으로 법률행위(계약 등)를 할 수 없게 하거나(행위무능력자) 제약을 두는 경우(제한행위능력자)도 있다. 가령 미성년자나 피성년후견인은 의사능력이 있더라도 친권자의 동의 없이는 계약을 체결할 수 없거나(미성년자의 경우) 후견인이 대리해야 하는 것(피성년후견인의 경우)이 그것이다. 한편 부재자, 상속인 없이 사망한 자 등도 자신의 재산이 관리되지 않은 채 방치될 수 있다. 이들은 모두 자신이 가진 권리를 행사하거나 법적 의무(가족법상의 의무를 포함)를 이행하는 데 필수적으로 요구되는 의사표시를 할 수 없다는 공통점이 있다. 그 피해는 당사자만이 아니라 제3자에게까지 미칠 수 있다. 이들은 모두 근대적 사법 질서가 요구하는 의사결정능력을 갖춘 행위자가 아니거나 본인을 대체할 행위자가 없기 때문에 어려움을 겪는 사람들이다. 권리를 개인이 아니라 가족 또는 사회라는 집단에 귀속시켰다면, 의사결정이 없더라도 자원이 배분되게 법질서를 구성하였더라면, 이런 일은 발생하지 않았을 것이다. 그렇다고 현재의 사법질서에 문제가 있다는 것은 아니다. 각 개인을 권리주체로 설정하고, 그들의 의사결정에 의해 자원이 배분되도록 한 현재의 사법질서는 인류가 창안해 낸 여러 법질서 중 포기불가능한 불가결의 요소를 안고 있기 때문이다.

이처럼 우리 사회의 민사법질서를 구성하는 여러 요소에 적합하지 않기 때문에 피해를 입게 되는 취약계층에 대해서는 국가가 일정한 **법적 보호**를 제공해야 할 것이다. 우리 민사법은 그 공적기관으로 검사를 상정하고 있다. 그 내용을 살펴보는 것이 공익의 대표자로서의 검사의 민사법상의 권한 행사를 위해 어떤 제도보완이 필요한지를 검토하는 출발점이 될 것이다.

3. 검사의 민사법상의 역할을 분석하는 관점

민사법질서 유지와 관련하여 검사는 다양한 역할을 수행하는데, 특히 여기서는 민사법(민사소송법 등 절차법 포함)에 있는 검사의 역할만을 분석한다. 민사법 영역에서의 검사의 역할은 아래 표와 같다.

[표 7-1] 私法 영역에서의 검사의 직무 근거법률

<table>
<tr><th>법률</th><th>분야</th><th>검사의 청구권</th><th>근거조문</th><th>검사 외 청구권자</th><th>절차</th></tr>
<tr><td rowspan="11">민법(부재선고에 관한 특별조치법 포함)</td><td rowspan="3">제한능력자 보호</td><td>성년후견개시 및 종료 심판 청구</td><td>제9조①, 11조</td><td rowspan="3">본인, 배우자, 4촌이내 친족, 후견인, 지자체장 등</td><td rowspan="8">가사비송(라류)</td></tr>
<tr><td>한정후견개시 및 종료 심판 청구</td><td>제12조①, 14조</td></tr>
<tr><td>특정후견심판 청구</td><td>제14조의2①</td></tr>
<tr><td rowspan="5">부재 실종</td><td>부재자 재산 관리 및 취소 청구</td><td>제22조①, ②</td><td>이해관계인</td></tr>
<tr><td>관리인의 개임청구
(부재자가 재산관리인을 정한 경우)</td><td>제23조</td><td>재산관리인, 이해관계인</td></tr>
<tr><td>재산목록작성,
재산보존처분등 청구
(부재자가 재산관리인을 정한 경우)</td><td>제24조③</td><td>이해관계인</td></tr>
<tr><td>실종선고 및 취소 청구</td><td>제27조①
제29조①</td><td>이해관계인
(본인－취소)</td></tr>
<tr><td>부재선고 및 취소 청구</td><td>부재선고법
제3, 5조①</td><td>가족
(본인－취소)</td></tr>
<tr><td rowspan="3">법인</td><td>재단법인의 정관보충 청구</td><td>제44조</td><td>이해관계인</td><td rowspan="3">비송절차</td></tr>
<tr><td>임시이사선임 청구</td><td>제63조</td><td>이해관계인</td></tr>
<tr><td>특별대리인선임 청구</td><td>제64조</td><td>이해관계인</td></tr>
</table>

		청산인의 선임 및 해임 청구	제83, 84조	직권, 이해관계인	
	성과 본	미성년자인 자의 성과 본 변경청구 (법정대리인이 청구할 수 없는 경우)	제781조⑥	친족	가사비송(라류)
	혼인	중혼의 취소청구	제818조	당사자, 배우자, 직계혈족, 4촌 이내 방계혈족	가사소송
		(이혼시) 자 양육에 관한 변경 등 청구	제837조⑤	부, 모, 자, 직권	가사비송(마류)
	부모와 자	친양자의 파양청구	제908조의5 ①	양친, 친양자, 친생 부 또는 모	가사소송
		친권상실 청구 (아동 · 청소년의 성보호에 관한 법률/아동복지법)	제924조 (제23조①)	자의 친족 (의무규정)	가사비송(마류)
		대리권 · 재산관리권의 상실 청구	제925조	자의 친족	
	후견 등	**후견인 변경 청구 (아동 · 청소년의 성보호에 관한 법률/아동복지법)**	제940조 (제23조①)	친족, 직권, 지자체장 등 (의무규정)	가사비송(라류)
		후견감독인 선임 청구	제940조4①	직권, 친족, 지자체 장 등	
	상속	상속 승인 등의 기간 연장 청구	제1019조①	이해관계인	
		상속재산 보존에 필요한 처분 청구	제1023조①	이해관계인	
		(상속인 없는) 상속재산관리인선임 청구	제1053조①	친족, 이해관계인	
상법		**회사해산 청구 (재산보전 청구)**	제176조① (제176조②)	이해관계인, 직권	비송절차

		외국회사 영업소 폐쇄 청구	제619조①	이해관계인	
		청산인선임청구	제252조	이해관계인, 직권	
민사 소송법		특별대리인선임신청	제62조②	친족, 이해관계인	자체 절차
채무자 회생 및 파산에 관한 법률		면책신청에 대한 이의 신청권 (법원의 검사에 대한 파산사실 통지)	제562조① (제315조)	파산관재인, 파산채권자	자체 절차
비송사건 절차법		검사의 의견진술 및 심문참여권(재판청구 필요시 검사에 대한 통지)	제15조 (제16조)		비송 절차

위 표에서 보듯이 통상 검사 이외의 다른 청구권자가 있음에도 불구하고, 검사를 청구권자로 설정하고 있는 것이 대부분이다. 이때 검사가 그 권한을 행사할지 여부는 재량사항이다. 이는 다른 청구권자가 그 신청권한을 행사하지 않거나 다른 신청권자가 없을 때 검사는 보충적으로 개입하는 것을 원칙으로 하기 때문이다. 다른 청구권자가 없는 사안은 비송사건절차법이 유일하다.

위와 같은 검사의 권한 행사를 여러 각도에서 분석할 수 있다. 가령 사회적 약자인 미성년자와 의사결정능력 장애 성인의 보호, 가족질서의 보호, 부재 및 실종의 본인 보호, 파산절차에서의 공익보호 등으로 분석할 수도 있을 것이다. 그러나 이 글에서는 다음과 같은 관점에서 접근하고자 한다. 첫째, 스스로 법률행위를 할 수 없거나 하기 어려워, 권리주체와 법률행위를 기본골간으로 하는 민사법 질서에서 소외되거나 소외될 가능성이 있는 사회적 취약계층의 보호와 그 밖의 공익적 기능으로 구분하는 것이다. 둘째, 검사가 재판절차에서 신청권한을 행사함으로써 사회적 취약계층의 보호에 충분한지(1회적 보호), 아니면 지속적 보호를 위한 계기여야 할지(지속적 보호의 출발점)에 따라 검사의 역할을 구분할 수도 있다. 셋째, 검사가 아니면 달리 보호할 공적 기관이 없는지 여부에 따라 분류할 수도 있을 것이다.

[표 7-2] 검사의 민사법에서의 역할 구분 매트릭스

항목	구분
보호기간	1회적
	지속적
보호목적	법률행위상의 장애가 있는 자의 보호
	여타의 민사법질서의 보호
보호기관	검사가 고유한 보호기관
	여타의 다른 공적 기관이 있거나 있을 수 있는지

아래에서는 이런 관점으로 민사법에 있는 검사의 역할을 재구성해 본다. 그 후 검사의 역할을 대행할 수 있는 기관으로서의 지방자치단체의 장 등 공적 사회복지서비스 제공 기관이 이를 수행할 수 있는지를 검토하고, 향후의 개선방안을 살펴보고자 한다.

Ⅱ. 검사의 민사법상의 역할을 규정한 현행법의 재분석

1. 법률행위상의 장애가 있는 당사자 보호

(1) 부재자 보호와 검사의 역할

1) 목 적

부재자는 종래의 주소나 거소를 떠나 당분간 돌아올 가망이 없어서 종래의 주소나 거소에 있는 그의 재산이 관리되지 못하고 방치되는 상태에 있는 자를 의미한다. 부재자는 반드시 생사불명이어야 하는 것은 아니지만,[1] 생사불명의 자도 실종선고를 받을 때까지는 역시 부재자이다.

사람이 그의 주소를 떠나 단시일 내에 돌아올 가망이 없는 경우, 설령 배우자나 가족이 있다 하더라도 부재자의 잔여재산의 관리에 제한이 있다. 부재자의 배우자나 가족은 부재자의 재산에 권리에 대해 권리가 없고, 따라서 그로부터 적법한 대리권이

1) 대법원 1971.10.22. 선고 71다1636 판결.

없는 한 이를 관리할 권한이 없기 때문이다. 그 결과 부재자의 배우자나 가족이 제대로 부양을 받지 못할 수도 있고, 부재자의 채권자가 채권을 실현하기 어려울 수도 있으며, 재산관리를 사실상 수행할 가족이 없는 경우 그 재산은 약탈이나 탈취의 대상이 될 수도 있다.

따라서 잔존배우자나 상속인, 채권자 등의 이익을 보호하기 위해 민법은 부재자가 아직 생존하고 있는 것으로 추측하여 그의 재산을 관리해 줄 사람을 두는 부재자의 재산관리제도를 두고 있다(민법 제22조 이하). 또한 우리나라는 분단의 특수성을 감안해 군사분계선 이북 지역에 잔류하고 있는 부재자들의 재산을 보호하기 위하여 '부재선고에 관한 특별조치법'에 잔류자의 부재선고에 대한 특별규정을 두고 있다. 각 규정의 내용은 아래와 같다.

가. 부재자 재산관리 및 취소 청구

부재자 자신이 재산관리인을 둔 경우에는 재산관리인은 부재자의 임의대리인으로서 민법상 위임에 관한 규정에 따라 규율된다. 그러나 부재자 자신이 재산관리인을 두지 않은 경우나 재산관리인을 두었더라도 본인의 부재 중 그 권한이 소멸한 때에는 부재자 재산관리인은 법원이 선임한다. 그러나 법원이 부재의 사실을 직접적으로 인지하는 것이 어려울 뿐 아니라, 우리 법은 법원이 직권으로 사인(私人)의 재산관리인을 선임하는 규정을 두지 않는다.[2] 대신 우리 민법은 일정한 자의 청구에 의하여 법원이 부재자의 재산관리에 대한 일정한 처분을 하도록 하고 있다. 민법에 의하면 이러한 청구를 할 수 있는 자로는 이해관계인과 검사가 있다(민법 제22조 제1항). 이런 내용의 부재자의 재산관리에 관한 민법 규정은 아래 [표 7−3]과 같다.

[표 7-3] 민법 제22조 부재자의 재산의 관리

민법 제22조(부재자의 재산의 관리)
① 종래의 주소나 거소를 떠난 자가 재산관리인을 정하지 아니한 때에는 법원은 이해관계인이나 검사의 청구에 의하여 재산관리에 관하여 필요한 처분을 명하여야 한다. 본인의 부재 중 재산관리인의 권한이 소멸한 때에도 같다.
② 본인이 그 후에 재산관리인을 정한 때에는 법원은 본인, 재산관리인, 이해관계인 또는 검사의 청구에 의하여 전항의 명령을 취소하여야 한다.

---

2) 우리 법의 이런 태도가 결코 문제가 있는 것은 아니다. 문제는 법관에 어떤 권한을 부여할 것인가는 역사와 사회 문화적 배경과 분리하여 생각할 수 없다.

부재자가 대리인을 통해서라도 스스로 자신의 재산을 관리할 수 있는 가능성이 있는 경우에는 제3자의 개입을 인정할 필요가 없다. 따라서 법원이 부재자의 재산관리인을 선임하였다 하더라도 부재자가 그 후 재산관리인을 정한 때에는 법원은 본인, 재산관리인, 이해관계인, 검사의 청구에 의하여 이러한 명령을 취소하여야 한다(민법 제22조 제2항).

나. 관리인의 개임청구(부재자가 재산관리인을 정한 경우)

[표 7-4] 민법 제23조 관리인의 개임

민법 제23조(관리인의 개임) 부재자가 재산관리인을 정한 경우에 부재자의 생사가 분명하지 아니한 때에는 법원은 재산관리인, 이해관계인 또는 검사의 청구에 의하여 재산관리인을 개임할 수 있다.

부재자가 재산관리인을 정한 이후 생사가 분명하지 않게 된 경우 재산관리인의 처분에 부적절한 점이 있는 때에는 재산관리인, 이해관계인 또는 검사는 재산관리인을 개임할 것을 법원에 청구할 수 있다(민법 제23조).

다. 재산목록작성, 재산보존처분등 청구(부재자가 재산관리인을 정한 경우)

법원이 선임한 재산관리인은 관리할 재산의 목록을 작성하여야 하고 법원이 명령한 재산보존을 위한 필요한 처분행위를 하여야 한다(민법 제24조 제1항, 제2항).

[표 7-5] 민법 제24조 관리인의 직무

민법 제24조(관리인의 직무) ① 법원이 선임한 재산관리인은 관리할 재산목록을 작성하여야 한다.
② 법원은 그 선임한 재산관리인에 대하여 부재자의 재산을 보존하기 위하여 필요한 처분을 명할 수 있다.
③ 부재자의 생사가 분명하지 아니한 경우에 이해관계인이나 검사의 청구가 있는 때에는 법원은 부재자가 정한 재산관리인에게 전2항의 처분을 명할 수 있다.
④ 전3항의 경우에 그 비용은 부재자의 재산으로써 지급한다.

한편 부재자가 지정한 재산관리인이 있는 경우에는 원칙적으로 법원이 선임한 부재자의 직무를 규정한 민법 제24조의 규정은 적용되지 않는다. 따라서 이 경우에는 부재자가 위임한 범위 내에서 재산관리인의 직무범위가 정하여진다. 그러나 부재자가 재산관리인을 미리 정한 경우에도 부재자의 생사가 분명하지 아니한 경우에는 이해관계인이나 검사의 청구가 있는 때 법원은 부재자가 선임한 재산관리인에게 법원이 선임한 재산관리인과 동일하게 재산목록을 작성하게 하고, 재산보존에 필요한 처분을 하도록 명할 수 있도록 하고 있다(민법 제24조 제3항).

라. 부재선고 및 취소 청구

가족관계등록부에 군사분계선 이북 지역에 거주하는 것으로 표시된 사람을 잔류자라고 한다(부재선고에 관한 특별조치법 제2조). 잔류자의 재산이 군사분계선 이남에 있을 수 있을 때 위 부재자와 마찬가지로 그 재산을 관리할 재산관리인을 둘 필요가 있다. 이때 잔류자의 부재선고청구권제도를 두고 있다. 이는 부재선고에 관한 특별조치법상 군사분계선 이북 지역에 잔류하고 있는 자에 대하여 가족이나 검사에게 부재선고를 청구할 수 있도록 하는 것을 말한다. 이러한 잔류자에 대하여 간이한 절차에 따라 실종선고를 받은 것과 동일하게 취급할 수 있는 제도가 바로 부재선고와 그 취소제도이다. 부재선고를 받은 자는 가족관계등록부에서 제적되게 된다. 한편 부재선고취소권은 이러한 부재자의 사망사실 또는 군사분계선 이북지역 이외의 지역에 거주하고 있는 사실이 인정되는 경우에 본인, 가족 또는 검사에게 부재선고에 대한 취소를 청구할 수 있는 것을 말한다.

[표 7-6] 부재선고에 관한 특별조치법 제3조

부재선고에 관한 특별조치법 제3조(부재선고) 법원은 잔류자임이 분명한 사람에 대하여는 가족이나 검사의 청구에 의하여 부재선고를 하여야 한다.

[표 7-7] 부재선고에 관한 특별조치법 제5조

부재선고에 관한 특별조치법 제5조(부재선고의 취소) ① 법원은 다음 각 호의 어느 하나에 해당하는 경우에는 본인, 가족 또는 검사의 청구에 의하여 부재선고를 취소하여야 한다. 이 경우 부재선고의 취소는 그 선고가 있은 후부터 선고가 취소되기 전까지 선의(善意)로 한 행위의 효력에는 영향을 미치지 아니한다.

1. 부재선고를 받은 사람이 사망한 사실이 증명된 경우
2. 부재선고를 받은 사람이 군사분계선 이북 지역이 아닌 곳에 거주하고 있는 사실이 증명된 경우
3. 잔류자가 거주하는 군사분계선 이북 지역이 그 이남 지역의 행정구역으로 편입된 경우

② 부재선고 취소의 경우에는 「민법」 제29조 제2항을 준용한다.

2) 검사의 권한을 인정한 목적

검사에게 재산목록작성 · 보존필요처분 명령청구권을 인정하는 것은 부재자가 재산관리인을 정한 후 생사불명이 된 경우에도 재산관리인이 위임받은 범위 내에서만 직무를 행하여야 한다면 부재자의 재산관리에 만전을 기하기 어렵고, 또한 이러한 규정을 악용하여 부재자의 재산을 편취 · 사취하고자 하는 행위로부터 부재자를 보호하기 어렵기 때문이다. 부재자의 지정재산관리인 개임청구권도 같은 취지이다.

그리고 검사에게 잔류자의 부재선고 · 취소청구권을 인정하고 있는 것 역시 대한민국의 가족관계등록부에 기재되어 있는 군사분계선 이북 지역에 잔류한 자의 경우 이에 대한 생사여부의 확인이 어려워 신분관계에 대한 가족관계등록부의 정리가 용이하지 않으므로, 이를 일괄적으로 처리할 수 있도록 한 것이다.

이때 검사의 개입은 부재자가 스스로 자신의 재산을 관리할 수 없고, 다른 적절한 신청권자가 없을 경우, 부재자 본인을 보호하기 위해 신청권을 행사하도록 하는 것이다. 즉 검사가 '부재자'를 대신하여 그 재산을 관리할 수 있도록 하는 것과 다를 바 없다.

3) 보호기간: 현행법의 부적절성

신청권의 행사라는 관점에서 보면 검사의 개입은 보충적으로 이해될 수 있다. 부재자의 재산관리를 위해 검사가 보충적으로 개입할 필요가 있는 사안일 때에는 그 부재자에게 잠재적 상속인(가족 또는 친족)이 없을 경우인데, 검사에게 주어진 권한은 그 부재자의 재산관리인 선임의 처분이나 지정재산관리인의 개임청구, 잔류자의 부재선고, 취소청구권에 국한된다. 부재자의 실질적 보호는 법원이 선임한 재산관리인을 통해서이다. 즉 검사에게 주어진 권한은 재산관리인을 선임하거나 그 재산관리인을 개임청구를 하도록 하는 1회적인 조치에 국한된다는 것이다.

그런데 검사의 개입을 보충적으로 이해하면, 검사가 개입해야 할 사건은 가족이나 친족이 없는 사안이 될 것이고, 부재자의 보호에 불충분하다는 문제가 있다. 이 점에서 영국법[3]에서처럼 부재자의 후견인 선임(공적 변호사도 후견인이 될 수 있음)과 사인이 후견인으로 선임되었을 경우의 공공후견청(the Office of the Public Guardian)에 의한 감독 등과 같은 지속적 보호가 필요하다.

---

3) 이 부분은 후술하는 영국의 부재자재산관리제도 참조.

4) 대체 공적 기관의 유무

부재자의 재산을 관리할 가족이나 친족이 없기 때문에 검사가 개입하여야 할 사건을 가정하면, 부재자에게 필요한 것은 법적 보호이다. 즉 채권추심, 채무이행을 포함한 여타의 재산관리에 필요한 법률행위를 재산관리인이 하여야 한다. 이런 일은 법률전문가인 공적 기관이 수행하는 것이 가장 적합할 것이다.

(2) 실종자의 법적 보호와 검사의 역할

1) 목 적

부재자가 장기간 생사불명상태에 있어 사망의 개연성은 크지만 사망의 확증도 없는 경우에 이를 방치하면 그 부재자의 법률관계가 확정되어 있지 않아서 가족 등 상속인이나 채권자 여타의 이해관계인에게 불이익을 준다. 판례에 의하면 실종선고가 없는 이상 부재의 기간과는 관계없이 부재자의 생존이 추정되므로[4] 법률상의 관계가 불안정해지기 때문이다. 이 경우 민법은 일정한 조건 하에 법원이 실종선고를 하고, 실종선고를 받은 사람에 대해서는 일정 시점을 기준으로 하여 사망과 동일한 법률효과가 생기도록 하고 있다. 이러한 실종선고를 받은 사람이 실종자이다.

실종선고제도의 취지는 부재자의 재산관리가 불안정한 상태로 장기화되는 것을 방지하고, 부재자의 재산관계와 가족관계를 일거에 정리하여 상속인과 배우자, 채권자를 보호하는 것이 장기간 부재상태에 있는 사람의 이익에도 부합하기 때문이다. 실종선고가 없으면 권리, 의무가 부재자에게만 귀속되는 특성상, 그 부재자가 다하여야 할 법적 및 도의적 의무를 제대로 이행하지 못하는 결과가 될 것인데, 그 부재자의 재산을 사망을 전제로 청산하는 것이 통상인의 법감정에 가장 잘 부합할 수 있다.

물론 실종선고는 실종자의 주소를 중심으로 하는 사법상의 법률관계만을 종료시키며, 공법상의 법률관계에는 영향을 주지 않는다. 또한 실종선고는 실종자의 기존의 주소를 중심으로 하는 법률관계를 종료시키는 제도이므로 그 범위 내에서는 권리능력이 상실되지만, 그 이외의 권리능력 일반을 박탈하는 제도는 아니다. 권리능력은 자연인이 살아있는 한 인정되는 것이기 때문이다.

실종선고는 부재자의 생사가 불분명하고 법으로 정한 실종기간이 경과한 경우

---

4) 대법원 1960.9.8. 선고 4292민상885 판결.

이해관계인이나 검사가 이를 청구하게 된다(민법 제27조). 실종선고의 청구가 있으면 일정기간의 공시최고를 거쳐 법원이 실종을 선고하게 되고, 실종선고심판이 확정되면 실종선고를 받은 부재자는 실종기간이 만료한 때에 사망한 것으로 간주된다(민법 제28조). 실종선고의 심판서에는 부재자가 사망한 것으로 간주되는 날짜를 기재하여야 한다. 실종선고는 실종기간이 만료된 때에 실종자가 사망한 것으로 간주 · 확정되는 법률상 효과가 있다.

한편 인정사망의 경우에도 가족관계등록부상 사망의 기재가 이루어지지만, 그 기재는 사실상 추정력이 있을 뿐이다.

[표 7-8] 민법 제27조 실종의 선고

민법 제27조(실종의 선고) ① 부재자의 생사가 5년간 분명하지 아니한 때에는 법원은 이해관계인이나 검사의 청구에 의하여 실종선고를 하여야 한다.
② 전지에 임한 자, 침몰한 선박 중에 있던 자, 추락한 항공기 중에 있던 자 기타 사망의 원인이 될 위난을 당한 자의 생사가 전쟁 종지 후 또는 선박의 침몰, 항공기의 추락 기타 위난이 종료한 후 1년간 분명하지 아니한 때에도 제1항과 같다.

[표 7-9] 민법 제29조 실종선고의 취소

민법 제29조(실종선고의 취소) ① 실종자의 생존한 사실 또는 전조의 규정과 상이한 때에 사망한 사실의 증명이 있으면 법원은 본인, 이해관계인 또는 검사의 청구에 의하여 실종선고를 취소하여야 한다. 그러나 실종 선고 후 그 취소 전에 선의로 한 행위의 효력에 영향을 미치지 아니한다.
② 실종선고의 취소가 있을 때에 실종의 선고를 직접원인으로 하여 재산을 취득한 자가 선의인 경우에는 그 받은 이익이 현존하는 한도에서 반환할 의무가 있고 악의인 경우에는 그 받은 이익에 이자를 붙여서 반환하고 손해가 있으면 이를 배상하여야 한다.

민법은 실종을 보통실종과 특별실종으로 나누어 규정하고 있다. 양자는 실종기간에 차이가 있다. 보통실종의 실종기간은 5년이고, 특별실종의 실종기간은 1년이다(민법 제27조). 특별실종은 전쟁, 항공기나 선박의 추락이나 실종 등의 재난을 당한 자의 경우 사망의 개연성이 매우 높다는 점에서 실종기간을 단기로 하고 있다.

실종선고의 취소는 취소한 실종선고의 원인과 다른 사실이 증명된 경우에 일정한 자의 청구에 의하여 사망으로 의제된 효과를 번복하는 것이다. 민법은 실종자가 생존한 사실 또는 이와 상이한 시기에 사망한 사실의 증명이 있으면 이를 취소하여야 한다고 규정하고 있다. 실종선고의 취소 또한 가정법원의 심판절차를 밟아야 한다. 이 경우 실종선고를 청구하거나 이의 취소를 청구할 수 있는 자는 본인, 이해관계인 또는 검사이다(민법 제29조 제1항).

2) 검사의 권한을 인정한 목적

검사를 실종선고의 청구권자로 하고 있는 것은, 다른 적절한 신청권자인 상속인이나 채권자 기타 이해관계인이 없을 때를 대비하기 위한 것이다. 신청권의 행사라는 관점에서 보면 검사의 개입은 보충적일 수 있다. 다른 적절한 신청권자가 없을 때 검사가 실종선고를 하여 그 재산으로 상속채권자를 만족시키고 잔여 재산을 국고로 귀속시키는 것이 실종자를 위한 최선의 방법이다. 실종선고받은 자가 귀환할 경우 국고귀속된 재산을 반환해 줄 수 있으므로,[5] 실종자를 위해서도 검사의 권한행사가 최선의 방안이 된다.

그런데 실종자와의 관계에서 이해관계를 가진 자가 법원에 실종선고를 청구할 수 있으나 이를 청구하지 않는다는 이유로 검사가 실종선고 또는 실종선고 취소신청을 하는 것은 신중을 기할 필요가 있다. 일제 강점기 우리나라에 의용되던 일본민법에서는 부재자의 생사에 가장 이해관계가 큰 배우자, 상속인 등이 부재자의 귀래를 고대하고 있는데 국가가 몰인정하게 사망의 효과를 강요하는 것은 타당하지 않다는 견해에서 검사를 청구권자로 규정하지 않았다. 국가가 상속세취득의 이익을 앞세워 검사에게 청구권을 행사하도록 하는 것으로 비추어질 수 있다는 것이다. 실질적으로 상속의 효과를 실현하고 있다면 해당 국가기관(국세청)이 이해관계자로서 실종선고 또는 실종선고취소를 신청하는 것이 바람직할 것이다. 검사의 위 권한은 다른 이해관계자가 없을 때에만 행사되어야 할 것이다(보충적 권한행사).

3) 보호기간: 현행법의 적절성

검사가 개입하여 실종선고를 신청한 경우에는 상속인이나 여타의 채권자 등이 없는 매우 예외적인 사안에 한정된다. 실종선고 받은 자에게 법적 사망의 효과가 발생하면 검사는 민법 제1053조의 상속인부존재로 인한 재산관리인 선임신청으로 나아가야 한다. 그 후 상속재산을 국고처리하여야 할 것이다. 이 점에서 보면 보호기간은

5) 실종자의 관점에서 보면 반환채무자가 무자력일 경우가 있겠지만, 국가가 무자력이 되는 것은 상정할 수 없기 때문이다.

연속적인 일련의 사건과 연계된다고 할 수 있다.

4) 대체 공적기관의 유무

실종자의 재산을 관리할 가족이나 친족이 없기 때문에 검사가 개입하여야 할 사건을 가정하면, 실종자의 재산관리에 필요한 것은 법적 보호이다. 즉 채권추심, 채무이행을 포함한 여타의 재산관리에 필요한 법률행위를 하여야 한다. 이런 일은 법률전문가인 공적 기관이 수행하는 것이 가장 적합할 것이다.

(3) 상속인 없이 사망한 자의 보호와 검사의 역할

1) 목 적

피상속인이 사망함으로써 상속이 개시되었으나, 상속인의 존부가 불분명한 경우에는 피상속인의 재산에 큰 위험이 닥치게 된다. 피상속인으로서는 자신의 상속인에게 재산이 상속되게 하거나, 상속채권자의 채권을 만족시키거나, 특별한 연고가 있는 사람에게 그 재산이 분여되게 하거나(민법 제1057조의2), 국가에 그 재산이 귀속되게 함으로써(민법 제1058조), 자신의 재산이 헛되게 낭비되지 않게 하는 것이 사망자의 최종의사일 것이다. 이런 의사를 존중하는 조치가 필요하다. 우리 법은 피상속인의 이런 종의(終意)를 존중하여 다음과 같은 규정을 두고 있다.

[표 7-10] 민법 제1053조 상속인 없는 재산의 관리인

민법 제1053조(상속인 없는 재산의 관리인) ① 상속인의 존부가 분명하지 아니한 때에는 법원은 제777조의 규정에 의한 피상속인의 친족 기타 이해관계인 또는 검사의 청구에 의하여 상속재산관리인을 선임하고 지체 없이 이를 공고하여야 한다. ② 제24조 내지 제26조의 규정은 전항의 재산관리인에 준용한다.

위 규정은 상속인을 수색하기 위하여 일정한 절차가 필요할 뿐만 아니라, 상속채권자와 수증자 등의 이익을 위하여 상속재산에 대한 관리와 청산이 필요하기 때문에 둔 것이다. 상속인의 존부가 분명하지 아니한 때에는 가정법원은 민법 제777조에 의한 피상속인의 친족 기타 이해관계인 또는 검사의 청구에 의하여 상속재산관리인을 선임하고 지체없이 이를 공고하여야 한다. 이에 의하여 선임된 관리인은 원칙적으로 부재자를 위한 재산관리인과 비슷하므로 부재자를 위한 재산관리인에 관한 규정

이 준용된다.

2) 검사의 권한을 인정한 목적

상속인이 없거나 그 존재가 불명확하고, 친족이나 이해관계인도 없는 경우 상속재산을 특별연고자에게 분여하거나 국고로 귀속시키는 것이 필요하다. 그것이 피상속인의 최종의사에 가장 잘 부합하기 때문이다. 민사법의 여러 규정을 종합적으로 검토해 보면, 우리 민사법은 사회적 연대의식 하에 자기책임 하에 사회생활을 하는 개인을 이상적 모습으로 상정하고 있다고 말할 수 있다. 개인의 재산을 상속할 사람이 없을 때 국가에 귀속시키고자 하는 것이 '사회적 연대의식'하에 생활하는 시민사회 구성원의 생각이라고 해석할 수 있다. 이런 사안에서 그 개인의 편에 서서 검사가 권한을 행사하도록 한 것이다.

3) 보호기간: 현행법의 부적절성

보충적으로 상속재산관리인의 선임을 신청한 경우, 그 상속재산관리인으로 하여금 상속재산의 최종적 처리까지 담당하도록 해야 할 것이다. 그 점에서 그 이후의 처리과정을 감독하고 지휘할 기관에 관하여는 아무런 규정이 없다. 즉 이 경우 1회적 보호조치로는 미흡하다.

4) 대체 공적 기관의 유무

상속인 없는 상속재산의 관리와 최종적 처분의 업무는 법률적 사무를 전문적으로 다루는 공적 기관이 아니면 수행하기 어려울 것이다. 그 점에서 검사가 담당하여야 할 고유한 역할이라고 볼 수 있다.

(4) 상속인이 피상속인의 재산을 부적절하게 관리할 우려가 있는 경우 피상속인의 재산보호와 검사의 역할

1) 목 적

민법은 제1019조에서 상속에 대한 승인 · 포기의 기간에 대하여, 제1023조에서 상속재산보존에 필요한 처분에 관하여 검사로 하여금 일정한 역할을 수행하도록 하고 있다. 이들 규정은 상속에 의하여 피상속인의 재산이 일방적으로 상속인에게 이전되도록 민법에서 규정함에 따라 발생할 수 있는 피상속인의 재산에 대한 이해관계인을 보호하는 한편, 진정상속인을 보호하기 위한 규정이다. 그 규정의 내용은 다음과 같다.

가. 상속 승인 등의 기간 연장 청구

[표 7-11] 民法 제1019조 상속 승인 포기의 기간

민법 제1019조(승인, 포기의 기간) ① 상속인은 상속 개시 있음을 안 날로부터 3월내에 단순승인이나 한정승인 또는 포기를 할 수 있다. 그러나 그 기간은 이해관계인 또는 검사의 청구에 의하여 가정법원이 이를 연장할 수 있다. ② 상속인은 제1항의 승인 또는 포기를 하기 전에 상속재산을 조사할 수 있다. ③ 제1항의 규정에 불구하고 상속인은 상속채무가 상속재산을 초과하는 사실을 중대한 과실 없이 제1항의 기간 내에 알지 못하고 단순승인(제1026조 제1호 및 제2호의 규정에 의하여 단순 승인한 것으로 보는 경우를 포함한다)을 한 경우에는 그 사실을 안 날부터 3월내에 한정승인을 할 수 있다.

상속의 승인이란 상속의 개시에 의하여 피상속인에게 속하였던 재산상의 모든 권리 · 의무가 상속인에게 귀속하는 효과를 거부하지 않을 것을 선언하는 것을 말한다. 상속의 포기란 상속개시에 의하여 발생하는 효과를 상속개시의 시점에 소급하여 소멸시키는 의사표시를 말한다. 상속의 승인이나 포기는 상대방 없는 일방적 의사표시이다. 다만 한정승인과 상속의 포기는 가정법원에 대한 신고로써 하여야 한다.

상속의 승인 또는 포기는 상속개시 후에 하여야 한다. 우리 민법은 이러한 상속의 승인이나 포기를 상속인이 상속개시가 있음을 안 날로부터 3월내에 하도록 규정하고, 이 기간은 이해관계인 또는 검사의 청구에 의하여 가정법원이 연장할 수 있도록 한다(민법 제1019조 제1항). 다만, 상속인이 상속채무가 상속재산을 초과하는 사실을 중대한 과실 없이 상속개시가 있음을 안 날로부터 3개월 내에 알지 못하고 단순승인(제1026조에 의해 단순승인으로 의제되는 경우 포함)을 한 경우에는, 그 사실을 안 날부터 3월내에 한정승인을 할 수 있다(민법 제1019조 제3항).

제1019조 제3항은 2004년 1월 14일 민법 일부개정시 신설된 규정이다. 민법 제1026조는 법정단순승인사유로 ① 상속인이 상속재산에 대한 처분행위를 한 때(제1호), ② 상속인이 제1019조 제1항의 기간(상속개시가 있음을 안 날로부터 3개월)내에 한정승인 또는 포기를 하지 아니한 때(제2호), ③ 상속인이 한정승인 또는 포기를 한 후에 상속재산을 은닉하거나 부정소비하거나 고의로 재산목록에 기입하지 아니한 때(제3호)를 들고 있었다. 그 중 제2호에 대하여 헌법재판소에 의해 헌법불합치결정이 내려

졌고,[6] 이에 따라 2004년 1월 민법을 일부개정하면서 상속인의 중대한 과실 없이 상속채무가 상속재산을 초과하는 사실을 알지 못하여 단순승인을 하는 경우에 발생할 상속인의 손해를 방지하기 위하여 상속여부숙려기간을 규정한 제1019조에 제3항을 신설하였다.

나. 상속재산 보존에 필요한 처분 청구

[표 7-12] 민법 제1023조 상속재산 보존에 필요한 청구

민법 제1023조(상속재산보존에 필요한 처분) ① 법원은 이해관계인 또는 검사의 청구에 의하여 상속재산의 보존에 필요한 처분을 명할 수 있다.
② 법원이 재산관리인을 선임한 경우에는 제24조 내지 제26조의 규정을 준용한다.

가정법원은 이해관계인 또는 공익의 대표자인 검사의 청구에 의하여 재산상속인의 관리의무와는 별도로 상속재산의 보존에 필요한 처분을 명할 수 있다. '보전에 필요한 처분'이란 상속인에게 재산을 관리시키는 것이 부적당한 경우에 제3자를 상속재산관리인으로 선임하는 것이나, 재산목록의 작성 · 제출, 상속재산의 환가 등을 가리킨다. 이러한 처분의 한 방법으로서 가정법원이 상속재산관리인을 선임한 경우에는 부재자를 위한 재산관리인에 관한 제24조 내지 제26조의 규정이 준용된다.

2) 검사의 권한을 인정한 목적

위 각 조문의 경우 상속인이 있음에도 불구하고 검사에게 한정승인 또는 포기를 위한 숙려기간의 연장을 하도록 신청할 권한(위 가.의 사안), 상속재산의 관리에 필요한 처분을 위한 신청권한을 인정한다(위 나.의 사안). 검사가 그 권한을 행사할 상황은 상속인이 부재 또는 실종된 상태에 있거나 미성년자여서 상속재산의 관리에 필요한 조치를 취할 수 없는 경우에 이를 그대로 방치할 경우에 한정된다고 해석하는 것이 필요하다. 즉 이때의 검사의 민사법상의 권한 행사도 보충적이라는 것이다. 그 목적은 피상속인만이 아니라 미성년자 또는 부재자인 상속인의 이익을 침해하기 때문에 이들을 보호하기 위한 것이어야 할 것이다.

3) 보호기간: 다른 조치와 연계될 필요

위의 각 경우 기간이 연장되거나 재산관리인이 선임되도록 하는 것만으로는 불

6) 헌법재판소 1998.8.27. 선고 96헌가22, 97헌가2 · 3 · 9, 96헌바81, 98헌바24 · 25 결정(병합).

충분할 것이다. 상속인의 부재상태나 미성년 등의 상태가 지속되기 때문이다. 따라서 다른 후속조치와 결부되지 않으면 피상속인 및 상속인의 보호에 불충분할 것이다.

4) 대체 공적 기관의 유무

상속재산의 관리의 업무는 법률적 사무를 주된 내용으로 하는 것이어서, 법률문제를 전문적으로 다루는 공적 기관이 아니면 수행하기 어려울 것이다. 검사가 담당하여야 할 고유한 역할이라고 볼 수 있다.

(5) 재단법인 정관보충과 검사의 역할

1) 목 적

민법은 재단법인의 설립자가 정관의 중요사항에 대하여만 정하고 그 외의 사항을 정하지 못하고 사망한 경우 정관의 보충을 통하여 재단법인이 설립될 수 있는 길을 마련해 두고 있다.

[표 7-13] 민법 제44조 재단법인의 정관의 보충

민법 제44조(재단법인의 정관의 보충) 재단법인의 설립자가 그 명칭, 사무소소재지 또는 이사임면의 방법을 정하지 아니하고 사망한 때에는 이해관계인 또는 검사의 청구에 의하여 법원이 이를 정한다.

2) 검사에게 권한을 인정한 목적

재단법인 설립자의 의사가 명백히 표현되었음에도 불구하고, 유언을 집행할 상속인이 없거나 여타의 이해관계자가 없을 때 보충적으로 검사로 하여금 사망한 재단법인 설립자의 설립의사가 실현될 수 있도록 지원하기 위한 것이다.

3) 보호기간: 현행법의 적절성

정관이 정해지면 그 이후의 절차는 초대 정관의 이사진이 재단법인의 기관으로서 설립자의 설립취지를 구현해 줄 것이고, 주무관청이 감독할 것이므로 보호기간은 법원에 청구함으로써 충분하다.

4) 대체 공적 기관의 유무

재단법인 설립자가 작성하여야 할 정관을 마무리 짓도록 하는 작업은 법률적 사무를 주된 내용으로 하는 것이어서, 법률문제를 전문적으로 다루는 공적 기관이 아

니면 수행하기 어려울 것이다. 검사가 담당하여야 할 고유한 역할이라고 볼 수 있다.

(6) 사망자를 상대로 한 소송에서 사망자의 보호와 검사의 역할

1) 목 적

권리－의무는 생존한 자연인 또는 법인에게 귀속되기 때문에 사망한 자연인을 상대로 소송을 할 수 없다. 소송의 당사자가 사망한 경우 민사소송의 경우 소송절차는 중단되는 것도 이 때문이다. 이때 상속인, 상속재산관리인, 그 밖에 법률에 의하여 소송을 계속하여 수행할 사람이 소송절차를 수계하여야 한다(민사소송법 제233조).

신분관계에 관한 소송 역시 사망한 자를 상대로 소를 제기할 수 없다. 그러나 신분관계의 상대방이 사망하여 소를 제기할 수 없다면 왜곡된 신분관계를 바로잡지 못하고 살아가야 하는 문제점이 있다. 이때 누군가가 그 상대방이 되어야만 하는 것이다. 이처럼 피고가 될 상대방이 이미 사망한 경우 우리 법은 검사로 하여금 피고의 대리인과 같은 지위에 있게 하여 잘못된 신분관계를 바로 잡고자 하는 사람의 주장의 진위 여부를 다투게 하도록 하고 있다. 관련 규정은 다음과 같다.

가. 친생부인의 소

[표 7-14] 민법 제847조의 친생부인의 소

제847조(친생부인의 소) ① 친생부인의 소는 부(夫) 또는 처(妻)가 다른 일방 또는 자(子)를 상대로 하여 그 사유가 있음을 안 날부터 2년내에 이를 제기하여야 한다.
② 제1항의 경우에 상대방이 될 자가 모두 사망한 때에는 그 사망을 안 날부터 2년내에 검사를 상대로 하여 친생부인의 소를 제기할 수 있다.

나. 친생부인

[표 7-15] 민법 제849조의 자 사망후의 친생부인

제849조(자사망후의 친생부인)
자가 사망한 후에도 그 직계비속이 있는 때에는 그 모를 상대로, 모가 없으면 검사를 상대로 하여 부인의 소를 제기할 수 있다.

다. 인지청구

[표 7-16] 민법 제862조 부모 사망과 인지청구의 소

제862조(인지에 대한 이의의 소)
자 기타 이해관계인은 인지의 신고있음을 안 날로부터 1년내에 인지에 대한 이의의 소를 제기할 수 있다.

라. 친생관계존부 확인

[표 7-17] 민법 제865조의 친생관계존부확인의 소

제865조(다른 사유를 원인으로 하는 친생관계존부확인의 소)
① 제845조, 제846조, 제848조, 제850조, 제851조, 제862조와 제863조의 규정에 의하여 소를 제기할 수 있는 자는 다른 사유를 원인으로 하여 친생자관계존부의 확인의 소를 제기할 수 있다. ② 제1항의 경우에 당사자일방이 사망한 때에는 그 사망을 안 날로부터 2년내에 검사를 상대로 하여 소를 제기할 수 있다.

2) 검사의 권한을 인정한 목적

위의 각 소의 경우 원고는 신분관계를 정리할 법적 이익이 있고, 그 상대방은 이미 사망하여 대응할 수 없기 때문에 검사로 하여금 사망자가 당사자였다면 하였을 조치를 대신해서 취하도록 하기 위해 검사에게 이런 권한을 부여한 것이다. 이때 검사는 철저히 사실관계를 확인함으로써 원고나 사망자 모두에게 적절한 법적 보호를 제공해야 할 것이다.

3) 보호기간: 현행법의 적절성

위의 경우 검사는 당해 소에 응소하여 대응하는 것으로 사망자의 이익을 충분히 보호할 수 있다. 위 각 규정의 보호조치로서 적절하다.

4) 대체 공적 기관의 유무

이와 같은 일을 법률적 사무를 전문으로 하는 공적 기관이 담당하는 것이 타당하며, 다른 기관이 이를 대체할 수 없다. 현행법은 그 기관으로 검사를 선택한 것이다.

(7) 아동의 보호와 검사의 역할

1) 목 적

국가와 사회는 가족관계에 개입을 최대한 자제하며 오히려 가족생활, 즉 가족 구성원들 간의 관계를 보호하고 있다. 유엔 인권선언 제16조 제3호는 '가족은 사회의 자연적이자 기본적인 그룹 단위(group unit)이며 국가와 사회의 보호를 받는다.'라고 선언하며, 제12조는 가족에 대한 자의적 개입이 허용되어서는 안 된다고 규정하고 있다. 한편 경제적 · 사회적 · 문화적 인권규약 제10조에서는 가족에 대한 보호와 지원만이 아니라 그 구성원인 아동과 여성에 대한 특별한 보호를 국가의 의무로 규정하고 있다. 우리 헌법 제36조도 개인의 존엄과 양성의 평등이 실현될 수 있도록 가족생활의 질서를 형성하도록 하고 있다.

그런데 우리 민법은 친족관계의 당사자가 본인의 권리를 행사하지 않고 있거나 의무를 해태하고 있는 경우, 그와 친족관계에 있는 자에게 그 당사자와 관련한 법률관계의 결정에 관여할 수 있는 길을 열어두고 있다. 이러한 친족의 범위는 각 개별조문의 성격과 보호대상, 보호정도에 따라 다르다. 거기에 덧붙여 검사도 가족관계에 개입할 수 있도록 하고 있다. 그 중 대표적인 것이 아동의 보호를 위한 것이다.

아동보호와 관련하여 검사의 개입을 인정하는 민법 규정으로는 미성년자인 자의 성과 본 변경(민법 제781조 제6항), 이혼시 자 양육에 관한 변경(민법 제837조 제5항), 친양자의 파양(민법 제908조의5 제1항), 친권상실 또는 일시정지선고(민법 제924조, 아동 · 청소년의 성보호에 관한 법률 제23조 제1항), 친권의 일부제한의 선고(민법 제924조의2), 대리권, 재산관리권 상실 선고(민법 제925조) 등이 있다. 자세한 내용은 다음과 같다.

가. 미성년자인 자의 성과 본 변경청구

[표 7-18] 민법 제781조 자의 성과 본

민법 제781조(자의 성과 본) ① 자는 부의 성과 본을 따른다. 다만, 부모가 혼인신고시 모의 성과 본을 따르기로 협의한 경우에는 모의 성과 본을 따른다.
② 부가 외국인인 경우에는 자는 모의 성과 본을 따를 수 있다.
③ 부를 알 수 없는 자는 모의 성과 본을 따른다.
④ 부모를 알 수 없는 자는 법원의 허가를 받아 성과 본을 창설한다. 다만, 성과 본을 창설한 후 부 또는 모를 알게 된 때에는 부 또는 모의 성과 본을 따를 수 있다.
⑤ 혼인외의 출생자가 인지된 경우 자는 부모의 협의에 따라 종전의 성과 본을 계속 사

용할 수 있다. 다만, 부모가 협의할 수 없거나 협의가 이루어지지 아니한 경우에는 자는 법원의 허가를 받아 종전의 성과 본을 계속 사용할 수 있다.
⑥ 자의 복리를 위하여 자의 성과 본을 변경할 필요가 있을 때에는 부, 모 또는 자의 청구에 의하여 법원의 허가를 받아 이를 변경할 수 있다. 다만, **자가 미성년자이고 법정대리인이 청구할 수 없는 경우에는 제777조의 규정에 따른 친족 또는 검사가 청구할 수 있다**.

자의 복리를 위하여 자의 성과 본을 변경할 필요가 있을 때에는 부, 모 또는 자의 청구에 의하여 법원의 허가를 받아 이를 변경할 수 있다. 자가 미성년자이고 법정대리인이 청구할 수 없는 경우에는 제777조의 규정에 따른 친족 또는 검사가 청구할 수 있다. 이는 주로 재혼가정에서 자라는 자녀들이 실제로 아버지의 역할을 하고 있는 계부나 양부와 성이 달라서 고통을 받는 문제를 해결하기 위한 것이나, 그 밖의 경우에도 이용할 수 있다.

나. (이혼시) 자 양육에 관한 변경 등 청구

[표 7-19] 민법 제837조 이혼과 자의 양육책임

민법 제837조(이혼과 자의 양육책임) ① 당사자는 그 자의 양육에 관한 사항을 협의에 의하여 정한다.
② 제1항의 협의는 다음의 사항을 포함하여야 한다.
1. 양육자의 결정
2. 양육비용의 부담
3. 면접교섭권의 행사 여부 및 그 방법
③ 제1항에 따른 협의가 자(子)의 복리에 반하는 경우에는 가정법원은 보정을 명하거나 직권으로 그 자(子)의 의사(意思) · 연령과 부모의 재산상황, 그 밖의 사정을 참작하여 양육에 필요한 사항을 정한다.
④ 양육에 관한 사항의 협의가 이루어지지 아니하거나 협의할 수 없는 때에는 가정법원은 직권으로 또는 당사자의 청구에 따라 이에 관하여 결정한다. 이 경우 가정법원은 제3항의 사정을 참작하여야 한다.
⑤ **가정법원은 자(子)의 복리를 위하여 필요하다고 인정하는 경우에는 부 · 모 · 자(子) 및 검사의 청구 또는 직권으로 자(子)의 양육에 관한 사항을 변경하거나 다른 적당한 처분을 할 수 있다**.
⑥ 제3항부터 제5항까지의 규정은 양육에 관한 사항 외에는 부모의 권리의무에 변경을 가져오지 아니한다.

부부가 이혼 시 공동의 자녀의 양육에 관한 사항을 협의로 정하며(민법 제837조 제1항), 가정법원은 자(子)의 복리를 위하여 필요하다고 인정하는 경우 이를 변경하거나 다른 적당한 처분을 할 수 있다. 개정 민법은 이러한 변경을 부, 모 이외에 자녀 본인과 검사도 청구할 수 있도록 함으로써 자의 복리를 두텁게 보호하고자 한다.

다. 친양자의 파양청구

[표 7-20] 민법 제908조의5 친양자의 파양

민법 제908조의5(친양자의 파양) ① 양친, 친양자, 친생의 부 또는 모나 검사는 다음 각호의 어느 하나의 사유가 있는 경우에는 가정법원에 친양자의 파양(罷養)을 청구할 수 있다.
1. 양친이 친양자를 학대 또는 유기(遺棄)하거나 그 밖에 친양자의 복리를 현저히 해하는 때
② 제898조 및 제905조의 규정은 친양자의 파양에 관하여 이를 적용하지 아니한다.

친양자의 입양은 친양자에게 양부모의 혼인중 출생자와 같은 지위를 부여함으로써 안정적인 양육환경을 제공하는 데 그 목적이 있다. 따라서 친양자의 입양은 일정한 사유가 있는 경우에만 제한적으로 재판상 파양의 절차를 거쳐 해소될 수 있을 뿐이며, 당사자가 임의로 해소할 수 없다. 따라서 양친, 친양자, 친생의 부 또는 모 외에 검사도 친양자의 파양을 청구할 수 있도록 한 것은 양자의 복리를 위한 공익적 취지이다.

라. 친권상실, 일시정지 또는 일부제한 청구

[표 7-21] 민법 제924조 친권의 상실 또는 일시 정지의 선고

민법 제924조(친권의 상실 또는 일시 정지의 선고) ① 가정법원은 부 또는 모가 친권을 남용하여 자녀의 복리를 현저히 해치거나 해칠 우려가 있는 경우에는 **자녀, 자녀의 친족, 검사 또는 지방자치단체의 장의 청구에 의하여 그 친권의 상실 또는 일시 정지**를 선고할 수 있다.
② 가정법원은 친권의 일시 정지를 선고할 때에는 자녀의 상태, 양육상황, 그 밖의 사정을 고려하여 그 기간을 정하여야 한다. 이 경우 그 기간은 2년을 넘을 수 없다.
③ 가정법원은 자녀의 복리를 위하여 친권의 일시 정지 기간의 연장이 필요하다고 인정하는 경우에는 자녀, 자녀의 친족, 검사, 지방자치단체의 장, 미성년후견인 또는 미성년후견감독인의 청구에 의하여 2년의 범위에서 그 기간을 한 차례만 연장할 수 있다.

[표 7-22] 민법 제924조 친권의 일부 제한선고

제924조의2(친권의 일부 제한의 선고)
가정법원은 거소의 지정이나 그 밖의 신상에 관한 결정 등 특정한 사항에 관하여 친권자가 친권을 행사하는 것이 곤란하거나 부적당한 사유가 있어 자녀의 복리를 해치거나 해칠 우려가 있는 경우에는 자녀, 자녀의 친족, 검사 또는 지방자치단체의 장의 청구에 의하여 구체적인 범위를 정하여 친권의 일부 제한을 선고할 수 있다. <본조신설 2014.10.15.> <개정 2021.1.26.>

[표 7-23] 아동 · 청소년의 성 보호법

아동 · 청소년의성보호에관한법률 제23조(친권상실청구 등) ① 아동 · 청소년대상 성범죄 사건을 수사하는 검사는 그 사건의 가해자가 피해아동 · 청소년의 친권자나 후견인인 경우에 법원에 「민법」 제924조의 친권상실선고 또는 같은 법 제940조의 후견인 변경 결정을 청구하여야 한다. 다만, 친권상실선고 또는 후견인 변경 결정을 하여서는 아니 될 특별한 사정이 있는 경우에는 그러하지 아니하다.

② 다음 각 호의 기관 · 시설 또는 단체의 장은 검사에게 제1항의 청구를 하도록 요청할 수 있다. 이 경우 청구를 요청받은 검사는 요청받은 날부터 30일 내에 해당 기관 · 시설 또는 단체의 장에게 그 처리 결과를 통보하여야 한다.

1. 「아동복지법」 제45조에 따른 아동보호전문기관
2. 「성폭력방지 및 피해자보호 등에 관한 법률」 제10조의 성폭력피해상담소 및 같은 법 제12조의 성폭력피해자보호시설
3. 「청소년복지 지원법」 제29조 제1항에 따른 청소년상담복지센터 및 같은 법 제31조 제1호에 따른 청소년쉼터

③ 제2항 각 호 외의 부분 후단에 따라 처리 결과를 통보받은 기관 · 시설 또는 단체의 장은 그 처리 결과에 대하여 이의가 있을 경우 통보받은 날부터 30일 내에 직접 법원에 제1항의 청구를 할 수 있다.

[표 7-24] 아동복지법 제18조의 친권상실 등의 청구

제18조(친권상실 선고의 청구 등)
① 시 · 도지사, 시장 · 군수 · 구청장 또는 검사는 아동의 친권자가 그 친권을 남용하거나 현저한 비행이나 아동학대, 그 밖에 친권을 행사할 수 없는 중대한 사유가 있는 것을 발견한 경우 아동의 복지를 위하여 필요하다고 인정할 때에는 법원에 친권행사의 제한 또는 친권상실의 선고를 청구하여야 한다.
② 아동복지시설의 장 및 「초 · 중등교육법」에 따른 학교의 장(이하 "학교의 장"이라 한다)은 제1항의 사유에 해당하는 경우 시 · 도지사, 시장 · 군수 · 구청장 또는 검사에게 법원에 친권행사의 제한 또는 친권상실의 선고를 청구하도록 요청할 수 있다. <개정

2016.3.22.>
③ 시 · 도지사, 시장 · 군수 · 구청장 또는 검사는 제1항 및 제2항에 따라 친권행사의 제한 또는 친권상실의 선고 청구를 할 경우 보장원 또는 아동보호전문기관 등 아동복지시설의 장, 아동을 상담 · 치료한 의사 및 해당 아동의 의견을 존중하여야 한다. <개정 2020.12.29.>
④ 시 · 도지사, 시장 · 군수 · 구청장 또는 검사는 제2항에 따라 친권행사의 제한 또는 친권상실의 선고 청구를 요청받은 경우에는 요청받은 날부터 30일 내에 청구 여부를 결정한 후 해당 요청기관에 청구 또는 미청구 요지 및 이유를 서면으로 알려야 한다.
⑤ 제4항에 따라 처리결과를 통보받은 아동복지시설의 장 및 학교의 장은 그 처리결과에 대하여 이의가 있을 경우 통보받은 날부터 30일 내에 직접 법원에 친권행사의 제한 또는 친권상실의 선고를 청구할 수 있다. <개정 2014.1.28, 2016.3.22.>

친권상실이란 일정한 사유가 있는 때에 법원의 선고를 통하여 친권자의 친권을 박탈하는 것을 말한다. 민법은 이러한 친권상실의 사유로 '친권의 남용', '현저한 비행' 및 '기타 친권을 행사시킬 수 없는 중대한 사유'의 세 가지를 들고 있다. '친권의 남용'이란 자녀의 양육이나 재산관리 등의 권리 · 의무를 부당하게 행사하여 자녀의 복리를 현저히 해치는 것을 말한다. 판례는 자녀에게 과도한 징계를 가하거나, 자녀의 재산을 무상 또는 지나치게 낮은 가격으로 처분하거나,[7] 자녀에게 부당한 채무를 부담시키거나, 어린 자녀에 대한 양육의무를 장기간 이행하지 않는 것[8] 등을 친권의 남용으로 판단하고 있다. 다만, 외관상 부당한 친권행사에 해당하는 행위라도 그 동기나 목적이 자녀의 복지를 향상시키는데 있고, 결과 또한 그러할 때에는 친권의 남용에 해당하지 않는다.[9] '현저한 비행'이란 자녀의 인격형성에 나쁜 영향을 미칠 정도로 윤리적으로 비난받을 만한 친권자의 행위를 말한다. 예를 들어 부의 방탕 · 습관적인 도박, 모의 사통(私通) 등이 이에 해당한다. 그러나 현저한 비행의 판단에 있어서는 그와 같은 행위에 이르게 된 동기나 사정, 그 후의 경과 등을 종합하여 판단하여야 한다고 한다.[10]

친권상실과 같은 요건 하에 친권을 일시 정지할 수 있도록 하는 규정을 2014년 10월 15일 개정 민법(2015년 10월 16일부터 시행)으로 도입하였다. 지나치게 엄격한 요

7) 대법원 1968.12.6. 선고 68므39 판결.
8) 대법원 1991.12.10. 선고 91므641 판결.
9) 대법원 1963.8.31. 선고 63다363 판결.
10) 대법원 1993.3.4. 선고 93스3 판결.

건 하에서만 친권을 상실시켜 온 것이 아동의 복리에 오히려 위험요인으로 작용할 수 있다는 점이 지적되어 왔다. 친권자에 의한 아동학대가 빈번하게 발생하고[11] 학대로 인해 사망하는 아동의 숫자가 매년 40여명에 달함에도 불구하고[12], 친권상실 건수 신청건수는 매우 미미하다.[13] 피해아동에 대한 국가의 보호가 미흡하다는 것을 수치로 잘 보여주고 있다. 이런 이유로 친권 행사를 하지 않거나 부적절하게 행사하는 경우 일시적으로 친권을 정지할 수 있도록 하였다. 정지의 기간은 최대 2년으로 하고, 1회에 한하여 연장할 수 있도록 하였다.

마찬가지로 친권을 상실 또는 정지시키지 않더라도 아동 보호를 위해 필요하다고 인정되는 범위에서만 친권의 일부를 제한함으로써 아동보호의 목적을 달성할 수 있을 때에는 친권의 일부를 제한할 수 있도록 하였다. 친권을 일시, 일부 제한하는 것도 해석론으로 가능한 것으로 인정되고 있다.

민법은 이러한 친권상실, 일시정지 또는 일부제한 선고를 청구할 수 있는 자로 제777조의 규정에 의한 자의 친족, 즉 8촌 이내의 혈족, 4촌 이내의 인척, 배우자를 들고 있으며, 친족 이외에 검사에게도 청구권을 인정하고 있다.

한편 아동 · 청소년 성보호에 관한 법률과 아동복지법에서 성폭력 가해자가 친권자이거나 후견인일 경우 또는 아동학대행위자가 친권자이거나 후견인일 경우 검사가 친권상실 또는 후견인 변경심판 신청을 할 수 있게 하였다. 아동복지법은 거기서 한 걸음 더 나아가 검사가 친권상실 심판 청구를 하지 않을 경우 아동복지시설의 장과 학교의 장이 직접 친권제한 또는 친권상실 청구를 할 수 있게 하였다. 학대나 성

11) 보건복지부, 2021년 아동학대 주요통계에 따르면, 2021년 1년 동안 아동학대 의심사례로 신고된 건수는 52,083건이고 그 중 아동학대로 판정된 사례는 37,605건이다. 그 중 고소 · 고발된 건수는 16,096건이고 아동학대법에 따라 조치(응급조치, 긴급임시조치, 임시조치, 보호처분)된 건수는 5,718건이다(1건에 대해 여러 개의 조치가 중복될 수 있음). 임시조치는 3,561건, 보호처분은 1,874건, 피해아동보호명령은 236건이다. 형사처벌을 받은 건수는 316건이다.

12) 보건복지부, 2021년 아동학대 주요통계에 따르면 매년 학대로 사망하는 아동 수는 아래 표와 같다.

(단위: 명, %)

연도	사망아동 인원	아동학대 피해아동 명수 중 사망아동 명수 비율
2017	38	0.21
2018	28	0.14
2019	42	0.19
2020	43	0.19
2021	40	0.15

13) 2022년 사법연감을 보면 2021년 친권상실 및 실권회복 선고가 인용된 건수는 92건에 불과하다.

범죄 피해아동은 국가가 더 두텁게 보호하여야 하기 때문에 국가의 적극적 개입이라는 역할을 수행하는 기관으로 검사를 정한 것이다. 검사가 이 역할을 하지 못하는 현실을 반영하여 2011년 3월 11일 개정된 민법(2013년 7월 1일 시행)에서 새로운 성년후견제도를 도입하면서 지방자치단체의 장에게 후견 관련 신청권한을 부여하였고, 2014년 10월 15일 개정된 민법에서 지방자치단체의 장에게도 친권상실 심판 신청을 할 수 있게 하였다. 아동복지법 제18조는 거기서 한 걸음 더 나아가 아동복지시설의 장이나 학교의 장에게도 예외적 상황에서 친권상실 심판 신청을 할 권한을 부여한 것이다. 이런 변화는 모두 학대 또는 범죄 피해아동의 보호를 위한 국가의 적극적 개입이라는 역할을 수행할 주체를 확대해 나가는 과정이라고 할 수 있다.

마. 대리권 · 재산관리권의 상실 청구

[표 7-25] 민법 제925조 대리권, 재산권리권 상실의 선고

민법 제925조(대리권, 재산관리권 상실의 선고) 가정법원은 법정대리인인 친권자가 부적당한 관리로 인하여 자녀의 재산을 위태롭게 한 경우에는 자녀의 친족, 검사 또는 지방자치단체의 장의 청구에 의하여 그 법률행위의 대리권과 재산관리권의 상실을 선고할 수 있다. <개정 2014.10.15.> [전문개정 2012.2.10.]

본조는 민법 제924조와 마찬가지로 친권자의 권한 행사가 자녀의 복리를 위태롭게 하는 경우에 이를 법원의 재판으로써 제한하는 것을 내용으로 한다. 법정대리인인 친권자가 부적당한 관리로 인하여 자녀의 재산을 위태롭게 한 경우 그 법률행위의 대리권과 재산관리권의 상실을 청구할 수 있는 자는 민법 제정 당시에는 자녀의 친족으로만 규정되어 있었으나 2012년 개정에서 검사가 추가되었다. 본조와 민법 제924조는 일부청구와 전부청구의 관계를 가지기 때문에 청구권자의 범위를 일치시킨 것이다.

2) 검사의 권한을 인정한 목적

부모나 친족 또는 제3자에 의해 이루어지는 아동학대나 방임의 유형은 매우 다양하다. 다양한 유형의 학대나 방임에 대한 법적 대응수단으로 우리 법은 제한적인 범위에서 민사법적 보호조치를 취하고 있다.[14] 위의 여러 규정은 아동학대에 대한

14) 아동폭력범죄처벌에 관한 특례법은 형사법적 보호인데, 그것으로는 피해 아동의 보호에 불충분하다. 피해 아동의 보호를 위해서는 민사법적 보호가 필요하다. 이에 대해서는 제철웅, 가족생활의 형사법적 보호와

민사법적 보호조치를 규정한 것이다. 그런데 검사에게도 민사법적 보호조치를 취할 수 있도록 인정한 이유는 부모나 친족이 없거나, 부모나 친족이 아동학대나 방임의 가해자일 경우를 대비한 것이다. 즉, 그와 같은 사안이 있을 때 아동보호를 위해 적극적으로 개입할 권한을 인정한 것이다.

3) 보호기간: 현행법의 부적절성

민법 제781조의 자의 성과 본의 변경은 1회적인 조치로 충분하지만, 여타의 경우에는 아동을 위한 다른 보호자가 있어야만 한다. 검사의 신청권한은 다른 보호자를 선임하기 위한 출발점에 불과하다. 검사가 개입할 사안은 부모나 친족이 없거나 부모나 친족이 아동학대의 가해자인 사안일 것인데, 양육사항을 변경하거나, 친권을 상실 또는 제한하거나, 파양을 하거나, 재산관리권을 박탈하는 것만으로는 아동보호의 목적을 달성할 수 없다. 즉 짧게는 다른 적절한 보호자가 있을 때까지, 길게는 아동이 성인으로 성장하여 독립할 때까지 지속적 보호가 필요하다.

4) 대체 공적 기관의 유무

아동의 지속적 보호를 위해서는 검사만이 아니라 지방자치단체, 아동보호전문기관 등이 개입하고 있다. 이들이 제공하는 서비스에는 위탁가정, 아동보호시설, 입양 등 다양한 방법과 수단이 있다. 그 중 아동에 대한 신상보호는 지방자치단체 등이 제공하는 서비스(위탁가정 등)로 충분할 것이다. 문제는 아동이 보유한 재산의 관리이다. 칠곡 학대계모 사건에서 많은 성금이 모아졌으나 그 성금을 관리할 마땅한 기관이 없는 것이라든지, 아동이 손해배상금, 보험금 등으로 많은 재산을 보유하게 된 경우 이를 관리해 줄 기관으로는 법률적 사무를 담당하는 공적 기관 이외에는 적절한 곳이 없다.

(8) 소송무능력자의 보호와 검사의 역할

1) 목 적

아동 또는 의사무능력 성인, 또는 금치산자, 한정치산자(개정 민법상의 피성년후견인이나 동의권이 유보된 사안의 피한정후견인)은 민사소송에서 소송능력이 없는 경우가 있다. 현행의 민사소송법은 이 경우 후견인이 법정대리인으로 아동이나 소송무능력 성

민사법적 보호 간의 긴장, 가족법연구 제29권 3호(2015.11), 399면 이하 참조.

인을 대리하여 소송을 하도록 규정하고 있다. 그런데 이때 후견인이 소송을 제대로 수행하지 못할 경우 아동이나 소송무능력 성인의 권리가 심각하게 침해될 수 있다. 이런 아동 또는 성인을 보호함으로써 민사사법절차의 참여권을 보장하기 위해 민사소송법 제62조는 특별한 규정을 두고 있다.

[표 7-26] 민사소송법 제62조의 특별대리인 선임신청과 검사의 역할

제62조(제한능력자를 위한 특별대리인) ① 미성년자 · 피한정후견인 또는 피성년후견인이 당사자인 경우, 그 친족, 이해관계인(미성년자 · 피한정후견인 또는 피성년후견인을 상대로 소송행위를 하려는 사람을 포함한다), 대리권 없는 성년후견인, 대리권 없는 한정후견인, 지방자치단체의 장 또는 검사는 다음 각 호의 경우에 소송절차가 지연됨으로써 손해를 볼 염려가 있다는 것을 소명하여 수소법원(수소법원)에 특별대리인을 선임하여 주도록 신청할 수 있다. 1. 법정대리인이 없거나 법정대리인에게 소송에 관한 대리권이 없는 경우 2. 법정대리인이 사실상 또는 법률상 장애로 대리권을 행사할 수 없는 경우 3. 법정대리인의 불성실하거나 미숙한 대리권 행사로 소송절차의 진행이 현저하게 방해받는 경우 ② 법원은 소송계속 후 필요하다고 인정하는 경우 직권으로 특별대리인을 선임 · 개임하거나 해임할 수 있다. ③ 특별대리인은 대리권 있는 후견인과 같은 권한이 있다. 특별대리인의 대리권의 범위에서 법정대리인의 권한은 정지된다. ④ 특별대리인의 선임 · 개임 또는 해임은 법원의 결정으로 하며, 그 결정은 특별대리인에게 송달하여야 한다. ⑤ 특별대리인의 보수, 선임 비용 및 소송행위에 관한 비용은 소송비용에 포함된다. [전문개정 2016.2.3]

2) 검사의 권한을 인정한 목적

아동이나 소송무능력자를 위해 특별대리인 선임신청을 할 수 있는 친족, 이해관계인이 없거나, 있더라도 특별대리인 신청권을 행사하지 않거나 부적절하게 행사하는 예외적인 사안이 발생하면, 검사가 특별대리인 선임신청권을 행사하여 아동이나 소송무능력 성인을 보호하기 위한 목적이다.

3) 보호기간: 현행법의 불충분성

특별대리인 선임신청을 통해 특별대리인이 선임되면 이 특별대리인이 소송이 종료될 때까지 아동이나 소송무능력 성인의 이익을 위해 최선을 다해야 한다. 검사는

특별대리인 선임신청권 행사로만 그 권한행사가 종료되고, 그 이후 특별대리인의 활동에 대해서는 관여하지 않게 된다. 따라서 1회적 보호만으로는 아동이나 소송무능력 성인의 보호에 불충분하다.

4) 대체 공적 기관의 유무

특별대리인 선임신청과 특별대리인이 제대로 소송을 수행하는지 여부를 감독한다는 관점에서 본다면, 법률적 사무의 처리를 주된 업무로 하는 공적 기관만이 이 임무를 수행하기에 적합하다. 현행법은 그런 점을 고려하여 검사를 그 기관으로 정한 것이다.

(9) 의사결정능력에 장애가 있는 성인의 보호와 검사의 역할

1) 목 적

개정 전 민법의 행위능력 및 후견 제도는 '금치산', '한정치산' 등 부정적 용어를 사용하고, 본인의 의사와 장애의 정도에 대한 고려 없이 행위능력을 획일적으로 제한하여 사회적 편견을 야기하는 한편, 보호의 대상을 재산적 법률행위로 제한함으로써 복리에 관한 다양하고 실질적인 도움을 제공할 수 없는 등의 문제를 안고 있었다. 또한 후견인은 최근친이 되도록 함으로써 보호의 책임을 가족에게 일임하였다. 이런 법상황은 첫째, 보호가 필요한 성년자의 인간의 존엄에 비추어 그의 의사와 능력을 가능한 한 적극적으로 고려하면서 재산행위뿐만 아니라 치료, 요양 등 복리에 관한 폭넓고 효율적인 보호를 제공할 수 없는 한계가 있었고, 둘째, 보호의 책임을 가족에게만 부담지우는 한계가 있었다.

이런 문제상황을 개선하고자 전통적인 민법의 금치산 · 한정치산제도를 폐지하고, 성년후견제도를 도입하였다. 성년후견제도는 질병, 장애, 노령, 그 밖의 사유로 인한 정신적 제약으로 ① 사무를 처리할 능력이 지속적으로 결여된 경우(성년후견), ② 사무를 처리할 능력이 부족한 경우(한정후견), ③ 일시적 후원 또는 특정한 사무에 관한 후원이 필요한 경우(특정후견)로 나누어 이용 대상자 및 범위를 넓히고, 후견개시 심판의 청구권자에 '후견감독인'과 '지방자치단체의 장'을 포함시켜 후견신청의 범위를 확대하였고, 후견인 선임을 가정법원의 심판에 맡김으로써 사회적 보호의 길을 열었다.

[표 7-27] 성년후견 관련 조문

민법 제9조(성년후견개시의 심판)

① 가정법원은 질병, 장애, 노령, 그 밖의 사유로 인한 정신적 제약으로 사무를 처리할 능력이 지속적으로 결여된 사람에 대하여 본인, 배우자, 4촌 이내의 친족, 미성년후견인, 미성년후견감독인, 한정후견인, 한정후견감독인, 특정후견인, 특정후견감독인, 검사 또는 지방자치단체의 장의 청구에 의하여 성년후견개시의 심판을 한다.

② 가정법원은 성년후견개시의 심판을 할 때 본인의 의사를 고려하여야 한다.

[전문개정 2011.3.7.]

민법 제10조(피성년후견인의 행위와 취소)

① 피성년후견인의 법률행위는 취소할 수 있다.

② 제1항에도 불구하고 가정법원은 취소할 수 없는 피성년후견인의 법률행위의 범위를 정할 수 있다.

③ 가정법원은 본인, 배우자, 4촌 이내의 친족, 성년후견인, 성년후견감독인, 검사 또는 지방자치단체의 장의 청구에 의하여 제2항의 범위를 변경할 수 있다.

④ 제1항에도 불구하고 일용품의 구입 등 일상생활에 필요하고 그 대가가 과도하지 아니한 법률행위는 성년후견인이 취소할 수 없다.

[전문개정 2011.3.7.]

민법 제11조(성년후견종료의 심판)

성년후견개시의 원인이 소멸된 경우에는 가정법원은 본인, 배우자, 4촌 이내의 친족, 성년후견인, 성년후견감독인, 검사 또는 지방자치단체의 장의 청구에 의하여 성년후견종료의 심판을 한다.

[전문개정 2011.3.7.]

민법 제12조(한정후견개시의 심판)

① 가정법원은 질병, 장애, 노령, 그 밖의 사유로 인한 정신적 제약으로 사무를 처리할 능력이 부족한 사람에 대하여 본인, 배우자, 4촌 이내의 친족, 미성년후견인, 미성년후견감독인, 성년후견인, 성년후견감독인, 특정후견인, 특정후견감독인, 검사 또는 지방자치단체의 장의 청구에 의하여 한정후견개시의 심판을 한다.

② 한정후견개시의 경우에 제9조 제2항을 준용한다.

[전문개정 2011.3.7.]

민법 제13조(피한정후견인의 행위와 동의)

① 가정법원은 피한정후견인이 한정후견인의 동의를 받아야 하는 행위의 범위를 정할 수 있다.

② 가정법원은 본인, 배우자, 4촌 이내의 친족, 한정후견인, 한정후견감독인, 검사 또는 지방자치단체의 장의 청구에 의하여 제1항에 따른 한정후견인의 동의를 받아야만 할 수 있는 행위의 범위를 변경할 수 있다.

③ 한정후견인의 동의를 필요로 하는 행위에 대하여 한정후견인이 피한정후견인의 이익이 침해될 염려가 있음에도 그 동의를 하지 아니하는 때에는 가정법원은 피한정후견인의 청구에 의하여 한정후견인의 동의를 갈음하는 허가를 할 수 있다.

④ 한정후견인의 동의가 필요한 법률행위를 피한정후견인이 한정후견인의 동의 없이 하였을 때에는 그 법률행위를 취소할 수 있다. 다만, 일용품의 구입 등 일상생활에 필요하고 그 대가가 과도하지 아니한 법률행위에 대하여는 그러하지 아니하다.
[전문개정 2011.3.7.]

민법 제14조(한정후견종료의 심판)

한정후견개시의 원인이 소멸된 경우에는 가정법원은 본인, 배우자, 4촌 이내의 친족, 한정후견인, 한정후견감독인, 검사 또는 지방자치단체의 장의 청구에 의하여 한정후견종료의 심판을 한다.
[전문개정 2011.3.7.]

민법 제14조의2(특정후견의 심판)

① 가정법원은 질병, 장애, 노령, 그 밖의 사유로 인한 정신적 제약으로 일시적 후원 또는 특정한 사무에 관한 후원이 필요한 사람에 대하여 본인, 배우자, 4촌 이내의 친족, 미성년후견인, 미성년후견감독인, 검사 또는 지방자치단체의 장의 청구에 의하여 특정후견의 심판을 한다.
② 특정후견은 본인의 의사에 반하여 할 수 없다.
③ 특정후견의 심판을 하는 경우에는 특정후견의 기간 또는 사무의 범위를 정하여야 한다.
[본조신설 2011.3.7.]

민법 제936조(성년후견인의 선임)

① 제929조에 따른 성년후견인은 가정법원이 직권으로 선임한다.
② 가정법원은 성년후견인이 사망, 결격, 그 밖의 사유로 없게 된 경우에도 직권으로 또는 피성년후견인, 친족, 이해관계인, 검사, 지방자치단체의 장의 청구에 의하여 성년후견인을 선임한다.
③ 가정법원은 성년후견인이 선임된 경우에도 필요하다고 인정하면 직권으로 또는 제2항의 청구권자나 성년후견인의 청구에 의하여 추가로 성년후견인을 선임할 수 있다.
④ 가정법원이 성년후견인을 선임할 때에는 피성년후견인의 의사를 존중하여야 하며, 그 밖에 피성년후견인의 건강, 생활관계, 재산상황, 성년후견인이 될 사람의 직업과 경험, 피성년후견인과의 이해관계의 유무(법인이 성년후견인이 될 때에는 사업의 종류와 내용, 법인이나 그 대표자와 피성년후견인 사이의 이해관계의 유무를 말한다) 등의 사정도 고려하여야 한다.
[전문개정 2011.3.7.]

민법 제938조(후견인의 대리권 등)

① 후견인은 피후견인의 법정대리인이 된다.
② 가정법원은 성년후견인이 제1항에 따라 가지는 법정대리권의 범위를 정할 수 있다.
③ 가정법원은 성년후견인이 피성년후견인의 신상에 관하여 결정할 수 있는 권한의 범위를 정할 수 있다.
④ 제2항 및 제3항에 따른 법정대리인의 권한의 범위가 적절하지 아니하게 된 경우에 가정법원은 본인, 배우자, 4촌 이내의 친족, 성년후견인, 성년후견감독인, 검사 또는 지방자치단체의 장의 청구에 의하여 그 범위를 변경할 수 있다.

[전문개정 2011.3.7.]

민법 제940조(후견인의 변경)

가정법원은 피후견인의 복리를 위하여 후견인을 변경할 필요가 있다고 인정하면 직권으로 또는 피후견인, 친족, 후견감독인, 검사, 지방자치단체의 장의 청구에 의하여 후견인을 변경할 수 있다.

[전문개정 2011.3.7.]

민법 제940조의4(성년후견감독인의 선임)

① 가정법원은 필요하다고 인정하면 직권으로 또는 피성년후견인, 친족, 성년후견인, 검사, 지방자치단체의 장의 청구에 의하여 성년후견감독인을 선임할 수 있다.

② 가정법원은 성년후견감독인이 사망, 결격, 그 밖의 사유로 없게 된 경우에는 직권으로 또는 피성년후견인, 친족, 성년후견인, 검사, 지방자치단체의 장의 청구에 의하여 성년후견감독인을 선임한다.

[본조신설 2011.3.7.]

민법 제940조의7(위임 및 후견인 규정의 준용)

후견감독인에 대하여는 제681조, 제691조, 제692조, 제930조 제2항 · 제3항, 제936조 제3항 · 제4항, 제937조, 제939조, 제940조, 제947조의2 제3항부터 제5항까지, 제949조의2, 제955조 및 제955조의2를 준용한다.

[본조신설 2011.3.7.]

민법 제954조(가정법원의 후견사무에 관한 처분)

가정법원은 직권으로 또는 피후견인, 후견감독인, 제777조에 따른 친족, 그 밖의 이해관계인, 검사, 지방자치단체의 장의 청구에 의하여 피후견인의 재산상황을 조사하고, 후견인에게 재산관리 등 후견임무 수행에 관하여 필요한 처분을 명할 수 있다.

[전문개정 2011.3.7.]

민법 제959조의3(한정후견인의 선임 등)

① 제959조의2에 따른 한정후견인은 가정법원이 직권으로 선임한다.

② 한정후견인에 대하여는 제930조 제2항 · 제3항, 제936조 제2항부터 제4항까지, 제937조, 제939조, 제940조 및 제949조의3을 준용한다.

[본조신설 2011.3.7.]

민법 제959조의4(한정후견인의 대리권 등)

① 가정법원은 한정후견인에게 대리권을 수여하는 심판을 할 수 있다.

② 한정후견인의 대리권 등에 관하여는 제938조 제3항 및 제4항을 준용한다.

[본조신설 2011.3.7.]

민법 제959조의5(한정후견감독인)

① 가정법원은 필요하다고 인정하면 직권으로 또는 피한정후견인, 친족, 한정후견인, 검사, 지방자치단체의 장의 청구에 의하여 한정후견감독인을 선임할 수 있다.

② 한정후견감독인에 대하여는 제681조, 제691조, 제692조, 제930조 제2항 · 제3항, 제936조 제3항 · 제4항, 제937조, 제939조, 제940조, 제940조의3 제2항, 제940조의5, 제940조의6, 제947조의2 제3항부터 제5항까지, 제949조의2, 제955조 및 제955조의2를 준

용한다. 이 경우 제940조의6 제3항 중 "피후견인을 대리한다"는 "피한정후견인을 대리하거나 피한정후견인이 그 행위를 하는 데 동의한다"로 본다.
[본조신설 2011.3.7.]

민법 제959조의6(한정후견사무)

한정후견의 사무에 관하여는 제681조, 제920조 단서, 제947조, 제947조의2, 제949조, 제949조의2, 제949조의3, 제950조부터 제955까지 및 제955조의2를 준용한다.
[본조신설 2011.3.7.]

민법 제959조의9(특정후견인의 선임 등)

① 가정법원은 제959조의8에 따른 처분으로 피특정후견인을 후원하거나 대리하기 위한 특정후견인을 선임할 수 있다.
② 특정후견인에 대하여는 제930조 제2항 · 제3항, 제936조 제2항부터 제4항까지, 제937조, 제939조 및 제940조를 준용한다.
[본조신설 2011.3.7.]

민법 제959조의10(특정후견감독인)

① 가정법원은 필요하다고 인정하면 직권으로 또는 피특정후견인, 친족, 특정후견인, 검사, 지방자치단체의 장의 청구에 의하여 특정후견감독인을 선임할 수 있다.
② 특정후견감독인에 대하여는 제681조, 제691조, 제692조, 제930조 제2항 · 제3항, 제936조 제3항 · 제4항, 제937조, 제939조, 제940조, 제940조의5, 제940조의6, 제949조의2, 제955조 및 제955조의2를 준용한다.
[본조신설 2011.3.7.]

민법 제959조의12(특정후견사무)

특정후견의 사무에 관하여는 제681조, 제920조 단서, 제947조, 제949조의2, 제953조부터 제955조까지 및 제955조의2를 준용한다.
[본조신설 2011.3.7.]

민법 제959조의15(임의후견감독인의 선임)

① 가정법원은 후견계약이 등기되어 있고, 본인이 사무를 처리할 능력이 부족한 상황에 있다고 인정할 때에는 본인, 배우자, 4촌 이내의 친족, 임의후견인, 검사 또는 지방자치단체의 장의 청구에 의하여 임의후견감독인을 선임한다.
② 제1항의 경우 본인이 아닌 자의 청구에 의하여 가정법원이 임의후견감독인을 선임할 때에는 미리 본인의 동의를 받아야 한다. 다만, 본인이 의사를 표시할 수 없는 때에는 그러하지 아니하다.
③ 가정법원은 임의후견감독인이 없게 된 경우에는 직권으로 또는 본인, 친족, 임의후견인, 검사 또는 지방자치단체의 장의 청구에 의하여 임의후견감독인을 선임한다.
④ 가정법원은 임의후견임감독인이 선임된 경우에도 필요하다고 인정하면 직권으로 또는 제3항의 청구권자의 청구에 의하여 임의후견감독인을 추가로 선임할 수 있다.
⑤ 임의후견감독인에 대하여는 제940조의5를 준용한다.
[본조신설 2011.3.7.]

민법 제959조의16(임의후견감독인의 직무 등)

① 임의후견감독인은 임의후견인의 사무를 감독하며 그 사무에 관하여 가정법원에 정기적으로 보고하여야 한다.
② 가정법원은 필요하다고 인정하면 임의후견감독인에게 감독사무에 관한 보고를 요구할 수 있고 임의후견인의 사무 또는 본인의 재산상황에 대한 조사를 명하거나 그 밖에 임의후견감독인의 직무에 관하여 필요한 처분을 명할 수 있다.
③ 임의후견감독인에 대하여는 제940조의6제2항 · 제3항, 제940조의7 및 제953조를 준용한다.
[본조신설 2011.3.7.]

민법 제959조의17(임의후견개시의 제한 등)
① 임의후견인이 제937조 각 호에 해당하는 자 또는 그 밖에 현저한 비행을 하거나 후견계약에서 정한 임무에 적합하지 아니한 사유가 있는 자인 경우에는 가정법원은 임의후견감독인을 선임하지 아니한다.
② 임의후견감독인을 선임한 이후 임의후견인이 현저한 비행을 하거나 그 밖에 그 임무에 적합하지 아니한 사유가 있게 된 경우에는 가정법원은 임의후견감독인, 본인, 친족, 검사 또는 지방자치단체의 장의 청구에 의하여 임의후견인을 해임할 수 있다.
[본조신설 2011.3.7.]

2) 성년후견제도에서 검사의 권한을 인정한 목적

의사결정능력에 장애가 있는 성인이 후견제도를 이용할 필요가 있을 때,[15] 후견개시심판을 청구할 친족이 없거나 부적절할 때 검사 또는 지방자치단체의 장이 보충적으로 후견신청을 할 수 있다. 이렇게 함으로써 피후견인을 보호하고자 한 것이다. 친족 신청권자가 없거나 부적절하다는 예외적인 사안이 생길 경우 보충적으로 검사의 권한을 행사하도록 한 것이다.

3) 보호기간: 현행법의 부적절성

후견인이 선임되면 후견인이 피후견인을 위한 재산관리 및 신상보호의 사무를 수행하게 될 것이다. 그 과정은 지속적이거나(성년후견 또는 한정후견), 일정 기간 지속될 것(특정후견의 경우)이다. 검사가 신청권을 행사하는 것 자체가 친족 등이 없거나 친족이 후견업무를 수행하기 어려운 사안일 것이고, 선임된 후견인은 제3자인 것이

15) 고령, 질병, 장애가 있다고 후견이 필요한 것이 아니라는 의미이고, 후견이 필요한 때는 다음 2가지 조건이 모두 갖추어져 있을 때이다. 첫째, 현재 또는 가까운 장래 처리해야 할 법률적 사무가 있지만 본인의 의사능력 결여 또는 부족 등으로 그 사무를 처리할 수 없을 때, 둘째 이런 상황을 대비하여 사무 처리를 할 수 있는 방법(대리인의 지정, 사무처리를 위해 필요한 다양한 방식의 위임계약의 체결 등)을 미리 정해두지 않은 경우가 그것이다.

일반적일 것이다. 그런데 후견인 선임 후 그 후견인이 재산관리나 신상보호를 적절하게 하는지에 대한 감독 등은 전적으로 가정법원에 맡겨져 있다. 그러나 대부분의 선진국에서와 마찬가지로 우리나라에서도 가정법원이 후견인에 대한 실질적 감독권한을 행사하는 것은 불가능하다. 가정법원은 재판기관이지 행정기관이 아니기 때문이다. 그 점에서 보면 후견인 선임 이후의 후견사무처리과정을 감독하고 지휘할 기관에 관하여는 아무런 규정이 없다는 문제가 있다. 즉 이 경우 피후견인에게 요청되는 것은 일정 기간 지속되는 보호인데, 현행 민법은 1회적 보호조치에 그치고 있다.

4) 대체 공적 기관의 유무

후견 관련 심판의 신청권은 지방자치단체의 장도 행사할 수 있다. 그러나 지방자치단체의 장이 신청권을 행사할 수 없는 경우도 적지 않다. 무엇보다도 지방자치단체의 장의 신청권한의 행사가 관련 사회복지 행정법령에 규정되지 않았을 경우이다. 이 경우 검사 이외에 그 권한을 행사할 대체기관은 없다.

2. 기타 공익 보호를 위한 검사의 민사법상의 역할

(1) 중혼의 취소 청구

1) 목 적

민법은 “배우자있는 자는 다시 혼인하지 못한다.”고 하여 중혼의 금지를 명문으로 규정하고 있다(제810조). 여기서 전혼(前婚)은 혼인신고 있는 혼인에 관한 것을 말하므로 사실혼관계에 있는 자가 다시 혼인하는 것은 중혼에 해당하지 않는다. 중혼의 대표적인 예로는 전혼에 관한 이혼취소심판이 진행되는 동안에 타인과 혼인했는데 취소심판이 승소로 확정된 경우,[16] 이혼심판승소확정 후 타인과 혼인했는데 재심청구로 인하여 이혼심판청구를 기각하는 재심심판이 확정된 경우,[17] 성명을 변조하고 가족관계등록부를 이중으로 만들어 혼인한 경우[18] 등을 들 수 있다. 중혼의 법적 효과는 당연무효가 아니라 후혼(後婚)의 취소원인이 되는 것이다. 따라서 중혼은 일단 유효하게 성립하며 일정한 자의 청구에 의해 취소될 수 있을 뿐이다. 대법원은 전혼

16) 대법원 1984.3.27. 선고 84므9 판결.
17) 대법원 1985.9.10. 선고 85므35 판결.
18) 대법원 1986.6.24. 선고 86므9 판결.

의 해소를 신뢰하여 행해진 후혼도 중혼으로서 취소의 대상이 된다고 판시하고 있다.[19] 이때 중혼을 취소할 수 있는 사람으로 당사자나 친족만이 아니라 검사도 포함되어 있다.

[표 7-28] 민법 제818조 중혼의 취소청구권자

민법 제818조(중혼의 취소청구권자) 당사자 및 그 배우자, 직계혈족, 4촌 이내의 방계혈족 또는 검사는 제810조를 위반한 혼인의 취소를 청구할 수 있다.

2) 검사에게 권한을 인정한 목적

중혼의 취소 심판을 청구할 수 있는 자에 전혼의 배우자만이 아니라 친족, 그리고 검사도 포함되어 있다. 이는 혼인이 당사자 개인만의 문제가 아니라 가(家)와 가(家)를 연결하는 사회적 기능을 가진다는 점을 고려한 것이다. 취소권행사가 가능한 방계혈족의 범위는 개정 전 '8촌 이내'에서 2005년 개정에 의해 '4촌 이내'로 축소되었다. 개인주의와 핵가족화의 확산 등 사회의 변화에 부응하여 친족관계에 현실적으로 관여할 수 있는 친족의 범위를 축소한 것이라 볼 수 있다. 또한 민법은 검사도 중혼의 취소를 청구할 수 있도록 하고 있다. 중혼은 일부일처제를 기초로 하는 혼인제도 및 가족제도에 대한 중대한 침해라는 점에서 공익의 대표자인 검사에게 그 취소청구권을 인정한 것이다.

그러나 혼인관계는 점차 개인적인 문제로 축소되는 경향이 강하기 때문에, 혼인의 상대방이 아니라 검사가 나서서 중혼의 취소 청구를 하는 것은 시대에 맞지 않다고 할 것이다. 검사는 이 권한을 행사하지 않는 것이 바람직할 것이다.

3) 보호기간: 현행법의 적절성

중혼의 취소청구를 하는 것으로 원래의 법 규정의 취지를 충분히 달성할 수 있다.

4) 대체 공적 기관의 유무

국가가 나서서 중혼을 취소하는 것이 필요하다고 판단할 경우, 그 기관은 법률적 사무를 전문으로 하는 공적 기관이어야 할 것이다. 현행법은 그 기관을 검사로 본

19) 대법원 1991.5.28. 선고 89므211 판결.

것이다.

(2) 민사법인의 보호

1) 목 적

법인은 자연인 이외의 것으로서 법인격이 인정된 것, 즉 권리 · 의무의 주체가 될 수 있는 것이다. 원칙적으로 단체는 자연인이 아니기 때문에 법인격을 가질 수 없으나, 사회적으로 담당하는 기능이 자연인을 능가하고 있기 때문에 이를 법에 의하여 보호 또는 규제할 필요성이 있다. 현행법상 일정한 목적과 조직 하에 결합한 사람의 단체와 일정한 목적에 바쳐진 재산이라는 실체에 대하여 법인격이 부여되는 때에 법인이 된다. 법인격 있는 사단을 사단법인이라고 하고, 법인격 있는 재단은 이를 재단법인이라고 한다. 법인에 관련된 법적 규제는 주로 민법과 민법의 특별법인 상법에서 규정하고 있다. 민법에서는 비영리법인에 대해서만 규정하고 있고, 영리법인은 민법상의 근거규정(민법 제39조)을 기초로 주로 상법에서 규정하고 있다. 민법은 이미 설립되어 활동하고 있는 민사법인을 보호하기 위해 검사에게 일정한 역할을 하도록 규정하고 있다. 그 내용은 아래와 같다.

가. 임시이사 선임 청구

[표 7-29] 임시이사의 선임 제63조

제63조(임시이사의 선임) 이사가 없거나 결원이 있는 경우에 이로 인하여 손해가 생길 염려 있는 때에는 법원은 이해관계인이나 검사의 청구에 의하여 임시이사를 선임하여야 한다.

이사는 법인의 상설 · 필요기관이기는 하지만, 일단 법인이 성립한 후에 일시적으로 이사가 없게 되거나 결원이 생겨도 법인의 존립에는 영향이 없다. 그러나 이사가 전혀 없게 되거나 또는 정관에서 정하고 있는 정원에 결원이 생긴 경우에, 그 선임 · 보충에 시일을 요하여 법인 또는 타인에게 손해가 생길 염려가 있는 때에는 법원은 이해관계인 또는 검사의 청구에 의하여 임시이사를 선임하여야 한다(민법 제63조).

나. 특별대리인 선임 청구

[표 7-30] 민법 제64조 특별대리인의 선임

민법 제64조(특별대리인의 선임) 법인과 이사의 이익이 상반하는 사항에 관하여는 이사는 대표권이 없다. 이 경우에는 전조의 규정에 의하여 특별대리인을 선임하여야 한다.

동 조문은 법인과 이사의 이익이 상반하는 경우에는 이사 자신의 이익을 위하여 법인의 이익을 희생할 염려가 크므로, 그러한 때에는 이사에게 대표권을 주지 않고 이해관계인이나 검사의 청구에 의하여 법원이 선임하는 특별대리인이 법인을 대표하도록 한 것이다.

다. 청산인 선임 및 해임 청구

[표 7-31] 민법 제83조 법원에 의한 청산인의 선임

민법 제83조(법원에 의한 청산인의 선임) 전조의 규정에 의하여 청산인이 될 자가 없거나 청산인의 결원으로 인하여 손해가 생길 염려가 있는 때에는 법원은 직권 또는 이해관계인이나 검사의 청구에 의하여 청산인을 선임할 수 있다.

동 조문은 청산은 청산인에 의하여서만 행하여져야 하므로 청산중에는 항상 청산인을 필요로 하는데, 청산이 없거나 결원이 생김으로써 청산이 진행되지 못한 채 청산법인의 재산에 대한 관리처분을 내버려두면 청산법인, 권리자, 잔여재산귀속권리자 등 모두에게 손해를 입힐 뿐만 아니라 사회경제에도 좋지 못한 결과를 줄 염려가 있다. 그리하여 본조는 그와 같은 경우 법원이 청산인을 선임할 수 있도록 하여 위와 같은 부적절한 결과의 발생을 미리 방지하고자 한 것이다.

[표 7-32] 민법 제84조 법원에 의한 청산인의 해임

민법 제84조(법원에 의한 청산인의 해임) 중요한 사유가 있는 때에는 법원은 직권 또는 이해관계인이나 검사의 청구에 의하여 청산인을 해임할 수 있다.

동 조문은 청산인은 청산법인의 사무를 집행하는 필요적 기관으로서 중요한 지위를 차지하고 있으므로, 법률상 이해관계 있는 자들에게 커다란 영향을 미칠 만큼 중요한 사유가 있는 경우에 법원이 직권 또는 이해관계인이나 검사의 청구에 의하여

감독권을 행사하여 청산인을 해임할 수 있도록 규정하고 있다.

2) 검사에게 권한을 인정한 목적

민사법인은 재단법인이든 사단법인이든 이해관계인이 있기 마련이고, 설사 이해관계가 없다고 하더라도 주무관청이 있기 때문에, 검사가 민사법인의 보호를 위해 임시이사, 특별대리인, 청산인의 선임 등에 관여할 이유가 없을 것이다. 일본이 민사법인법을 전면 개정하면서 관련 규정을 모두 삭제한 것에 주목할 필요가 있을 것이다.[20] 이 권한은 가급적 행사하지 않는 것이 바람직할 것이다.

3) 보호기간: 현행법의 적절성

검사가 이 권한을 행사할 때는 신청으로 충분할 것이다.

4) 대체 공적 기관의 유무

이해관계인이 없는 경우라 하더라도 검사보다는 주무관청이 이해관계인으로서 개입하는 것이 더 적절한 것으로 보인다. 주무관청은 민사법인의 감독기관으로서의 역할을 수행해야하기 때문이다.

(3) 상사회사의 해산 등과 검사의 역할

1) 목 적

상사회사의 해산이나 외국회사 영업소 폐쇄, 청산인 선임 등의 사안에서 검사에게 관련 신청을 할 수 있는 권한을 부여하고 있다. 상법상 회사해산명령(상법 제176조), 영업소폐쇄명령(상법 제619조), 청산인 선임 청구(상법 제252조) 등이 그 예이다.

가. 회사해산 청구(재산 보전 청구)

[표 7-33] 상법 제176조의 회사 해산명령

상법 제176조(회사의 해산명령) ① 법원은 다음의 사유가 있는 경우에는 이해관계인이나 검사의 청구에 의하여 또는 직권으로 회사의 해산을 명할 수 있다.
1. 회사의 설립목적이 불법한 것인 때
2. 회사가 정당한 사유없이 설립후 1년내에 영업을 개시하지 아니하거나 1년 이상 영업

20) 일반사단법인 및 일반재단법인에 관한 법률(평성 18년. 2006년)의 제정 이전의 일본 민법 제56조(假理事), 제57조(특별대리인), 제75조(청산인의 선임), 제76조(청산인의 해임)에서 검찰관에게 신청권한을 부여하고 있었다. 그러나 일반사단법인 및 일반재단법인법에서는 이사의 결원이 있더라도 이해관계인의 신청에 의해 법원에서 임시이사 등을 선임하도록 하였다.

을 휴지하는 때
3. 이사 또는 회사의 업무를 집행하는 사원이 법령 또는 정관에 위반하여 회사의 존속을 허용할 수 없는 행위를 한 때
② 전항의 청구가 있는 때에는 법원은 해산을 명하기 전일지라도 이해관계인이나 검사의 청구에 의하여 또는 직권으로 관리인의 선임 기타 회사재산의 보전에 필요한 처분을 할 수 있다.
③ 이해관계인이 제1항의 청구를 한 때에는 법원은 회사의 청구에 의하여 상당한 담보를 제공할 것을 명할 수 있다.
④ 회사가 전항의 청구를 함에는 이해관계인의 청구가 악의임을 소명하여야 한다.

상법은 회사의 설립과 존속에 중요한 하자나 불법이 있는 경우 검사의 청구에 의하여 법원이 이 회사에 대하여 해산명령을 할 수 있도록 규정하고 있다. 회사설립 목적이 불법이거나, 부당하게 영업의 개시를 지연하거나 또는 부당하게 영업을 휴지하는 때, 그리고 회사의 업무집행사원이 법령 또는 정관에 위반하여 회사의 존속을 허용할 수 없는 행위를 한 때에 회사의 해산명령사유가 된다. 위와 같은 사유가 발생한 경우 법원에 해산명령을 청구할 수 있는 자는 이해관계인 또는 검사이다(상법 제176조 제1항). 법원의 해산명령이 있기 전이라도 이해관계인이나 검사는 관리인 선임 기타 회사재산의 보전에 관한 필요한 처분을 법원에 청구할 수 있다(상법 제176조 제2항).

나. 외국회사 영업소 폐쇄 청구

[표 7-34] 상법 제619조 영업소폐쇄명령

상법 제619조(영업소폐쇄명령) ① 외국회사가 대한민국에 영업소를 설치한 경우에 다음의 사유가 있는 때에는 법원은 이해관계인 또는 검사의 청구에 의하여 그 영업소의 폐쇄를 명할 수 있다. <개정 1962.12.12.>
1. 영업소의 설치목적이 불법한 것인 때
2. 영업소의 설치등기를 한 후 정당한 사유없이 1년내에 영업을 개시하지 아니하거나 1년 이상 영업을 휴지한 때 또는 정당한 사유없이 지급을 정지한 때
3. 회사의 대표자 기타 업무를 집행하는 자가 법령 또는 선량한 풍속 기타 사회질서에 위반한 행위를 한 때
② 제176조 제2항 내지 제4항의 규정은 전항의 경우에 준용한다.

상법 제276조의 규율은 외국 회사가 국내에 영업소를 설치한 경우에도 마찬가

지로 적용되어 영업소 설치 후 일정한 사유가 있는 경우 법원은 이해관계인 또는 검사의 청구에 의하여 그 영업소의 폐쇄를 명할 수 있다(상법 제619조 제1항).

이는 비송사건의 대상으로서(비송사건절차법 제72조 제1항), 이러한 재판은 이유를 붙인 결정으로 하고(비송사건절차법 제90조 제1항, 제75조 제1항) 회사, 이해관계인과 검사는 이 결정에 대하여 즉시항고를 할 수 있다(비송사건절차법 제91조).

다. 청산인 선임 청구

[표 7-35] 상법 제252조 법원선임에 의한 합명회사의 청산인

상법 제252조(법원선임에 의한 청산인) 회사가 제227조 제3호 또는 제6호의 사유로 인하여 해산된 때에는 법원은 사원 기타의 이해관계인이나 검사의 청구에 의하여 또는 직권으로 청산인을 선임한다.

민법상 법인이 해산하면 이사에 갈음하여 청산인이 청산법인의 집행기관이 된다. 청산인이 되는 자는 우선 정관에서 정한 자이고, 정관에서 정하고 있지 않으면 총회의 의결로써 선임되나, 총회가 선임하지도 않은 경우에는 해산당시의 이사가 당연히 청산인이 되는 것으로 규정하고 있다(민법 제82조). 그러나 청산인이 될 자가 없거나 청산인의 결원으로 인하여 손해가 생길 염려가 있는 때에는 법원은 직권 또는 이해관계인이나 검사의 청구에 의하여 청산인을 선임할 수 있다(민법 제83조). 또한 중요한 사유가 있는 때에는 법원은 직권 또는 이해관계인이나 검사의 청구에 의하여 청산인을 해임할 수 있도록 규정하고 있다(민법 제84조).

한편 상법은 회사의 사원이 1인으로 되거나 또는 법원의 명령 또는 판결에 의한 경우에는 법원은 사원 기타의 이해관계인이나 검사의 청구에 의하여 또는 직권으로 청산인을 선임한다(상법 제252조, 제227조).

2) 검사에게 권한을 인정한 목적

이처럼 회사 일반의 해산청구에 검사가 관여하게 한 것이라든지, 합명회사의 청산인 선임에 검사가 관여하도록 한 것에는 쉽게 납득되지 않는 면이 있다. 이 권한의 행사가 범죄와의 관련성이 없을 경우 검사가 이 역할을 수행하는 것은 적절하지 않을 것이다. 매우 이례적인 사안에서만 그 권한을 행사하여야 할 것이다.

3) 보호기간: 현행법의 적절성

해산청구나 청산인 선임청구로 그 절차가 끝남으로써 보호의 목적을 달성하게 된다.

4) 대체 공적 기관의 유무

상사회사의 해산이나 청산인의 선임에는 경제관련 부처 또는 조세당국이 이해관계인으로서 개입하는 것이 더 적절해 보인다. 그러나 범죄와의 관련성이 의심스러울 경우에는 검사가 권한을 행사하는 것이 적절할 것이다.

(4) 채무자회생 및 파산에 관한 법률과 검사의 역할

1) 목 적

검사의 민사상 직무의 하나로 파산사건 관련 업무가 있다. 이에 관하여는 종전의 파산 관련 법률들을 하나로 통폐합한 채무자 회생 및 파산에 관한 법률이 규정하고 있다.

[표 7-36] 채무자 희생 및 파산에 관한 법률 제315조

채무자 회생 및 파산에 관한 법률 제315조(검사에 대한 통지) 법원은 필요하다고 인정하는 경우에는 파산선고한 사실을 검사에게 통지할 수 있다.

[표 7-37] 채무자 희생 및 파산에 관한 법률 제562조

채무자 회생 및 파산에 관한 법률 제562조(면책신청에 대한 이의) ① 검사 · 파산관재인 또는 면책의 효력을 받을 파산채권자는 제558조의 규정에 의한 심문기일부터 30일(심문기일을 정하지 않은 경우에는 법원이 정하는 날) 이내에 면책신청에 관하여 법원에 이의를 신청할 수 있다. 다만, 법원은 상당한 이유가 있는 때에는 신청에 의하여 그 기간을 늘일 수 있다. ② 제1항의 규정에 의한 이의신청을 하는 때에는 제564조 제1항 각호의 면책불허가사유를 소명하여야 한다.

2) 검사에게 권한을 인정한 목적

파산범죄 등에 대한 수사의 단서 제공 등 필요하다고 인정하는 경우에는 파산

선고한 사실을 검사에게 통지할 수 있다. 이 경우에는 파산법원 관할에 상응하는 지방검찰청 검사장에게 결정등본을 첨부하여 통지한다. 그리고 검사를 면책의 신청에 관하여 법원에 대한 이의신청권을 인정하는 것은, 공익의 대표자인 검사로 하여금 파산관재인 또는 면책의 효력을 받을 파산채권자의 불측의 손해를 방지함으로써, 채권자에 대한 공평한 변제 및 파산채권자의 권리실현에 기여하도록 하는데 그 목적이 있다.

3) 보호기간: 현행법의 적절성

검사에게 주어진 이의신청권 등을 행사함으로써 소기의 목적을 달성할 수 있다.

4) 대체 공적 기관의 유무

범죄와의 연관성이 의심되는 사안이기 때문에 검사가 그 권한을 행사하는 것이 가장 적절할 것이다.

3. 검사의 민사법상의 역할수행의 뒷받침으로서의 절차법: 비송사건절차와 검사의 역할

(1) 목 적

비송사건의 개념에 관해서는 여러 가지로 정의되고 있으나 일반적으로는 사권관계의 형성 · 변경 · 소멸에 관하여 국가기관이 관여하는 사건이라고 설명되고 있다. 비송사건의 법적 성격, 범위 및 소송사건과의 구별에 관해서는 많은 학설이 대립되어 있다. 우리나라의 통설인 소위 '민사행정설'에 따르면, 소송사건은 판단의 기준이 법정되어 있어서 법원이 단순히 그 법률을 적용하는 데 그치는 경우로서 소송사건은 사법작용으로 취급되나, 비송사건은 판단을 법원의 합목적적 재량에 일임하여 법관이 판단하는 바에 따라 처리를 맡기는 경우로서 분쟁해결적 요소가 희박하여 사법작용이 아니라 민사행정작용이라고 한다. 즉 다 같이 권리관계의 확정 · 형성을 하는 경우에도, 소송의 판결은 법의 적용에 의한 판단작용의 효과임에 반하여 비송사건에는 결과를 의욕하는 처분행위에 기초한 것이다.[21] 따라서 민사행정작용은 창설적 효력을 가짐과 동시에 그 결과가 영속적 · 장래적이고 형성적 · 대세적 효력을 지닌다는

---

21) 등기실무연구회(편), 비송사건절차법, 육법사, 1992, 38면.

점에서 민사소송이 최종적 · 고립적 · 일회적인 점과 다르다. 이러한 측면에서 보면 넓은 의미에서는 조정, 가사소송, 강제집행, 파산, 화의, 경매, 회사정리사건 등은 모두 본질상 비송사건으로 분류할 수 있다. 다만, 보통 비송사건이라고 하는 것은 형식상 비송사건절차법에 규정되어 있는 사건, 즉 협의의 비송사건에 한정된다.

소송절차와 비송절차의 대략적인 차이는 다음과 같다. ① 소송의 경우에는 분쟁이 존재하고 소(訴)라는 행위에 의하여 당사자가 제시한 소송물에 대해 사법기관의 공권적 법적용을 통한 판단이 이루어지고 판결이라는 가장 신중한 재판형식이 절차의 전제가 되며 항소 · 상고라는 형식으로 2차의 불복이 가능하지만, 비송사건은 신청 없이 개시되는 경우도 많고 대립당사자주의를 전제로 하지도 않으며 결정으로 재판하고 불복도 항고방식에 의한다. ② 소송사건은 공개주의가 헌법적 요청이고 구두주의(口頭主義)가 지배하지만, 비송사건의 경우에는 심문이 비공개로 이루어지고 서면주의(書面主義)가 현저하게 나타난다. ④ 소송절차에서 소송물의 제시는 당사자의 책임이고 판결은 이에 대한 판단을 증거에 의하여 내리는 것이므로 다툼이 있는 사실에 대하여는 엄격한 증명을 요구하는 데 반하여, 비송절차는 각 단계에서 당사자주의 · 변론주의 · 처분권주의가 후퇴하고 직권주의가 전면에 나타나며 엄격한 증명보다는 자유로운 증명에 의한다. 즉 전체적으로 볼 때, 소송의 경우 소송절차가 형식주의적이고 신중한 데 비하여, 비송절차는 탄력적이고 간이 · 신속한 절차적 특징이 있다.

비송사건의 처리를 위해 일반법으로서 비송사건절차법(제정 1962.1.20 법률 제999호, 일부개정 2005.3.31 법률 7428호, 시행일 2006.4.1)이 제정되어 있다. 검사의 역할과 관련하여 비송사건절차법은 비송사건의 해결을 위하여 사건에 대한 검사의 의견진술권 · 심문참여권을 인정하고(비송사건절차법 제15조), 검사의 청구에 의하여 비송절차가 개시되어야 할 경우 그러한 사실에 대한 통지대상으로서의 지위를 규정하고 있으며(비송사건절차법 제16조), 과태료재판에 대한 의견진술권 · 즉시항고권(비송사건절차법 제248조), 약식 과태료재판에 대한 이의신청권(비송사건절차법 제250조), 과태료재판의 집행권(비송사건절차법 제249조) 등을 규정하고 있다.

다만, 비송사건 중에서도 재판상 대위사건과 그에 대한 즉시항고(비송사건절차법 제45조 내지 제51조), 보존 · 공탁 · 보관 · 감정에 관한 사건(비송사건절차법 제53조 내지 제57조), 사채에 관한 사건(비송사건절차법 제109조 내지 115조)에 대해서는 검사의 의견진술 및 심문참여가 인정되지 않으며(비송사건절차법 제52조, 제55조, 제116조), 민사소송법에 의한 과태료재판의 경우에도 검사의 관여를 규정한 비송사건절차법 제248조 내지 제250조의 규정을 배제하고 있다(민사소송법 제224조 제2항, 민사집행규칙 제39조 제2항).

한편 비송사건절차법은 민법상 재단법인의 정관보충(민법 제44조), 임시이사선임(민법 제63조), 청산인선임(민법 제83조), 청산인해임(민법 제84조) 등과 상법상 회사해산명령(상법 제176조), 영업소폐쇄명령(상법 제619조) 등 규정에 관하여도 비송사건으로 이를 처리하도록 하고 있다(비송사건절차법 제32조, 제72조 제1항, 제3항 등). 그러나 이 규정들은 이미 앞부분에서 언급하였기 때문에 생략한다. 여기서는 이를 제외한 나머지 규정만을 살펴보기로 한다.

가. 검사의 의견진술 및 심문참여권(재판청구 필요시 검사에 대한 통지)

[표 7-38] 비송사건절차법 제15조

비송사건절차법 제15조(검사의 의견 진술 및 심문 참여) ① 검사는 사건에 관하여 의견을 진술하고 심문에 참여할 수 있다. ② 사건 및 그에 관한 심문의 기일은 검사에게 통지하여야 한다.

민사소송절차의 중심을 이루는 것은 판결절차로서 그것은 반드시 변론을 바탕으로 하여야 하며, 심리와 판결은 원칙적으로 공개된 법정에서 행하여져야 한다(헌법 제109조). 따라서 민사소송절차는 공개주의의 원칙하에 행하여진다고 할 수 있다. 그러나 비송사건절차의 재판은 판결에 의하지 않고 결정에 의하는 것이 원칙이며(비송사건절차법 제17조 제1항), 심문은 비공개로 하는 것이 원칙이다(비송사건절차법 제13조). 따라서 이러한 경우 객관적인 입장의 제3자가 사건의 처리과정에 참여하는 것이 이해관계인의 이익보호를 위해 도움이 된다. 비송사건절차법이 공익의 대표자인 검사가 비송사건절차에서 의견을 진술할 수 있고, 증거조사를 위하여 심문에 참여할 수 있도록 하고 있는 것(비송사건절차법 제15조)도 이러한 취지라고 볼 수 있다.

나. 검사의 재판청구 필요시 통지대상

[표 7-39] 비송사건절차법 제16조

비송사건절차법 제16조(검사에 대한 통지) 법원, 그 밖의 관청, 검사와 공무원은 그 직무상 검사의 청구에 의하여 재판을 하여야 할 경우가 발생한 것을 알았을 때에는 그 사실을 관할법원에 대응한 검찰청 검사에게 통지하여야 한다.

비송사건에는 검사의 청구에 의하여 절차가 개시될 수 있는 사건이 있다. 물론 이러한 경우 당사자나 이해관계인도 동시에 신청권을 가지고 있는 경우가 대부분이며, 이때의 검사는 공익의 대표자로서 사건에 관여하는 것이지 당사자나 이해관계인으로 사건에 참여하는 것은 아니다. 따라서 검사가 이러한 사실을 인지하고 있지 못하고 있을 수 있으므로, 이러한 경우법원, 기타의 관청, 검사와 공무원은 그 직무상 검사의 청구에 의하여 재판을 하여야 할 경우가 발생한 것을 안 때에는 이를 관할법원에 대응한 검찰청검사에게 통지하여야 하는 것으로 규정하고 있다(비송사건절차법 제16조). 검사가 비송사건을 신청할 경우 그 신청의 방식에 관하여는 법률에 특별한 규정을 두고 있지 않다. 그러나 검사가 법률에 관한 전문가라는 점 등을 고려할 때 서면에 의하되 비송사건절차법 제9조 소정의 요건을 따르는 것이 적당하다 할 것이다.

(2) 검사에게 권한을 인정한 목적

검사가 민사법상 일정한 권한을 행사하도록 한 경우, 비송사건에서 그 역할을 충실히 할 수 있도록 절차적으로 배려한 것에 목적이 있다.

(3) 보호기간: 현행법의 적절성

비송사건절차의 경우에는 따로 보호기간의 문제는 제기되지 않는다.

(4) 대체 공적 기관의 유무

검사가 수행하여야 할 역할을 전제로 한 것이므로 대체기관을 상정할 수 없다.

4. 소결: 민사법상의 검사의 역할에 대한 평가

앞서 살펴 본 바와 같이, 민사법에서 부여된 검사의 역할은 법률행위를 할 수 없거나 하는데 있어서 장애가 있는 본인의 법적 보호를 위한 영역과 그 밖의 영역으로 크게 구분할 수 있다. 각 영역에서 검사에게 그와 같은 권한을 부여한 것이 적정한지, 그 권한행사로써 제공하고자 하는 법적 보호가 기간의 면에서 적정한지, 그리고 검사가 아닌 다른 대체기관(공적 기관)이 더 적절한 권한을 행사할 수 있는지 등의 세 가지 기준을 적용하여 검사의 역할을 분석하였다. 그 결과를 간단히 정리하면 다음과 같다. 이를 다시 두 부류로 구분하여 검사의 역할을 평가할 수 있다.

[표 7-40] 민사법상의 검사의 역할의 적정성 등 평가-1

항목	법적 보호 목적의 적정성	보호기간과 그 적정성	현행 제도를 대체할 기관의 유무
부재자의 재산관리	적정	1회적/부적절	없음
실종 선고	적정	1회적/적절. 타 제도와 연계되어야 함.	없음
상속인 없이 사망한 자의 재산관리	적정	1회적/부적절	없음
상속인이 상속재산관리를 할 수 없는 사안의 상속재산관리	적정	1회적/타 제도와 연계되어야 함.	없음
재단법인 설립자의 의사 실현을 위한 정관보충	적정	1회적/적정	없음
사망자를 대리한 소송	적정	1회적/적정	없음
아동의 보호	적정	1회적/부적절	타 기관과의 역할배분이 필요
의사결정능력에 장애가 있는 성인의 보호	적정	1회적/부적절	타 기관과의 역할배분이 필요
민사소송에서의 특별대리인 선임	적정	1회적/부적절	없음.

(1) 법률행위에서의 장애가 있는 본인의 법적 보호를 위한 검사의 역할

아래 [표 7－41]에서 보듯이 법률행위를 할 수 없거나 하는 데 장애가 있는 부재자, 실종자, 상속인 없이 사망한 자, 관리되지 않는 상속재산을 남겨 둔 피상속인, 아동, 장애인, 노인 등의 본인의 법적 보호를 위해 검사에게 민사사법절차(특히 비송절차)를 통해 신청하도록 하는 권한을 부여한 목적은 모두 적정한 것으로 판단하였다. 그런데 그 중에는 검사의 신청권의 행사로도 법적 보호의 제공에 충분한 경우도 있고, 다른 제도와 연계하여야 충분한 법적 보호가 제공되는 경우도 있고, 신청권의 행사는 법적 보호의 출발점에 지나지 않는 것도 있었다. 한편 현행법처럼 검사에게 권한을 부여하지 않고 다른 적절한 공적 기관에 권한을 부여하는 것이 더 적절한지도 검토하였으나, 그런 기관은 없거나 다른 공적 기관과의 연계가 필요한 부분이 있다고 판단하였다.

(2) 기타 공익목적 달성을 위한 검사의 역할의 적정성 등

한편 법률행위를 할 수 없거나 하는 데 장애가 있는 사인의 보호 이외의 영역에서 검사에게 민사사법절차(특히 비송절차 등)상의 신청권한, 이의신청권 또는 참여권 등을 부여하는 경우를 분석한 결과, 그 목적 자체가 부적당한 것이 많이 있었다. 그 경우에는 다른 공적 기관이 보다 더 적절한 역할을 할 수 있는 것으로 판단되었다. 다만 범죄와의 연계성이 의심되어 검사가 참여하여 확인하도록 하는 경우는 그 목적이 적정하고, 현행의 제도를 잘 활용하는 것이 필요하다고 판단하였다. 즉, 후자의 경우 적어도 제도상의 문제는 없다는 것이다.

이상의 검토를 통해, 검사에게 부여된 민사법상의 권한 중 일부는 현대적 관점에서 볼 때 목적의 정당성이 의심되는 경우도 있음을 알 수 있다. 검사의 민사법적 영역에서의 권한 행사에서는 이 영역을 제외할 필요가 있을 것이다.

한편 국가가 사인(私人)의 보호를 위해 검사에게 민사법상의 권한을 인정하였으나, 가족관계와 사회의 변화로 그 권한의 행사만으로는 사인의 보호에 불충분한 영역

[표 7-41] 민사법상의 검사의 역할의 적정성 등 평가-2

항목	검사의 권한을 인정한 취지의 적정성	보호기간과 그 적정성	대체기관의 유무
가족질서보호를 위한 중혼 취소	부적절	일회적/적정	없음
민사법인의 보호를 위한 임시이사, 특별대리인선임청구, 청산인 선임 및 해임	부적절	일회적/적정	최종적 이해관계인으로서의 주무관청
범죄와의 관련성이 의심되는 상사법인 등의 해산	적정	일회적/적정	없음
합명회사의 청산인 선임	부적절	일회적/적정	조세관청 기타 경제관련부서가 최종적 이해관계인으로 관여 가능
파산절차 등을 이용한 범죄와의 연관성 의심과 면책 이의신청권 등	적정	일회적/적정	없음

[표 7-42] 검사의 민사법상의 권한 행사에 보완이 필요한 영역

영역	내용
부재자 및 상속인 부존재 재산관리	지속적인 재산관리의 필요성
아동보호	타기관과 협력 하에 지속적 아동보호에 관여
취약한 성인보호	타기관과 협력 하에 지속적 성인보호에 관여

도 있다. 특히 법률행위를 하지 못하거나 하는 데 장애가 있는 사인의 보호 영역이 그러하다. 그 영역은 위 [표 7-42]에서 보듯이 3분야로 구체화할 수 있고, 그 영역은 1회적인 것이 아니라 지속적 지원이 권한행사의 내용으로 보완될 필요가 있다.

이상의 분석을 토대로 법률사무의 처리에 전문성이 있는 행정부처가 수행해야 할 역할이 무엇인지를 확정하면, 그 행정부처로 '검사'가 있는 행정부처의 소관 직무를 구체화할 수 있을 것이다. 이 문제를 언급하기 이전에 먼저 해외의 사례를 살펴본다.

Ⅲ. 영국 및 독일의 국친사상과 취약한 개인에 대한 국가 보호

여기서는 아동, 노인, 정신적 장애인 등 취약한 개인이 시민사회 구성원으로서 사회생활(가족생활, 재산관리, 신상관리, 기타 사회생활 등)에 참여하는 것을 보호하기 위해 국가가 어떻게 개입하고 있는지를 살펴본다. 먼저 국가개입의 역사가 길고, 그 특징이 다른 두 나라인 영국과 독일의 사례를 검토한다. 이들 두 나라에서는 국가의 개입을 '국가(왕정시대에는 국왕)'가 국민의 아버지라는 사상(국친사상)에 의해 정당화하였다.

1. 영 국

(1) 국친사상의 전개

영국의 국친사상은 성인 정신이상자(lunatics) 또는 지적장애인(idiots) 중 재산이 있는 자에 대해 국왕이 후견인으로서 그의 재산을 관리하던 것에서 비롯되었다.[22] 로마법에서 부(父)가 정신이상자의 후견인이 되었던 것[23]에 대응해서 국왕이 후견인

22) 1324년 제정법인 The Statute De Praerogative Regis에 기록되어 있다. 이에 대해서는 제철웅, 영국법에서 의사무능력 성인의 보호제도의 역사적 전개와 2005년 정신능력법의 특징, 비교사법 제17권 4호(2010.12), 218면 이하 참조.

이 된다는 의미에서 국친(parens patriae)이라고 한 것이다. 그 후 1959년 정신보건법(the Mental Health Act 1959)을 통해 국왕의 특권이 폐지하고 정신질환자의 재산관리는 보호법원(the Court of Protection)이 담당하고(동법 제100조 이하),[24] 신상보호는 지방자치단체가 담당함(동법 제6조 이하)으로써 "국친"의 의미에 변화가 생겼다. 국친사상은 다시 20세기 후반 큰 변화를 겪게 되었다. 1985년 지속적 대리권법(the Enduring Power of Attorney Act 1985)이 제정됨으로써 국가의 역할은 의사결정능력 없는 성인의 자기결정권을 존중하고, 이를 지원하는 것으로 변화하였다. 그 후 2005년의 정신능력법이 제정됨으로써 국가의 역할은 신상 영역에서도 자기결정권을 존중하고 그 행사를 지원하며, 자기결정권을 행사할 수 없는 경우 비로소 최후의 수단으로 국가가 개입한다는 것으로 변화하였다.[25] 의사능력 없는 성인의 후견인으로서 국가가 재산과 신상보호를 담당하는 것은 오늘날 지방자치단체 소속공무원이 후견인으로 선임되는 것으로 이어지고 있다.[26]

반면 근대에 이르기까지 유럽에서 아동은 부모의 소유물로 인정되었기 때문에,[27] 부모의 돌봄 하에 있는 아동의 보호를 위해 국가가 개입한다는 관념은 오랫동안 미발달하였다. 부모가 아동을 징계하더라도 이는 친권행사의 당연할 결과로 생각하였다. 그런데 아동을 학대하는 부모로부터 아동을 분리 · 보호할 수 있게 하고, 학대부모를 경고 또는 처벌할 수 있도록 한 1889년 아동학대방지 및 보호법(the Prevention of Cruelty to, and Protection of, Children Act 1889)의 제정을 통해 비로소 아동

---

23) 데이튼 킴벌리/제철웅 대표 번역, 세계의 후견제도, 6면 이하(Denzil Lush 집필부분) 참조.

24) 보호법원은 선례효력 있는 판결을 내릴 수 있는 법원인 상급법원(the Supreme Court) 판사를 법무대신(The Lord Chancellor)이 지정하여 관할권을 부여한 것을 말한다(동법 제100조). 보호법원 판사는 재산관리인(reciever)을 선임하여 그로 하여금 재산관리 사무를 처리하게 할 수 있다(동법 제105조). 이 제도는 1983년의 정신보건법에 이르기까지 지속되었다. 이에 대해서는 제철웅(위 주 16), 228면 참조. 2005년 정신능력법 관할법원인 보호법원(the Court of Protection)과 다르다. 이는 물리적, 조직적으로 독립된 법원이다. 이에 대해서는 Alex Ruck Keene et al, Court of Protection Handbook, pp. 83 참조.

25) 그 결과 오늘날 영국에서는 자신이 지정한 대리인에 의해 재산과 신상을 돌보게 하는 영속적 대리권(the Lasting Power of Attorney)이 압도적으로 이용되고 있고(2021년 기준 약 530만 명), 보호법원이 선임하는 법정대리인인 후견인(Deputy)은 약 57,000명이 활용하고 있다. Office of the Public Guardian, Office of the Public Guardian Annual report and accounts 2020/21, pp. 13.

26) 데이튼 킴벌리/제철웅 대표 번역, 세계의 후견제도, 244면(Denzil Lush 집필부분)에 따르면 선임된 후견인(Deputy) 중 약 26%가 지방자치단체라고 한다.

27) 친권의 근거를 부모의 소유물로서 아동을 보는 관점에 기반한 것도 있다는 논의의 소개는 Jonathan Herring, Family Law, 8th edition, pp. 440 참조. 독일에서는 로마법 계수 이전 중세시대에는 아동은 부(父)의 권위에 복속되는 자로서 부는 아동이 잘못한 경우 살인을 포함해서 징계할 권한이 인정되었다고 한다. Thomas Croft, Criminal Responsibility of Children and Young Persons: a Comparison of English and German Law, pp. 95, Ashgate(2002) 참조.

대상 국친사상이 구체화되었다. 1948년의 아동법(the Children Act 1948)은 국친사상을 아동보호의 근본이념으로 채택하여 국가가 아동양육을 포괄적으로 지원하고, 아동양육이 어려운 경우 국가가 부모로서 역할하도록 하였다.[28] 1973년 마리아 콜웰 사건 이후 지자체의 아동보호 권한을 확대시킨 1975년의 아동법을 계기로 국친사상은 더욱 확대되었다. 그러다 1987년 클리블랜드 사건 이후 국가와 부모 간의 파트너십을 강조하면서 부모의 아동양육을 지원하고 뒷받침하는 것에 중점을 두고, 국가가 부모의 역할을 대신하는 것은 최후의 수단으로 삼도록 하는 원칙을 구체화한 1989년의 아동법이 제정되었다. 아동 대상 국친사상 역시 국가가 사적영역(아동의 경우 부모, 성인의 경우 본인의 자기결정)을 대체하는 것이 아니라, 사적 영역(아동의 경우 부모의 역할, 성인의 경우 자기결정)에서 문제를 해결할 수 있도록 지원하고, 문제 발생을 예방하는데 초점을 맞추는 것으로 전환하게 되었다.

아래에서는 우리나라 민사법에서의 검사의 역할과 유사한 영역에서 영국의 국친사상이 어떻게 제도로써 구체화되어 실행되고 있는 지를 살펴본다.

(2) 소송에서의 보호제도로서의 공적 변호사 제도

1) 공적 변호사의 역사

민사, 가사, 비송사건 기타 소송절차에서 의사무능력 등으로 자신을 대리할 자를 정할 수 없는 사람을 위해 소송대리를 하는 제도로 영국법에서는 공적 변호사(the Official Solicitor) 제도를 두고 있다. 공적 변호사는 영국 상급법원(제1심 법원인 High Court와 항소심법원(Court of Appeal)을 의미한다)에 속한 관직이었고, 이를 임명하는 사람은 법무부장관[29]이다. 공적 변호사는 의사무능력자인 아동과 성인, 사망자, 신원불명자 등이 소송당사자일 때 이들을 대리해 줄 마땅한 사람이 없는 경우 최후의 수단으로서 이들의 대리인 역할을 수행한다. 이렇게 함으로써 사법정의의 혜택을 받지 못하는 상태를 막고, 그 당사자의 법적 지위, 재산과 복리를 보호하려는 것에 있다.

공적 변호사 제도는 18세기로 거슬러 올라간다. 당시 국왕은 국민의 부(父)

---

28) 이에 관하여는 Stephen Cretney, Law, Law Reform and the Family, Oxford University Press, chapter 9 참조.

29) 공적 변호사는 과거부터 Lord Chancellor가 임명하였다(the Senior Act 1981 제90조). Lord Chancellor는 과거에는 법무부장관이자 최고법원인 귀족원(House of Lords) – 현행의 최고법원은 대법원(the Supreme Court)임 – 의 수장이고, 잉글랜드와 웨일즈 사법부의 수장의 지위를 겸하고 있었다. 그러나 2005년의 헌법개혁법(the Constitutional Reform Act 2005)의 제정으로 Lord Chancellor는 법무부장관의 직위만 가지고 있다.

(parens patriae)라는 사상에 입각하여 소송에서 의사무능력자를 대리해 줄 적당한 가족과 친구가 없는 경우 이들을 대리해 줄 공적 변호사가 필요하였다. 이런 필요성에 입각하여 19세기에 이르러 1873년 상급법원법(the Supreme Court of Judicature Act 1873)[30] 제84조에 기초하여 Lord Chancellor(현재 법무부장관에 해당)는 명령으로 상급법원에서 이들을 대리해 줄 변호사로 공적 변호사를 임명하였다. 이렇게 하여 소송절차에서 친척, 친구가 없는 의사무능력자를 대리하기 위한 목적으로 창설된 관직이 공적변호사였다. 지금의 공적 변호사 제도는 1981년 상급법원법(the Supreme Court Act)[31] 제90조에 그 법적 근거를 갖춘 제도이다. Lord Chancellor는 공적 변호사(Official Solicitor)를 상급법원의 한 관직으로 임명할 수 있다. Lord Chancellor가 정하고 의회의 승인을 받은 급여를 공적 변호사에게 지급하도록 되어 있다. 이 점에서는 공무원의 직위를 가지고 있다. 한편 공적 변호사를 지원하는 관청을 두게 되는데, 이것이 공적 변호사 관청이다(the Office of Official Solicitor).

공적 변호사는 '사회의 취약계층(vulnerable persons)을 위해 공적 영역에서 법적 서비스를 제공할 필요가 있을 때, 이들에게 양질의 수요자 중심의 법적 서비스를 제공하는 것'을 목적으로 활동하고 있다. 공적 변호사는 의사결정 능력 없는 자, 사망자, 행방불명자가 당사자인 소송에서 이들을 대리하는 역할을 한다. 이 점에서 우리 민법의 부재자재산관리, 실종 선고에서 검사가 수행하는 역할(민법 제22조 내지 제29조)과 동일한 기능을 수행하는 기관이라고 할 수 있다.

2) 공적 변호사의 기능

공적 변호사는 여러 가지 임무를 수행한다.

첫째, 사법부, 법조, 독립정신능력옹호자(Independent Mental Capacity Agent=IMCA),[32] 의사 또는 사회복지사들의 요청에 따라 의사무능력 당사자를 위한 법적 자문을 하는 역할을 한다.

둘째, 민사소송에서 수소법원은 의사무능력자인 성인의 소송상의 법정대리인

30) 전통적으로 영국의 사법부는 복잡한 관할 구조를 가지고 있었는데, 이를 통일하여 근대화된 단일한 사법체계로 나아가게 된 첫 걸음을 형성한 것이 이 법이다.

31) 2009년 10월부터 최고법원의 기능이 House of Lords에서 대법원(the Supreme Court)으로 이관됨에 따라 위 법률 명칭도 상급법원법(the Senior Court Act 1981)로 변경되었다.

32) 의사능력이 없는 것으로 추정되는 성인을 위한 중요한 치료, 거소지정 등의 결정에 앞서 본인의 편에 서서 그의 희망이나 의사를 확인하는 전문가를 말한다. 정신능력법(the Mental Capacity Act 2005) 제35조 이하에서 이들의 역할을 상세히 규정하고 있다.

(litigation friend)으로 공적 변호사를 선임할 수 있다. 이 경우, 공적 변호사를 소송상의 대리인으로 지정하기 전에, 공적 변호사는 공적 변호사 관청의 직원이 의사무능력 당사자의 재정상황에 관한 정보를 취득하는 것을 허락해 줄 것과 의사무능력 당사자가 자력이 없을 경우 공적 재정으로부터 비용이 충당될 수 있는 조치를 취해 줄 것을 법관에게 요청한다고 한다. 물론 의사무능력 당사자에게 자력이 있는 경우에는 그의 재산에서 필요한 비용을 지불받도록 한다. 이를 위해 공적 변호사 관청에 소속된 직원인 변호사들은 법원의 소송 대리인 선임결정문 초안을 수소법원에 미리 제출하여 선임절차를 촉진시키는 일을 한다. 이런 절차를 거치지 않으면 공적 변호사를 소송상의 대리인으로 선임하는 결정을 하더라도 절차 지연을 피할 수 없다고 한다.

셋째, 민사법원과 가정법원을 지원하는 역할을 수행하기도 한다. 수소법원이 특정의 결정을 하기 이전에 공적 변호사에게 요청하여 조사를 하도록 할 수 있다. 수소법원이 통상 요구하는 조사(Inquiry)는 당해 소송의 당사자의 의사능력에 관한 것이다. 이때 공적 변호사는 당사자의 의사능력 유무를 판단하기 위한 조사를 하고 관련한 보고서를 수소법원에 제출하는 역할을 수행한다. 공적 변호사의 이런 업무를 방해하면 법원모독죄의 처벌을 받는다고 한다.

넷째, 성년후견 관련 사건의 관할법원인 보호법원(Court of Protection)[33]을 지원하는 역할도 한다. 보호법원 사건에서 공적 변호사는 의사무능력 성인을 대리하는 임무를 맡기도 한다. 보호법원은 피후견인을 위한 법정 유언(Statutory Will)[34]을 작성하거나 타인에게 증여를 하거나,[35] 피후견인의 재산을 처분할 경우 공적 변호사를 피후견인의 특별대리인으로 임명하여 관련된 처분을 하도록 한다고 한다. 후견인(deputy)이나 임의후견인(attorney of a lasting power of attorney)은 그와 같은 처분에 자신의 이익이 관여될 수 있기 때문에 이를 회피하기 위한 목적이라고 한다. 이 업무는 통상 공적 변호사 관청의 소속 직원이 수행하며, 그 비용은 피후견인의 재산에서 상환 받는다고 한다. 한편 의료행위에 있어서도 피후견인을 대리할 권한을 부여받기도 한다. 나아가 공적 변호사는 공공 수탁자와 함께 피후견인의 재산관리 후견인(deputy)

33) 보호법원은 정신능력법에 따라 설립된 기관으로 의사무능력 성인의 의사결정을 대신하거나, 이들의 법정대리인의 선임 · 변경 등에 관한 관할권을 갖는 특별법원이다.

34) 보호법원은 피후견인을 위해 유언을 작성하도록 할 권한을 후견인(deputy)에게 부여하거나 보호법원 자신의 결정으로 유언을 작성할 수 있다. 정신능력법 제18조 제1항 i호 참조. 이처럼 보호법원의 승인 하에 작성되는 유언을 '법정 유언'이라고 한다.

35) 정신능력법 제18조 제1항 b호 참조.

로 선임되어 재산을 관리하기도 한다.

다섯째, 정신보건법상의 정신장애자, 여타의 의사무능력자를 대리하여 의료행위에서 의사표시를 대행하는 역할도 수행한다. 정신질환자를 위한 불임수술, 연명치료장치의 제거 등이 필요한 경우 의사무능력자의 의사표시를 대행하는 역할도 한다는 것이다.

3) 조 직

공적 변호사 관청은 법무부의 한 부서로 운영되고 있다. 2007년부터 공적 변호사와 공공수탁자 관직을 통합하여 하나의 기구인 the Offices of Court Fund and Official Solicitor and Public Trustee에서 운영하도록 하였다. 당시 124명의 직원 중 20여명이 변호사라고 한다. 2013년 현재 연평균 124.57명의 상근직원이 근무하고 있다고 한다.

4) 업무량

공적 변호사 관청은 2004년에서 2007년 사이에 매년 500건 이상의 보호법원 관련 사건을 담당하고 있었다. 그 밖에 독립정신능력옹호자(IMCA)가 관련된 법률문제

[표 7-43] 잉글랜드 및 웨일즈 공적 변호사 사건 담당

사례통계	신건			현재 진행 중인 사건		
	12년	13년	증감%	12년	13년	증감%
민사소송	695	556	−20	909	765	−16
가족사건−공법	811	669	−18.5	590	292	−50.5
가족사건−민사법	90	127	41	280	273	−2.5
보호법원−재산관련 사무	518	686	33	372	413	16
보호법원−신상관련 사무	333	336	1	546	438	−20
국제아동탈취협약	714	967	35.5	588	690	17
부양료집행	2,841	3,262	15	N/A	7,464	−
아동관련 수탁	1,164	1,076	−7.6	9,479	1,0290	9
공적변호사 수탁	7	6	−14.3	148	147	−
공적 수탁자 신탁	0	2	100	78	73	−6.5
법정후견사건	0	0	n/a	32	31	−3

출처: The Official Solicitor and the Public Trustee Annual Report 2013/2014

에 관해 문의할 경우 자문을 하기도 하는데, IMCA가 본인을 돌보는 지역당국 및 의사의 정신능력법(the Mental Capacity Act 2005) 제5조상의 돌봄과 치료에 이의를 제기하고자 할 때, 공적 변호사를 통해 본인을 위한 소송을 제기할 수 있다고 한다.

공적 변호사는 2022년 현재 135명의 직원이 근무하고 있고, 27명의 변호사(solicitor)가 근무하고 있다고 한다.[36]

(3) 아동 및 성인 등의 재산 관리자의 역할을 수행하는 공공 수탁자

1) 공공 수탁자의 역사

공공 수탁자는 1906년의 공공수탁자법(the Public Trustee Act 1906)에 의해 법무부의 관직으로 창설된 후 신탁서비스를 제공하고 있다. 공공 수탁자는 私益 신탁 서비스도 적극적으로 제공하는데, 일반 시민에게는 최후의 신탁서비스로 이용되고 있다. 1980년대에는 보호법원(the Court of Protection)[37]이 공공 수탁자 관청의 사무실 내에서 업무를 보기도 하였다고 한다. 당시 공공 수탁자는 보호법원의 판결로 후견(당시는 receivership으로 표현하였음)이 개시된 사건에서 후견인을 맡을 만한 사람이 없을 때 최후의 수단으로서 재산관리 후견인(receiver)의 역할을 수행하고, 지속적 대리인(attorney of a Enduring Power of Attorney) 등록업무도 담당하였다고 한다.

공공 수탁자는 Lord Chancellor(법무부장관)이 임명하며, 법무부 산하 기관으로서 공적 변호사와 같은 관청 명칭 하에 같은 직원을 활용하여 업무를 수행하고 있다.

2) 공공 수탁자의 기능

첫째, 공적 변호사와 함께 공공 수탁자는 피후견인의 재산관리 후견인으로 선임되어 재산관리 업무를 담당하기도 한다. 물론 이때에는 다른 적절한 후견인 후보자가 없을 때 최후의 수단으로 선임되는 후견인이다.

둘째, 공공 수탁자의 고유한 기능은 연고 없이 사망한 사람을 대신하여 그의 재산을 관리하는 수탁자의 역할을 수행하는 것이다. 연고 없이 사망한 사람의 재산의 유언집행자로서 역할을 수행하기도 한다. 이때 유언자가 공공 수탁자를 유언집행자

36) file:///C:/Users/cuje/Documents/%EC%99%B8%EB%B6%80%EC%97%B0%EA%B5%AC/About%20us%20−%20Official%20Solicitor%20and%20Public%20Trustee%20−%20GOV.UK.pdf 참조. 2023. 4. 25. 최종방문.

37) 2005년의 정신능력법 이전의 보호법원은 제1심법원인 지방법원(High Court) 소속의 법관으로 구성되어 후견 관련 사건을 다루는 재판부였다. 그러나 정신능력법 제정으로 후견 관련 사건에서는 제1심의 역할을 하는 독립된 법원이다.

로 지정할 수도 있고, 유언집행자의 지정이 없을 때 법원에 의해 선임되기도 한다. 한편, 연고 없이 사망한 사람을 상대로 부동산을 반환받고자 하는 자는 공공 수탁자를 상대로 관련된 통지를 하면 된다(the Law of Property (Miscellanous Provisions) Act 1994).

셋째, 취약계층 및 의사결정능력에 장애가 있는 성인의 재산을 맡아 보관하는 수탁자의 역할을 수행하기도 한다. 특히 상속인이 미성년자인 경우 성인이 될 때까지 수탁자의 역할을 수행하기도 한다.

넷째, 미성년자가 손해배상금 등의 사유로 목돈을 받을 경우 그 재산관리의 목적으로 신탁서비스를 제공하기도 한다.

3) 업무량

공공 수탁자가 관리하는 재산은 아래 [표 7-44]와 같다.

[표 7-44] 공적 변호사 및 공적 수탁자가 관리하는 재산 (단위: 천 파운드)

재산유형	2012/2013	2013/2014
투자	54,497	53,200
부동산 및 동산	12,563	12,400
현금 및 예금	8,419	10,400
채권	1,661	1,700
부채	−611	−500
합계	76,529	77,200

출처: The Official Solicitor and the Public Trustee Annual Report 2013/2014

공공수탁자는 최후의 수단으로서 기능하도록 규정되어 있는데, 2020년 3월 31일(회계년도말) 기준 신 건은 2건을 인수하였다고 한다. 종전에 관리하던 건수는 155건에서 153건으로 줄었다고 한다. 2019년 기준 관리하는 현금은 200만 파운드, 부동산 등 재산은 880만 파운드, 유가증권 5,450만 파운드, 부채 120만 파운드, 채권 110만 파운드 합계 6,540만 파운드를 신탁하고 있다고 한다. 2020년 기준 관리하는 재산 총계는 5,750만 파운드라고 한다.[38]

---

38) The Stewardship Accounts of the Official Solicitor to the Senior Courts and of the Public TrusteeFor the period 1 April 2019 to 31 March 2020 참조.

(4) 피후견인의 보호자로서의 공공후견인 관청

1) 역 사

영국은 후견제도의 운영에 있어서 공공후견인 관청(the Office of Public Guardian)을 개입시키고 있다. 공공후견인 관청은 애초 공공후견관청(the Public Guardianship Office)에서 출발하였다. 2005년의 정신능력법(the Mental Capacity Act 2005) 이전까지의 공공후견관청(the Public Guardianship Office)은 1983년 정신건강법(the Mental Health Act 1983) 제7부의 보호법원(the Court of Protection)39)의 권한 행사를 행정적으로 뒷받침하는 업무를 수행하였다. 1985년의 지속적 대리권법(the Enduring Power of Attorney Act 1985) 하의 지속적 대리권 등록 업무도 관장하였다.

공공후견관청의 후견(receivership) 기능과 보호기능은 1987년 공공수탁자 관청(the Public Trustee Office)으로 통합되었다. 2001년 4월 1일부터 공공 수탁자 관청은 공적 변호사 관청과 통합되어 일반 시민을 위한 최후의 수단으로서 私益 신탁 업무를 주로 담당하게 되었다. 그 때부터 의사결정능력 장애가 있는 성인의 후견 관련 업무는 공공후견인관청으로 통합되었다.

2) 기 능

공공후견인 관청은 공공후견인을 보좌하는 기능을 수행하는 기관으로 법무부 산하에 있다. 공공후견인은 영속적 대리인(the lasting power of attorney)과 법정 후견인 관련 등록부의 설치 및 관리업무, 법정후견인의 감독 업무, 보호법원의 파견상담자(the Court of Protection Visitors)로 하여금 영속적 대리인(우리나라의 임의후견인에 유사한 기능을 수행) 및 법정후견인(Deputy), 본인을 접촉하여 관련 문제를 조사하여 보고할 것을 지시하는 업무, 영속적 대리인과 법정후견인으로부터 보고를 받는 업무, 보호법원에 계류된 소송과 관련하여 보호법원에 보고하는 업무, 영속적 대리인과 법정후견인에 대한 불만을 접수하여 조사하는 업무 등을 수행한다(정신능력법 제57조). 이를 위해 법무부장관은 공공후견인에게 직원을 할당하여 공공후견인 관청을 구성하도록 하였다.

3) 조 직

공공후견인은 공공후견인 관청의 수장이며, 7인으로 구성된 집행위원회에서 결

39) 당시의 보호법원은 독립된 법원이 아니라 High Court의 한 부서로 후견 관련한 사건을 담당하는 기능의 수행이라는 점에서 보호법원이라 칭하였다.

정된 사항을 집행하는 역할을 수행한다. 다시 집행위원회를 감독하기 위해 공공후견인 위원회가 7인으로 구성되어 있다. 이 기관은 자문역할을 수행한다.

공공후견인 관청은 영속적 대리권이 등록된 의사결정능력 장애인, 법정후견인이 등록된 의사결정능력 장애인, 그 밖에 법원의 일회성 명령으로 보호받는 의사결정능력 장애인을 보호하는 기관이다. 이 기관은 의사결정능력 장애인에 대해 행정서비스로서 보호를 제공하는 셈이다. 한 때 공공후견인 관청은 보호법원의 업무를 행정적으로 뒷받침하는 역할(재판관련 서식의 관리 및 배포 등)도 수행하였으나 그 업무는 2009년 4월부터 모두 왕실 재판서비스(Her Majesty Court Services)로 이관되었다.

공공후견인 관청은 2009년 약 481명의 직원(임시직 포함)을 두고 있다. 관련 업무가 많기 때문에 현재 주요 업무를 세 곳에 분산하여 처리하고 있다. 출범 당시에는 런던 북부의 Archway의 보호법원과 동일한 건물에 있었으나, 현재는 우편업무, 스캔업무, 등록업무를 Birmingham으로 이관하였다. 2009년 개설한 Nottingham 사무실에서는 법정후견인 감독업무를 중심으로 수행한다.

공공후견인 관청은 2010년 현재 약 2,800만 파운드의 지출(직원 인건비 포함)을 하는데, 세입 중 등록비로 관련 당사자가 지불하는 액수가 약 2,200만 파운드라고 한다. 전체 비용의 93% 가까이를 등록수입으로 충당한다고 한다.

4) 업무량

후견과 관련된 등록업무, 법정후견인에 대한 감독 업무 등을 공공후견인 관청에서 담당하고, 임의후견인에 대한 각종의 불만과 고충처리에 대한 접수와 감독 업무도 담당하고 있다. 아래는 2011년 한 해 동안 보호법원에서 다룬 법정 후견 관련 사건, 지속적 대리권 및 영속적 대리권의 등록 건수를 기재한 것이다. 아래 사건들의 처리에 공공후견인 관청이 긴밀하게 관계한다.

[표 7-45] 공공후견인 관리 사례 통계, 2006-2011 (단위: 건수)

2011	1월-3월	4월-6월	7월-9월	10월-12월	합계
후견 관련 총 신청건수	5930	5703	6351	5554	23538
법정후견신청(재산관련)	3381	3410	3645	3149	13585
특정명령(재산관련)	576	580	569	438	2163
법정후견신청(신상보호)	76	71	99	56	302

특정명령(신상보호)	33	21	22	56	103
법정후견신청(재산－신상 공동)	120	117	128	141	506
특정명령(재산－신상보호 공동)	36	17	20	10	83
수탁자 지정 명령 신청	36	158	187	195	696
법정유언, 증여 명령 신청	128	136	147	139	550
지속적 대리권 관련 신청	151	113	123	124	511
영속적 대리권관련 신청	118	99	192	182	591
기존 법정후견인 관련 신청	913	755	918	799	3385
법정후견인 해임신청	97	83	87	85	352
자유박탈조치	24	25	47	56	152
기타	121	118	167	153	559
정신능력법에 따른 명령	6408	5219	6032	5138	22797
그 중 법정후견인(재산관련) 선임명령	3975	3290	4025	3251	14541
＋특정명령(재산관련)	138	77	106	88	409
법정후견인 (신상보호)선임명령	47	40	52	39	178
＋특정명령(신상보호)	63	66	47	94	270
법정후견인(재산관리－신상보호) 선임명령	2	13	2	1	18
＋특정명령(재산관리, 신상보호 공동)	5	1	0	1	7
새로운 수탁자 선임명령	111	95	111	57	374
법정유언, 증여 허락 명령(지속적, 영속적 대리권 관련)	181	125	111	130	547
지속적 대리권 관련	64	55	50	39	208
영속적 대리권 관련 명령	80	63	139	156	438
기존 법정후견인 관련 명령	335	184	190	106	815
법정후견인 해임명령	57	52	41	42	192
자유박탈명령	13	7	3	1	24
기타	1337	1151	1155	1133	4776
지속적 대리권등록	4779	4241	4080	3816	16916
영속적 대리권등록	45315	46085	52086	45849	189335
총 대리권등록	50094	50326	56166	49665	206251

법정후견인 선임 건수	3214	2694	3639	3486	13033

출처: 법무성, Judicial and Court Statistics 2011.

법정후견인은 모두 공공후견관청(the Office of the Public Guardian)의 감독을 받는데, 2021년 3월 31일 기준 57,771건의 법정후견사건을 감독하고 있었다. 2021년 3월 31일 기준 지난 1년간 지속적 대리권(2005년 정신능력법에 따른 지속적 대리권 포함)의 등록건수는 691,746건이고, 누적 지속적 대리권 등록건수는 약 530만 건이라고 한다.[40)]

(5) 부재자의 재산관리를 위한 후견인 제도

영국에는 부재자의 재산을 관리하는 제도가 그동안 없었다. 영국에서도 많은 사람들이 실종되는데 대부분은 발견되지만, 일부는 끝내 발견되지 않거나 발견되더라도 사망한 채 발견되기도 한다고 한다. 2011년에서 2012년까지, 잉글랜드와 웨일즈에는 약 172,000명이 실종되었고, 전년도 실종된 사람 중 끝내 발견되지 않은 사람은 그 중 301명이었다고 한다.[41)] 그런데 부재자의 재산을 관리하는 제도가 없기 때문에 실종자가 여전히 자기 재산의 소유자이고 다른 사람은 그 재산을 관리할 법적 권한이 없는 경우가 대부분이어서 그의 재산이 방치되어 불법 유출되거나 소모되어 실종된 사람을 찾았거나 실종선고[42)]를 받은 경우 재산이 남아 있지 않는 경우가 적지 않았다. 그래서 영국 법무부는 실종자의 재산관리 사무를 담당하기 위한 목적으로 후견인(Guardian)을 선임하여 재산을 관리하기 위한 제도를 도입하고자 한다. 지금 계획하고 있는 법무부의 안은 90일 이상 실종된 사람을 대상으로 하되, 법원이 후견인을 선임하여야 하는데 그 기간은 4년 기간을 넘지 않는 것으로 한다. 물론 4년 동안 한 번 더 연장할 수 있다. 이렇게 선임된 후견인은 공공후견인 관청의 감독을 받도록 설계하고 있다. 이 제도가 시행되면 연간 50명에서 100명 정도의 후견인이 선임될 것으로 추정하고 있다.[44)]

---

40) the Annual Report of the Office of the Public Guardian, 2020–2021 참조.

41) 영국 Ministry of Justice, Guardianship of the Property and Affairs of Missing Persons Consultation Paper, p. 14 참조.

42) 영국은 사망간주법(the Presumption of Death Act 2013)의 시행으로 일정 기간이 경과하면 사망한 것으로 선고한다.

43) 순수공익 민사사건의 개념정의는 검사의 공익적 기능의 분류에 따른 것으로 아래 3장에서 서술함.

44) 상세한 것은 Guardianship of the Property and Affairs of Missing Persons Consultation Paper 참조.

[표 7-46] 사회적 취약계층에 관한 공적 기관의 법적 보호 내용의 비교: 영국과 한국

		우리나라	영국
부재자	관할 법원 신청	이해관계인, 검사 신청권	이해관계인 신청(공공후견인 관청 포함) 예정
	재산관리	없음(부재자 재산관리인만 관리)	후견인(공공수탁자 포함) – 일반 후견인에 대해 공공후견인이 감독
사망자	관할법원 신청	검사도 상속인부존재 때의 재산관리인 선임신청	이해관계인 및 누구라도 신청
	재산관리	없음(재산관리인만 관리)	공공수탁자도 재산 수탁
미성년자	관할법원 신청	검사도 친권 관련 신청권자임.	누구라도 신청(공적 변호사 포함)
	재산관리/신상보호	없음 (미성년 후견인만 관리)	공적 변호사와 공공 수탁자도 미성년 후견인 또는 수탁자의 역할
의사결정 장애 성인	관할법원 신청 (후견, 민사, 가사, 비송사건)	검사도 관련 신청권자임	누구라도 (공공후견인도 포함)
	재산관리/신상보호	없음(후견인만 관리)	공적 변호사와 공공 수탁자도 후견인이 됨. 일반 후견인에 대해 공공후견인관청이 감독
순수 공익 민사 사건[43]	관할법원 신청	검사도 신청권 있음	없음
	추후 관리	없음	없음

(6) 소 결

사회적 취약계층(부재자, 아동, 의사무능력 성인)만이 아니라 사망자를 위해서도 공적 변호사, 공공후견인 및 공공수탁자 관청(PTO)이 이들의 민사법적 권리향유에 소홀함이 없도록 역할을 수행하고 있다. 그 점에서 우리 민법의 검사의 공익적 기능과 유사한 기능을 할 뿐 아니라 그 범위를 훨씬 뛰어 넘고 있다고 할 수 있다.

위 표에서 보듯이, 순수 공익 민사사건의 재판절차에는 영국에서는 공적 변호사, 공공수탁자, 공공후견인관청 등이 관여하지 않지만, 사회적 취약계층이라 할 수 있는 부재자, 사망자, 미성년자, 의사결정능력에 장애가 있는 성인 등과 관련된 민사

사건, 가사사건, 비송사건 등의 경우에는 우리나라나 영국 모두가 공기관(검사/공적 변호사 등등)이 의사무능력으로 인해 이들이 재판절차를 수행할 수 없는 결함을 보완하는 기능을 수행하고 있다. 그런데 영국은 거기에 그치는 것이 아니라, 그 재판절차의 결과 의사무능력자의 재산관리와 신상보호를 위한 업무를 수행할 필요가 있을 때, 공적 기관이 후견인 또는 수탁자로서 그 역할을 직접 담당하거나(공적 변호사와 공공 수탁자), 私人인 후견인 또는 수탁자를 감독하는 기능을 수행한다(공공후견인). 이런 서비스의 제공을 통해 연령 또는 판단능력 쇠퇴로 제한행위능력 또는 의사무능력 상태에 있다 하더라도 민사법 질서가 제공하는 여러 권리를 향유하는 데 장애가 없도록 한다.

2. 독 일

(1) 국친사상의 발전

1900년 시행된 독일 민법은 아동에 대한 친권을 부(父)에게 귀속시켰지만(동법 제1634조),[45] 부의 친권행사에 국가가 관여하는 내용을 담고 있었다. 부의 재산관리권 행사에 후견법원(Vormundschaftsgericht)의 감독을 받도록 한 것,[46] 부모가 아동을 징계할 권한을 갖지만 자유박탈적 징계는 후견법원의 허가를 받도록 하는 것(동법 제1631조 제2항), 부모의 책임 있는 사유로 아동의 복리를 위태롭게 하거나 아동을 방임하는 경우 후견법원의 결정으로 아동을 분리하여 다른 곳에서 양육할 수 있도록 하는 것(동법 제1666조) 등이 대표적인 예이다.

독일 민법의 국친사상은 바이마르 공화국 헌법과 청소년복지법에 의해 확대·발전했다.[47] 1922년의 청소년복지법 제15조 이하에 따라 설립된 청소년관청이,[48] 민법에 아무 규정이 없음에도 불구하고, 혼외자에 대해서는 당연 후견인(Vormund)이 될

---

45) 친권행사에서의 양성불평등은 1957년의 양성평등을 위한 민법개정에서 친권(Elterliche Gewalt)은 부모 모두에게 속한 것으로 개정(동법 제1626조)됨으로써 비로소 시정되었다.

46) 부 또는 후견인의 미성년 자녀의 재산관리권한은 28개 조문(제1638조부터 제1665조까지)에서 상세히 규율하고 있는데, 부가 자의 금전을 관리할 때에는 예금을 할 것, 부가 자의 재산을 처분할 경우 후견인과 마찬가지로 후견법원의 허가를 얻을 것, 자에게 증여하거나 유증한 자가 부의 재산관리권을 배제한 경우 그 재산을 관리하지 못하고, 지정한 방법에 따라 관리하여야 하며, 그 이외에는 관리재산 목록을 작성하고, 그 정확성을 담보하여 후견법원에 신고하도록 하는 것 등이다.

47) 아동복리의 관점에서 설명하는 것으로 Katharina Parr, Das Kindeswohl in 100 Jahre BGB, Würzburg Universität Dissertation(2005), S. 54 ff. 참조.

48) 오늘날의 청소년관청(Jugendamt)은 지방자치단체 소속 아동복지담당부서를 의미한다. 이에 대해서는 Johannes Münder/Thomas Trenczek, Kinder- und Jugendhilferecht, 8. Aufl., S. 290 ff. 참조.

수 있게 하였고(제35조), 모의 신청에 의해 태아에 대해 보좌인(Pfleger)이 될 수 있도록 하였으며(제38조), 청소년관청 및 비영리법인도 후견법원에 신청하여 미성년자의 후견인이 될 수 있게 하였다(제41조). 나아가 부모의 돌봄에서 벗어나 장기간 위탁가정이나 시설에서 보호받는 아동은 모두 청소년관청의 감독을 받을 수 있도록 하였다(제19조 이하). 이렇게 함으로써 지자체가 직접 아동의 후견인으로서 부의 역할을 대신한다는 의미에서 독일의 국친사상이 발전하였다.

청소년복지법의 제정과 병행해서 비행소년 또는 범죄소년에 대한 국친사상의 구현으로 1923년의 청소년법원법(Jugendgerichtsgesetz)이 제정되었다.[49] 이 법에서는 미성년범죄에 대해 처벌 대신 양육적 조치(Erziehungsmassregel)를 할 수 있도록 하였고, 소년범죄에 대해서는 기소편의주의를 적용할 수 있게 하였으며, 형사미성년자의 연령을 12세 미만에서 14세 미만으로 상향하였다. 국친사상은 나찌시대의 이데올로기를 반영한 모습으로 실현되었지만,[50] 2차세계대전 패전 후 1955년의 청소년법원법에서는 초기 법의 정신을 되살리면서 동시에 18세부터 21세까지의 청년성인도 청소년법원의 관할에 포함시켰다. 독일법에서 특징적인 것은 비행소년에 대한 복지적 지원이 일찍부터 확대발전하였다는 점이다. 1961년의 청소년복지법에서 아동양육에 어려움을 겪는 부모를 청소년관청이 지원할 수 있는 서비스를 제공하는 것, 부모의 통제를 벗어난 아동, 특히 소년법의 적용을 받거나 받을 위험이 높은 아동에 대해 청소년관청이 그 아동에 대해 지원자로서 서비스를 제공할 수 있도록 한 것이 그것이다. 이를 통해 아동양육에 있어서 어려움을 겪는 부모를 위한 양육지원, 부모의 양육역량을 벗어나 있는 아동에 대한 직접 지원이 법률에 도입되어 지방자치단체의 복지서비스로 제공될 수 있었다.

그 후 아동양육에서 국가의 적극적 역할이 요구되자, "아동에 대한 사회적 양육"의 요청에 부응하기 위해 1990년 아동청소년지원법을 제정하게 되는데, 이 법에서는 아동양육을 위해 부모와 국가가 파트너로서 협력관계에 있어야 한다는 관점을 전면적으로 수용하였다. 그리하여 아동양육에 어려움을 겪는 가족의 지원이나 부모의 통제에 벗어난 청소년에 대한 개별적 지원이 제도화되었다.

---

49) 독일 소년사법의 발전은 변천되는 국친사상의 발현이라는 관점으로는 Frider Dünkel, Youth Justice in Germany, Oxford Handbooks Online(2017). pp. 3 참조.

50) 나찌시절에는 교육적 조치를 '처벌을 통한 교육'으로 이해하면서, 형사미성년자 연령을 다시 12세 미만으로 낮추었다고 한다. Frider Dünkel(위 주 49), pp. 3 참조.

개별적 지원은 국가의 재원에 따라 제공여부가 판단되는 재량적 급부가 아니라 부모의 공법상의 청구권으로 인정된다. 즉 청소년관청은 신청된 지원에 대해 요건이 충족되었다고 판단하면 지원할 법적인 의무를 부담하게 되었다. 따라서 지원청구권자가 자신의 청구권이 만족을 얻기 못했다고 판단하면 복지행정소송을 제기할 수 있게 하였다. 개별적 지원의 현황은 아래 표와 같다.

[표 7-47] 아동 및 가족에 대한 개별 지원의 동향

	제27조	제28조	제29조	제30조	제31조	제32조	제33조	제34조	제35조	제3조 의5a
2018	34,201	317,071	7,819	34,637	96,136	8,082	15,669	47,144	4,322	37,210
2019	35,973	325,202	7,705	34,699	100,930	8,199	15,362	45,300	3,663	41,005

출처: Statistik der Kinder– und Jugendhilfe, 2018, 2019 자료 재정리

위 사례 중 우리나라의 가정위탁에 가까운 것이 사회보장법 제8권 제34조의 사회교육적 가정외 양육지원(2013년 기준 15,498명)이다.[51] 아동양육시설에 근접한 것이 사회보장법 제34조의 시설 기타 지원주거형태에서의 지원이다. 제35조의 집중개별지원, 제35조의a의 사회통합지원(2013년 기준 65,145명)도 시설양육의 일종이지만,[52] 정신적 장애나 곤란이 있는 아동을 가정외에서 보호하는 서비스이다. 한편 아동양육에 어려움을 겪는 부모에 대해 개별 가족지원자가 가정을 방문하여 지원하는 것이 제31조이다. 아동양육을 위한 사회교육적 지원이라고도 하는 이 지원을 이용하는 아동은 90년대 이래 꾸준히 증가하여 2015년 말에는 137,751명에 달한다고 한다.[53] 제30조의 개별 아동지원(Erziehungsbeistand와 Betreuungshelfer)도 주목할 부분이다. 양육지원자(Erziehungsbeistand)는 초기에는 자원봉사자에 의해 수행되었으나 지금은 전문가가 그 업무를 수행하고 있다고 한다. 위 양 지원을 이용하는 아동은 2015년 초 27,076명에서 같은 해 연말에는 30,243명이 이용하고 있다고 한다.[54] 이 지원의 77%는 민간기관이 수행하고, 나머지는 청소년관청이 직접 수행한다. 2015년 기준 6세 미만 아동

51) 2015년에는 16,250명에게 이 서비스를 제공하였는데, 연말 기준 71,051명이 위탁가정에서 양육되고 있다고 한다. Frankfurt Kommentar zum SGB VIII, § 33 Rn. 4(Struck) 참조.

52) 2015년에는 49,457명이 이 서비스를 받기 시작하였고, 그 해 연말 기준 81,310명이 양육시설 기타 주거형태에서 양육되고 있다고 한다. Frankfurt Kommentar zum SGB VIII, § 34 Rn. 4(Struck) 참조.

53) Frankfurt Kommentar zum SGB VIII, § 31(Struck) 참조.

54) Frankfurt Kommentar zum SGB VIII, § 30(Struck) 참조.

은 597명, 6세부터 12세 미만 아동은 3,753명, 12세부터 18세 미만까지는 16,526명이 이용하고, 성인 아동은 6,200명이 이용하고 있다고 한다. 평균 이용기간은 12개월이고, 60% 이상은 주당 5시간 정도를 이용한다고 한다. 개별 양육지원자가 하는 일은 아동이 주변 사회환경과의 관계에서 겪는 어려움을 지원하는 것인데, 부모-자녀 관계, 정체성 형성과 행동역량, 학교생활, 학업, 직장에서 겪는 어려움, 여타 사회관계(가령 친구)에서의 어려움, 기본생계에서의 지원 등이 그 업무라고 한다. 돌봄지원자(Betreuungshelfer)는 양육지원자와 마찬가지로 사회교육적 지원을 제공하는데, 사회관계에서 아동을 지원하는 것에 더 초점을 맞추고 있다고 한다. 이렇게 하여 2018년, 2019년 현재 개별적 지원을 받는 아동은 연간 60만 명을 상회한다.

아동에 대한 지원이 필요함에도 불구하고 부모가 이를 이용하지 않거나 이용하지 않으려고 할 경우 이는 아동의 복리에 상당한 위해가 초래될 우려가 있는 상황이 될 수 있다. 이때 청소년관청은 가정법원에 민법 제1666조에 따른 개입을 신청할 수 있다. 이 경우 가정법원은 아동청소년관청의 급부(가족지원), 의료지원 등 공적 지원을 받도록 명령할 수 있다(동조 제2항).[55] 청소년관청에서 제공하는 지원이 자유박탈적 시설 또는 자유박탈적 조치를 수반하여 비행소년을 돌보는 것일 때에는 가정법원의 승인을 받아야 한다. 승인의 요건은 그것이 자녀의 복리, 특히 자해, 타해의 현저한 위험을 피하기 위해 필요하고, 그 위험은 다른 방식 특히 공적 지원을 통해서는 대처할 수 없을 때여야 한다. 시설 내에서 정기적 또는 상당한 시간 동안 자유박탈조치(신체억제, 약물복용)를 할 때에도 동일한 요건 하에 가능하고 또 가정법원의 승인을 받아야 한다(동법 제1631조의d).

(2) 아동영역에서 발전한 국친사상의 확산과 부재자의 재산관리

독일 민법 제1911조는 부재자의 재산관리인(Abwesenheitspgleger) 제도를 두고 있다. 즉, 주소지가 알려져 있지 않은 성인을 위해 재산관리사무가 필요한 경우에는 재산관리인을 두도록 하고 있다. 본인이 위임이나 대리권 수여를 통해 재산관리를 하도록 하였다 하더라도 위임의 해지나 대리권수여의 철회가 필요한 사정이 있을 때에는

55) 그 밖에도 아동학대부모에 대해 취학의무를 이행하도록 명령하는 것, 일시적 또는 일정기간 주거를 같이 하는 것을 금지하는 것, 아동과 접촉하는 것을 금지하는 것, 친권자의 의사표시를 대체하는 것, 친권을 일부 또는 전부 박탈하는 것 등을 명할 수 있다.

재산관리인을 둘 수 있다. 이 점에서는 우리 민법의 부재제도와 매우 유사하다. 그런데 부재자의 재산관리인에는 미성년후견제도를 준용하도록 하는 점에서 우리 법과 차이가 있다(독일 민법 제1915조). 따라서 검사가 개입하기보다는 청소년관청이나 사회복지기관의 개입 하에 부재자의 재산을 관리하게 된다.

(3) 국친사상의 발전과 의사결정능력 장애가 있는 성인의 보호

독일의 후견건수(우리나라의 임의후견에 유사한 지속적 위임계약의 일종인 장래 대리권(Vorsorgevollmacht)제도는 제외)는 2013년 현재 약 130만 건에 달한다. 아래 표는 그 추이를 나타낸 것이다.

[그림 7-1] 독일 후견이용 추이

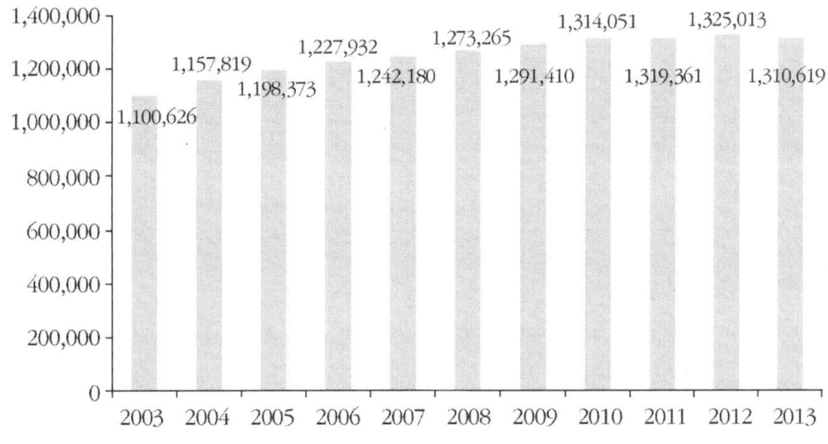

출처: 연방법무부 사법통계(Justizstatistik) 구법원(Amtgericht) Gü 2 2002–2013.

독일은 법정후견을 대체하기 위해 우리나라의 민사대리권과 유사한 장래 대리권을 활용하도록 권장한다. 장래 대리권(Vorsorgevollmacht)으로 재산관리와 신상에 관한 의사결정을 대행할 수 있다. 그 서류를 연방공증위원회의 '장래 대리권 중앙등록소'에 등록하도록 권장한다. 등록소의 등록건수는 아래 그림과 같다.

아래 [그림 7-2]에서 보듯이 독일은 법정후견의 수가 많기 때문에, 이를 위한 사회적 비용도 막대할 수밖에 없다. 특히 국가재정에 의한 지원도 막대하다. 먼저 자

[그림 7-2] 장래대리권 이용의 추이

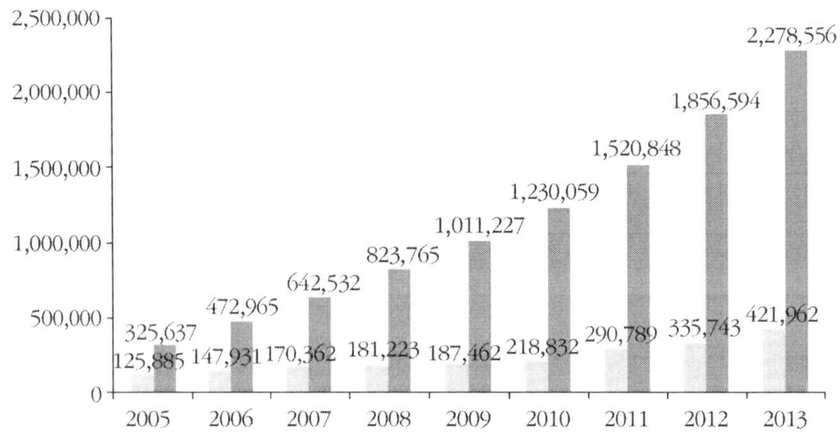

출처: 연방 공증위원회 중앙 장래대리권등록소 자료

력으로 후견서비스를 받을 수 없는 사람을 위해 후견인 활동비용을 국가가 지급하는데, 그 비용이 상당하다. 자력이 없는 피후견인 당 지급되는 후견인 보수는 평균 연 1,338 유로(2004년), 연 1,453 유로(2006년)이라고 한다. 전체적으로는 2006년 1,733,168 유로(환율을 1,400원으로 하였을 경우 약 24억 원) 정도로 추계된다. 그런데 전체 후견 관련하여 지급되는 액수는 이를 훨씬 상회한다고 한다. 국가가 지출하는 비용은 직업후견인에 대한 보수, 비용상환, 친족후견인 및 시민후견인에 대한 보수, 후견심판 절차보조인(Verfahrenspfleger)에 대한 보수, 기타 비용 등이 있는데, 그 비용은 2006년 약 5억 7,700만 유로(환율을 1,400원으로 할 경우, 8,000억 원)를 상회한다고 한다.56)

(4) 성인보호의 최근 동향

앞서 살펴본 바와 같이 독일은 2012년까지 성년후견 개시 건수가 가파르게 상승하였으나 그 후 장애인권리협약의 영향, 후견인에 대한 정부의 재정지원 액의 증가 등으로 감소하고 있는 중임. 2016년 후견이 개시되어 후견인의 지원을 받는 성인의 수가 약 120만 명으로 줄었으나 2020년대 다시 약 130만 명으로 상승하였다. 아래는

56) Köller/Engels, S. 153 ff. 참조.

그 추세를 나타낸 것이다.[57]

[그림 7-3] 독일의 성년후견제도 이용추이(2006-2016)

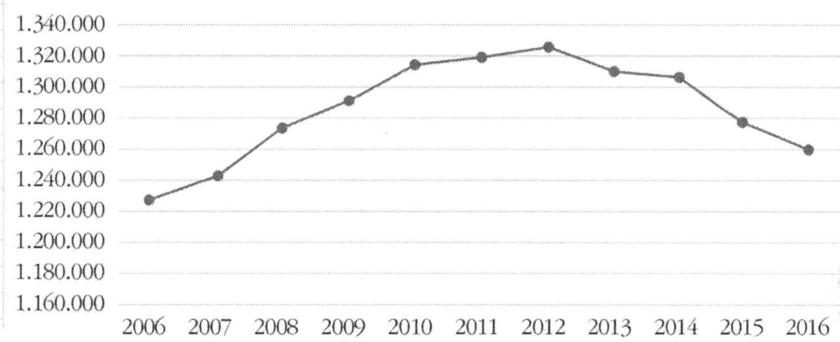

최초로 후견이 개시된 사건의 경우 아직은 가족후견인 또는 무보수 시민후견인이 많지만 점차 직업후견인과 후견법인 후견이 증가하고 있는 추세이다. 아래 그림은 2015년 기준 한 해 동안 후견이 개시된 건수와 후견인의 출신배경을 나타낸 것이다. 후견 개시건수는 209,664건인데 그 중 90,075건이 가족후견인이고 다음으로 많은 것이 직업후견인(주로 사회복지사)이 선임된 것이고(65,253명), 그 다음이 변호사로 15,749명, 후견법인이 후견인으로 선임된 건수는 15,451건이다. 지자체의 성년후견 담당공무원도 최후의 방법으로 후견인으로 선임되는데, 그 건수는 전국에 걸쳐 283건에 달한다. 2016년 기준 전문후견인 수는 약 16,100명, 가족 또는 시민후견인은 583,000명이다. 전문가 후견인이 1인당 20건에서 40건 정도의 후견사건을 담당하는 것으로 볼 때 법정후견 이용건수 130여만 건 중 50% 이상이 전문가 후견인에 의해 지원되고 있음을 알 수 있다. 후견활동을 지원하는 기관으로 후견관청과 후견법인이 있는데, 지자체의 후견관청은 449개소, 후견사단법인은 822개에 달한다고 한다.[58]

57) https://www.berufsbetreuung.de/berufsbetreuung/was-ist-rechtliche-betreuung/daten-und-fakten/ 참조.

58) Dagma Brosey 교수 발표 자료 참조.

[그림 7-4] 신규 선임 후견인 유형 분류(독일민법 제1879조)

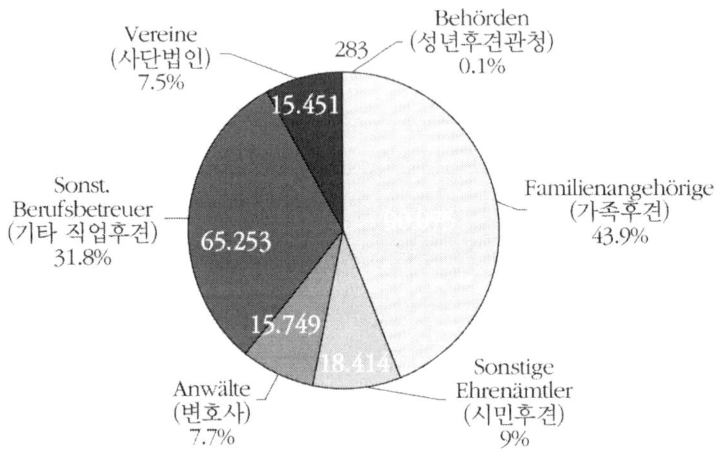

한편 독일은 2012년 이후 영국, 미국의 지속적 대리권(enduring power of attorney)과 유사하게 미리 본인이 장래 일반 재산거래와 의료동의를 포함한 신상영역에서 자신을 대리해 줄 수 있는 사람을 정하여 그 사람에게 대리권을 준다는 내용을 서면을 작성하는 지속적 대리권(Vorsorgevollmacht)을 활용하도록 하고 이를 중앙등록소에 등록하게 하여 대리권증명을 쉽게 하고 있다.[59] 이런 대리권 활용을 활성화하기 위해 지자체의 성년후견담당부서가 적극 홍보하고 있다. 그 결과 지속적 대리권 등록건수가 크게 증가하고 있음. 2022년 현재 5,684,327건의 지속적 대리권이 있고 그 중 의료지시서만 등록한 것은 2022년 한 해 동안 262,392건이다. 2022년 현재 약 560만건의 지속적 대리권이 등록되어 있다.

3. 소결: 해외 사례의 비교를 통한 시사점

이상에서 살펴 본 바와 마찬가지로, 부재자, 미성년자, 의사결정능력에 장애가 있는 성인, 상속인 없이 사망한 자 등 스스로의 의사결정을 통해 자신의 권리를 행사할 수 없거나 장애가 있는 사람들을 위한 법률적 지원이 필요하다. 그 법률적 지원은 재판상, 재판외적의 법률행위나 준법률행위에서의 지원이 일차적인 것이고, 한걸음

59) http://de.statista.com 참조.

[그림 7-5] 지속적 대리권 등록건수

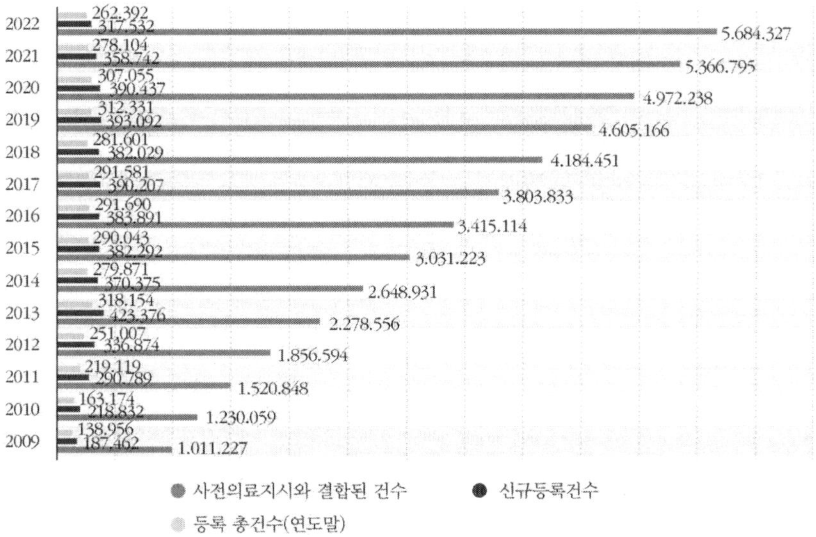

더 나아가 이들 취약계층이 가진 재산을 관리하는 업무도 있다. 이런 업무는 누가 어떻게 담당할 것인가, 여기에 법률적 서비스의 제공을 주된 업무로 하는 공적 기관(검사 또는 법무부)이 얼마나, 어떻게 개입할 것인가의 문제는 그 나라의 사회제도나 복지제도와 밀접한 관련이 있을 수밖에 없다.

사회복지제도를 통해 법률적 지원도 수행하는 독일과 같은 나라에서는 복지 담당 기관이 후견제도를 통해 폭넓게 개입한다. 바로 이런 이유로 독일법에서는 민사법 영역에서의 검사의 역할을 정한 법규정이 없다. 반면 영국(이 글에서 다루지 않은 캐나다, 호주, 싱가폴 등 보통법 국가들도 영국과 유사하다)은 이런 업무를 법률적 지원을 주로 담당하는 법무부 산하의 기관이 담당하도록 설계하고 있다. 또한 이들 나라에서는 후견제도를 제한적이고, 최후의 수단으로 활용하기 때문에, 후견인 또는 여타의 법정의 재산관리인을 통한 보호에 맡겨 두지 않고 공적 기관이 직접 신탁서비스를 제공하기도 하며, 후견인에 대한 감독권한을 적극적으로 행사하기도 한다.

Ⅳ. 공익의 대표자로서의 검사의 민사법상의 역할 재정립: 공익지원 전담부서의 설치를 중심으로

1. 우리나라의 국친사상

(1) 가족주의의 지배와 국친사상의 미발달

1960년 시행된 우리나라 민법은 호주제라는 독특한 가족주의를 제도화하였다. 첫째, 호주만이 아니라 확대가족의 구성원도 가족 구성원의 신분관계에 영향을 미칠 수 있었다.[60] 혼인외의 자는 출생의 시점에서는 법적으로 친권자 없는 상태에 있고, 부모가 인지하거나 호주가 자기 가의 구성원으로 입적할 때 비로소 친권자가 있게 된다.[61] 4촌 이내의 친족 또는 8촌 이내의 친족과 4촌 이내의 인척인 확대가족 구성원이 혼인, 입양 기타 친자관계에 개입할 수 있는 권한을 갖는 것도 마찬가지이다. 4촌 이내의 친족이 미성년후견 및 성년후견을 신청할 수 있는 것도 동일하다. 요컨대 영국이나 독일에서는 국가(지방자치단체)하는 역할을 확대가족이 담당하도록 하였다는 것이다. 둘째, 선진국에서는 국가가 담당할 사안임에도 불구하고, 민법은 (확대)가족 구성원의 책임 하에 처리하도록 하였기 때문에 친권자가 없는 아동이나 의사능력이 결여된 성인에 대해 확대가족 중 최근친이 자동적으로 후견인이 되도록 하였다(1960년 시행 민법 제932조, 제933조 참조). 그렇기 때문에 전통적으로 가족의 역할이었던 아동, 장애인, 고령자의 돌봄 문제와 관련하여 가족 내에 법적 분쟁이 있더라도 법원은 사적 분쟁해결자로 기능할 뿐이었다.

확대가족을 포함한 가족중심의 아동, 장애인, 노인돌봄을 민법에서 제도화하였기 때문에 사회보장의 영역에서 국친사상은 발달하지 못하였다. 1998년 가정폭력범죄처벌법을 통해 비로소 가정문제에 국가가 개입하기 시작하였지만 복지를 담당하는 정부부처와 지방자치단체가 여기에 직접 개입하지 않은 것도 이런 가족중심주의 법제도와 무관하지 않다. 21세기 들어 아동학대, 노인학대, 장애인학대 등의 영역에 국

60) 여성운동의 관점에서 호주제 폐지의 여정을 서술한 것으로 소현숙, 1956년 가정법률상담소 설립과 호주제 폐지를 향한 기나긴 여정, 역사비평 113호(2015 겨울), 72면 이하 참조.

61) 1960년 시행된 민법에서는 혼외자의 부(父)가 그 아동을 인지하여 자기 가에 입적하거나, 부(父)의 호주가 입적하게 함으로써 가족구성원이라는 신분을 취득하였다. 오늘날에도 혼인외의 자는 출생의 시점에서는 친권자가 없고, 인지를 통해 가족관계등록부에 기재될 때 비로소 친권자를 갖게 된다(민법 제855조). 생모가 출생과 더불어 친권자가 되는 영국 또는 독일의 법과 차이가 있다.

가(지방자치단체)가 개입하기 시작하였지만 국가는 민간기관인 아동보호전문기관, 노인보호전문기관, 장애인권익옹호기관의 활동을 재정지원하는 것에 그친 것도 마찬가지이다. 나아가 고아에 대한 후견인도 아동복지시설의 장도 그의 신청으로 지방자치단체(이하 지자체)의 장이 지정하는 것(보호시설에 있는 미성년자의 후견직무에 관한 법률 제3조)도 사회보장제도 내의 국친사상의 미발달과 무관하지 않다. 요컨대 우리나라에는 선진국에서와 같이 지자체가 당연히 친권자 없는 아동의 후견인이 된다는 관념은 과거나 지금이나 매우 낯선 것이다.

(2) 공익의 대표자로서의 검사의 민사법적 권한

그럼에도 불구하고 민법에는 국친사상이 맹아가 이미 자리잡고 있다. 친권상실 등 아동보호와 관련된 영역, 금치산, 한정치산 선고 등 의사결정능력이 없거나 부족한 성인의 보호와 연계된 영역, 부재자 및 상속인부존재 등 사인의 재산이 방치되는 사안 등에 검사가 이들의 보호를 위해 가정법원에 대한 신청권한을 갖는 것이 그것이다. 이 규정들은 모두 국가가 '검사'를 통하여 가족문제에 개입할 수 있는 통로로 기능한다.

전통적으로 가족의 역할이었던 아동, 장애인, 고령자의 돌봄 문제와 관련하여 법적 분쟁이 발생하더라도 법원이 사적 분쟁해결자로 기능할 뿐이고, 국가(지방자치단체)는 아무런 역할도 하지 않았다. 그런데 1998년 가정폭력범죄처벌법을 통해 비로소 가정문제에 국가가 개입하기 시작하였다. 가정폭력은 전통적으로 확대가족이나 공동체의 영향력 하에 예방하거나 중재할 수 있는 사안이었다. 그러나 사회적 실재로서의 확대가족이 실질적으로 해체되면서 가정폭력은 더 이상 시민사회의 자율적 해결에 맡겨 둘 수 없었다. 가정폭력범죄에 대한 국가개입은 국가가 호주 또는 확대가족의 장로로서의 역할을 담당한 것으로 이해할 수 있을 것이다.

최초로 가정내 문제에 대한 국가개입을 도입한 가정폭력범죄처벌법 이후 국가개입은 점차 확대되었다. 2000년 아동복지법 개정을 통해 아동보호전문기관을 도입하여 아동학대에 대한 지자체의 개입을 확대하기 시작하였고, 2004년 노인복지법 개정을 통해 노인보호전문기관을 도입하여 노인학대에 대한 지자체의 개입을 확대하기 시작하였다. 2015년 장애인복지법 개정을 통해 장애인권익옹호기관을 설치하여 장애인 학대에 대한 지자체의 개입을 확대하기 시작하였다. 아동보호전문기관은 아동학대를 발견하여 피해아동보호를 위한 지원을 하면서 동시에 지자체의 행정처분인 보호조치를 통해 아동을 부모로부터 분리해서 보호할 수 있는 매개체로서 활동하였다. 노인보호전문기관과 장애인권익옹호기관은 성인을 대상으로 하는 기관이기 때문에 성인의 자기결정권에 기초한 지원을 하거나 범죄에 대해 형사고발을 하여 가해자를 처벌받을 수 있도록 하는 역할을 한다. 즉 아동, 노인, 장애인 보호에 가정법원이 개입하지는 않는다는 것이다. 그런데 2014년 아동학대범죄의 처벌등에 관한 특례법을 제정하여 가정폭력범죄처벌법과 마찬가지로 학대행위자의 처벌 및 피해아동의 보호에 가정법원이 개입할 수 있도록 하였다.

소년보호사건, 아동보호사건은 국친사상의 발현이라고 볼 수 있다. 이들 사건은 모두 아동 및 소년보호를 위해 부모의 권한을 부모의 의사에 반하여 제한하거나 대체하기 위해 가정법원이 개입한다는 점에 그 특징이 있다. 아동복지법, 노인복지법, 장애인복지법에 따른 아동, 노인, 장애인보호는 이와 달리 보호자의 자발적 동의에 기초한 것이거나(부모의 동의 하에 아동을 분리보호하는 보호조치), 가해자에 대한 행정처분을 통해 간접적인 방법으로 노인, 장애인을 보호하는 조치라 할 수 있다. 이를 고려하면, 공익의 대표자로서의 검사의 민사법상의 역할은 모두 우리나라에 고유한 국친사상의 발현이자 구체화라 할 수 있다. 이런 기능을 변화된 사회환경에 맞게 적절하게 활용할 필요가 있다.

2. 공익의 대표자로서 검사의 민사법상의 역할의 재정립

부재자의 재산관리, 상속인 없이 사망한 경우의 상속재산관리, 부모나 후견인이 없는 미성년자의 보호, 의사결정능력에 장애가 있는 성인의 보호 등을 위해 선진국에서는 특별한 부서를 두고 이와 관련된 보호업무를 수행하도록 하고 있다. 그 기관은 주로 법무부이다. 우리나라의 경우 민사법에서 국가와 사회의 보호가 필요한 私人을 위해 검사로 하여금 공익적 기능을 수행하도록 하고 있다. 그 점에서 보면, 검사의 공익대표자로서의 역할은 형사법 영역이 아닌 그 외의 영역에서 그 중요성을 가지며, 형사법 이외의 영역에서는 국가의 법률대리인 역할뿐만 아니라 보호의 필요성이 있는 국민의 법률대리인 역할이 오히려 그 본질을 이루어야 한다. 그럼에도 불구하고 현재 형사법 이외의 영역에서의 검사의 역할은 매우 제한적이다. 또한 제한된 역할은 그나마 국가소송 · 행정소송에서의 소송 수행자, 즉 국가의 법률대리인으로서의 기능만 수행하고 있을 뿐이다. 현 단계에서는 민사법상의 검사의 권한 행사를 활성화하기 위해, 전담부서를 정하고 필요한 업무시스템을 구축하는 것도 필요할 것이다. 그러나 보다 효과적으로 그 업무를 수행하기 위해서는 현행법의 문제점을 개선하기 위한 입법조치가 수반되어야 할 것이다.

(1) 단기적 방안

부재자 · 실종자 · 상속재산없이 사망한 자, 아동, 장애인, 노인 등 스스로 법률행위를 할 수 없거나 하기 어려운 사람의 보호를 위해, 나아가 그 밖의 검사의 민사법상의 권한 행사를 위해서는 일관된 지침을 가지고 전국적으로 공통된 원칙을 적용하여 활동하는 것이 필요할 것이다. 검사의 과중한 업무 부담을 덜어주기 위해서도 권한을 집중하는 것이 필요할 것이다. 이 업무를 수행하는 기관으로 단기적으로는 대검에 가칭 공익지원관의 직책을 신설하는 것도 검토할 필요가 있다.

1) 공익지원관의 필요성

현재 민사법상 검사의 권한을 행사하고 있는 대검찰청 공판송무부, 고등검찰청의 송무부 또는 송무담당 검사는 국가소송, 행정소송과 같이 국가의 법률대리인으로서의 역할을 담당하는데 그치고, 송무기능을 넘어서 아동, 노인, 장애인 등의 법적 보호를 위한 국민의 대리인으로서의 민사법상 권한을 적극적으로 행사하지 못하고 있는 실정이다. 또한, 국민의 대리인으로서 민사법상 권한을 행사하는 경우에 있어서도 전담조직이나 매뉴얼 등 업무지침이 마련되어 있지 않기 때문에 일회적, 산발적인 업무처리에 불과하여 증가하는 국민적 수요에 체계적으로 대응하지 못하고 있다.

따라서 전담조직의 정비가 시급한 실정인데, 이를 위해 (가칭)공익지원관(이하 "공익지원관"이라고 함)과 같은 업무총괄 조직이 필요하다.

2) 공익지원관의 임무 내용

공익지원관은 일선에서 민사법상 권한을 행사하는 검사 및 관련 부서의 업무를 총괄하는 것을 기본적인 임무로 한다. 구체적으로는 다음과 같은 업무를 수행하도록 한다.

① 부재자, 실종자, 사망자, 아동, 노인, 장애인 등의 법적 보호를 목적으로 수행

되는 검사의 민사법상의 권한 행사 사건사무의 총괄 및 관련 사건과 관련하여 일선 검사에게 업무 위임 및 지휘, 감독에 관한 사항

② 위 ①항에 규정된 사건에 관한 검찰 사무보고 및 정보보고에 관한 사항

③ 위 ①항에 규정된 사건에 관한 직원 및 사법경찰관리에 대한 지도, 교양에 관한 사항

④ 위 ①항에 규정된 사건에 관한 사회현상의 분석, 연구, 업무지침 수립 및 국내외 중요사건 사례연구집 발간에 관한 사항

⑤ 위 ①항에 규정된 사건에 관한 진정, 내사, 탄원, 기타 내사사건의 처리에 관한 사항

⑥ 부재자 · 실종자 · 사망자 · 아동 · 노인 · 장애인 등의 법적 보호를 목적으로 한 검사의 민사법상의 권한행사 활성화를 위한 특별법상 공공신탁법인에 대한 지원

(2) 공익지원관의 직책 신설과 그 업무의 효율화를 위한 입법적 조치

민법 또는 상법을 제정할 당시부터 존재하였던 검사의 민사법상의 권한 행사 관련 규정은 대가족 중심이고, 가족구성원에 대한 보호가 충실하며, 시민사회 자체가 사회안전망의 역할을 할 당시에 만들어진 것이었다. 그러나 현대사회는 그 시절의 사회와는 현격히 달라졌다. 현대사회는 가족이 해체되고, 가족구성원이 아동, 장애인, 노인을 학대하는 주체가 되고, 단독가구 세대가 증가하고 있다. 따라서 검사의 민사법상의 권한행사만으로는 부재자, 실종자, 상속인 없이 사망한자, 아동, 장애인, 노인의 보호에 불충분할 수밖에 없다. 따라서 변화된 사회현실에 맞추어 이들에게 제공되는 보호수단도 보강될 필요가 있을 것이다. 달리 말하면, 공익지원관에 의한 민사법상의 검사의 권한행사만이 아니라 추가적인 보호가 필요하다는 것이다. 이를 위한 입법이 있어야 할 것이다. 아래는 입법안의 개요와 법률안의 가안을 제시한다.

1) 부재자 · 아동 · 장애인 · 노인 등의 보호를 목적으로 한 검사의 민사법상의 권한 행사 활성화를 위한 특별법안의 요강

이 법률안의 제정을 위한 요강은 다음과 같다.

• 이 법률안은 사회의 변화로 인해 부재자, 실종자, 상속인 없이 사망한 자, 아

동, 장애인의, 노인 등의 보호를 위해 검사에게 부여한 민사법상의 권한 행사를 활성화할 필요성은 급증하고 있지만, 현행 민사법에 의해 검사에게 주어진 권한만으로는 이들을 충실히 보호할 수 없게 되었다는 문제의식에 기인하여 작성된 것이다.

• 이 법률안은 '법률행위를 할 수 없거나 하는 데 장애가 있기 때문에 그의 재산관리가 제대로 되지 않거나, 치료나 요양에서의 본인의 의사가 존중되지 않음으로써 발생하는 심각한 인권침해와 피해로부터 이들을 보호하기 위해 검사의 민사법상의 권한 행사를 활성화하고, 그 권한행사의 실효성을 높일 수 있도록 제도적인 보완조치를 두는 것을 목적으로 한다.

• 이 법률안이 지향하는 보호대상은 부재자와 실종선고자, 상속인 없이 사망한 자, 관리가 불가능하거나 현저히 어려운 상속재산, 아동, 장애인, 노인'(이 법률안에서의 요보호자) 등이다.

• 이 법률안이 지향하는 보호내용은 재산관리, 생명 또는 신체에 중대한 영향을 미치는 치료, 신체의 자유를 구속하거나 제한하는 요양조치에서의 요보호자의 최선의 이익을 보호하는 것이다.

• 이 법률안이 지향하는 보호수단은 첫째, 검사의 민사법상의 권한 행사 검사를 별도로 지정하여 그로 하여금 관련 업무 전체를 총괄하도록 하는 것, 둘째, 요보호자의 보호가 일정 기간 동안 지속되어야 하는 재산관리의 영역에서는 효율적이고 안정적인 보호가 가능할 수 있도록 '공공후견신탁법인'(민사신탁기관으로 사익신탁임)을 설립하여 그 수요에 대응하도록 하는 것으로 양분하도록 한다.

• 이 법률안의 혜택을 받을 수요는 무연고 사망자의 재산관리, 부재자의 재산관리, 후견신청사건, 아동, 장애인, 노인의 재산 신탁(민사신탁을 의미) 등이므로, 전국적으로 수천건 내지 수만건에 달할 것으로 추정된다. 따라서 즉시 효력을 발효하도록 하는 것을 목표로 한다.

• 공익지원관의 직제를 신설하되, 전국적인 사건에서의 지휘가 가능하도록 하기 위해서는 대검찰청에 새로운 직제를 신설하도록 한다. 공공후견법인은 국가가 설립하는 재단법인으로서의 공익지원관의 업무를 보조하고 지원하는 수단이 되도록 한다.

• 공익지원관의 임무는 검사의 민사법상의 권한을 직접행사 또는 지방검찰청의 검사로 하여금 행사하도록 지시하는 것, 가정법원에서 선임한 재산관리인과 후견인

을 감독하는 것, 의사능력이 없다고 추정되는 성인의 의사를 확인하거나 그의 최선의 이익이 무엇인지를 조사하여 필요한 정보를 조사하는 것, 요보호자의 재산과 신상 관련 내역을 조사하는 것(개인정보보호법의 예외), 공공신탁법인의 신탁사무를 지휘하는 것 등으로 한다.

• 공익지원관의 직무수행은 검사 또는 전문직 직원에 의해 실질적으로 행사하도록 한다. 그 직무수행에서는 요보호자의 인권존중을 최고의 가치로 하여, 요보호자의 의사능력 유무에 대해 국제적 기준에 따라 판단하고 필요한 지원을 하도록 하며, 국가 개입을 최소화하고, 보호가 필요한 영역에서는 실효성 있는 지원이 필요한 기간 동안 제공될 수 있도록 하는 것을 원칙으로 삼는다.

• 공공신탁법인은 공익지원관의 직무수행을 뒷받침하기 위한 보조기관으로 설정한다. 자본시장법에 따른 신탁이 불가능한 저소득층, 중산층의 요보호자의 재산을 신탁하여(민사신탁) 그 재산을 유지하는 것을 목적으로 한다. 신탁재산은 국공채투자, 은행예금의 방법으로만 관리하도록 하고, 요보호자의 일상생활, 치료, 요양, 상속인의 출현에 의한 반환, 국고귀속 등의 목적으로만 수익자에게 집행되도록 한다. 신탁의 경로는 가정법원의 판결에 의한 신탁과 사인(私人)에 의한 자발적 신탁으로 한다.

• 공공신탁법인은 재단법인의 일반 조직과 동일하게 하되, 공익지원관이 당연직 이사로 참여하도록 한다. 세부내용은 대통령령과 법무부령으로 정한다.

• 공익지원관과 그를 뒷받침하는 직원, 공공신탁법인의 직원은 공무원에 준하여 비밀준수의무를 부담하도록 한다.

• 위 법률안은 대검찰청에 공익지원관을 신설하는 것을 내용으로 하는 검찰청법의 개정과 병행하여야 한다.

2) 법률안

부재자, 실종자, 상속인이 없거나 알 수 없는 경우 피상속인, 관리되지 않는 상속재산을 남겨 둔 피상속인, 아동, 장애인, 노인 등이 민사법상의 권리행사나 의무이행에 소홀함이 없도록 지원함으로써 이들이 민사법 질서가 제공하는 법적 보호를 충실히 누릴 수 있도록 하기 위해서는 현행의 검사의 권한행사만으로는 부족하다. 사회와 가족구조가 변화하였기 때문에, 이들을 법적으로 보호하기 위해서는 이런 변화된 현실을 고려하여 보완조치가 있어야 하기 때문이다.

아래에는 이런 보완조치를 제공하기 위한 법률의 제정이 필요하다고 보고, 법률안을 제안한다.

[표 7-48] 검사의 민사관계법의 권한행사 활성화를 위한 특별법안

부재자 · 아동 · 장애인 · 노인 등의 보호를 목적으로 한
검사의 민사관계법의 권한 행사 활성화를 위한 특별법안

제1조(목적)

이 법은 부재자 · 실종자 · 상속인 없이 사망한 자 등 · 아동 · 장애인 · 노인의 보호 등을 목적으로 검사에게 부여된 민법 · 상법 · 채무자회생 및 파산에 관한 법률 · 민사소송법 · 비송사건절차법 기타 법률에 따른 권한의 행사를 활성화함으로써 공백 없이 국민을 법적으로 보호하는 것을 목적으로 한다.

제2조(정의)

이 법에서 사용하는 용어의 정의는 다음과 같다.

1. '부재자'는 민법 제22조, 제23조의 부재자를 말한다.
2. '실종자'는 민법 제27조의 부재자를 말한다.
3. '상속인 없이 사망한 자 등'이란 민법 제1053조의 상속인의 존부가 분명하지 아니한 때의 피상속인, 민법 제1023조의 상속재산보존처분이 필요한 상속재산의 피상속인을 말한다.
4. '아동'은 19세에 이르지 않은 자를 말한다.
5. '장애인'이란 장애인차별금지 및 권리구제에 관한 법률 제2조 제2항의 장애인을 말한다.
6. '노인'이란 노인장기요양보험법 제2조의 '노인등'을 말한다.
7. '요보호자'란 제1호부터 제6호의 자를 말한다.
8. '민사관계법'이란 민사사건, 가사사건, 비송사건, 파산사건 등을 관할하는 법원에 신청, 응소, 이의제기, 의견진술 등(이하 신청권한 등이라 한다)을 할 권한을 검사에게 부여한 민법 · 상법 · 민사소송법 · 비송사건절차법 · 채무자회생 및 파산에 관한 법률 기타 법률을 말한다.
9. '신상'이란 요보호자의 치료, 요양, 거주, 대인관계 및 이를 주요 내용으로 하는 사무를 말한다.

제3조(검사의 권한 행사의 원칙 등)

① 검사는 다음 각 호의 원칙에 따라 민사관계법상의 권한을 행사하여야 한다.

1. 요보호자를 위해 신청할 다른 권한 있는 자가 없거나 그 권한 있는 자가 정당한 사유 없이 권한을 행사하지 않을 때 민사관계법상의 신청권한을 행사하여야 한다. 단, 그 권한 있는 자가 검사에게 권한행사를 요청한 경우에는 그러하지 아니하다.
2. 검사가 민사관계법상의 신청권한 등을 행사할 때에는 요보호자의 인권을 존중하여 그의 권익 침해가 최소화될 수 있는 수단을 선택해야 한다.
3. 검사가 민사관계법상의 신청권한 등을 행사할 때의 비용은 요보호자의 재산으로 부

담하거나 소송구조 등을 통해 조달될 수 있도록 노력하여야 한다.

② 검사가 신청권한 등의 행사에 필요한 경우 요보호자의 동의를 받아 다음 각 호에 열거한 요보호자의 신상 및 재산상황을 조사할 수 있다. 단, 요보호자에게 동의능력이 없다고 판단할 경우에는 동의를 받지 않아도 된다.

1. 요보호자의 가족관계등록부 및 주민등록부의 열람 및 발급
2. 금융기관에 예치된 요보호자 명의의 금융재산의 잔고 및 입출금 내역 및 요보호자의 채무 현황
3. 요보호자 명의의 부동산 관련 재산상황
4. 요보호자의 의료기록
5. 요보호자가 수급자인 사회보험, 공공부조 기타 사회복지서비스의 내역

③ 공익지원관의 이 법에 따른 직무 수행에도 제2항을 준용한다.

제4조(의사능력 유무의 판단 기준) ① 검사는 요보호자가 다음의 기준 중 어느 하나에 해당될 때 재산의 관리 및 처분을 내용으로 한 계약 등의 법률행위(준법률행위도 동일하다)를 할 의사능력이 없다고 판단할 수 있다.

1. 당해 법률행위를 위한 의사결정을 해야 한다는 사실을 이해하지 못할 때
2. 당해 법률행위를 하거나 하지 않을 때의 장 · 단점을 합리적으로 이해하지 못할 때
3. 당해 법률행위에 관하여 의사결정을 할 시점까지 제공된 여러 정보를 기억하지 못할 때
4. 당해 법률행위에 관하여 내린 의사결정을 구두, 서면, 기타의 방법으로 외부에 전달하지 못할 때

② 검사는 요보호자가 다음의 기준 중 어느 하나에 해당될 때 자신의 신상에 관련된 계약 등의 법률행위(준법률행위도 동일하다)를 할 의사능력이 없다고 판단할 수 있다.

1. 당해 법률행위를 위한 의사결정을 해야 한다는 사실을 이해하지 못할 때
2. 당해 법률행위를 하거나 하지 않을 때의 장 · 단점을 이해하지 못할 때
3. 당해 법률행위에 관하여 의사결정을 할 시점까지 제공된 여러 정보를 기억하지 못할 때
4. 당해 법률행위에 관하여 내린 의사결정을 구두, 서면, 기타의 방법으로 외부적으로 전달하지 못할 때

③ 검사는 제1항, 제2항의 판단을 위해 정신과 의사, 심리상담사, 요보호자와 상당한 기간 동안 진료하거나 돌보아 온 의사나 기타 전문가의 자문을 구할 수 있다.

④ 검사가 제1항, 제2항의 판단을 위해 상당한 주의를 기울였음을 소명할 경우 그 판단 자체가 잘못되었음을 이유로는 검사에게 민사상, 형사상 책임을 묻지 아니한다.

제5조(공익지원관의 임무 등) ① 검사의 민사관계법상의 신청권한 등의 행사를 통해 요보호자를 법적으로 충실하게 보호하기 위해 법무부장관은 검사 중에서 공익지원관을 임명한다.

② 공익지원관은 다음 각 호의 직무를 수행한다.

1. 민사관계법상의 신청권한 등의 행사
2. 제3조 제2항의 조사

3. 가정법원, 기타 법령에 정하는 자의 요청에 의해 요보호자의 의사능력에 관하여 의견을 구할 때 의견서의 제출
4. 후견인, 후견감독인, 재산관리인의 직무
5. 요보호자의 후견인, 후견감독인 또는 재산관리인, 기타 요보호자의 사실상의 보호자의 권한남용 또는 비위 등에 대한 조사
6. 아동 및 성년을 위한 후견제도의 적정 활용에 대한 홍보
7. 기타 대통령령으로 정하는 직무

③ 공익지원관은 제2항의 직무수행을 다른 검사에게 위임할 수 있다.

④ 공익지원관의 업무수행을 지원하기 위해 검사, 전문가, 행정직원 등의 인력을 지원하여야 한다. 지원내용은 대통령령으로 정한다.

제6조(가정법원과의 관계) ① 가정법원은 가족이 없는 요보호자에 관한 다음 각 호의 허가를 하기 전에 공익지원관에게 요보호자의 의사, 희망, 가치관 등을 참작한 본인의 최선의 이익에 대한 의견을 요청할 수 있다.

요보호자의 생명, 신체에 중대한 영향을 미치는 의료행위에 대한 허가

요보호자의 신체 및 활동의 자유를 박탈하거나 구속하는 제반 조치에 대한 허가

② 가정법원은 다음 각 호의 요건 중 어느 하나가 있을 경우 공익지원관을 후견인, 후견감독인 또는 재산관리인으로 선임할 수 있다.

1. 후견인, 후견감독인, 재산관리인의 임무를 수행할 다른 적절한 사람이 없을 때
2. 후견인에 대한 감독이 필요하다고 판단되지만 요보호자의 자력으로는 후견감독인의 비용을 충당하기 어려운 경우

③ 공익지원관이 면직된 경우 새로운 공익지원관이 후견인, 후견감독인 또는 재산관리인의 지위를 당연 승계한다.

제7조(공공신탁법인의 설치) ① 공익지원관의 직무수행을 지원하거나 보완함으로써 요보호자의 재산을 안전하게 보관하여 요보호자의 일상생활, 치료, 요양을 위해 사용되거나 상속인 등 권리자에게 이전될 수 있도록 하기 위해 공공신탁법인을 설치한다.

② 공공신탁법인은 재단법인으로 하고, 주된 사무소의 소재지에서 설립등기를 함으로써 성립한다.

③ 제2항에 따른 설립등에 필요한 사항은 대통령령으로 정한다.

제8조(공공신탁법인의 사업 등) ① 공공신탁법인은 다음 각 호의 사업을 한다.

요보호자의 재산의 수탁

수탁자로서 요보호자의 재산을 관리 · 처분하는 사업

요보호자를 수익자로 한 신탁의 경우 수익자의 일상생활, 치료, 요양의 목적으로 신탁재산을 직접 지출하거나 이 목적으로 사용되는지 여부에 대한 확인

기타 법무부령으로 정한 사업

② 공공신탁법인의 정관, 임직원 등 사업에 필요한 세부사항은 법무부령으로 정한다.

제9조(비밀준수의 원칙) 공익지원관과 공익지원관을 지원하는 인력, 공공신탁법인의 임직원은 업무상 취득한 요보호자의 개인 관련 정보를 이 법에 따른 직무수행과 관련 없는 자에게 누설하여서는 아니 된다.

제10조(벌칙) ① 제9조의 비밀을 누설한 자는 1년 이하의 징역이나 2년 이하의 자격정지 또는 700만원 이하의 벌금에 처한다.
② 공익지원관을 지원하는 직원, 공공신탁법인의 임직원은 「형법」 제129조부터 제132조까지의 규정에 따른 벌칙의 적용에서는 공무원으로 본다.
부칙

(2) 장기적 방안

공익지원관과 공공신탁법인이 활발히 활동하게 되는 미래의 어떤 시점에는 양자를 결합시켜 '공익지원관청'으로 독립시키는 것이 현실적일 것이다. 위 I의 단기적 방안이 영국의 공적 변호사 관청, 공공수탁자 관청, 공공후견인 관청으로 구분하여 상호 유기적 연계 하에 활동하게 하는 것이라면, 후자의 공익지원관청은 캐나다 브리티시 콜롬비아의 "공공후견인 및 공공수탁자 관청"과 유사하다고 할 것이다. 물론 우리나라의 경우 부재자, 실종자, 상속인 없이 사망한 자, 아동, 장애인, 노인의 법적 보호만이 아니라, 검사에게 여타의 기능도 부여되기 때문에 좀더 폭 넓은 활동을 해야 할 것이므로 외국의 예와는 일치하지는 않을 것이다.

물론 공익지원관을 대검찰청에 둘 때 현재 우리나라에서의 검사의 지위 및 역할에 비추어 보았을 때 한계가 있을 수 있다. 장기적으로는 국가의 법률대리인으로서의 역할(국가소송 · 행정소송에서의 소송수행) 및 국민의 법률대리인으로서의 역할(민사법상 각종 청구권 행사 등 검사의 역할 수행)을 가칭 공익지원청과 같은 별도의 조직으로 하여금 전담하도록 할 필요가 있다.

별도의 조직으로서 공익지원청을 통하여 검사의 형사법 이외의 영역에서의 공익대표자로서의 기능을 충실하게 수행하도록 하려면, 공익지원청 소속 검사는 이와 같은 영역을 전담하도록 할 필요가 있을 것이다. 이를 위해서 사법(私法) 전담 검사제도와 같이 위 업무를 전담하는 검사를 선발, 양성하는 별도의 전문검사제도의 도입도 필요하다.

공익지원청을 설립할 경우, 이 기관은 부재자 재산관리, 부모가 없거나 부모의 돌봄이 약한 아동에게 속한 재산의 관리, 상속인 없는 재산의 관리 등의 재산관리 업무를 담당할 뿐 아니라, 의사결정능력에 장애가 있는 성인의 보호를 위한 보충적 역할을 수행하도록 해야 할 것이다.

공익지원청은 업무범위 및 대상자가 훨씬 광범위하고, 특히 수요가 많을 것으로 예상되는 후견 관련 업무는 수요자들이 전국에 산재해있고, 장애 등으로 이동에 불편함을 겪는 사람들인바, 전국적 조직망을 갖출 필요성이 있어 많은 예산이 소요될 것으로 추정된다. 그러나 선진외국의 예에서 보듯이 지원이 필요한 자의 재산관리 업무를 담당하기 때문에 수요자로 하여금 소정의 저렴한 이용비용을 부담하게 한다면 소요예산의 상당부분을 자체 충당할 수 있을 것이다. 그 점에서 보면 정부 예산은 그다지 많이 소요되지는 않을 것으로 예상할 수 있다. 현재 국민이 필요로 하는 것은 저렴한 비용으로 꼭 필요한 보호기능을 수행해 줄 공기관의 존재이기 때문에 소정의 실비용을 부담하게 하더라도 개인의 부담은 매우 적을 것이다.

8.
국제후견의 국제사법 문제*

이종혁(서울대학교 법학전문대학원 교수)

Ⅰ. 논점의 정리

후견은 제한능력자의 신상을 감호하고 재산을 관리함으로써 제한능력자를 보호하는 제도이다. 제한능력자에는 성년자와 미성년자가 있으므로 후견은 성년후견과 미성년후견으로 구분된다. 전자는 정신적 제약으로 인하여 행위능력이 제한된 성년자를 보호하는 것이고, 후자는 친권 이외의 보호수단을 통하여 미성년인 자녀를 보호하는 것이다. 국제사법은 제14조에서 성년후견 등의 개시를 위한 후견개시심판의 국제재판관할과 준거법에 관한 일부 원칙을 규정하고 있고, 제48조에서 성년후견과 미성년후견을 구별하지 않고 후견 일반의 준거법에 관한 원칙을 규정하고 있다. 그러나 국제사법 제14조와 제48조가 후견개시심판과 후견사무의 국제재판관할에 관한 모든 원칙을 명시적으로 규정하고 있지 않고, 이들 조항이나 다른 조항으로부터 도출해낼 수 있는 국제재판관할원칙에 대하여 학설이 일치하지 않으며, 후견의 준거법이 규율하는 사항의 범위(특히 국제사법 제14조와 제48조의 경계 설정)와 내용(특히 임의후견의 준거법)에 대하여도 학설이 일치하지 않는다. 또한 외국의 법원 기타 공적 기관에 의한

---

* 본고는 국제사법 전부개정법률(법률 제18670호)이 2021. 12. 7. 국회 본회의를 통과하기 전에 작성하여 그것이 2022. 7. 5. 시행되기 전에 제출한 것이다. 그래서 본고의 "국제사법"이라는 표현은 개정 전 국제사법을 지칭하는 것이다. 국제후견의 국제재판관할과 준거법에 관한 조문은 개정 국제사법에서 체계상으로나 내용상으로나 큰 변화가 있었다. 본고에서 개정 전 국제사법에 대하여 제시한 몇 가지 견해는 개정 국제사법의 해석론으로 채용하기에는 적절하지 않은 것도 있지만, 국제후견의 국제재판관할과 준거법에 관한 조문의 연혁과 체계를 이해하고 개선방안을 모색함에 있어서 여전히 유의미한 지점이 있다고 생각한다.

후견심판의 우리나라에서의 효력과 내외국에서의 후견심판을 취소 또는 종료하는 심판의 국제재판관할과 준거법도 문제된다. 이하에서는 위 문제들을 우리 국제사법의 해석론과 입법론을 중심으로 논의하기로 한다. 필요한 범위에서 섭외사법과 국제사법 전부개정법률(2022. 7. 5. 시행, 이하 "신국제사법")도 언급하기로 한다.

Ⅱ. 후견의 국제재판관할

1. 후견개시심판의 국제재판관할

국제사법 제14조는 "법원은 대한민국에 상거소 또는 거소가 있는 외국인에 대하여 대한민국 법에 의하여 한정후견개시, 성년후견개시, 특정후견개시 및 임의후견감독인선임의 심판을 할 수 있다"라고 규정하고 있다.[1)] 이는 우리 법원의 우리나라에 거주하는 외국인에 대한 후견개시심판에 관하여 국제재판관할권이 인정되는 근거를 규정한 것이다. 다만, 이 규정은 2011년 개정되어 2013년 시행된 민법이 한정치산 · 금치산제도를 폐지하고 성년후견제도를 도입함에 따라 2001년 전부개정 당시 국제사법 제14조의 "한정치산 또는 금치산선고"라는 문언을 2016년 일부개정을 통하여 "한정후견개시, 성년후견개시, 특정후견개시 및 임의후견감독인선임의 심판"이라는 문언으로 수정한 것에 불과하다.[2)] 실질법상 성년후견제도의 도입에 즈음하여 국제사법 제14조와 제48조를 개정하자는 제안들이 있었으나,[3)] 이들 제안은 2016년 국

1) 이하에서는 신국제사법 제75조 제2항 제2호의 용례를 좇아 한정후견개시, 성년후견개시, 특정후견개시 및 임의후견감독인선임의 심판을 통칭하여 "후견개시심판"이라고 약칭하기로 한다.

2) 2011. 3. 7. 일부개정되어 2013. 7. 1. 시행된 민법의 부칙 제3조는 "이 법 시행 당시 다른 법령에서 "금치산" 또는 "한정치산"을 인용한 경우에는 성년후견 또는 한정후견을 받는 사람에 대하여 부칙 제2조 제2항에 따른 5년의 기간에 한정하여 "성년후견" 또는 "한정후견"을 인용한 것으로 본다"라고 규정하고 있었다. 국제사법의 경우에도 2013. 7. 1.부터 5년까지는 위 부칙 규정에 의하여 국제사법 제14조, 제48조에 있는 "금치산" 또는 "한정치산"이라는 문언을 "성년후견" 또는 "한정후견"으로 해석할 수 있었다. 다만, 국제사법상 체계개념이 반드시 법정지 실질법상 체계개념을 사용하여야 하는 것은 아니므로, 실질법상 새롭게 도입된 제도의 명칭에 상응하는 체계개념의 도입을 위한 국제사법의 개정이 반드시 필요한 것은 아니다. 일본 실질법상 보조제도와 임의후견제도의 도입과 관련한 같은 취지의 언급으로 道垣内正人, ポイント 国際私法 各論 第2版(有斐閣, 2014), 182−184頁. 국제사법 제14조가 한정후견개시, 성년후견개시, 특정후견개시 및 임의후견감독인선임의 심판을 일일이 열거하고 있는 것은 재론의 여지가 있다. 김문숙, "성년후견제도에 관한 국제사법상 쟁점에 관하여: 한국 민법 개정 후의 대응", 국제사법연구 제15호(한국국제사법학회, 2009), 412면은 "성년보호조치" 또는 "성년후견에 관한 보호조치", 석광현, 국제사법 해설(박영사, 2013), 543면은 "후견개시의 심판"이라는 국제사법상 체계개념을 제시하고 있다.

제사법 일부개정시 수용되지 않았다.

2001년 전부개정 당시 국제사법 제14조는 섭외사법 제7조 제2항 본문, 즉 "대한민국에 주소 또는 거소가 있는 외국인이 그 본국법에 의하여 한정치산 또는 금치산의 원인이 있을 때에는 법원은 그 자에 대하여 한정치산 또는 금치산의 선고를 할 수 있다"라는 규정의 "주소 또는 거소"라는 문언을 "상거소 또는 거소"라는 문언으로 수정하고 "외국인이 그 본국법에 의하여 한정치산 또는 금치산의 원인이 있을 때"라는 문언을 "외국인에 대하여 대한민국 법에 의하여"라는 문언으로 수정한 것이다. 섭외사법 제7조 제2항 단서는 우리나라에 거주하는 외국인의 한정치산 · 금치산선고에 대한 우리 법원의 관할에 관하여 "대한민국의 법률이 그 원인을 인정하지 아니하는 때에는 그러하지 아니하다"라고 규정함으로써 한정치산 · 금치산의 원인이 본국법과 한국법 양자 모두에 의하여 인정되는 경우에만 우리 법원의 관할을 인정하였다. 그러나 우리나라에 거주하는 외국인이 그 본국법상으로는 한정치산 · 금치산의 원인이 없더라도 한국법상으로는 그 원인이 있는 경우에는 피선고자 개인의 보호라는 당사자이익과 우리나라에 있는 그 거래상대방 및 우리나라의 거래안전 보호라는 거래이익 내지 공익을 고려하여 우리 법원에 관할을 인정할 필요가 있었다.[4] 그리하여 2001년 전부개정시 국제사법 제14조는 우리나라에 거주하는 외국인의 한정치산 · 금치산선고에 대하여 우리 법원의 관할이 인정되는 범위를 다소 확대하였던 것이다.

문제는 국제사법의 해석론으로 후견개시심판에 관하여 피후견인의 본국의 원칙적 관할을 인정할 수 있는가 하는 것이다. 이것이 문제되는 이유는 섭외사법 제7조 제2항 본문이 국제사법 제14조로 개정됨으로써 섭외사법 아래에서의 다수설이 한정치산 · 금치산선고에 관하여 본국의 원칙적 관할을 해석해낸 근거 규정이 더 이상 국제사법에는 존재하지 않기 때문이다. 물론 국제사법 제2조의 실질적 관련의 원칙으로부터 피후견인의 본국의 원칙적 관할을 도출해낼 수도 있으나,[5] 국제사법 아래

3) 김문숙, 전게논문(주 2), 381면 이하; 강병근, "장애인권리협약과 성인보호협약이 고령자 보호에 주는 시사점 연구", 홍익법학 제11권 제2호(홍익대학교 법학연구소, 2010), 285면 이하; 이병화, "민법상 성년후견제도 도입에 따른 국제사법상 한정치산 · 금치산선고 및 후견제도에 관한 개정방향", 국제사법연구 제19권 제1호(한국국제사법학회, 2013), 589면 이하(두 종류의 개정안은 633-634면); 최흥섭, "새로운 성년후견제도의 도입에 따른 국제사법 규정의 개정 문제와 적용 문제", 법학연구 제16집 제3호(인하대학교 법학연구소, 2013), 1면 이하(개정안은 26면) 참조.

4) 최흥섭, "섭외사법 개정법률안의 검토: 자연인, 친족, 상속", 국제사법연구 제6호(한국국제사법학회, 2001), 386면; 석광현, 전게서, 196면.

5) 석광현, 전게서, 543면, 주 8은 국제사법 제48조의 맥락에서 후견사무에 관하여 피후견인의 상거소지국의

에서의 일반적인 해석론은 그와 같은 시도를 하기보다는 종전의 다수설을 대체로 그대로 수용하여 본국의 원칙적 관할과 상거소지국의 예외적 관할을 인정하고 있다.[6)]

섭외사법 제7조 제2항 본문은 "대한민국에 주소 또는 거소가 있는 외국인이 그 본국법에 의하여 한정치산 또는 금치산의 원인이 있을 때에는 법원은 그 자에 대하여 한정치산 또는 금치산의 선고를 할 수 있다"고 규정하고 있었는데,[7)] 이는 외국인이 우리나라에 거주하고 있다는 사정과 그 외국인이 본국법에 의하여 한정치산 · 금치산의 원인이 인정된다는 사정에 기초하여 우리 법원에 한정치산 · 금치산선고의 관할을 인정한 규정이었다. 다수설은 섭외사법 제7조 제2항 본문으로부터 피선고자의 본국에 원칙적 관할이 인정된다는 법리를 해석해낼 수 있다고 보았다.[8)] 그 근거로는 한정치산 · 금치산제도는 무능력자를 보호하기 위하여 그 사람의 행위능력을 박탈 또는 제한함으로써 신분상 중대한 효력을 발생시키는 것이므로 그 사람에 대하여 대인주권(또는 대인고권)(personal sovereignty)을 가지는 본국에 원칙적 관할이 인정되어야 한다는 점을 들었다.[9)] 이는 국제사법 아래에서도 국제사법 제2조의 실질적 관련의 원칙에 따라 본국 관할을 인정하는 근거로 기능할 수 있다고 생각한다.

그러나 다수설은 피선고자의 본국에 원칙적 관할을 인정하더라도 외국에 거주하는 내국인에 대하여는 본국인 우리나라의 원칙적 관할을 인정할 수 없다고 보았다.[10)] 그 근거로는 한정치산 · 금치산제도가 속지적 기능을 가진다는 점,[11)] 그리고 내국법원이 외국에 거주하는 내국인에 대하여 한정치산 · 금치산을 선고하기 위하여 의사능력의 상태를 조사하는 것은 거의 불가능하고, 그 필요가 인정되어 한정치산 · 금치산선고를 하였더라도 그 효력이 거주지인 외국에서 인정될 수 있는지, 설령 그것이 인정되더라도 내국법원이 의도하였던 피선고자 보호라는 목적이 달성될 수 있는지가 명확하지 않다는 점을 들었다.[12)] 그렇다면 본국의 원칙적 관할이라는 것은 한

국제재판관할을 인정하는 근거로 국제사법 제2조를 상정해볼 수 있다고 언급하고 있다.

6) 석광현, 전게서, 197면; 윤종진, 개정 현대 국제사법(한올출판사, 2002), 297－298면; 신창선/윤남순, 신국제사법 제2판(피데스, 2016), 224면; 안춘수, 국제사법(법문사, 2017), 198－1999면; 신창섭, 국제사법 제4판(세창출판사, 2018), 197면 참조.

7) 인용된 조문의 밑줄은 필자가 임의로 추가한 것이다. 이하에서 모든 밑줄의 경우 같다.

8) 김진, 신국제사법(법문사, 1962), 133면; 김용한/조명래, 국제사법 전정판(정일출판사, 1992), 219－220면; 서희원, 국제사법강의 전정신판(일조각, 1999), 161－162면; 김인제/서경무, 국제사법(홍익재, 1995), 84면.

9) 김용한/조명래, 전게서, 219－220면; 서희원, 전게서, 161면.

10) 김진, 전게서, 133면; 김용한/조명래, 전게서, 220면; 서희원, 전게서, 161－162면.

11) 김용한/조명래, 전게서, 220면.

12) 김진, 전게서, 133면; 서희원, 전게서, 162면.

국가의 법원이 속지주의에 따라 그 국가에 거주하는 내국인에 대하여 한정치산 · 금치산선고의 관할을 가진다는 당연한 법리를 확인하는 것에 불과하였다.[13] 그러나 국제사법 아래에서의 사견은 다음과 같다. 외국에 거주하는 내국인에 대하여 우리 법원에서 후견개시심판을 진행하는 것에 관하여는 우리 법원이 피후견인의 상황에 대하여 정확히 판단할 수 있는지, 우리 법원에서 후견개시심판을 진행할 필요가 있는지 의문이 제기될 수 있으나, 피후견인의 친족이 우리나라에 있는 경우와 같이 후견개시심판의 절차를 원활히 진행할 수 있는 가능성이 높은 경우도 있고 내국인인 피후견인을 보호할 필요가 있는 경우도 있으므로,[14] 외국에 거주하는 내국인에 대하여도 우리 법원의 국제재판관할을 인정할 수 있다고 생각한다.[15]

한편 소수설은 섭외사법 제7조 제1항 전단과 제2항 본문으로부터 피선고자의 본국과 거주지국(주소지국 또는 거소지국)에 관할이 병존적으로 인정된다는 법리를 해석해낼 수 있다고 보았다.[16] 이는 본국 관할과 거주지국 관할을 다수설처럼 원칙과 예외의 관계로 보지 않고 병존하는 것이라고 보았다는 점에 특색이 있다. 소수설은 섭외사법 제7조 제2항 본문이 우리 법원에 관할을 인정한 두 가지 사정, 즉 외국인이 우리나라에 거주하고 있다는 사정과 그 외국인이 본국법에 의하여 한정치산 · 금치산의 원인이 인정된다는 사정 중에서 후자에 주목한 다수설과 달리 전자에 주목하였던 것이다. 그리하여 섭외사법 제7조 제2항 본문을 외국인의 거주지인 우리나라에 한정치산 · 금치산선고의 관할이 인정되는 근거를 규정한 일면적 관할규정으로 해석하고, 다시 이를 전면적 관할규정으로 확대해석함으로써 국적을 불문하고 피선고자의 거주지국에 관할을 인정할 수 있다고 보았다.[17] 또한 소수설은 피선고자의 본국에도 한정치산 · 금치산선고의 관할이 인정된다고 보았는데, 그 실정법상 근거로 섭외사법 제7조 제2항 본문이 아니라 "한정치산 및 금치산의 원인은 한정치산자 또는 금치산자의 본국법에 의하고"라고 규정하고 있었던 동조 제1항 전단의 준거법 규정을 들었

13) 김용한/조명래, 전게서, 220면은 이와 같은 논리적 귀결을 명시적으로 언급하고 있다. 윤종진, 전게서, 298면; 신창선/윤남순, 전게서, 224면은 국제사법의 해석론으로도 같은 이유로 원칙적 관할을 논의할 실익이 별로 없다고 한다.

14) 神前禎/早川吉尚/元永和彦, 国際私法 第4版(有斐閣, 2019), 110－111頁 참조.

15) 안춘수, 전게서, 198면도 동지.

16) 이호정, 국제사법 중판(경문사, 1985), 242－243면.

17) 이호정, 전게서, 242면. 이 문헌은 "일면적 저촉규정"과 "전면적 저촉규정"이라는 표현을 사용하나, 한정치산 · 금치산선고의 국제재판관할의 맥락이므로 "일면적 관할규정"과 "전면적 관할규정"이라는 표현이 더 적절하다고 생각된다.

다는 점에서 다수설과 중대한 차이가 있다. 섭외사법 제7조 제1항 전단에 의하여 피선고자의 본국법이 한정치산 · 금치산선고의 준거법으로 지정되므로 그 준거법 소속국 법원에 관할이 인정된다는 것이다(이른바 준거법 관할).[18] 소수설을 국제사법의 해석론으로 원용한다면, 후견개시심판의 준거법을 포함한 행위능력의 준거법에 관하여 본국법주의를 취하고 있는 국제사법 제13조 제1항으로부터 준거법과 병행하는 본국관할을 인정할 수 있고, 외국인이 우리나라에 상거소 또는 거소가 있는 경우 우리 법원이 한국법에 의한 후견개시심판을 할 수 있다고 규정하는 국제사법 제14조로부터 상거소지국 관할을 인정할 수 있을 것이다. 다만, 국제사법 제14조의 핵심은 어디까지나 외국인에 대하여 한국법이 준거법으로서 적용된다는 것이고, 우리 법원의 관할은 후견개시심판이 비송사건으로서 우리 법원에서 행하여져야 하기 때문에 불가피하게 부수적으로 표현된 것이라고 보아야 하므로, 국제사법 제14조를 관할의 맥락에서 확대해석하는 것은 부당하다는 견해도 유력하다.[19] 사견으로는 국제사법 제14조는 "법원은 … 심판할 수 있다"라고 언급함으로써 국제재판관할 규정임을 명시하고 있으므로 그로부터 상거소지국 관할 원칙을 도출해내는 것이 가능하다고 볼 여지가 있으나, 국제사법 제13조 제1항은 그와 같은 언급이 없는 순수한 준거법 규정이므로 그로부터 그 규정에 따른 준거법 소속국으로서의 본국 관할 원칙을 도출해내는 것은 무리라고 생각한다.

섭외사법 아래에서의 다수설과 소수설이 섭외사법 제7조 제2항으로부터 본국관할 원칙이나 거주지국 관할 원칙을 도출해낸 것과 별개로, 섭외사법 제7조 제2항이 우리나라에 거주하는 외국인의 한정치산 · 금치산선고에 대하여 우리 법원의 관할을 인정하였고, 국제사법 제14조가 우리나라에 거주하는 외국인의 후견개시심판에 대하여 우리 법원의 관할을 인정하는 이유는 무엇인가? 이에 대하여 다수설과 소수설의 설명은 서로 다르지 않았고, 이는 대체로 국제사법의 해석론으로도 원용할 수 있다. 즉, 그 근거로는 피후견인의 본국이 우리나라에 거주하는 자국민을 후견개시심판에 의하여 보호하는 것은 실제상 거의 불가능하다는 점,[20] 그리고 성년후견제도가

---

18) 이호정, 전게서, 242-243면. 소수설은 거주지국이나 준거법 소속국의 국제민사절차법이 국제재판관할을 인정하는 국가의 법원에도 반정에 의한 관할이 인정된다고 보았는데(이호정, 전게서, 243-244면), 그 이론적 근거에는 다소 의문이 있다.

19) 최흥섭, 한국 국제사법 I : 법적용법을 중심으로(한국학술정보, 2019), 229면.

20) 김진, 전게서, 133-134면; 서희원, 전게서, 162-163면.

제한능력자의 보호라는 피후견인의 당사자이익의 측면과 피후견인의 거래상대방 및 거래안전 보호라는 거래이익 내지 공익의 측면을 겸유한다는 점을 들 수 있다.21)

사견을 정리하면 다음과 같다. 국제사법 아래에서 후견개시심판의 국제재판관할은 피후견인의 본국 관할과 피후견인의 상거소지 관할이 양대 원칙으로 병존한다. 양자 모두 국제사법 제2조의 실질적 관련의 원칙을 구체화함으로써 해석해낼 수 있다. 본국 관할 원칙의 경우 실정법상 근거는 없지만, 성년후견제도는 제한능력자를 보호하기 위하여 그 사람의 행위능력을 제한함으로써 신분상 중대한 효력을 발생시키는 것이므로 그 사람에 대하여 대인주권을 가지는 본국에 관할이 인정되어야 한다는 법리로부터 이를 도출해낼 수 있다. 상거소지 관할 원칙의 경우 실정법상 근거는 국제사법 제14조라고 볼 수 있으나, 피후견인 개인의 보호는 피후견인의 생활의 중심지인 상거소지국에서 가장 실효적으로 달성될 수 있다는 점, 피후견인과 교섭하는 사회 일반의 거래안전 보호는 피후견인의 상거소지국 법원 기타 공적 기관이 가장 적정하게 판단할 수 있다는 점 등을 고려한다면,22) 국제사법 제14조의 적용범위를 넘어서 내외국인 모두에 대한 일반원칙으로서 상거소지 관할 원칙을 충분히 인정할 수 있다. 헤이그 국제사법회의의 2000년 「성년자의 국제적 보호에 관한 협약」(Convention on the International Protection of Adults, 이하 "헤이그 성년자보호협약") 제5조와 제7조도 피후견인의 상거소지국 관할과 본국 관할을 규정하고 있다.

2. 후견사무의 국제재판관할

후견사무의 국제재판관할은 후견개시심판의 국제재판관할과 이론적으로 구별된다. 우리 민법상 성년후견제도처럼 후견이 후견개시심판을 통하여 행하여지는 경우에는 후견개시심판의 국제재판관할과 후견사무의 국제재판관할을 함께 취급하여도 문제가 없지만, 후견이 후견개시심판이 아니라 법률 규정에 의하여 바로 인정되는 국가에서는 후견사무의 국제재판관할은 개념상 존재하더라도 후견개시심판의 국제재판관할은 개념상 존재하지 않는다.23) 우리 민법상으로도 미성년후견의 경우에는 후

21) 이호정, 전게서, 243면; 김용한/조명래, 전게서, 220면; 서희원, 전게서, 162면.

22) 서희원, 전게서, 162면, 주 28; 김문숙, "부양사건과 성년후견사건의 국제재판관할권에 관한 입법론", 국제사법연구 제19권 제2호(한국국제사법학회, 2013), 205면.

23) 최흥섭, 전게서, 229면, 주 18.

견개시심판이 존재하지 않는다.

우리 국제사법은 섭외사법에서와 마찬가지로 후견인의 선임(또는 후견기관의 설정), 후견인에 대한 감독 등 후견사무(또는 피후견인에 대한 보호조치)에 관한 법원 기타 공적 기관의 관할에 관하여 명시적인 규정을 두고 있지 않다. 그러나 다수설은 후견의 준거법에 관하여 피후견인의 본국법주의를 채택한 국제사법 제48조 제1항을 근거로 피후견인의 본국의 원칙적 관할을 인정하고 있다.[24] 그 근거로는 후견이라는 법률관계가 피후견인의 본국법에 의하도록 규정한 것은 그 본국 법원에 원칙적 관할이 있음을 예정하고 있는 것으로 해석된다거나,[25] 후견은 본국 국민인 피후견인의 보호를 목적으로 하는 제도이므로 후견은 본국의 중대한 의무의 하나라는 점을 들 수 있다.[26] 또한 다수설은 우리나라에 거주하는 외국인이 일정한 사유를 충족하는 경우에는 그 외국인에 대한 후견의 준거법이 한국법이라고 규정하고 있는 국제사법 제48조 제2항이 준거법뿐만 아니라 거주지국의 예외적 관할에 관하여도 정하고 있는 규정이라고 해석한다.[27]

우리 하급심 재판례도 국제사법 제48조 제2항이 국제재판관할에 관한 규정임과 동시에 준거법에 관한 규정이라고 파악하고 있다. 서울가정법원 2018. 1. 17.자 2017브30016 결정[28]은 "국제사법 제48조 제2항 제3호에 의하여 대한민국 법원이 국제재판관할을 가지고, 대한민국 민법이 준거법으로 적용"된다고 판시하였다.

> 사건본인에 대한 한정후견 개시 및 한정후견인 선임을 구하는 이 사건에 대하여, 사건본인은, <u>자신은 대한민국에 거소를 둔 외국인이 아니므로</u>, 대한민국 법원에는 국제재판관할이 없고, 대한민국 민법이 준거법으로 적용될 여지가 없으므로 이 사건 신청은 부적법하여 각하되어야 한다는 취지로 본안전항변을 한다.
>
> 기록에 의하면, 2011. 6. 17. 사건본인이 대한민국 국적을 상실하였고, 2017년경 대한민국에서 사건본인의 외국인등록이 말소된 사실은 인정되나, 한편 이 법원의 서울출입국관리사무소장에 대한 사실조회회신 결과 등 기록 및 심문 전체의 취지에 의하여 인정

24) 석광현, 전게서, 543면; 윤종진, 전게서, 483면; 안춘수, 전게서, 323면. 섭외사법 아래에서도 섭외사법 제25조 제1항을 근거로 피후견인의 본국의 원칙적 관할이 인정된다고 해석하는 것이 일반적이었다. 이호정, 전게서, 416－417면; 김용한/조명래, 전게서, 357면.

25) 김용한/조명래, 전게서, 357면; 김인제/서경무, 전게서, 158면.

26) 김진, 전게서, 285－286면.

27) 석광현, 전게서, 542면; 윤종진, 전게서, 483면; 안춘수, 전게서, 323면.

28) [한정후견개시], [각공2018상, 209].

> 되는 다음과 같은 사정, 즉 사건본인은 대한민국 국적을 상실한 이후에도 주로 대한민국에 거주하여 왔고(사건본인은 국적 상실 이후 대한민국 이외의 지역에서 20일 이상 머문 사실이 없다), 2017. 10. 12. 대한민국에 입국한 이후 현재까지 대한민국에 거주하고 있는바, 그렇다면 사건본인은 최소한 대한민국에 거소가 있는 외국인에 해당한다 할 것이다. 또한 사건본인은, 서울 마포구 소재 토지 및 지상 상가의 각 1/2 지분을 보유하는 등 대한민국 내에서 재산을 소유하고 있을 뿐 아니라 위 상가 등에 관한 임대차계약을 체결하거나, 금융기관으로부터 금원을 차용하는 등의 법률행위를 하고 있고, 현재 대한민국 내에서 배우자인 소외2와 사이에 이혼소송을 진행하고 있으며(서울가정법원 2016드합34915 사건), 부(父)인 망 소외1의 사망으로 인하여 그 상속과 관련한 법률적 분쟁의 당사자가 될 가능성이 높은 것으로 보이는바, 그렇다면 이는 피후견인을 보호하여야 할 긴급한 필요가 있는 경우에 해당한다.
>
> 따라서 대한민국에 거소가 있는 사건본인에 대한 한정후견 개시 및 한정후견인 선임을 구하는 이 사건에 관하여는 국제사법 제48조 제2항 제3호에 의하여 대한민국 법원이 국제재판관할을 가지고, 대한민국 민법이 준거법으로 적용되며, 이에 반하는 사건본인의 본안전항변은 이유 없다.

반면에 섭외사법의 해석론으로는 국제사법 제48조에 상응하는 섭외사법 제25조가 준거법에 관한 규정일 뿐이고, 후견의 국제재판관할은 피후견인의 상거소지국에 인정되는 것으로 보아야 한다는 소수설도 유력하였고,[29] 이는 국제사법의 해석론으로도 원용할 수 있다. 소수설은 그 근거로 후견제도는 피후견인의 보호뿐만 아니라 피후견인과 교섭하는 사회 일반의 공익과도 관련되어 있으므로 이를 가장 적정하게 판단할 수 있는 것은 피후견인의 상거소지국 법원 기타 공적 기관이라는 점, 그리고 그와 같은 기관이 취하는 조치야말로 가장 실효적이라는 점을 들고 있다.[30] 소수설에 따르면 우리나라에 상거소가 있는 외국인에 대하여 우리 법원이 그 외국인의 본국법에 따라 후견사무를 처리할 수 있게 되지만,[31] 그 외국인이 국제사법 제48조 제2항 각호 중 어느 하나에 해당하는 사유가 있는 경우에는 준거법으로 본국법이 아니라 한국법이 적용될 수밖에 없다. 다만, 소수설은 미성년후견의 국제재판관할은 미성년자의 상거소지국 이외에 미성년자의 본국에도 인정되는 것으로 보았다. 외국에 거주하는 내국인인 미성년자에 대하여는 우리 법원이 한국법에 따라 후견사무를 처리

29) 서희원, 전게서, 322-323면.
30) 서희원, 전게서, 322면.
31) 서희원, 전게서, 323면.

하는 것이 부당하지 않고 미성년자의 보호에도 유익하다는 것이다.[32)]

사견으로는 국제사법 제48조 제1항은 문면상 순수한 준거법 규정임이 명백하므로 그로부터 피후견인의 본국 관할을 도출해낼 수는 없다고 생각한다. 또한 국제사법 제48조 제2항은 "법원은 … 실종선고를 할 수 있다"라고 규정하고 있는 국제사법 제12조 또는 "법원은 … 후견개시의 … 심판을 할 수 있다"라고 규정하고 있는 국제사법 제14조와 달리 국제재판관할권을 행사하는 주체로서의 우리 법원을 명시적으로 언급하고 있지 않다는 점에서 국제재판관할 규정으로 볼 수 없다고 생각한다. 오히려 국제사법 제48조 제2항은 일단 어떤 근거로든 우리 법원에 국제재판관할이 인정되는 것을 전제로 우리나라에 거주하는 외국인에게 일정한 사유가 있는 경우에는 준거법으로 그 외국인의 본국법이 아니라 한국법이 적용됨을 규정한 것으로 이해하여야 한다. 그렇다면 후견사무의 국제재판관할원칙은 국제사법 제2조의 실질적 관련의 원칙을 구체화함으로써 도출하여야 한다.[33)] 이 경우에도 후견개시심판의 국제재판관할에서와 마찬가지로 피후견인에 대한 대인주권을 가지는 본국의 관할과 피후견인의 생활의 중심지인 상거소지국의 관할이 양대 원칙으로 병존한다고 보아야 한다.[34)]

3. 신국제사법의 검토

신국제사법 제61조는 성년후견과 미성년후견을 구별하여 후견사건의 특별관할에 관하여 규정하고 있다. 다수설에 따르면 국제사법은 후견개시심판의 국제재판관할에 관하여는 제14조에서 규율하고, 후견사무의 국제재판관할에 관하여는 제48조에서 규율하는 방식을 취하고 있으나, 신국제사법 제61조는 양자를 구별하지 않고 함께 규율하고 있다. 구체적으로 보면 다음과 같다. 첫째, 신국제사법은 피후견인의 상거소지 관할을 성년후견사건과 미성년후견사건 모두에 대하여 인정하고 있다(제61조 제1항 제1호 및 제2항 제1호). 그 이유는 법원 기타 공적 기관의 신속한 개입이 가능하고, 절차로 인한 피후견인의 부담이 경감되며, 증거 근접성이 확보되기 때문이라고

32) 서희원, 전게서, 323면.

33) 석광현, 전게서, 543면; 윤진수 편집대표, 주해친족법 제2권: [제909조~제996조] · [국제친족법](박영사, 2015), 1779면(석광현 집필부분).

34) 석광현, 전게서, 543면; 석광현, 전게집필부분, 1779면은 본국의 원칙적 관할과 상거소지국의 예외적 관할을 인정하면서도, 본국 관할의 타당성에 의문이 있으므로 가급적 그것을 제한하고 상거소에 근거한 예외적 관할을 넓게 인정하자고 한다.

한다.[35] 둘째, 신국제사법은 피후견인의 본국 관할을 성년후견사건에 대하여만 인정하고 있다(제61조 제1항 제2호). 그 이유는 성년자는 외국에 상거소가 있더라도 가족적 유대관계는 본국과 밀접한 관련을 가짐에 반하여 미성년자는 생활을 영위한 기간이 성년자에 비하여 단기이므로 그렇지 않기 때문이라고 한다.[36] 셋째, 신국제사법은 피후견인의 재산이 대한민국에 있고 피후견인을 보호할 필요가 있는 경우에 우리 법원의 국제재판관할을 인정하고 있다(제61조 제1항 제3호 및 제2항 제2호). 신국제사법은 국제사법 제48조 제2항 제3호의 "긴급한"이라는 문언을 삭제하여 피후견인을 보호할 필요의 긴급성까지는 요구하지 않기로 하였는데, 타당한 개정이라고 생각된다. 전술한 서울가정법원 2018. 1. 17.자 2017브30016 결정도 긴급한 필요의 의미를 확대해석하여 대한민국 내의 재산 소재뿐만 아니라 해당 재산과 관련한 계약체결, 금융기관으로부터의 대출, 대한민국 내에서의 이혼소송 존재, 부친의 사망에 따른 상속 관련 분쟁 가능성 등을 긴급한 필요를 인정하는 근거로 설시하였다.

한편 신국제사법은 국제사법 제48조 제2항 제2호의 사유, 즉 "대한민국에서 한정후견개시, 성년후견개시, 특정후견개시 및 임의후견감독인선임의 심판을 한 경우"를 국제재판관할이 인정되는 사유로 규정하고 있지 않은데(이른바 원재판국의 계속관할의 불인정), 이에 대하여는 반대하는 견해도 있으나,[37] 변경재판의 경우에도 국제재판관할의 일반원칙에 따른 관할이 인정되어야 한다는 점에서 그것을 삭제한 것이라고 설명된다.[38]

---

35) 석광현, "2018년 국제사법 전부개정법률안에 따른 국제재판관할규칙: 각칙을 중심으로", 국제거래와 법 제23호(동아대학교 법학연구소, 2018), 94면.

36) 석광현, 전게논문, 94, 97면. 그러나 미성년후견사건의 경우에도 본국 관할을 인정할 필요성이 제기될 수 있다.

37) 김원태, "국제사법 전부개정법률안의 검토: 가사사건의 국제재판관할을 중심으로", 민사소송 제22권 제2호(한국민사소송법학회, 2018), 176－177면. 이 문헌은 후견사건에서는 후견개시 재판 이후에도 후견인 선임 또는 변경, 후견감독인 선임 또는 변경, 후견인 · 후견감독인의 사임에 대한 허가, 피후견인에 대한 의료행위의 동의에 대한 허가, 피후견인이 거주하는 건물 또는 그 대지에 대한 매도 등에 대한 허가, 후견감독인의 동의를 갈음하는 허가, 피후견인의 재산상황조사 및 재산관리 등 후견임무 수행에 관하여 필요한 처분명령, 후견인 · 후견감독인에 대한 보수의 수여 등 법원이 직권으로 후견적 임무를 수행하여야 할 경우가 많으므로, "대한민국에서 후견재판이 있었던 경우"를 후견사건의 국제재판관할 원인으로 신설하자고 한다.

38) 석광현, 전게논문, 95면.

Ⅲ. 국제후견의 준거법

1. 후견개시심판의 준거법

(1) 섭외사법의 해석론

과거 섭외사법 제7조 제1항은 "한정치산 및 금치산의 원인은 한정치산자 또는 금치산자의 본국법에 의하고 그 선고의 효력은 선고를 한 국가의 법에 의한다"라고 규정함으로써 한정치산 · 금치산의 원인의 준거법에 관하여는 본국법주의, 한정치산 · 금치산선고의 효력의 준거법에 관하여는 선고지법주의(또는 법정지법주의)를 각각 채택하고 있었다. 본국법주의는 피선고자 개인의 보호에 중점이 있고, 선고지법주의는 거래안전 내지 공익의 보호에 중점이 있다.[39]

그런데 통설은 "대한민국에 주소 또는 거소가 있는 외국인이 그 본국법에 의하여 한정치산 또는 금치산의 원인이 있을 때에는 법원은 그 자에 대하여 한정치산 또는 금치산의 선고를 할 수 있다. 그러나 대한민국의 법률이 그 원인을 인정하지 아니하는 때에는 그러하지 아니하다"라고 규정하고 있었던 섭외사법 제7조 제2항이 한정치산 · 금치산선고의 예외적 관할뿐만 아니라 한정치산 · 금치산의 원인의 준거법에 관하여도 규정하고 있는 것으로 보았다.[40] 섭외사법 제7조 제2항은 우리나라에 거주하는 외국인의 한정치산 · 금치산의 원인에 관하여 본국법과 선고지법이 일치하지 않는 경우에는 양자 모두에 의하여 한정치산 · 금치산의 원인이 인정될 것을 요구하였다.[41] 이는 예외적 관할이 인정되는 경우를 협소하게 규정한 것에 그치지 않고,[42] 우리나라에 거주하는 외국인의 한정치산 · 금치산의 원인의 준거법에 관하여 본국법과 선고지법의 누적적 적용을 규정한 것이라고 파악한 것이다.[43] 그러나 우리나라에

39) 김진, 전게서, 134면; 서희원, 전게서, 163면.

40) 김진, 전게서, 134면; 이호정, 전게서, 244면; 김용한/조명래, 전게서, 221면; 서희원, 전게서, 163면; 김인제/서경무, 전게서, 85면; 최흥섭, 전게논문(주 4), 386면.

41) 김진, 전게서, 134면; 김용한/조명래, 전게서, 221면. 이와 같은 태도를 절충주의라고 설명하는 것이 일반적이었다. 김진, 전게서, 134면; 김용한/조명래, 전게서, 221면; 서희원, 전게서, 162면; 김인제/서경무, 전게서, 85면.

42) 반면에 석광현, 전게서, 196면은 섭외사법 제7조 제2항을 예외적 관할에 관한 규정으로만 파악하는 것으로 보인다.

43) 다만, 이와 같은 누적적 적용은 한정치산 · 금치산의 원인에 국한되고, 한정치산 · 금치산선고의 신청권자 등은 본국법에만 의할 사항이라고 보았다. 김용한/조명래, 전게서, 221면.

거주하는 외국인의 경우 그 본국법에 의하면 한정치산 · 금치산의 원인이 인정되지만 선고지법인 한국법에 의하면 그렇지 않더라도 우리 법원이 한정치산 · 금치산선고를 할 필요성이 있었다는 점에서, 본국법과 선고지법의 누적적 적용을 규정한 섭외사법 제7조 제2항은 비판의 여지가 있었다.

또한 통설은 섭외사법 제7조 제1항뿐만 아니라 동조 제2항도 한정치산 · 금치산선고의 효력의 준거법에 관한 선고지법주의의 근거 규정이라고 보았다. 선고지법주의가 타당한 이유로는 본국법이 인정하는 효력이 선고지에서 실현되지 않을 수 있다는 점과 한 국가의 법원에서 한정치산 · 금치산선고를 받은 사람들 간에 그 국적이 서로 다름에 따라 선고의 효력이 서로 달라지는 것은 거래안전 보호의 필요에 비추어 바람직하지 않다는 점을 들었다.[44]

섭외사법 제7조에 따른 한정치산 · 금치산선고의 효력의 준거법의 적용범위에는 한정치산 · 금치산선고를 받은 사람의 행위능력의 박탈 또는 제한, 하자 있는 법률행위의 효력, 법정대리인의 동의, 추인과 같은 행위능력의 보충 방법, 한정치산자 또는 금치산자에게 후견인을 선임할 필요가 있는지 여부 등이 포함되나, 누가 후견인으로 선임되는지는 섭외사법 제25조에 따른 후견의 준거법에 의하여 규율된다고 보았다.[45] 섭외사법 제25조 제2항은 우리나라에 거주하는 외국인으로서 우리 법원에서 한정치산 · 금치산선고를 받은 사람의 후견에 대하여 한국법이 적용된다고 규정하였으므로, 그 외국인의 경우에는 한정치산 · 금치산의 준거법과 후견의 준거법 간에 모순이 없었다.[46]

(2) 국제사법의 해석론

후견개시심판은 행위능력을 제한하는 것이므로 그 준거법은 원칙적으로 행위능력의 준거법에 관하여 본국법주의를 선언하고 있는 국제사법 제13조에 의하여 결정된다.[47] 한정치산 · 금치산선고의 준거법에 관하여 별도로 규정하고 있었던 섭외사법

44) 김진, 전게서, 135면; 이호정, 전게서, 244면; 김용한/조명래, 전게서, 221－222면; 서희원, 전게서, 164면.
45) 김진, 전게서, 135면; 이호정, 전게서, 244면; 김용한/조명래, 전게서, 222면; 서희원, 전게서, 164면; 김인제/서경무, 전게서, 85면. 통설은 금치산자, 한정치산자를 후견에 붙여야 하는가 또는 후견인을 두어야 하는가의 문제는 한정치산 · 금치산선고의 효력의 문제라고 하나, 이 문제는 한정치산 · 금치산선고의 원인의 준거법이 규율할 사항이라고 볼 여지도 있었을 것으로 생각된다.
46) 김진, 전게서, 135면; 이호정, 전게서, 244면; 서희원, 전게서, 164면.
47) 최흥섭, 전게논문(주 4), 386면; 석광현, 전게서, 195면.

제7조 제1항과 달리, 국제사법 제14조는 우리나라에 거주하는 외국인에 대하여 우리 법원의 국제재판관할이 인정되는 경우에 한국법이 준거법으로 적용된다는 것만 규정하고 있다. 국제사법 제14조에 따라 우리 법원이 우리나라에 거주하는 외국인에 대하여 한국법을 적용하여 후견개시심판을 할 수 있으므로, 그 본국법에 의하면 행위능력이 인정되더라도 한국법에 의하면 행위능력이 인정되지 않는 경우에는 후견개시심판을 통하여 그 외국인의 행위능력을 제한할 수 있는 것이다.

문제는 반대로 우리나라에 거주하는 외국인이 그 본국법에 의하면 행위능력이 인정되지 않더라도 한국법에 의하면 행위능력이 인정되는 경우에는 우리 법원이 그 본국법을 적용함으로써 그 외국인의 행위능력을 제한할 수 있는가 하는 것이다.[48] 긍정설도 가능하나, 부정설이 타당하다고 본다. 그 근거는 다음과 같다.[49] 첫째, 국제사법 제14조가 적용되는 경우는 우리나라의 거래안전 보호의 필요성이 있음에도 불구하고 외국인의 본국법에 따르면 행위능력이 인정되는 경우로 국한되어야 하기 때문이다. 둘째, 외국인의 본국의 법원 기타 공적 기관이 본국법에 따라 행위능력을 제한하는 조치를 취하는 경우 민사소송법 제217조의 유추적용을 통하여 외국에서의 조치가 우리나라에서도 효력을 가지기 때문이다. 그 결과 우리나라의 거래안전 보호가 특별히 저해되지 않고, 행위지에서의 거래안전은 국제사법 제15조에 의하여도 보호될 수 있다. 셋째, 긍정설에 의하게 되면 국제사법 제13조의 본국법주의는 외국에 거주하는 내국인에 대하여나 적용될 뿐인데, 부정설에 의하여야 국제사법 제13조와 제14조가 원칙과 예외의 관계라는 것이 명확해진다. 결국 우리나라에 거주하는 외국인의 후견개시심판의 준거법은 한국법에 한정되는 셈이다.

후견개시심판의 준거법의 적용범위에는 피후견인의 행위능력 제한의 요건과 내용, 행위능력 제한의 효과, 즉 하자 있는 법률행위의 효력(무효, 취소 등), 행위능력의 보충 방법, 후견인 선임 필요 여부 등이 포함되나, 누가 후견인으로 선임되는지는 국제사법 제48조에 따른 후견의 준거법이 규율하는 사항이다.[50]

48) 안춘수, 전게서, 199면.
49) 안춘수, 전게서, 200면 참조.
50) 김연/박정기/김인유, 전게서, 251면; 안춘수, 전게서, 200면.

2. 후견의 준거법

국제사법 제48조 제1항은 섭외사법 제25조 제1항과 마찬가지로 후견의 준거법에 관하여 피후견인의 본국법주의를 유지하고 있다. 피후견인의 국적이 변경된 경우에는 변경시부터 새로운 본국법이 적용된다(변경주의). 과거의 본국법에 따라 성립된 후견이 존속하는지 또는 종료하는지 여부와 과거의 본국법에 따라 허용되지 않았던 후견이 허용되는지 여부는 새로운 본국법에 따라 결정된다.[51]

국제사법 제48조 제2항은 각호의 어느 하나에 해당하는 사유가 있는 경우에는 우리나라에 거주하는 외국인에 대한 후견에 한국법을 적용한다고 규정함으로써 그 외국인에게 한국법에 의한 보호가 미치도록 하고 있다. 첫 번째 사유는 해당 외국인의 본국법에 의하면 후견개시의 원인이 있더라도 그 후견사무를 행할 자가 없거나 후견사무를 행할 자가 있더라도 후견사무를 행할 수 없는 경우이다. 이는 후견사무를 수행할 사람이 전혀 없는 경우뿐만 아니라 후견사무를 수행할 사람이 있더라도 현실적으로 후견사무를 수행할 수 없는 경우까지도 명확히 규정함으로써 종래 섭외사법 아래에서의 논란을 해결하였다고 평가된다.[52] 두 번째 사유는 해당 외국인에 대하여 우리나라에서 한정후견개시, 성년후견개시, 특정후견개시 및 임의후견감독인선임의 심판을 한 경우이다. 우리 법원에서의 후견개시심판은 한국법이 준거법으로 적용된 것이므로 이후의 후견의 문제도 그 연장선상에서 같은 준거법에 의하는 것이 정합적임을 고려한 것이다.[53] 세 번째 사유는 그밖에 피후견인을 보호하여야 할 긴급한 필

---

51) 이호정, 전게서, 416면.

52) 석광현, 전게서, 542면. 그런데 국제사법 제48조 제2항이 문제 삼는 것은 일단 우리 법원에 국제재판관할이 인정됨을 전제로 한국법이 준거법으로 적용되어야 하는 경우가 언제인가라는 점이다. 그래서 법률적으로든 현실적으로든 후견사무를 수행할 사람이 국내외 어디에도 존재하지 않는다는 사정을 문제 삼는 것이 아니라 그와 같은 사람이 바로 우리나라 내에 존재하지 않는다는 사정을 문제 삼는 것이다. 그러므로 아래와 같이 "대한민국에서"라는 문언을 추가함으로써 우리 법원으로 하여금 한국법을 적용하여 후견에 관한 재판을 하도록 하는 이유가 문면에 명확히 표현되도록 하는 것이 좋다고 생각한다. 일본은 법례를 법적용통칙법으로 개정하면서 이와 같은 취지가 명확해지도록 "일본에 있어서의"라는 문언을 추가함으로써 논란을 입법적으로 해결하였다.

신국제사법 제75조 제2항 제1호	개선안
1. 피후견인의 본국법에 따른 후견개시의 원인이 있더라도 그 후견사무를 수행할 사람이 없거나, 후견사무를 수행할 사람이 있더라도 후견사무를 수행할 수 없는 경우	1. 피후견인의 본국법에 따른 후견개시의 원인이 있더라도 <u>대한민국에서</u> 그 후견사무를 수행할 사람이 없거나, 후견사무를 수행할 사람이 있더라도 <u>대한민국에서</u> 후견사무를 수행할 수 없는 경우

요가 있는 경우이다. 이는 외국인인 피후견인을 우리나라에서 신속하고 적절하게 보호함과 동시에 그와 거래하는 내국의 제3자를 보호하기 위한 것이다.[54] 전술한 서울가정법원 2018. 1. 17.자 2017브30016 결정은 긴급한 필요의 의미를 확대해석하여 대한민국 내의 재산 소재뿐만 아니라 해당 재산과 관련한 계약체결, 금융기관으로부터의 대출, 대한민국 내에서의 이혼소송 존재, 부친의 사망에 따른 상속 관련 분쟁 가능성 등을 긴급한 필요를 인정하는 근거로 설시하였다. 그렇다면 "긴급한"이라는 문언은 삭제하여도 무방하고, 이와 같은 취지의 신국제사법 제75조 제2항 제3호는 타당하다고 생각된다.

한편 후견의 준거법의 적용범위에는 후견개시심판의 준거법에 의하여 규율되는 사항은 제외하고, 후견에 관한 제반문제, 즉 후견의 종류, 후견의 존속(개시 또는 종료와 그 원인), 후견의 내용 등이 포함된다.[55] 후견의 내용이란 후견사무의 처리 내지 집행을 말하는데, ① 후견인의 선임, 사임, 해임, ② 후견인의 보수, ③ 후견감독인의 필요 여부와 그 권한, ④ 후견인의 피후견인 신상에 대한 보호 · 교양권, 후견인의 피후견인 인도청구권, ⑤ 후견인의 피후견인 재산에 대한 관리권, ⑥ 후견인의 법정대리권과 그에 대한 제한, 즉 후견인의 후견사무집행에 대한 법원 등에 의한 승인의 요부, 내용, 방법, ⑦ 후견인의 재산에 대한 피후견인의 법정담보권, ⑧ 기타 후견인의 권리 · 의무 등이 그에 해당한다.

3. 임의후견의 준거법

국제사법은 임의후견의 준거법에 관하여 규정하고 있지 않다. 헤이그 성년자보호협약 제15조, 제16조는 체약국이 임의후견제도를 인정하는 것을 전제로, 임의후견에 있어서 대리권의 존재, 범위, 변경, 소멸의 준거법은 1차적으로 당사자가 지정한 법이고, 그것이 없으면 2차적으로 피후견인의 상거소지법이라고 규정하고 있다. 다만, 대리권 행사의 준거법은 그 행위지국법이다.

일본에서의 논의를 참고하여 후견계약의 성립 및 효력의 준거법, 임의후견에서

53) 神前/早川/元永, 전게서, 112頁.

54) 석광현, 전게서, 543면.

55) 이호정, 전게서, 414면; 석광현, 전게서, 541−542면; 석광현, 전게집필부분, 1773−1774면; 神前/早川/元永, 전게서, 112頁 참조.

발생하는 대리의 준거법, 후견계약의 방식의 준거법을 검토하면 다음과 같다.[56] 첫째로 후견계약의 성립 및 효력의 준거법에 관하여는 채권계약의 준거법에 관한 국제사법 제25조에 의한다는 견해와 임의후견의 신분법적 성질을 중시하여 후견의 준거법에 관한 국제사법 제48조에 의한다는 견해가 대립할 수 있다. 둘째로 임의후견에서 발생하는 대리의 준거법은 임의대리의 준거법에 관한 국제사법 제18조에 의하여야 한다. 셋째로 후견계약의 방식의 준거법은 임의후견의 실질의 준거법과 행위지법으로의 선택적 연결에 의한다는 견해와 후자는 인정되지 않고 전자만 인정된다는 견해가 대립할 수 있다. 우리 민법 제959조의14 제2항은 후견계약에 대하여 공정증서에 의할 것을 방식 요건으로 요구하고 있는데, 그 규정은 후견계약의 방식의 준거법이 한국법으로 지정되는 경우에 비로소 적용될 수 있다.

4. 친권의 준거법과 후견의 준거법의 관계

국제사법 제48조는 성년후견과 미성년후견 양자 모두에 관하여 본국법주의를 취하고 있다. 미성년자에 대한 후견은 친권자에 의한 보호가 행하여지지 않는 경우에 문제되는데, 미성년자에 대한 친권은 친자관계의 준거법에 관한 국제사법 제45조에 의하고, 미성년자에 대한 후견은 후견의 준거법에 관한 국제사법 제48조에 의하므로, 양자의 준거법이 항상 일치하는 것은 아니다. 전자는 원칙적으로 자녀의 상거소지법이고, 후자는 자녀의 본국법이기 때문이다. 친권의 소멸은 후견개시의 선결문제이므로, 양자의 준거법이 상충하는 경우 적응의 법리에 의하여 해결하여야 한다.[57] 그러나 미성년자의 경우 친권과 후견이 기능적으로 유사하고 양자가 단절 없이 유기적으로 연결될 필요가 있으므로, 향후 국제사법을 개정하여 친권과 후견 양자의 준거법을 통일적으로 규정하는 것이 바람직하다.[58] 1996년 헤이그 아동보호협약(Convention on Jurisdiction, Applicable Law, Recognition, Enforcement and Co-operation in Respect of Parental Responsibility and Measures for the Protection of Children)과 같은 국제규범의 경향도 그러하다. 국제사법의 해석론으로 미성년후견을 친자관계로 성질결정하여 국제

56) 상세는 석광현, 전게서, 545-546면; 山田鐐一, 国際私法 第3版(有斐閣, 2004), 554頁; 溜池良夫, 国際私法講義 第3版(有斐閣, 2005), 531頁 참조.

57) 석광현, 전게집필부분 1776면.

58) 석광현, 전게서, 544면; 석광현, 전게집필부분, 1777면.

사법 제45조에 의하는 것으로 보는 견해도 입론의 여지가 있다.[59]

Ⅳ. 외국에서의 후견심판의 우리나라에서의 효력

외국에서의 후견개시심판, 후견인선임재판 등 후견심판의 효력이 우리나라에서 승인되어 그 효력이 인정될 수 있는지, 즉 후견심판이 내려진 후의 피후견인의 행위를 제한능력자의 행위로 보아야 하는지, 그리고 후견인의 행위를 유효하다고 보아야 하는지가 문제된다.[60] 예컨대 우리나라에 거주하는 외국인에 대하여 본국 법원이 후견심판을 하거나, 외국에 거주하는 한국인에 대하여 거주지 법원이 후견심판을 하는 경우에 그 효력이 우리나라에서 문제될 수 있고, 후견심판은 비송사건이므로 이는 곧 외국 비송사건재판의 승인의 문제이다.[61] 이 경우 민사소송법 제217조의 외국재판 승인 요건의 일부를 외국 비송사건재판에도 유추적용하여야 한다.[62] 비송사건의 경우 송달 요건(민사소송법 제217조 제1항 제2호)은 대체로 문제되지 않고,[63] 상호보증 요건(동 제4호)의 경우 이를 구비하여야 한다는 견해가 있고,[64] 판례는 이를 요구하나,[65] 내외국에서 파행적 법률관계가 발생하지 않도록 이를 요구하지 않는 것이 타당하다.[66] 그렇다면 외국 비송사건재판의 우리나라에서의 승인을 위하여는 국제재판관할 요건(동 제1호)과 공서 요건(동 제3호)만 구비하면 충분하다고 보아야 한다.[67] 외국법상 여전히 한정치산 · 금치산제도가 존재하더라도 그것이 우리 국제사법상 공서에 반하여 적용될 수 없는 경우가 아닌 한 우리 실질법상 후견심판제도로 조정시키

---

59) 석광현, 전게집필부분, 1777면 참조.

60) 김용한/조명래, 전게서, 222면; 서희원, 전게서, 164면; 최흥섭, 전게논문(주 3), 25면.

61) 석광현, 전게서, 544면; 안춘수, 전게서, 202면. 후자의 문헌은 이를 곧바로 외국판결 승인의 문제라고 하나, 소송사건과 비송사건은 구별할 필요가 있다.

62) 석광현, 전게서, 544면; 최흥섭, 전게서, 229면; 김원태, "외국가사재판의 승인 · 집행에 관한 문제의 검토", 국제사법연구 제6호(한국국제사법학회, 2001), 67면; 김문숙, 전게논문(주 22), 209면.

63) 석광현, 전게집필부분, 1780면.

64) 이병화, "성년후견제도의 도입에 따른 국제후견법의 재고찰", 비교사법 제13권 제3호(한국비교사법학회, 2006), 122면.

65) 서울고등법원 1985. 8. 20. 선고 84나3733 판결; 대법원 2009. 6. 25. 선고 2009다22952 판결 참조.

66) 석광현, 전게집필부분, 1781－1782면; 최흥섭, 전게서, 229면; 최흥섭, 전게논문(주 3), 25면; 김문숙, 전게논문(주 22), 209면.

67) 최흥섭, 전게논문(주 3), 25면도 동지. 외국 비송사건재판이 우리나라에서 승인되기 위하여는 기판력이 인정되어야 한다는 견해도 있으나, 기판력은 인정될 필요가 없다고 보아야 한다. 석광현, 전게집필부분, 1781면.

면 충분하다.[68] 외국 비송사건재판의 승인으로 인하여 우리나라의 거래안전이 위협받는 경우가 있다면 국제사법 제15조를 유추적용할 필요가 있다.[69] 외국 비송사건재판의 승인 문제는 실제상으로는 구체적인 법률행위의 유효 여부 또는 취소 가능 여부의 문제이므로, 피후견인이 법률행위를 행한 장소의 거래안전 보호가 승인 여부에 중요한 의미를 가진다.[70] 외국에서 후견심판을 받은 피후견인이 법률행위를 행한 장소에 따라 경우를 셋으로 나누어 검토해보면 다음과 같다.

첫째로 피후견인이 심판지에서 법률행위를 행한 경우이다. 이 경우에는 심판지 법원의 후견심판의 효력을 우리나라에서 인정하더라도 우리나라와 심판지의 거래안전에 아무런 영향이 없으므로 심판지 법원의 후견심판이 우리 민사소송법 제217조의 외국재판 승인 요건을 충족하는 한 이를 승인하여야 한다.[71] 심판지 법원의 후견심판의 대상이 심판지 국민이든 제3국 국민이든 내국인이든 불문한다.[72] 이에 더하여 섭외사법 아래에서의 통설은 심판지 법원의 후견심판이 우리 국제사법에 따른 준거법에 의하여 선고되었을 것을 요구하였는데,[73] 외국재판 승인 경로에 의하면서 준거법 통제를 가하는 것은 별다른 이론적 근거가 없는 주장이다.[74] 대신에 심판지 법원의 후견심판에서 적용된 준거법에 따른 효과가 우리나라에서 인정된다고 설명하는 것은 문제가 없다.[75]

둘째로 피후견인이 심판지 이외의 제3국에서 법률행위를 행한 경우이다. 이 경우에는 심판지 법원의 후견심판이 우리 민사소송법상 외국재판 승인 요건뿐만 아니라 행위지법상 외국재판 승인 요건도 충족하여야 한다.[76] 외국재판 승인제도의 취지와 행위지의 거래안전을 고려하고 있는 국제사법 제15조의 취지를 고려한다면 그렇게 해석하여야 한다.[77] 이 경우에도 섭외사법 아래에서의 통설은 심판지 법원의 후

68) 최흥섭, 전게서, 230면.
69) 최흥섭, 전게논문(주 3), 25면.
70) 최흥섭, 전게논문(주 3), 24－25면은 이와 같은 접근방법에 근본적인 의문을 제기한다. 민사소송법 제217조 제1항에 열거되어 있지 않은 준거법 요건은 요구해서는 안 되고, 거래안전 보호는 국제사법 제15조를 유추적용하여 도모하면 충분하다는 것이다. 설득력 있는 견해라고 생각된다. 여기에서는 종래의 통설의 접근방법을 기초로 비판론을 고려하여 논의하기로 한다.
71) 김용한/조명래, 전게서, 222면; 서희원, 전게서, 164면, 안춘수, 전게서, 201면.
72) 김용한/조명래, 전게서, 222면; 서희원, 전게서, 164면.
73) 김용한/조명래, 전게서, 222면; 서희원, 전게서, 164면.
74) 최흥섭, 전게논문(주 3), 24면도 동지.
75) 안춘수, 전게서, 201면.
76) 김용한/조명래, 전게서, 223면; 서희원, 전게서, 164－165면; 안춘수, 전게서, 201면.
77) 안춘수, 전게서, 201면.

견심판이 우리 국제사법에 따른 준거법에 의하여 선고되었을 것을 요구하였는데,[78] 전술하였듯이 이는 별다른 근거가 없는 주장이다.[79] 우리 민사소송법상 외국재판 승인 요건이 문제되는 이유는 우리나라의 거래안전이 문제되지 않더라도 우리나라에서 심판지의 후견심판의 효력이 문제되고 있기 때문이고,[80] 행위지법상 외국재판 승인 요건이 문제되는 이유는 심판지의 후견심판이 행위지에서 승인되지 않아 행위지에서 제한능력자의 행위로 보지 않는 것을 우리나라가 제한능력자의 행위로 보는 것은 행위지의 거래안전 보호와 아무런 관련이 없기 때문이다.[81] 두 국가의 승인 요건을 모두 구비하더라도 국제사법 제15조를 유추적용하여 행위지의 거래안전을 고려한 결과로 피후견인이 행위능력자로 취급되는 경우가 있을 수 있다.[82]

셋째로 피후견인이 한국에서 법률행위를 행한 경우이다. 이 경우에 관하여는 심판지의 후견심판은 우리나라에서 공시할 방법이 없으므로 우리나라의 거래안전 보호를 위하여 승인이 거부되어야 한다는 견해(부인설 또는 부정설)[83]와 외국재판 승인제도와 제한능력자 보호를 위한 성년후견제도는 별개이므로 외국재판 승인 요건을 충족하는 한 승인하여야 한다는 견해(승인설 또는 긍정설)[84]가 대립한다. 사견으로는 후견심판의 효력은 공고에 의하여 발생하는 것이 아니라 심판이 내려진 후 송달에 의하여 발생하는 것이라는 점,[85] 설령 후견심판이 우리나라에서 공시되었다고 하더라도 그것이 실제로 사회 일반에 주지되는 것은 아니라는 점,[86] 국제사법 제15조를 유추적용하여 우리나라의 거래안전을 보호할 수 있다는 점,[87] 우리나라의 후견등기에 외국에서의 후견심판을 공시할 수도 있을 것이라는 점[88] 등에 비추어 보면 승인설이 타당하다고 생각된다. 심판지의 후견심판이 우리 민사소송법상 승인 요건을 구비하더라도 국제사법 제15조를 유추적용하여 우리나라의 거래안전을 고려한 결과로 피후견인이 행위능력자로 취급되는 경우가 있을 수 있다.[89]

---

78) 김용한/조명래, 전게서, 223면; 서희원, 전게서, 164－165면.
79) 최흥섭, 전게논문(주 3), 24면도 동지.
80) 안춘수, 전게서, 201면.
81) 서희원, 전게서, 165면; 안춘수, 전게서, 201면.
82) 안춘수, 전게서, 201면.
83) 김용한/조명래, 전게서, 223면; 서희원, 전게서, 165면.
84) 안춘수, 전게서, 201면; 최흥섭, 전게논문(주 3), 24－25면.
85) 서희원, 전게서, 165면.
86) 서희원, 전게서, 165면; 최흥섭, 전게논문(주 3), 25면.
87) 안춘수, 전게서, 202면; 최흥섭, 전게논문(주 3), 25면.
88) 최흥섭, 전게논문(주 3), 25면.

V. 후견종료심판의 국제재판관할과 준거법

후견개시심판은 법원 기타 공적 기관에 의한 것이므로, 설령 그 심판의 원인이 소멸되더라도 그 심판의 효력이 당연히 소멸되는 것은 아니고, 법원 기타 공적 기관이 후견종료심판(또는 후견개시심판의 취소)을 선고하여야만 비로소 그 효력이 철회된다고 해석된다.[90] 후견종료심판에 관하여 국제사법은 아무런 규정을 두고 있지 않지만, 후견종료심판도 국제재판관할과 준거법이 문제될 수 있음은 물론이다.[91]

먼저 후견종료심판의 국제재판관할은 원칙적으로 후견개시를 심판한 국가에 있다고 보아야 한다.[92] 그러므로 외국의 법원 기타 공적 기관이 내린 후견개시심판을 우리 법원이 취소할 수는 없다.[93] 다만, 예외적으로 피후견인의 본국에 후견종료심판에 관한 국제재판관할이 인정될 수 있고, 거래안전에 가장 큰 영향을 받는 피후견인의 현재의 상거소지국도 마찬가지라고 보아야 한다.[94] 이와 같은 해석은 그와 같은 취지의 헤이그 성년자보호협약 제5조(상거소지 관할)와 제7조(본국 관할)를 참조하여 도출해낼 수 있다고 본다. 서울고등법원 2012. 11. 16. 선고 2010나21209, 51224 판결은 일본에 거주하는 한국인에 대하여 일본 법원이 일본법을 적용하여 행한 후견심판이 우리나라에서도 유효하다고 판단하면서, 이와 같은 거소지국법에 의한 후견은 본국법에 의한 후견에 대하여 예외적으로 인정되므로, 본국법에 의하여 후견이 설정되면 거소지국법에 의한 예외적인 후견은 자동으로 종료된다고 판시하였다.[95] 우리나라에서의 본국법에 의한 새로운 후견심판은 거소지국에서의 후견심판을 종료하는 것으로 볼 수 있고, 그렇다면 위 판결은 후견종료심판의 국제재판관할에 관하여 후견개시를 심판한 국가의 원칙적 관할 이외에 본국의 예외적 관할을 인정한 것으로 볼

---

89) 안춘수, 전게서, 202면.
90) 서희원, 전게서, 166면; 윤종진, 전게서, 302면.
91) 서희원, 전게서, 166면; 김연/박정기/김인유, 전게서, 252면; 안춘수, 202면.
92) 김용한/조명래, 전게서, 223면; 서희원, 전게서, 166면; 김연/박정기/김인유, 전게서, 253면; 안춘수, 전게서, 202면; 이병화, 전게논문(주 2), 602-603면.
93) 김용한/조명래, 전게서, 223면; 서희원, 전게서, 166면.
94) 안춘수, 전게서, 202면. 명시적인 규정이 없는 한 해석론으로 이를 인정할 수는 없다는 견해로 서희원, 전게서, 166면.
95) 상세는 석광현, 전게서, 543-544면; 석광현, 전게집필부분, 1780-1781면 참조. 종래에는 외국 비송사건재판의 승인의 맥락에서 논의되어 왔다.

여지가 있다. 참고로 후견 관련 사건은 라류 가사비송사건에 해당하고, 양육자 지정은 마류 가사비송사건에 해당하는데, 대법원 1994. 2. 21.자 92스26 결정은 외국에서 양육자지정 재판이 선고되었음에도 불구하고 우리나라에서 친권자 및 양육자 변경심판을 청구한 사건에서, 외국에서의 양육자지정 재판의 승인을 문제 삼지 않고 우리나라에서의 친권자 및 양육자 변경심판의 국제재판관할을 독자적으로 문제 삼았다. 위 결정은 우리 법원의 국제재판관할을 인정하지 않았는데, 만약 그것이 인정되고 청구가 인용되었더라면 외국에서의 양육자지정 재판은 친권자 및 양육자 변경심판에 의하여 효력을 상실하는 것으로 볼 수 있었을 것이다.

다음으로 후견종료심판의 준거법은 후견개시심판의 원인 내지 요건의 준거법과 동일하다고 보아야 한다.[96] 후견개시심판에 적용된 준거법에 의하여 종료사유가 인정되는 경우에는 그 종료가 가능하다는 것이다. 반면에 섭외사법의 해석론으로는 우리 법원의 한정치산 · 금치산선고를 취소하기 위하여는 피선고자의 본국법과 한국법 중에서 어느 하나에 의하여 취소의 원인이 인정되는 경우에 그 선고를 취소할 수 있다고 보았는데,[97] 그 이유는 섭외사법 제7조 제2항이 한정치산 · 금치산선고의 원인의 준거법에 관하여 피선고자의 본국법과 한국법의 누적적 적용을 규정하고 있었으므로 어느 하나에 의하여 한정치산 · 금치산선고의 원인이 소멸하였다면 한정치산 · 금치산선고의 요건을 구비하지 못하는 결과로 귀결되었기 때문이다.[98] 국제사법은 섭외사법 제7조 제2항의 누적적 연결원칙을 폐기하였으므로 위와 같은 섭외사법의 해석론은 국제사법 아래에서는 더 이상 타당하지 않다.

96) 김연/박정기/김인유, 전게서, 253면; 안춘수, 전게서, 202면.
97) 김용한/조명래, 전게서, 223면; 서희원, 전게서, 166면.
98) 서희원, 전게서, 166면.

찾아보기

[ㅈ]

[ㅊ]

공저자약력

박세영 (한국교통대학교 교양학부 강사)
방승주 (한양대학교 법학전문대학원 교수)
배광렬 (사단법인 온율 변호사)
이종혁 (서울대학교 법학전문대학원 교수)
임미원 (한양대학교 법학전문대학원 교수)
장승혁 (한양대학교 법학전문대학원 교수)
전창훈 (법무법인 진성 변호사)
제철웅 (한양대학교 법학전문대학원 교수)

위험사회와 의사결정능력 장애인의 자기결정권 행사의 지원

2023년 7월 10일 제 1 판 인쇄
2023년 7월 20일 제 1 판 발행

저 자 제철웅 외
발행인 임 권 규
발행처 弘文社

05855 서울시 송파구 송파대로 167 테라타워 B동 802호
등록 1993. 6. 24. 제1-1543호
TEL. 712-5311(代) FAX. 716-5311

값 20,000원

ISBN 978-89-7770-745-0 93360

* 이 책의 연구는 구원장학재단이 지원하였습니다.